EDITORA AFILIADA

Dados Internacionais de Catalogação na Publicação (CIP)
(Câmara Brasileira do Livro, SP, Brasil)

Ring, Kenneth
   Lições da luz : o que podemos aprender com as experiências de proximidade da morte / Kenneth Ring e Evelyn Elsaesser Valarino ; [tradução Denise Maria Bolanho]. — São Paulo : Summus, 2001.

   Título original: Lessons from the light.
   Bibliografia.
   ISBN 85-323-0734-5

   1. Experiências no limiar da morte 2. Experiências no limiar da morte – Estudo de casos 3. Formação espiritual 4. Morte I. Elsaesser Valarino, Evelyn. II. Título.

01-0556   CDD-133

Índice para catálogo sistemático:

1. Experiências no limiar da morte :
   Parapsicologia   133

Kenneth Ring
e Evelyn Elsaesser Valarino

Lições da Luz

O que podemos
aprender com
as experiências
de proximidade
da morte

summus editorial

Do original em língua inglesa:
LESSONS FROM THE LIGHT
What we can learn from the near-death experience
Copyright © 1998 by Kenneth Ring com a
colaboração de Evelyn Elsaesser Valarino
Publicado por Insight Books, uma divisão
da Plenum Publishing Corporation

Tradução:
Denise Maria Bolanho

Capa:
BVDA – Brasil Verde

Editoração:
Acqua Estúdio Gráfico

Proibida a reprodução total ou parcial
deste livro, por qualquer meio e sistema,
sem o prévio consentimento da Editora.

Direitos desta edição
adquiridos por
SUMMUS EDITORIAL LTDA.
que se reserva a propriedade desta tradução
Rua Itapicuru, 613 – cj. 72
05006-000 — São Paulo, SP
Tel.: (011) 3872-3322 – Fax: (011) 3872-7476
http://www.summus.com.br
e-mail: summus@summus.com.br

Impresso no Brasil

Às dezenas de pessoas que vivenciaram a quase-morte e contribuíram para este livro, e às centenas que contribuíram, imensuravelmente, para a minha vida.

Agradecimentos

Assim como um filme sempre é mais do que uma visão de um diretor, inevitavelmente, um livro também tem diversos autores, apesar do que o título possa sugerir. Aqui, eu os apresento e agradeço a sua contribuição para o livro que você vai ler.

Durante o primeiro estágio de composição do livro, fiquei particularmente grato a dois bons amigos, Lucienne Levy e Sharon Cooper, que passaram muito tempo discutindo seu conteúdo comigo, bem como realizando um trabalho editorial soberbo para explicar claramente as minhas idéias. De certo modo, essa parte do livro, efetivamente os Capítulos 1 ao 3 e 5 ao 9, de fato representa uma parceria entre nós três e reflete bastante o nosso esforço coletivo. Muito úteis também foram as conversas mantidas com dois outros amigos, Gary Greenberg e Susan Powers.

Após mudar para a Califórnia, onde finalmente recomecei a trabalhar no livro, outras pessoas me acompanharam, por assim dizer, para me ajudar a escrevê-lo. Entre elas, em primeiro lugar, está Evelyn Elsaesser Valarino, cujo papel na criação deste livro já foi explicado no Prefácio. Além disso, gostaria de expressar minha gratidão pela ajuda de meu amigo Steve Tomsik, que aparece mais de uma vez no livro, por fornecer determinados casos e ajudar Evelyn e eu na compilação de informações para os Apêndices. Outros amigos e colegas foram importantes de outras maneiras, em particular lendo partes do livro ou discutindo comigo enquanto ele progredia em direção à sua conclusão. A esse respeito, gostaria de agradecer a contribuição de Jenny Wade, Seymour Boorstein, Sukie Miller e Carolyn Talmalge.

Foi um prazer trabalhar com minha editora, Joanna Lawrence – uma presença sempre próxima com os seus e-mails, por mais distante que ela estivesse, em Londres –, tanto pelo seu bom humor inabalável quanto por sua habilidade para descobrir as minhas gafes e outros erros do texto e por cuidar de todos os detalhes necessários para transformar esse manuscrito num livro apresentável.

Finalmente, há uma pessoa que terá de permanecer anônima, mas que me forneceu tudo o que eu precisava para escrever este livro. Um dia gostaria de escrever um livro a seu respeito.

Sumário

Apresentação 11

Prefácio 17

Introdução: Vivendo e morrendo na Luz da experiência de
quase-morte 23

Capítulo 1   Jornadas para a Luz 35
Capítulo 2   A visão do alto: poeira e sapatos fora do
lugar 90
Capítulo 3   Visão sem visão: experiências de quase-morte
em cegos 111
Capítulo 4   Crianças na Luz 137
Capítulo 5   Vivendo na Luz: o depois 170
Capítulo 6   Vivendo tudo outra vez: a experiência da
revisão de vida 198
Capítulo 7   A revisão de vida como o instrumento definitivo
de ensino 229
Capítulo 8   Na Luz do amor: a lição da auto-aceitação 251
Capítulo 9   Através do vidro, suavemente: vendo o mundo
com os olhos abertos da EQM 266
Capítulo 10 Eles vêm pela Luz: os dons de cura e a
experiência de quase-morte 285

Capítulo 11	Nova luz sobre a morte, o morrer e o luto	324
Capítulo 12	Passando para a luz	357
Capítulo 13	Jornadas para a fonte: as lições essenciais da Luz	371
Capítulo 14	Iluminando a Terra	391

Referências Bibliográficas 395

| *Apêndice A* | Bibliografia da literatura sobre EQM | 401 |
| *Apêndice B* | Sugestões de fontes | 407 |

Apresentação

Se alguém pode afirmar ser uma autoridade em experiências de quase-morte (EQM)* sem tê-las experimentado, com certeza essa pessoa é Kenneth Ring. Depois de Raymond Moody ter plantado as sementes da moderna pesquisa sobre as experiências de quase-morte cunhando o termo EQM em seu livro *Life after life* de 1975, elas foram regadas e cuidadas por Ken, até se transformarem num fenômeno independente. Ken foi o primeiro presidente do grupo de pesquisadores que, há vinte anos, formou a International Association for Near-Death Studies (IANDS). Seu escritório na Universidade de Connecticut abrigou voluntários, telefones e arquivos em sua precária primeira década e ele criou a única revista acadêmica de estudos sobre quase-morte, organizando simpósios nas reuniões anuais das principais sociedades acadêmicas.

Se existe alguém que tenha entrevistado mais pessoas que passaram por experiências de quase-morte – e eu não conheço nenhuma –, com certeza ninguém o fez com tanta profundidade, compreensão e propriedade quanto Ken. Durante muitos anos, a sua casa foi conhecida como o "Hotel da Quase-Morte", onde os que estavam tentando reencontrar o seu lugar nesse mundo podiam e realmente "apareciam" e acabavam ficando, pelo tempo

---

* No original NDE (Near-Death Experience).

que quisessem. Por sua vez, cada uma das pessoas a quem Ken abriu as suas portas, lhe abriu o seu coração, contribuindo para a sua crescente compreensão da verdadeira essência da EQM. Nenhum outro pesquisador conseguiu combinar o estudo controlado em larga escala com amizades intensas, as teorias filosóficas com a compreensão intuitiva, o domínio da literatura acadêmica com histórias pessoais e, mais importante, nenhum deles conseguiu transmitir o verdadeiro significado e o impacto do fenômeno da quase-morte em nosso planeta.

Em 1980, quando a América começava a questionar a validade de cinco anos de casos de quase-morte, Ken veio em nosso socorro com o livro *Life and death*, o primeiro estudo científico autêntico sobre tais experiências. Em seguida, após quatro anos de debates sobre a possibilidade de esses fenômenos notáveis serem apenas alucinações efêmeras, apesar de belas, novamente foi ele quem, em seu livro *Heading toward Omega*, realizou o primeiro estudo abrangente sobre os seus efeitos posteriores, e sobre as mudanças profundas e duradouras que elas provocam na vida de quem as vivenciou. Agora, após um quarto de século de "Histórias Assombrosas do Limiar da Morte", após tantas entrevistas e seriados de TV e "explicações" neuroquímicas das quais até mesmo os estúdios de Hollywood e os editores de livros estão saturados, continuamos perguntando: "E daí?". E, novamente, é Ken Ring quem nos conduz em direção à resposta. E a resposta desse cientista social surge com uma mensagem significativa, intencional e de amor – o que poderíamos esperar mais de um teólogo do que de um cientista.

Ken ousa escrever com franqueza sobre o significado das experiências de quase-morte, tirando conclusões teleológicas a partir dos seus estudos empíricos. Ao violar o tabu científico contra a referência a conceitos como significado e propósito, ele confronta honestamente um assunto que a maioria dos cientistas finge não desempenhar nenhum papel no seu raciocínio. Como afirmou o biólogo Ernest William von Brück há mais de cem anos, "A teleologia é uma mulher sem a qual nenhum biólogo consegue viver. Entretanto, eles têm vergonha de aparecer com ela em público". Ao levantar essas questões, Ken também nos faz questionar o papel adequado da ciência e dos cientistas na exploração do Universo, bem como o do romance na prática da ciência. Será que os cientistas fazem o seu trabalho apenas para aumentar a nossa habilidade de moldar ou controlar o ambiente ou para nos ajudar a esclarecer as dúvidas sobre o significado e o propósito do Universo? As autobiografias de nossos maiores cientistas deixam claro que, na verdade, a motivação para a prática da ciência é a busca de significado.

Enquanto os livros anteriores de Ken focalizavam pessoas que tiveram experiências de quase-morte, este é dirigido a quem não as teve, mas sente que a sua vida e a sociedade poderiam melhorar se os seus frutos fossem compartilhados por todos. Ken apresenta lições práticas aprendidas com essas pessoas, orientando o leitor por exercícios experimentais, uma linguagem direta e o amplo apoio de evidências da sua vida e da literatura acadêmica. As consistentes mudanças psicológicas ocorridas na vida dessas pessoas, anteriormente documentadas por Ken, podem ser alcançadas por todos nós. Na verdade, ele afirma, o verdadeiro teste do valor da sabedoria adquirida por essas pessoas está em sua transferência para a vida cotidiana. Quase todos nós estamos familiarizados com os clichês das EQMs e, a maioria, acredita neles da boca para fora: a morte não é assustadora, a vida continua além dela, o amor é mais importante do que os bens materiais e tudo acontece por um motivo. Mas, como seríamos, como seria o mundo, se todos realmente vivessem de acordo com esses preceitos, se eles não fossem considerados simples clichês, porém, verdades?

Será que a leitura deste livro pode ajudar? Será que os leitores realmente poderão colher os frutos das EQMs sem realmente vivenciá-las? De modo persuasivo, Ken afirma que sim e sustenta essa crença com evidências das aulas que deu na Universidade de Connecticut e com o "Projeto Amor" do falecido Charles Flynn e seus alunos da Miami University de Ohio. Como Ken documentou, aprender sobre as EQMs e seus efeitos pode, realmente, inspirar mudanças semelhantes nos outros. Ele se refere a esses efeitos como um "vírus benigno" que podemos apanhar de quem teve a experiência de quase-morte – ou de outras pessoas igualmente contaminadas. Conheci alguns de seus alunos e posso afirmar que eles realmente apanharam esse vírus e foram profunda e permanentemente modificados por ele. Mas, para você, leitor, este livro é a prova de que podemos nos transformar estudando as EQMS. Este livro é uma confirmação da própria transformação de Ken, do seu presente generoso para a humanidade. Após apanhar o vírus benigno da EQM, Ken tornou-se um daqueles cientistas que não têm mais vergonha de aparecer em público com sua amada. Aqui, ele afirma que as lições da luz não servem apenas para quem vivenciou uma EQM, mas que elas foram ensinadas para que essas pessoas pudessem voltar e contaminar os outros com esse vírus.

Como era de se esperar, a tese de Ken não foi calorosamente recebida, nem mesmo pelos teólogos, para os quais deveria ser familiar. Alguns dos seus críticos advertiram que as EQMS exercem esse fascínio porque competem com a religião, porque mostram um caminho na direção de um código moral e uma espiritualidade mais de acordo com a mentalidade da Nova Era do que a tradição judaico-cristã. Mas a caminho da Nova Era aconteceu uma coisa engraçada: a estrada fez um desvio sutil, levando-nos de volta às nossas raízes, à Regra de Ouro "E assim tudo o que vós quereis que vos façam os homens, fazei-o também vós a eles" (Mateus 7:12) e para o conselho de Jesus, "[...] quantas vezes vós fizestes isto a um destes meus irmãos mais pequeninos, a mim é que o fizeste" (Mateus 25:40).

Alguns teólogos argumentaram que, uma vez que as EQMS tendem a substituir o Ceifador Implacável pelo Ser de Luz como a personificação da morte – um Ser de Luz que parece amar cristãos renascidos, budistas praticantes e pecadores ateus, incondicionalmente –, as suas visões encantadoras devem ser satânicas e não divinas. Como saber se as pessoas que passaram pelas EQMS são verdadeiramente abençoadas pela luz divina ou enganadas pelo Príncipe das Trevas? Foi Jesus quem nos deu a metodologia, ao dizer: "Assim pois, pelos frutos deles os conhecereis" (Mateus 7:20). Como Ken nos mostra de modo tão eloqüente neste livro, os frutos da EQM são a compaixão, a humildade, a honestidade, o altruísmo e o amor, mesmo por aqueles que não parecem dignos de ser amados.

Mas, se as EQMS simplesmente reforçam os preceitos bíblicos, por que precisamos delas? O que elas – e este livro – acrescentam à mensagem do Evangelho? Simplesmente, elas são a diferença entre escutar a Palavra e experimentá-la em primeira mão. Para as pessoas que vivenciaram uma EQM, a Regra de Ouro não é mais apenas um mandamento que aprendemos a obedecer, mas uma indiscutível lei da natureza, tão inevitável quanto a gravidade. Elas sabem que é assim que o Universo funciona, porque o experimentaram em primeira mão quando sofreram diretamente os efeitos em suas ações com os outros. Apesar de não se sentirem punidas ou julgadas por más ações passadas, elas recebem de volta, como parte da sua revisão de vida, tudo aquilo que divulgaram.

Teólogos de um grupo diferente censuraram as EQMs por apresentarem a falsa promessa daquilo que Dietrich Bonhoeffer chamou de "graça barata", o perdão incondicional dos pecados, sem nenhuma penitência. A "graça barata", escreveu Bonhoeffer em *The cost of discipleship* é a "inimiga mortal da Igreja". Mas, é isso mesmo que as EQMs prometem ou essa é uma interpretação errônea da sua mensagem? A promessa de "graça barata" bem pode ser parte do fascínio que atraiu as pessoas a esse fenômeno, mas, na realidade, a graça concedida a quem passou por uma EQM vem de mãos dadas com uma aprendizagem muito cara. O amor incondicional que elas relatam de maneira alguma atenua os seus pecados ou perdoa seu comportamento futuro. Ao contrário, essas pessoas experienciaram diretamente as dolorosas conseqüências do seu mau comportamento e voltaram à vida terrena como discípulos confirmados que compreendem, por experiência própria, que ele realmente importa, muito mais do que haviam imaginado. Elas não voltaram achando que são seres perfeitos, mas sabendo como devem agir para atingir a perfeição. Elas voltaram, não para se aquecer no calor da glória refletida de uma graça surpreendente, mas com o compromisso de viver a Regra de Ouro e realizar o trabalho de um poder mais elevado, geralmente com grande sacrifício emocional e material. Não há nada de barato nessa graça. Na realidade, é uma graça cara que, de acordo com Bonhoeffer, é inseparável da aprendizagem. Longe de encorajar um comportamento indiscriminado, o amor incondicional experienciado por quem vivenciou uma EQM confere auto-estima, coragem e autoconhecimento para realizar o tipo de mudanças de vida exigidas dos discípulos.

Mas, se as EQMs não vendem uma graça barata, este livro vende? A sua leitura pode ser menos arriscada do que chegar perto da morte ou induzir uma parada cardíaca, como fizeram os estudantes de medicina no filme *Linha mortal*, mas tem os seus perigos. O seu objetivo é mudá-lo e inspirá-lo a mudar o seu mundo; e isso não é uma tarefa fácil ou segura. Bonhoeffer estava certo ao afirmar que a verdadeira graça não é barata. O que Ken oferece neste livro não é uma estrada fácil, mas um mapa da aprendizagem, um trecho do caminho que precisamos seguir para alcançar a graça. Cabe a você decidir se deseja segui-lo, e ele não é fácil. Mas, como Ken mostra nestas páginas, ele vem altamente recomendado.

Ken poderia ter parado após os seus três livros descritivos sobre as EQMs, e ainda assim ser reconhecido como a maior autoridade científica sobre o assunto. Mas ele não parou porque teria deixado de cumprir a sua responsabilidade. O propósito das suas explorações científicas sobre as EQMs – na verdade, o propósito de toda exploração científica – é assentar as bases para uma especulação plausível sobre o significado e o propósito. Ken, ao se contaminar com o seu vírus benigno e se tornar o que ele chama de "parente afastado da experiência de quase-morte", foi conduzido à aprendizagem. Como seus amigos – objeto da sua pesquisa –, que passaram por uma EQM e receberam uma grande dádiva em suas experiências e, como eles que, por sua vez, lhe deram uma grande dádiva, assim também ele está lhe oferecendo agora aquilo que recebeu. Este livro é a sua contribuição para o trabalho de um poder mais elevado. A esperança de Ken, e minha, é a de que cada leitor seja igualmente contaminado.

Bruce Greyson, doutor em medicina
Charlottesville, Virginia

Prefácio

Este livro teve uma gestação difícil. Concebido com entusiasmo, inesperadamente, a meio caminho da sua conclusão, ele sofreu uma série de traumas aparentemente tóxicos, resultando num parto doloroso. Considerado morto, foi abandonado por mais de um ano e, então, por uma espécie de intervenção que, na época, pareceu quase divina, ele foi milagrosamente ressuscitado. Ou, era o que parecia. Entretanto, os esforços para ressuscitá-lo mostraram-se inúteis e prematuros e o livro morreu novamente, dessa vez para sempre. Ou, era o que parecia. Mas aí, como você já deve ter percebido, em virtude do assunto deste livro, ele passou pelo equivalente literário de uma experiência de quase-morte (EQM), a qual, finalmente, resolveu o problema. E, logo após essa experiência, retomou o curso natural, embora muitas vezes interrompido, da sua gravidez e nasceu, rapidamente e sem nenhum incidente, para grande alívio – na verdade, para grande espanto – dos seus pais agradecidos.

Essa é a verdadeira história de *Lições da luz*. Após ter sido professor na Universidade de Connecticut por mais de 30 anos, em certo dia de verão, de repente, ocorreu-me que eu só conseguia escrever meus livros durante as licenças que tirava para estudar e dar palestras. Contudo, embora minha última licença tivesse sido há alguns anos, já havia um novo livro se formando dentro de mim. Eu queria escrever um último trabalho sobre as EQMs no qual, em vez de simplesmente relatar os resultados de outro projeto de pesquisa, eu pudesse encerrar com chave de ouro a minha carreira nessa área tentando destilar os *insights* essenciais da EQM, para que as pessoas que nunca tiveram essas experiências pudessem obter o conhecimento de formas bastante práticas para enriquecer a sua vida. Quanto a mim, há muito tempo eu sabia o quanto lucrara com meus estudos e, em especial, com meus contatos extensos com pessoas que vivenciaram essas experiências e desejava compartilhar aquilo que nem sempre fora expressado, ou que o fora apenas de forma indireta, em meus livros anteriores. Na verdade, eu queria tentar mostrar os frutos da EQM para que todos pudessem colhê-los, sabendo onde encontrá-los. Como eu trabalhara durante muitos anos nesse pomar, achei que talvez pudesse ajudar na colheita. E, enquanto tinha esses pensamentos, já sabia que chamaria este livro de *Lições da luz*.

Mas, em decorrência da minha maneira de escrever livros, logo deparei com um pensamento desagradável, porém inegável, que me fez parar: tal livro não poderia ser escrito logo. Na realidade, eu teria de adiar esse projeto por pelo menos quatro anos, até a minha próxima licença.

A não ser que eu me aposentasse.

Eu tinha apenas 56 anos, mas dava aulas na universidade havia 30 e acabava de me tornar um candidato aceitável para receber uma pensão. Talvez, pensei, se pudesse conseguir um acordo financeiro, tirando o equivalente a uma "licença permanente" e abandonando o ensino, realmente pudesse trabalhar nele! Eu poderia escrever mais livros e continuar as minhas pesquisas e palestras sem ter de me preocupar em cumprir os meus deveres puramente profissionais e acadêmicos em primeiro lugar. A idéia certamente me agradou mas, por uma série de motivos práticos, não pude realizá-la naquele momento. Mesmo assim, no verão de 1994 – exatamente quase dois anos depois – a idéia tornou-se realidade e, finalmente, eu estava livre para começar a trabalhar em *Lições da luz*.

E foi o que eu fiz – entre os meus freqüentes compromissos, os quais envolviam algumas viagens para dar palestras na Europa e as minhas pesquisas sobre as EQMs. Conseqüentemente, o trabalho neste livro era com freqüência interrompido, tornando-se intermitente, mas estava indo bem. Em abril de 1995, eu escrevera metade do livro e levei-o ao meu agente que, após a sua leitura, afirmou estar certo de poder vendê-lo.

Eu não estava preocupado com isso, porque nunca passara pela experiência de ter um livro rejeitado. Mas logo isso aconteceu e eu fiquei realmente chocado. Não que os editores tivessem encontrado falhas no livro em si mas, naquela época, havia uma onda de best-sellers autobiográficos sobre EQMs, gerando muitos imitadores e candidatos a autores de EQMs e, de repente, o mercado para esses livros atingiu um ponto de saturação. (Mais tarde, soube que alguns colegas escritores da área, incluindo um casal de autores muito conhecidos e respeitados, encontraram as mesmas dificuldades com seus manuscritos.) Após mais algumas tentativas, meu agente desistiu, frustrado, e eu fiquei com um manuscrito semi-acabado que parecia destinado a fazer parte de um depósito de papéis velhos.

Bem, eu ainda precisava terminar o meu projeto de pesquisa e tinha as minhas palestras, portanto, simplesmente dediquei-me a eles, enquanto lambia as feridas que todo autor rejeitado carrega e segui em frente. Entretanto, para mim, por mais que eu estivesse profundamente envolvido e mergulhado na criação deste livro, ele agora estava morto. E, depois de um período adequado de luto, eu estava pronto para seguir em frente.

Literalmente.

Enquanto tudo isso acontecia, eu começara a sonhar com outro projeto, há muito tempo adiado: voltar para São Francisco, onde nasci e fui criado. Agora, livre das minhas responsabilidades com o ensino e com os meus filhos já adultos, não havia nada de fato que me prendesse em Connecticut. Naturalmente, eu ainda estava (e continuo) ligado à universidade e ao meu departamento, como professor emérito mas, se eu pudesse aprender a viver sem o meu escritório, a biblioteca, a máquina de cópia e uma maravilhosa equipe de secretárias que cuidara de todas as minhas necessidades de rotina, não havia nada que me impedisse de ir embora.

E nada me impediu. Mas, antes de estar pronto para deixar Connecticut, eu tinha de fazer uma última e longa viagem para dar palestras na Alemanha. Como poderia saber que aquela viagem mudaria tudo?

Entra em cena Evelyn Elsaesser Valarino.

Na verdade, conheci Evelyn há alguns anos, quando ela estava escrevendo o seu livro* sobre EQMs e viera do seu país, a Suíça, para me entrevistar. Passamos seis horas fazendo a entrevista e, depois que ela deixou os Estados Unidos, continuamos mantendo contato, trocando idéias sobre assuntos relacionados ao seu livro, cujo prefácio foi escrito por mim.

Como eu estava indo para a Europa, combinamos de nos encontrar em Stuttgart, onde minha viagem terminaria. No decorrer de um longo almoço, tivemos a oportunidade de colocar os assuntos em dia e, durante a conversa, mencionei a minha dificuldade com o livro e minha relutância em abandoná-lo. Evelyn ficou chocada ao ouvir essa notícia e, para meu total espanto, imediatamente ofereceu-se para mostrar meu manuscrito semi-acabado para a sua editora na Plenum Press. Tendo pouco a perder mas sem grandes expectativas de que Evelyn tivesse sucesso onde meu agente repetidamente falhara, dei-lhe o meu consentimento.

Novamente, eu iria ter uma surpresa quando, pouco tempo depois de voltar aos Estados Unidos, Evelyn disse que a sua editora ficara muito interessada no meu livro e que a Plenum Press estava disposta a publicá-lo. Realmente, fiquei mais do que surpreso com essa virada nos acontecimentos. Seria mais correto dizer que fiquei flutuando em algum lugar entre o espanto e a confusão.

Mas, para mim, naquele momento, estava fora de cogitação retomar imediatamente o trabalho no livro, porque precisava embalar 34 anos da minha vida em Connecticut e encontrar um lugar para morar na Califórnia. E essa era uma enorme tarefa, que exigiria toda a minha atenção. O meu novo plano era continuar o livro de onde eu parara, assim que estivesse estabelecido na Califórnia, e terminá-lo em seis meses.

Nesse ponto, você não ficará surpreso ao descobrir que a vida estava ocupada fazendo outros planos para mim.

Cheguei à Califórnia num dos seus invernos mais úmidos e severos e, após dois meses, as coisas ainda não estavam totalmente organizadas. E, como há algum tempo eu já me comprometera a fazer diversas palestras até abril de 1997, nos dois primeiros meses tive de viajar muito. Obviamente, nada disso contribuía para que

---

* Publicado pela Plenum Press com o título *On the other side of life: Exploring the phenomenon of the near-death experience*.

eu pudesse terminar um livro que, agora, estava tão abandonado que eu mal conseguia me lembrar dele!

Finalmente, após ter encerrado todas as minhas viagens e estar pronto para recomeçar meu manuscrito, peguei uma gripe terrível que durou mais de um mês e, após a minha recuperação, descobri que estava com diversos problemas de saúde, potencialmente perigosos, os quais exigiam minha atenção imediata. A minha vida transformou-se numa série de visitas, aparentemente intermináveis, a consultórios médicos, testes de laboratório, novas dietas e tratamentos alternativos, e assim por diante, a maioria realizada enquanto eu vivia com o conhecimento de que, de acordo com um dos meus médicos, havia uma "chance de 85-90%" de eu ter desenvolvido um câncer. Enquanto isso, a minha visão, que nunca fora boa, subitamente começou a falhar, em decorrência de um glaucoma e outras patologias oculares.

Em resumo (e, acredite, eu não contei nada sobre a lista interminável de ameaças à minha saúde que surgiram de repente, como uma tempestade furiosa no mar, e que me deixaram com um medo paralisante), eu estava com muitos problemas e, durante algum tempo, bastante desesperado. Nessas circunstâncias, não somente era impossível trabalhar mas também me *imaginar* trabalhando de novo, e eu estava preparado para enfrentar a possibilidade de que a minha carreira estivesse encerrada. Naturalmente, isso também incluía o meu livro, aparentemente trazido de volta à vida pelos esforços de Evelyn e que, mais uma vez, estava condenado a ser uma vítima do destino e acabar como refugo na pilha de sobras da minha vida.

Durante esse período, continuei mandando e-mails para Evelyn que, naturalmente, ficava angustiada com as notícias, mas sempre mostrando-se solidária. Ela tentou manter viva a chama da esperança, não apenas com relação à minha saúde, mas também com relação ao meu livro, insistindo para que eu apenas adiasse o projeto e não desistisse por completo. Mas eu não conseguia ver nenhuma maneira de retomá-lo e tinha de lhe dizer. Ela aceitou a minha decisão, mas pude perceber a sua decepção. Eu também estava decepcionado, mas o que podia fazer?

No final, uma boa notícia diminuiu a minha grande preocupação com a minha saúde. O médico estava errado: eu não estava com câncer. Mas continuei com outros sérios problemas de saúde, com os quais precisava lidar; enquanto isso, o prazo do contrato para o meu livro estava se esgotando. Eu estava pronto para abandoná-lo quando, de brincadeira, escrevi para Evelyn: "Se você quer tanto que esse livro seja escrito, por que não o termina para mim?".

Mais uma vez, a vida me reservara outra surpresa. Evelyn, apesar de não ter gostado do tom de brincadeira da minha pergunta, aceitou a minha oferta! E quando ela foi aceita, pensei: "Bem, afinal de contas, isso pode dar certo", embora o idioma nativo de Evelyn não fosse o inglês.

O restante da história pode ser contado resumidamente. Concordamos em colaborar na elaboração do livro e, por fim, Evelyn veio a Nova York por três dias para me encontrar. Naquele momento, combinamos que eu escreveria alguns dos capítulos restantes, enquanto Evelyn assumiria a responsabilidade pelos outros. Contudo, por ter ficado tão animado com a possibilidade de trabalhar outra vez neste livro (e porque já aprendera a lidar com os meus problemas de saúde), finalmente acabei escrevendo tudo, com o mesmo entusiasmo e envolvimento iniciais. Enquanto isso, Evelyn conseguia todo o material que eu precisava, examinando todos os documentos que eu lhe enviara anteriormente e fazendo mil e uma coisas que facilitavam o meu trabalho. Embora eu tenha escrito este livro sozinho, ele foi, desde Stuttgart, um trabalho conjunto e eu jamais poderia tê-lo escrito sem a ajuda e o apoio constantes de Evelyn, tanto logísticos quanto emocionais. Resumindo, sem ela, você nunca estaria segurando este livro em suas mãos. Sou imensamente grato a ela.

É por isso que o seu nome está na capa e na página do título, ao lado do meu. Embora eu tenha escrito as palavras com as minhas mãos, o livro, em si, reflete o trabalho de nós dois.

Naturalmente, não me passou despercebido o fato de que, do jeito que as coisas aconteceram, este livro está sendo publicado mais ou menos na época em que *teria sido* se eu simplesmente tivesse continuado na universidade e esperado a minha próxima licença. Pensei muito nessa ironia.

Suponho que, com freqüência, imaginamos saber o que é melhor para nós e temos um plano melhor do que aquele que a vida já nos reservou.

Por outro lado, ocorreu-me o pensamento de que, no decorrer da elaboração deste livro sobre as lições da luz, aprendi uma lição que me parecia impossível de ser aprendida de qualquer outra maneira.

Espero que a leitura deste livro lhe ofereça um caminho menos tortuoso para aprender as lições particulares que você precisa absorver.

Introdução
Vivendo e morrendo
na Luz da experiência
de quase-morte

Nos mais de 20 anos depois da publicação do livro inovador de Raymond Moody, *Life after life,* grande parte do mundo ficou familiarizada, pelo menos de modo superficial, com o fenômeno que ele chamou de experiência de quase-morte (EQM). Em decorrência do enorme interesse gerado por seu livro, a mídia foi rápida na exploração desse sucesso e, em pouco tempo, houve uma verdadeira série de *talk shows*, documentários e artigos em revistas e jornais. Na verdade, desde o surgimento dessa onda inicial de interesse popular pela EQM, não houve efetivamente uma diminuição: a mídia continua consumindo a EQM com um apetite que não demonstra sinais de saciedade, enquanto o público leitor devora relatos autobiográficos sobre EQMs, como *Embraced by the light*, de Betty Eadie, com uma avidez assombrosa. Do mesmo modo, Hollywood, com seus dedos oportunistas descansando, como sempre, nos assuntos em moda, também ajudou a dar início ao processo de divulgação das descobertas sobre a EQM com filmes como *Ressurreição*, *All that jazz* e *Projeto Brainstorm*, continuando nos anos seguintes com outra enxurrada, incluindo os populares *Ghost*, *Linha mortal* e *Jacob's ladder*. Assim, graças aos esforços incansáveis da mídia eletrônica e impressa, temos 20 anos de atenção constante aos relatos feitos por pessoas que sobreviveram após uma crise de quase-morte. Como resultado, quase todos, aparentemente, estão agora familiarizados com o testemunho comum desses hóspedes temporários do reino da morte e milhares de pessoas receberam esperança e conforto por sua convicção de que de fato há "luz no fim do túnel". Será que alguém pode duvidar que – como conseqüência de tudo o que aprendemos sobre a experiência da morte com esses sobreviventes e com suas histórias, espalhadas pela mídia pelos quatro cantos do mundo – nós agora olhamos para a face da morte de outra maneira, reconhecendo-a como a imagem do Bem-amado?

Naturalmente, não foi apenas a mídia que se agarrou a essas narrativas inspiradoras para atrair grandes platéias aos seus programas e páginas. Os pesquisadores, inclusive eu, têm feito o mesmo há anos, pois narramos tais relatos, publicamos nossas estatísticas e mapas e nos esforçamos para compreender e explicar esses eventos extraordinários. Lembro-me de que, ao entrar nessa área em 1977, logo após ler o livro de Raymond Moody, eu estava principalmente curioso para descobrir se esses relatos eram verdadeiros. Mas, quando comecei a ouvir dos meus entrevistados exatamente o mesmo tipo de histórias que Moody relatou em *Life after life*, fui acometido por um desejo diferente: eu queria tornar evidente aos outros cientistas e acadêmicos que ali realmente havia um fenômeno que merecia ser estudado, bem como estimulá-los a investigar por si mesmos. É claro que outros já estavam percorrendo o mesmo caminho e, em 1980, na época em que meu primeiro livro sobre EQM, *Life at death*, foi publicado, já estavam sendo realizadas pesquisas que a legitimava. À medida que muitos pesquisadores dos Estados Unidos e de diversos outros países publicaram as suas descobertas na década seguinte, tornou-se bastante claro que a EQM, conforme Moody a descrevera originalmente, era uma experiência normalmente relatada e tinha efeitos bastante consistentes e profundos na vida daqueles que sobreviveram. A polêmica era saber *o que fazer com ela* e como, se possível, explicá-la. Essa polêmica continua até hoje, mas uma coisa é incontestável a respeito da EQM: ela acontece. Milhares de pessoas que as experienciaram já foram entrevistadas ou estudadas por pesquisadores e as pesquisas indicam que, provavelmente, milhões de pessoas as vivenciaram.[1]

---

1. Uma pesquisa, amplamente citada, realizada pela organização Gallup no início dos anos 80, por exemplo, sugere que só na população adulta dos Esta-

Após a determinação da configuração básica da EQM, muitas pesquisas documentavam os seus *efeitos secundários* e, atualmente, já existem muitos estudos em diversos países focalizando as mudanças provocadas por essas experiências.[2] E também livros como *Coming back to life*, de Phyllis Atwater, e *Spiritual awakenings*, de Barbara Harris, que tratam dos prováveis problemas que essas pessoas podem enfrentar para se readaptar à vida após a recuperação física. Em qualquer caso, quer a pesquisa se preocupasse com a natureza da EQM em si, com os seus efeitos secundários ou com as dificuldades posteriormente enfrentadas por quem as vivenciou, em geral, o foco estava dirigido exclusivamente para a vida e as experiências dessas pessoas. Mesmo os relatos autobiográficos, surgidos recentemente, como *Full circle*, de Barbara Harris, *Embraced by the light*, de Betty Eadie, e *Saved by the light*, de Dannion Brinkley, continuam a enfatizar os autores ou outras pessoas que vivenciaram uma EQM.

Isso tudo é compreensível, mas, aos poucos, está se tornando claro que essa preocupação com as pessoas que vivenciaram uma EQM resultou numa certa parcialidade e talvez, embora de forma inadvertida, também numa espécie de elitismo sutil. Milhões de pessoas podem ter passado por uma EQM, mas *muitos* milhões, que se interessam pelo assunto, não. Essas outras pessoas devem apenas continuar sendo uma *platéia* para as estrelas do show, por assim dizer, ou literalmente, "os luminosos"? Onde está a literatura dirigida, não às necessidades e circunstâncias de quem vivenciou uma EQM, mas para *aqueles que não a vivenciaram*, que têm fome de aprender e também desejam beneficiar-se com elas? Afinal, a maioria das pessoas – a grande maioria, na verdade – nunca passará por uma EQM, mas *todos nós*, com certeza, podemos nos bene-

---

dos Unidos *oito milhões* de pessoas podem ter passado por essa experiência. O debate sobre essas descobertas encontra-se no livro de George Gallup Jr., *Adventures in immortality*.

2. Nos Estados Unidos, a mais conhecida dessas investigações encontra-se em meus livros *Heading toward Omega* e *The Omega Project* e nos trabalhos de Charles Flynn, *After the beyond*, Phyllis Atwater, *Coming back to life* e Melvin Morse, *Transformed by the light*. Na Inglaterra, Margot Grey foi a primeira a examinar esse assunto em seu livro *Return from death*. Na Austrália, há os livros de Cherie Sutherland, *Transformed by the light* e *Within the light*. Finalmente, há um recente relato desses efeitos na Itália, no *Journal of Near-Death Studies*, "Extrasomatic emotions", de Emilio Tiberi.

ficiar com as lições oferecidas a quem as experienciou. A ironia é que, apesar de agora termos muitas obras a esse respeito, poucas tentam tornar essas informações relevantes para a vida diária – e eventual morte – de pessoas que jamais as experienciaram.

Este livro é um esforço para colocar esse tipo de informação à disposição dos leitores apresentando, em linguagem clara, as lições práticas de vida e morte que serão encontradas no estudo das EQMs. Como sugeri, é um livro principalmente para quem não experienciou uma EQM, mas sente que a sua vida poderia melhorar pela inclusão dos *insights* originados naquilo que, como muitas pessoas acreditam, é a experiência espiritual máxima do nosso tempo. Em resumo, *Lições da luz* tenta distribuir os frutos da Árvore do Conhecimento da EQM sem que você tenha de se enfiar embaixo de seu tronco para apanhá-los. Ao ler este livro, você descobrirá por si mesmo aquilo que outras pessoas quase tiveram de morrer para aprender e também que a sua vida pode desabrochar como a das pessoas que experienciaram diretamente uma EQM.

Para dar uma indicação dessas mudanças é preciso lembrar que a EQM não é apenas uma revelação da beleza mais profunda e tocante mas, como eu disse, é também algo que tem o poder de alterar e melhorar drasticamente a vida daqueles que são visitados por ela. Por exemplo, agora sabemos que a EQM costuma provocar mudanças duradouras nos valores e crenças pessoais: quem a vivenciou aprecia a vida mais completamente, tem sentimentos de valor próprio mais elevados, consideração mais compassiva pelos outros e, realmente, pelo restante da vida, desenvolve uma elevada sensibilidade ecológica, relatando uma diminuição nos valores puramente materialistas e egoístas. A orientação religiosa também tende a mudar, tornando-se mais universal, inclusiva e espiritual em sua expressão. Além disso, em muitos casos, o medo da morte é de todo eliminado e uma convicção, profundamente enraizada, torna-se inabalável e fonte de imenso conforto. E muitas afirmam ter desenvolvido poderes de percepção mais elevada, aumento na habilidade psíquica e, até mesmo, o dom da cura. Em resumo, a EQM parece libertar aspectos normalmente adormecidos do potencial humano para uma consciência mais elevada, aumentando a capacidade de se relacionar com mais sensibilidade com as pessoas e com o mundo em geral.

Então, a EQM parece favorecer o surgimento de um tipo de funcionamento que estimula o potencial humano total, o qual, provavelmente, é um direito de todos nós. Sempre que as suas bênçãos são incluídas de modo adequado na nossa vida, o indivíduo passa a ilustrar como é e como age uma pessoa altamente desenvolvida. Na verdade, como tentei sugerir em meus livros anteriores, em especial *Heading toward Omega* e *The Omega Project*, as pessoas que vivenciaram uma EQM – e outras, que passaram por um despertar semelhante por outros meios – podem ser as precursoras da evolução da humanidade em direção a uma consciência mais elevada. Entretanto, mesmo que isso seja verdade, não basta esperar passivamente que essa evolução ocorra. O fenômeno da EQM, em minha opinião, não é apenas um catalisador evolucionário, mas um *ensinamento* sobre a vida, o amor e o potencial humano que todas as pessoas interessadas poderiam usar ativamente para enriquecer a sua vida e acelerar o próprio progresso em direção ao esclarecimento. Assim, este livro é dirigido a todos os que gostariam de adquirir esse conhecimento, de utilizá-lo de maneiras práticas para viver a sua vida mais plenamente e com maior consciência das possibilidades transcendentais que o momento da morte reserva para todos nós.

A maioria das pessoas que passaram por uma EQM afirma que a sua missão é ajudar os outros de alguma maneira, usando ou compartilhando a sua experiência e as suas lições com quem for receptivo ou com quem puder beneficiar-se dos seus relatos. Igualmente, é isso o que este livro tentará fazer. Baseado em meu longo envolvimento de 20 anos com essa área e em minhas relações pessoais com centenas dessas pessoas, gostaria de destilar a essência indispensável dessas experiências para que o seu valor prático na vida cotidiana possa tornar-se relevante para todos – a grande maioria – que não vivenciaram uma EQM. Na verdade, conforme mostrarei, *já temos evidências de que a simples aprendizagem sobre a EQM tem efeitos semelhantes aos relatados por quem a vivenciou.* Isso significa que ela pode agir como um vírus benigno e, expondo-se a ele, você poderá contraí-lo; isto é, poderá receber alguns dos mesmos benefícios recebidos por quem realmente passou por uma EQM. Portanto, ao ouvir essas pessoas e compreender com mais clareza o que elas adquiriram no seu encontro com a luz, também você terá a oportunidade de aprender e crescer como elas. O objetivo deste livro é simplesmente ajudá-lo a fazer essas conexões para si mesmo, colhendo as recompensas das EQMs sem quase ter de morrer para isso.

PLANO DO LIVRO

Para iniciar o processo de assimilação dessas EQMs e as suas implicações na nossa vida, naturalmente precisamos começar com a própria experiência. Assim, no Capítulo 1, quero apresentar uma amostra de alguns casos selecionados de EQMs para que, se necessário, você possa ser mais uma vez lembrado das suas revelações incríveis e poderosas, bem como do seu poder de provocar mudanças radicais e extremamente positivas na vida do indivíduo. Entretanto, esses exemplos, que serão extraídos de pesquisas até então não publicadas, as quais representam alguns dos casos mais excepcionais que encontrei, fornecerão mais do que testemunhos meramente inspiradores. Eles também devem começar a sugerir o tipo de possibilidades de mudanças que podem estar reservadas a você pela simples leitura e reflexão do conteúdo deste livro.

A seguir, no Capítulo 2, quero começar a defender a autenticidade das EQMs com base nas mais recentes pesquisas nessa área, para que você possa ter certeza de que essas experiências são reais e não apenas uma espécie de sonho, fantasia ou alucinação elaborados. Nesse capítulo, examino algumas das evidências mais persuasivas, relacionadas principalmente aos relatos de pessoas que passaram por uma EQM e na qual elas parecem ver ou ouvir coisas que talvez não poderiam perceber pelos meios normais. Essas pesquisas conduzem naturalmente ao Capítulo 3, o meu mais recente trabalho sobre EQMs de cegos, no qual mostramos que as pessoas cegas, *mesmo as congenitamente cegas*, têm experiências visuais durante as EQMs, algumas delas relacionadas a coisas comprováveis deste mundo (e não apenas percepções do "além-túmulo").

Então, no Capítulo 4, continuo defendendo a autenticidade da EQM, utilizando uma linha totalmente diferente de trabalho na área dos estudos da quase-morte, apresentando algumas evidências de ocorrência de EQMs na infância, concentrando-me em casos nos quais elas foram aparentemente vivenciadas por crianças muito jovens. Por fim, no Capítulo 5, o último dos capítulos relacionados à questão da autenticidade, começamos a examinar os efeitos secundários das EQMs. Seja qual for a sua natureza, não há dúvida de que elas são reais em seus efeitos na vida das pessoas. Então, nesse capítulo, mostro que há um perfil psicológico constante característico de quem vivenciou uma EQM. Contudo, o objetivo desse capítulo é sugerir que esse protótipo comum e atraente pode ser possível para todos nós, independentemente de termos ou não vivenciado tal experiência. Também podemos nos tornar aquilo que essas pessoas se tornaram em decorrência do seu encontro com a morte, deixando o seu poder trabalhar indiretamente por nosso intermédio, bem como aplicando *ativamente* as suas lições em nossa vida.

Isso nos leva aos Capítulos 6 e 7, nos quais, com convicção, começamos a fazer os tipos de conexões necessárias para absorver as implicações da EQM, permitindo que esse conhecimento tenha um valor prático para nós. Assim, esses dois capítulos tratam de uma das características mais notáveis da EQM, a revisão de vida – aquele *playback* panorâmico de quase todas as coisas que aconteceram na nossa vida –, além de uma série de ilustrações desse aspecto ainda não valorizado das EQMs, a partir de entrevistas com pessoas que testemunharam por si mesmas esse surpreendente fenômeno. Em minha experiência como professor e orientador de *workshops*, as lições a serem extraídas dessa faceta da EQM podem alterar, dramática e permanentemente, a vida de quem se dá ao trabalho de refletir sobre ele, e este capítulo apresentará exercícios para você fazer exatamente isso.

O Capítulo 8 focaliza outra importante lição da EQM, a da autoaceitação e, mais uma vez, reuni muitos testemunhos fascinantes sobre o assunto, tornando clara a sua importância pessoal para a sua vida.

O Capítulo 9 ressalta a mudança de determinados valores e crenças após a EQM, por exemplo, sobre a importância (e, na verdade, a supremacia) do amor, serviço, reverência à vida e da vida após a morte.

Para fazer as conexões pessoalmente para você, esse capítulo também apresenta algumas evidências, já mencionadas sobre o impacto da informação sobre as EQMs naqueles que não as vivenciaram. Naturalmente, isso foi feito para mostrar como a reflexão e a utilização ativa do material descrito neste capítulo pode beneficiá-lo diretamente, ajudando a provocar as mesmas mudanças de valores, crenças e comportamentos relatadas por quem as vivenciou.

Nesse ponto, no Capítulo 10, passo a tratar das questões relacionadas aos potenciais humanos mais elevados que parecem ser evocados pelas EQMs, em particular o surgimento dos dons de cura. Apresento mais alguns exemplos e cito algumas pesquisas que sugerem que a EQM estimula o desenvolvimento de habilidades de cura, conferindo também um estado de percepção mental expandida. Discuto também a luz como uma força curadora por si mesma e apresento alguns casos em que a EQM parece ter recuperado vidas destruídas, colocando-as num caminho que lhes permitiu cumprir a sua promessa inicial. Uma vez que esses efeitos não devem ser limitados apenas a quem vivenciou uma EQM, uma característica importante desse capítulo é a discussão a respeito de como você poderá utilizar essa informação para compreender a dinâmica da doença e promover a cura, física e espiritual, na própria vida.

Após considerar as lições da EQM na vida cotidiana e o reconhecimento do nosso potencial humano, aprofundo-me ainda mais na questão perturbadora da morte. Entretanto, na verdade, no Capítulo 11, demonstro que duas décadas de pesquisas sobre as EQMs provocaram uma revisão inegável da nossa compreensão do momento da morte e, por implicação, daquilo que pode vir depois. Imagens da luz e o fato, com freqüência mencionado, de tornar-se a própria luz, eliminaram cada vez mais a tradicional figura da morte, o ceifador implacável, cujo fantasma ameaçador assombrou a psique ocidental por centenas de anos. Agora, o homem encapuzado com a foice está em plena retirada e aqueles que enfrentam a morte iminente podem refletir sobre conceitos muito mais confortantes e promissores da morte – em grande parte graças à publicidade que as pesquisas receberam desde o seu início, em meados de 1970.

Nesse capítulo, examino como essa informação já começou a afetar os cuidados e a preparação de quem está morrendo – em clínicas de repouso, asilos, hospitais. Também descrevo novos estudos sobre o impacto dessas informações em idosos, em pessoas de

Introdução: Vivendo e morrendo na Luz da experiência de quase-morte | 31

luto e naquelas que receberam algum tipo de diagnóstico terminal. Nessa conexão, utilizo muitos testemunhos enviados por pessoas de luto (em particular por mães que sofreram a perda de um filho) e por pacientes morrendo de aids, que demonstram como essas informações são inacreditavelmente úteis para quem estava preocupado com as conseqüências emocionais ou a ameaça da morte. Esse capítulo também irá ajudá-lo a se preparar para a própria morte, permitindo-lhe eliminar temores desnecessários a respeito do que acontece no momento da morte – como as pessoas que vivenciaram uma EQM perderam o medo de morrer.

A discussão sobre a preparação para a morte e o próprio momento em que ela ocorre naturalmente levanta a questão sobre o que acontece após a interrupção de todas as funções biológicas, assunto do Capítulo 12. Embora ninguém, por mais sábio que seja, possa falar com certeza sobre isso, muitas pessoas que vivenciaram uma EQM falam do assunto com muita convicção e, como um grupo, estão quase absolutamente certas de que algum tipo de existência espera por nós após a morte. Além disso, os estudos mostraram que as suas opiniões são contagiosas e inspiram uma crença maior na vida após a morte naqueles que têm a oportunidade de ouvi-las.

A partir desses comentários, chegar à questão dos ensinamentos espirituais e metafísicos originados pela imersão na luz da EQM é apenas um pulo, pois, de acordo com quem as vivenciou, *todo* conhecimento está codificado nessa luz. Portanto, estar na luz e ser a luz torna esse conhecimento total acessível àqueles que vivenciaram uma EQM e, por intermédio deles, a nós. O foco do Capítulo 13 é um conjunto de casos até então não publicados que representam EQMs *totais* ou *completas*. Naturalmente, a maioria das EQMs mencionadas na literatura são fragmentos, embora complexos, da experiência de morte e não revelam toda a história. Por outro lado, alguns casos que reuni recentemente sugerem que a EQM completa sempre envolve o encontro com uma *segunda* luz. Esses exemplos estão entre as EQMs mais profundas e surpreendentes que encontrei desde o início da minha pesquisa e, se você puder absorver totalmente as suas implicações, a sua fé no Amor radiante inexprimível que parece permear o nosso Universo será imensamente fortalecida. Então, esse capítulo representa o auge do conhecimento disponível a quem vivenciou uma EQM – as lições essenciais da Luz.

Mas esse clímax não representa a conclusão do livro em si mesmo. Ao contrário, no Capítulo 14, descemos dos esplendores sublimes do céu da EQM para o mundo real cotidiano, onde se encontra o verdadeiro teste desse conhecimento baseado na EQM. Portanto, o tema desse breve capítulo é o de que todos nós podemos e devemos aprender com uma experiência que, necessariamente, só pode ocorrer para uma minoria (por maior que seja). Em vez de examinar os *insights* já apresentados neste livro, esse capítulo irá estimulá-lo a usar recursos específicos para aprofundar e internalizar as lições selecionadas nos capítulos anteriores. A seguir, num Apêndice especial, encontraremos leituras adicionais, audiocassetes e videoteipes, grupos de apoio, organizações voltadas às EQMs e suas implicações, congressos e os nomes e endereços de pessoas que vivenciaram uma EQM e que desejam ser contatadas, incluindo todos os recursos disponíveis na internet. Dessa maneira, recorrendo à EQM, espero que você continue enriquecendo a sua vida e que, pelo seu próprio esforço, os seus benefícios possam ser estendidos aos outros. Assim, o anseio insaciável da humanidade por uma consciência totalmente esclarecida e, por fim, a recuperação de nosso planeta ameaçado serão acelerados.

UMA PALAVRA PESSOAL FINAL

Como já mencionei, venho explorando o mundo das EQMs há duas décadas e, durante esse período, fui principalmente um professor e um pesquisador. Mas, durante todo esse tempo, nunca deixei de ser um estudioso do fenômeno que me fascinou e atraiu e, desde o início da minha investigação, estava claro para mim que as pessoas que vivenciaram uma EQM, que eu já conhecia e que continuei conhecendo ao longo do caminho, seriam os meus professores.

Tendo escrito três livros anteriores sobre EQMs, eu achava que o meu trabalho nessa área estava encerrado e que eu estava pronto para explorar outras áreas. Afinal, o que mais havia a ser dito que já não fora mencionado num dos meus livros ou em muitos outros artigos? Que novas contribuições eu poderia fazer que já não haviam sido feitas por outros?

Certo dia, pensando nisso, ocorreu-me que o que eu realmente gostaria de fazer era tentar dar aos outros alguma coisa daquilo que me foi dado tão generosamente por essas pessoas que conheci durante a realização do meu trabalho: não apenas apresentar mais descobertas de pesquisas, pois isso eu já fizera em meus livros anteriores, mas oferecer, como um presente a ser utilizado na vida cotidiana, a sabedoria sem preço que pode ser adquirida quando ouvimos e observamos algumas dessas pessoas; na verdade, *divulgar* a EQM, difundir os seus ensinamentos onde quer que haja a esperança de encontrar um solo receptivo para elas criarem raízes.

Você é o meu solo. Eu trouxe comigo as minhas sementes, que recebi de outros, para ver se posso transplantá-las em você. Entretanto, tudo o que posso fazer é colocá-las suavemente sobre você. Se quiser que elas cresçam, você precisa nutri-las e ver se elas florescem sob os seus cuidados. Se quiser colher alguma coisa no final, também precisará se esforçar.

Por enquanto, só posso lhe desejar uma colheita farta.

Mas, no início está a semente, e ela é feita de Luz. Que ela possa ofuscá-lo enquanto penetra em você.

Capítulo 1

Jornadas para a Luz

Nos últimos dez anos, tenho ministrado um curso sobre EQMs na minha universidade. Todo semestre, no primeiro dia do novo ano letivo, chegam à minha sala de aula 35 ou 40 alunos, em geral um pouco nervosos por estarem fazendo um curso tão incomum, mas também entusiasmados e curiosos sobre o assunto que já despertara o seu interesse.

Em geral, há uma pessoa – e, habitualmente, mais de uma – entre esses alunos, que vem à aula com uma inclinação notadamente diferente e uma vantagem sobre os colegas. Esse é o aluno, apesar de eu só descobrir isso mais tarde, que já passou por uma EQM. Ele está lá por motivos muito diferentes e passam-se semanas ou mesmo quase um semestre, antes que os outros alunos e eu saibamos que alguém que passou por tal experiência esteve entre nós esse tempo todo. Mas, no final do semestre, nós já conhecemos a história da EQM daquele aluno, o qual, a partir desse dia, torna-se o verdadeiro professor da classe.

Craig

Ainda me lembro vividamente da primeira vez que um desses alunos invisíveis revelou-se para nós. Craig, como irei chamá-lo, tinha quase 30 anos, um pouco mais velho do que os outros alunos, mas ainda tinha um jeito de adolescente que o fazia parecer exatamente igual aos seus colegas. Eu já percebera que ele parecia em especial interessado em nossas discussões e, talvez pelo fato de ser atlético, com ombros largos e uma estrutura forte, a sua presença era muito dinâmica e atraente na sala de aula. Talvez eu esteja idealizando um pouco ao me lembrar dele agora, mas tenho quase certeza de que até mesmo notei uma espécie de brilho nos seus olhos, que o diferenciava da maioria dos alunos. Naquela época, tenho certeza de que atribuí esse fato ao seu envolvimento óbvio no curso, mas os meus alunos e eu iríamos descobrir que, indiscutivelmente, havia mais motivos pessoais que explicavam a presença quase luminosa de Craig e a sua alegria contagiante.

Obviamente, esse foi o dia em que ele, um pouco tímido, confessou que há dez anos passara por uma dessas experiências. Naturalmente, deixei-o à vontade para falar e, antes do fim da aula, ouvimos a essência da sua história que, depois de ter começado a falar, Craig contou de maneira muito direta e natural. Quando terminou, perguntei se ele poderia me escrever uma versão dela e, a seguir, apresento alguns trechos do seu relato escrito, antecedido e intercalado com alguns comentários meus, para ajudar a inserir os seus comentários no contexto. Entretanto, eu o convido não apenas a ler as suas palavras com atenção, mas também a *entrar* na experiência com o máximo de empatia, imaginando que ela é sua. Se você conseguir, essa experiência se tornará sua e o seu poder se ramificará através de você.

A EQM de Craig ocorreu num dia de verão, como conseqüência de um acidente de *rafting* no qual ele quase se afogou. Ele estava na bóia havia cerca de 30 segundos quando percebeu que corria perigo. Nesse momento de alerta, ele ficou consciente de que

> [...] a corrente estava me puxando para o meio do rio, onde havia uma pequena cascata. Naquele local, havia uma queda abrupta de cerca de 1,50 m e a força da água era extremamente visível. As pedras abaixo estavam tão desgastadas que formavam uma espécie de buraco de sucção [...] Tentei voltar para o caminho que [o seu amigo e companheiro de *rafting*] Don seguira, enquanto remava com as mãos, mas as minhas tentativas foram inúteis. A correnteza era muito forte e remar só estava me fazendo girar e eu estava indo em direção

à cascata atrás de mim, em vez de ir para a frente. Ao olhar sobre o ombro, meu coração começou a bater muito rápido, pois percebi que não seria possível evitar a queda. Tentei agarrar-me à bóia, mas ela estava muito escorregadia. Então, fui em direção à cascata, a bóia afundando na água atrás de mim e me atirando para trás por causa da pressão do ar. Fui lançado de cabeça para baixo na cascata, onde a força da água me afastou da bóia com um impacto súbito e uma força brutal, e então fui atirado para o fundo. A força esmagadora e incessante da água me manteve preso lá.

Agora, Craig estava aparentemente sem saída, com o rosto na areia e só conseguia mover as mãos, mas não havia nada que ele pudesse agarrar para se levantar. Rapidamente, percebeu que não havia esperança e que, com o suprimento de ar quase acabando, com certeza ele morreria. Enquanto isso, a sua mente trabalhava a toda velocidade e muitas coisas e pensamentos pareciam estar surgindo ao mesmo tempo. Então, ele começou a perder totalmente a noção do tempo, enquanto era atingido pela realidade da sua situação fatal.

Eu não podia acreditar que a minha vida ia acabar ali [...] nunca pensei que eu morreria afogado, nem que isso fosse acontecer com tão pouca idade [...] Achei engraçado pensar que eu estivera naquela área tantas vezes antes e nunca desconfiara que iria morrer lá. Cenas da minha vida começaram a passar diante dos meus olhos numa velocidade incrível. Era como se eu fosse um observador passivo e alguém estivesse manobrando um projetor. Pela primeira vez, eu estava olhando a minha vida objetivamente. Eu via as coisas boas e as coisas ruins. Percebi que essas imagens eram uma espécie de capítulo final na minha vida e que quando elas acabassem, eu perderia a consciência para sempre. Pensei em como uma lâmpada algumas vezes brilha intensamente antes de apagar pela última vez.

Craig está começando a experienciar aquilo que muitas pessoas relatam quando estão quase mortas, uma espécie de retrospectiva panorâmica da vida, e continuou descrevendo as diversas cenas da sua infância, começando quando ele era um bebê.

Fiquei surpreso ao me ver sentado num cadeirão de bebê, pegando um bocado de comida com a mão direita e atirando-o no chão. E então, lá estava a minha mãe, anos mais jovem, dizendo que meninos bonzinhos não atiram a comida no chão. Também me vi num lago, nas férias de verão quando eu tinha três ou quatro anos de idade. Meu irmão e eu tínhamos de nadar com coletes salva-vidas para nos ajudar a flutuar, porque ainda não sabíamos nadar. Por algum motivo, eu estava bravo com ele e, para demonstrar a minha raiva, atirei o seu colete no lago. Ele ficou bravo e começou a chorar e o meu pai veio e me explicou que eu não devia ter feito aquilo e que eu iria remar no barco com ele e buscar o colete, bem como pedir desculpas. Lembrei de um acidente de barco quando eu tinha uns sete anos de idade e que foi muito traumatizante para mim, porque, sem querer, eu passara com o barco em cima do meu irmão e quase o matara. Eu estava espantado com a quantidade de cenas que eu via, mas que estavam esquecidas há muito tempo [...] Parecia que todas as cenas estavam relacionadas a experiências com as quais eu aprendera alguma coisa ou que, de alguma forma, me deixaram traumatizado. As imagens continuavam surgindo em alta velocidade e eu sabia que o tempo estava se esgotando, pois elas estavam se aproximando cada vez mais do presente. Então, as imagens cessaram [...] e havia apenas a escuridão.

Nesse ponto, aparentemente final, Craig diz que começou a relaxar um pouco e rendeu-se ao inevitável. Entretanto, ele está consciente de uma sensação de formigamento que começa nos pés e espalha-se por todo o corpo, deixando-o cada vez mais relaxado. O seu corpo fica extremamente quieto e o seu coração pára de bater. Ele não tem mais necessidade de ar e comenta que, de forma paradoxal, agora não se sente nem um pouco desconfortável. Há uma pausa e então, subitamente,

> eu senti que estava me movimentando num vazio escuro. Era como um túnel, mas estava tão escuro que podia ter dois metros ou milhares de quilômetros de diâmetro. Eu parecia estar ganhando velocidade e viajando numa linha perfeitamente reta pelo vazio. Senti como se o vento estivesse soprando em meu rosto. Contudo, não havia nenhum vento; havia apenas as sensações que estariam presen-

tes se houvesse vento. Eu me sentia como se estivesse me movendo na velocidade da luz pela escuridão e, lá longe, podia ver um pequeno ponto de luz que parecia estar aumentando. De algum modo, eu sabia que aquele era o meu destino. A velocidade aumentou até ele se tornar uma enorme massa de luz branca brilhante e maravilhosa. Parei logo antes de atingi-lo, pois senti que estava me afastando muito da terra para poder encontrar o caminho de volta, e acho que senti aquilo que poderíamos comparar com saudade.

E enquanto eu ficava lá, imóvel, parecia que a luz começara a flutuar na minha direção, como se quisesse ocupar o espaço que eu deixara entre nós. Não demorou muito e ela me engoliu e eu me senti como se fosse parte dela. Ela parecia saber tudo o que havia para se saber e me aceitava como parte dela. Por alguns minutos, senti-me onisciente. De repente, tudo parecia fazer sentido. O mundo inteiro parecia estar em harmonia total. Lembro-me de ter pensado: "Ahhh, então é isso. Tudo é tão claro e simples de tantas maneiras". Eu nunca fora capaz de ver o mundo sob esse ângulo.

Olhando para trás, não posso explicar as perguntas que foram respondidas, nem as próprias respostas. Tudo o que sei é que elas estavam num nível muito mais elevado de pensamento que não pode ser alcançado quando estamos limitados pela natureza física da mente [...] Dentro da luz, eu ainda podia sentir os limites da minha forma, mas, ao mesmo tempo, eu me sentia a própria luz. Eu me sentia expandindo na luz, numa área que parecia ter quilômetros, e então me contraía voltando ao tamanho anterior, o qual, nesse momento, era uma massa de energia com o formato de um ovo, de mais ou menos um metro. Eu me sentia melhor do que jamais me sentira em minha vida. Era como se eu estivesse mergulhando no amor e na compreensão total e me aquecendo no seu brilho [...] Tive a sensação de ter viajado para muito longe e, finalmente, estar voltando para casa. Percebi que já estivera aqui antes, talvez antes de eu ter nascido para o mundo físico.

Nesse momento de aparente apogeu, que sugere o auge absoluto da EQM em inefável união com a luz, Craig está espantado de perceber que ainda há outras revelações a serem feitas.

De repente, tive a sensação de estar flutuando, como se estivesse subindo. Fiquei chocado ao descobrir que estava flutuando no ar, acima do rio. Lembro-me vividamente da cena do nível da água passando diante dos meus olhos. Subitamente, eu podia ver e ouvir como nunca. O som da cascata era tão nítido e claro que não podia ser explicado em palavras. No início do ano, meu ouvido direito fora ferido quando alguém jogou uma M-80 num bar onde eu estava ouvindo uma banda e ela explodiu bem ao lado da minha cabeça. Mas agora eu podia ouvir com perfeição, melhor do que jamais ouvira antes. A minha visão era ainda mais bela. Eu podia ver claramente as coisas próximas e distantes, com a mesma clareza e ao mesmo tempo, o que me surpreendeu. Eu me senti como se, durante todos esses anos, eu estivesse limitado pelos meus sentidos físicos, olhando para uma imagem distorcida da realidade.

Enquanto eu flutuava uns dois metros acima do nível da água, olhei para baixo, na direção da cascata. Eu sabia que o meu corpo físico estava 2,50 m abaixo da água, mas isso parecia não me incomodar [...] Agora, separado do meu corpo físico, descobri que podia sobreviver sem toda a dor e sofrimento da existência física. Eu nunca pensara na vida como dor e sofrimento quando estava no meu corpo físico, mas agora, depois de vivenciar essa harmonia e beatitude total, era como se tudo antes disso fosse como estar em algum tipo de prisão.

Eu me sentia como se fosse uma forma de energia que nunca poderia ser destruída. Pensei em todas as pessoas com deficiências, que não podiam ver, ouvir e naquelas que perderam membros ou estavam paralisadas. Percebi que quando elas morressem, essas limitações físicas seriam abandonadas e elas poderiam se sentir inteiras novamente... Era um sentimento tão reconfortante saber que todas essas pessoas seriam libertadas das suas deficiências algum dia.

Então, Craig vê Don, o seu perturbado companheiro, e tenta comunicar-se com ele.

Olhei para baixo, para o rio, e pude ver Don agarrado numa pedra enquanto olhava para baixo, para a cascata, com a boca aberta. Gritei para ele: "Don, estou aqui em cima. Estou bem, olhe aqui para cima". Ele não respondeu. Parece que não havia jeito de me comunicar com ele [e] rapidamente, desisti.

Nesse momento crítico da jornada de volta da luz, Craig passa por outras curiosas experiências, embora semelhantes àquelas ocasionalmente relatadas por outras pessoas que tiveram uma EQM. Ele descobre que agora a sua essência incorpórea tem o poder de penetrar e experienciar os elementos da natureza, como árvores e pedras, e se diverte com essas estranhas sensações. Em resumo, ele está se divertindo e vê possibilidades ilimitadas nesse novo estado.

Eu me sentia melhor do que jamais me sentira em toda a minha vida. Sentia-me como se pudesse ir a qualquer lugar no Universo, num instante. Lembro-me de ter pensado na minha família e, de repente, descobri que a minha energia estava de volta ao quintal da minha casa, flutuando sobre a varanda dos fundos e olhando pela janela da cozinha. Havia um pássaro pousado no parapeito e fiquei muito surpreso ao ver que podia me aproximar dele sem que ele voasse. Vi a sombra de alguém passando pela cozinha, mas não sei quem era. A seguir, vi-me flutuando sobre a esquina de uma cidade movimentada. Era exatamente como a cena que vi quando visitei São Francisco. Após cada uma dessas excursões, eu voltava novamente, flutuando acima da areia perto do rio.

Eu estava no auge da minha euforia e procurando alguma coisa nova para experimentar, quando uma voz trovejou na minha cabeça. Ela disse: "O que você pensa que está fazendo? Você não deve morrer ainda! Você está sendo egoísta. Claro que você se sente ótimo e está adorando essa nova experiência, mas você precisa compreender que isso não deveria ter acontecido assim. Você prometeu que nunca desistiria até ter usado cada grama de energia. Você lembra da luta romana no colegial, quando você foi derrubado e depois ficou desapontado porque sentiu que desistira? Você apenas desistiu. Estou um pouco desapontado por você não ter tentado escapar".

Pensei naquilo, lembrando do incidente vividamente, e a voz estava absolutamente certa. Eu desistira muito rapidamente e, com certeza, não usara toda a minha energia para escapar, mas expliquei que não via nenhuma saída. Eu disse: "E, além disso, de qualquer modo é muito tarde, porque agora o meu corpo já deve estar cheio de água". Nós parecíamos estar nos comunicando sem palavras, com o pensamento direto.

Nesse ponto, comecei a ver a figura de um homem, parcialmente transparente e parecendo idoso. Quando percebi que era com ele que eu estivera me comunicando, também percebi cinco rostos à sua esquerda. [Eles também estavam dando conselhos e então] percebi que esses espíritos ou almas pareciam me conhecer muito bem e eram como uma espécie de parentes do meu passado, mas eu não os reconheci.

Então, a voz principal explicou que não era muito tarde para voltar e, de repente, vi surgir uma fina linha cor de laranja sobre um fundo preto. Ela era horizontal e parecia estender-se até o infinito dos dois lados de uma pequena área vermelha e mais grossa do que o restante da faixa. A voz disse: "Essa área vermelha é a sua vida". Então, uma linha preta vertical cortou a área vermelha na altura do primeiro quarto da sua extensão. A voz, então, disse: "Se você morrer hoje, é aí que a sua vida acabará, mas, se escolher viver, pode ver que tem o potencial para viver outros três quartos além do que viveu até agora".

Então, a entidade mostrou as cenas do que aconteceria se eu escolhesse morrer. Vi a minha família em lágrimas, vi imagens de carros da polícia, uma ambulância mergulhadores e pessoas das casas vizinhas nas margens, tentando ver o que estava acontecendo. Eu também vi uma imagem de Don explicando à polícia o que acontecera. Essas imagens eram muito perturbadoras, porque eu não queria que a minha família e os meus amigos passassem por esse tormento. Então, a voz perguntou do que eu gostava na vida. Eu lhe disse que adorava música. Ela perguntou se eu fizera tudo o que desejara fazer com a minha música. Eu respondi que não e contei que sempre sonhara em fazer a abertura para alguém famoso. Em seguida disse que teria gostado de fazer a abertura para alguém do Festival de Woodstock, como Arlo Guthrie, por exemplo.

A voz percebeu que Arlo Guthrie era um herói para mim e explicou que ele não era nada diferente do restante de nós na Terra, e que se você quer muito alguma coisa ela pode ser sua – desde que você perceba que, depois de consegui-la, pode descobrir que não era aquilo que estava procurando. Ela parecia estar dizendo que se as pessoas pudessem enxergar a importância do amor e da colaboração, em lugar da competitividade, o mundo poderia ser um lugar melhor para se viver. Ela me disse para utilizar ao máximo os meus sentidos e reunir o máximo de conhecimento que pudesse por intermédio deles. Pensei na linha do tempo novamente e em como ela continuava além do ponto onde a minha vida iria acabar, e em como ela se estendia para além do início da minha existência humana. Se não havia nada antes e depois da minha vida, por que eu via a linha cor de laranja se estendendo até o infinito nas duas direções e não apenas a área vermelha que estava reservada para a minha vida neste mundo? Ela parecia estar me dizendo que eu existira de alguma forma antes dessa vida e que continuaria existindo depois que ela acabasse. A voz então disse: "Esse lugar sempre estará aqui esperando por você e se você quiser ficar agora, eu o aceitarei, mas ficarei desapontado se você não aceitar essa oportunidade para voltar – a escolha é sua".

De repente, percebi que seria um insulto pessoal a essa figura se eu não escolhesse voltar à minha vida atual. Era como se ela estivesse me dizendo que uma existência terrena poderia ser maravilhosa se fosse vista com a disposição de ânimo correta. Não demorei muito para perceber que, lá no fundo, eu realmente queria voltar e viver a minha vida plenamente. Embora eu me sentisse bem nesse lugar, sentia que poderia voltar para cá algum dia e que não havia pressa. Eu respondi: "Tudo bem" e, antes que pudesse dizer "Estou pronto", fui lançado de volta ao meu corpo como um relâmpago.

Num instante, Craig fica consciente do peso do seu corpo e da dor física, mas, ao mesmo tempo, sente um tremendo influxo de energia que lhe permite quase esquecer a dor. Descobrindo que agora estava possuído pela "força de três homens", ele luta de forma resoluta para se libertar e, naturalmente, consegue e nada de volta para a margem, onde desmaia, totalmente exausto. Contudo, a sua mente ainda está pensando na experiência, e mesmo estando na margem do rio ainda assim continua em dois mundos. "Eu tentei entender o que acabara de me acontecer. Eu sabia que tivera um vislumbre de um mundo do outro lado da vida, como nós a conhecemos, e era muito bom estar de volta. Até a dor nos pulmões era boa."

Dez anos depois, refletindo sobre as lições e sobre o impacto da sua experiência, Craig escreveu:

Essa experiência mudou a minha vida de muitas formas. Por um lado, não sinto nenhum medo de morrer. Sei que não vou querer sofrer, mas também sei que o verdadeiro processo da morte não é nada parecido com o que eu achava que provavelmente fosse, essa foi a experiência mais linda e tranqüila que jamais experienciei. Agora, percebo que o nosso tempo aqui é relativamente curto e isso me faz querer viver a minha vida de modo pleno. Descobri que entre as poucas coisas que as pessoas podem levar consigo quando morrem, o amor é provavelmente a mais importante. As únicas coisas que ficam quando abandonamos esse corpo são a energia, o amor, a personalidade e o conhecimento. Parece um enorme desperdício de um tempo precioso ficarmos presos a coisas materiais. Quando ouço os pássaros cantando, o seu som é lindo e eu me sinto bem. Eu noto as árvores e as plantas e outras coisas vivas como nunca notei antes. Acho que a minha felicidade vem mais das pequenas coisas na vida do que daquelas com valor monetário. A vida parece mais complexa e surpreendente do que antes. Sinto que o nosso corpo é o maior presente de todos e descubro que a maioria das pessoas o considera garantido. A maioria das pessoas não pára para pensar na sorte que tem de estar viva. Sei que recebi uma segunda chance na vida e, a cada dia, ela se torna mais preciosa para mim. As palavras não podem descrever o que sinto quando acordo de manhã e vejo o Sol brilhando pela janela e é o início de um novo dia, com todo tipo de oportunidades para experienciar novas coisas e aprender com elas. Agora, sei que depois dessa vida há uma existência esperando por nós e que a morte não é o fim, mas simplesmente um novo começo.

Entretanto, no caso de Craig, ainda havia uma surpresa e uma confirmação extraordinária de algo que lhe fora dito pela voz durante a EQM. Concluindo o seu relato, ele conta essa história:

> Após a experiência aconteceu uma coisa irônica: Três anos depois, decidi que queria aprender a tocar flauta. Depois de apenas alguns meses, percebi que podia tocar as pessoas na parte mais profunda de suas almas com a minha música – algumas vezes, elas choravam. Descobri que essa era a minha maneira de alcançar muitas pessoas ao mesmo tempo. Dois anos depois de ter começado a tocar flauta, eu

estava tocando num bar e um homem se aproximou e me perguntou se eu gostaria de fazer a abertura para Arlo Guthrie no Shaboo Inn [na época, um clube local]. Eu disse: "Com certeza", enquanto uma onda de excitação e a lembrança do que acontecera durante a minha experiência de quase-morte atravessavam a minha mente. Depois da apresentação, eu tinha lágrimas nos olhos enquanto olhava para o palco e dizia a mim mesmo: "Talvez a voz tivesse razão. Talvez não fosse isso o que eu estava procurando, afinal. Talvez o que eu realmente desejasse, bem no fundo, era me sentir necessário e amado e ser capaz de tocar o coração de muitas pessoas".

Citei a narrativa de Craig detalhadamente para que você pudesse ter aqui, no início, a oportunidade de se projetar numa EQM típica, profunda e, ao mesmo tempo, completa. Aquilo que Craig viu, aquilo que ele compreendeu e a sua mudança como resultado da experiência são o testemunho e o resultado habitual de milhares de sobreviventes em todo o mundo. De certo modo, pode ser o suficiente ler e refletir nessa experiência, pois ela realmente fala, e fala de forma eloqüente, por si mesma. Mas, só para ter certeza de que não deixamos escapar nada de importância vital, talvez seja útil fazer uma pequena pausa antes de considerarmos o próximo relato e anotar determinadas características da experiência de Craig – em especial aquelas que são particularmente importantes para quem não teve uma EQM.

Naturalmente, a EQM de Craig tem muitos dos elementos familiares a esses encontros – os sentimentos de paz e extremo bem-estar, a perspectiva fora do corpo, a passagem por um vazio escuro em direção a uma luz radiante, a sensação de total aceitação, o conhecimento universal, uma revisão de vida, o encontro com outros e a escolha de voltar ao corpo físico. E a sua experiência tinha outras características, bem como aquela mais rara, mas por certo não exclusiva da experiência de Craig, como a aparente habilidade de sintonizar cenários e locais distantes e experienciar de modo direto as criações da natureza. Entretanto, para nós, o mais importante é o conhecimento que Craig recebeu durante a sua EQM e a maneira como ela afetou a sua vida. E, se desejarmos internalizar essas lições para nós mesmos, talvez seja útil resumir algumas das mais importantes.

Assim, é isso o que Craig – o qual, como veremos, fala em nome de tantas outras pessoas – parece ter trazido consigo dessa experiência:

1. Não há nada a temer com relação à morte.
2. A morte é tranqüila e bela.
3. A vida não começa com o nascimento nem termina com a morte.
4. A vida é preciosa – viva-a plenamente.
5. O corpo e os sentidos são dons extraordinários – valorize-os.
6. O que mais importa na vida é o amor.
7. Viver uma vida voltada aos bens materiais significa não compreender a sua importância.
8. A colaboração, e não a competição, é o que contribui para um mundo melhor.
9. Ser um grande sucesso na vida não é tudo isso o que dizem.
10. Buscar o conhecimento é importante – ele vai com você.

Muitas dessas afirmações podem parecer óbvias – e talvez você esteja pensando cinicamente: "É de fato necessário quase morrer para aprender esses clichês?". É claro que não – essa é toda a premissa deste livro –, mas a EQM transforma essas proposições de clichês, nos quais acreditamos da boca para fora, em *verdades reais*. A pessoa que passa por uma EQM não esquece essas coisas porque elas ficaram permanente e indelevelmente impregnadas na sua psique e têm um efeito imediato e duradouro em seu comportamento. Portanto, se quisermos aprender na mesma escola em que essas pessoas se formaram, devemos estar preparados para realizar o nosso trabalho – devemos nos esforçar para internalizar aquilo que elas receberam diretamente. Ler e refletir sobre esses relatos – mais do que uma vez se necessário – é um começo em direção a esse fim, bem como refletir sobre a lista de *insights* de Craig. Afinal, eles são o seu presente para você. Uma boa idéia seria copiá-los e pregá-los na porta da geladeira para não esquecer deles – ou dele.

Quanto a Craig, ele se formou na universidade e, a última vez que tive notícias dele, ele estava de mudança para outro estado depois de ter sido contratado por uma importante companhia aérea. Mas, apesar de ter sido o primeiro aluno a ter experienciado uma EQM que encontrei em meu curso, ele não foi o último. E, na verdade, é o último deles – ou seja, o mais recente – que eu gostaria de apresentar a seguir.

Neev

No ano passado, conheci um jovem chamado Neevon (embora todos o chamem de Neev, como ele me contou mais tarde). Diferentemente de Craig, que era uma presença muito marcante em minha aula, Neev era calado e discreto. Na verdade, confesso que esse rapaz atarracado e de aparência comum, com cabelos lisos e negros não me impressionou, apesar de eu ter notado que ele era um aluno muito assíduo. Quase no final do semestre, convidei três pessoas que haviam passado por uma EQM para discutir os efeitos posteriores da sua experiência. Uma delas era uma aluna que fizera o curso no semestre anterior. Como Neev contou mais tarde, ele ficou espantado ao vê-la naquele lugar, pois conhecia-a muito bem e nunca soube que ela passara por uma EQM (e por um bom motivo – enquanto era aluna na universidade, com medo do ridículo, ela nunca contara a sua experiência a ninguém). Entretanto, após ouvi-la falar sobre a sua experiência, Neev sentiu-se estimulado a, finalmente, compartilhar sua experiência comigo, em particular. Naturalmente, encorajei-o a escrever uma versão da sua EQM para o curso e aquilo que você vai ler a seguir são alguns trechos do que ele escreveu. Mais uma vez, eu o encorajo a sentir a EQM de Neev dentro de si mesmo, colocando os sapatos dele – ou melhor, os tênis dele, uma vez que seu encontro com a morte ocorreu num campo de beisebol.

Em março de 1988, quando Neev cursava o ensino médio, ele se machucou seriamente durante um jogo. Um apanhador corpulento chocou-se de modo violento com ele quando Neev tentava apanhar um arremesso baixo e, como conta: "A próxima coisa que eu soube é que o mundo, como eu o conhecia, havia acabado". Entretanto, Neev logo descobriu que estava bastante presente afinal – só que não estava mais no seu corpo.

Percebi [...] que não estava no meu corpo físico. Eu não sentia nenhuma dor ou desconforto. Sentia-me completamente em paz comigo mesmo. Eu estava em pé atrás do meu treinador e do pai de um dos jogadores. Eles estavam ajoelhados ao meu lado no centro do campo, onde eu estava deitado de costas. A primeira coisa que fiz foi verificar se a bola estava em minha luva [ela estava].

Então, ele viu – do posto de observação fora do corpo – o seu corpo ser meio carregado, meio arrastado, para fora do campo, o rosto já grotescamente inchado, e ser colocado no carro do pai de um companheiro de time. Ele afirma ter escutado cada palavra do que foi dito e que, ao ser levado para um hospital próximo, sentia-se como se estivesse seguindo *atrás* do carro. Contudo, ele tinha uma visão nítida do seu interior, bem como de tudo o que chamava a sua atenção durante o trajeto até o hospital.

Depois de chegar à sala de emergência, o corpo de Neev foi posto numa maca – novamente, ele afirma que tinha consciência disso, do lado de fora. Em suas palavras:

> Eu observava os internos colocarem o meu corpo sobre uma maca e empurrá-la na direção de duas grandes portas que levavam à sala de emergência. Imediatamente, os médicos correram em minha direção nesse corredor comprido, bem iluminado, e verificaram a minha pulsação e a minha pressão. Diversos médicos acotovelavam-se em volta do meu corpo. Meus sinais vitais estavam estáveis, porém fracos, e eles pediram um raio X da minha cabeça. Observei a mim mesmo sendo levado para a sala de radiografia, onde uma capa de chumbo foi colocada sobre o meu corpo e, então, as luzes se apagaram.
>
> Eu não conseguia mais ver o meu corpo na sala de raios X. Eu ainda estava fora do meu corpo, mas agora não enxergava nada. O meu mundo era uma total escuridão. Eu percebia a mim mesmo, mas não havia nada lá [...] apenas um sentimento indescritível de amor e afeto. Era como uma criança antes de nascer, no útero da mãe. Eu sentia apenas paz e tranqüilidade. Eu não queria mais ir embora – era como se, durante toda a minha vida, eu tivesse procurado esse lugar, que era a perfeição em todos os seus aspectos, a não ser pelo fato de eu estar sozinho. Assim que esse pensamento veio à minha mente, o meu sentimento de tranqüilidade em meio àquela escuridão instanta-

neamente mudou para um movimento de intensa velocidade. Foi nesse momento que eu soube que não estava sozinho.

Parecia que tudo o que eu precisava saber, ou jamais desejei saber, estava à minha disposição. Senti uma parada abrupta quando perguntei: "Por que eu estou aqui?". A minha sensação era a de que todo esse conhecimento estava vindo de dentro de mim, uma vez que eu não precisava mais falar – tudo apenas acontecia. Era como ter uma manifestação divina sempre que eu pensava em alguma coisa.

Dessa vez, a minha pergunta levou a uma revisão da minha vida. Era como observá-la do início ao fim numa mesa de edição com o botão *fast forward* pressionado. A revisão levou-me da minha concepção, cuja sensação era parecida com a que senti na escuridão após a minha experiência fora do corpo, à minha infância, à adolescência e novamente à experiência de quase-morte. Eu vi a minha vida. Eu revivi a minha vida. Eu senti tudo o que sentira antes. Quando eu digo "tudo", quero dizer cada corte, cada dor, cada emoção e sentimento associados àquele determinado momento da minha vida. Ao mesmo tempo, eu via os efeitos da minha vida nas pessoas ao meu redor [...] Eu sentia tudo o que elas sentiram e, assim, compreendi as repercussões de tudo o que eu fizera, de bom e de ruim. Essa revisão de vida foi a coisa mais linda que jamais vi e, ao mesmo tempo, a coisa mais terrível que jamais experienciei.

Quando minha revisão de vida acabou, pensei na minha irmã mais nova, desejando estar com ela. E, nesse mesmo instante [...] eu estava de volta ao mundo como anteriormente o conhecera, mas não como anteriormente o compreendera!

Nesse ponto, a EQM de Neev está aparentemente encerrada e ele acorda, descobrindo que está numa maca. Agora, entretanto, seus pais estão a seu lado. Ele sofreu uma grave concussão e teve uma hemorragia interna e, embora o médico tenha dito que ele tinha sorte de estar vivo, garante que ele se recuperará com o tempo. Na verdade, ele é logo liberado e levado para casa. Contudo, ao chegar em casa, não sente mais o lado esquerdo do corpo, o qual fica paralisado, e perde totalmente a visão.

Após dois dias, Neev recupera a visão, mas continua paralisado por uma semana e acamado durante oito semanas, com o rosto ainda monstruosamente inchado. Durante os primeiros dois dias da sua recuperação, apesar de ainda estar cego, Neev, vagando entre a consciência e a inconsciência, entra outra vez no estado de quase-morte e obtém mais informações sobre a sua vida. Ele diz que continuou a ver a si mesmo na revisão de vida, "e detestei o que vi. Foi a revisão de vida que estimulou o meu desejo de mudar". Ele também soube, como Craig, que tinha um guia.

> Durante esses intervalos, de volta ao outro lado, eu me sentia como se houvesse alguém comigo. Essa pessoa não estava lá no sentido físico, mas como um guia mental [...]. Durante essas viagens [para a sua revisão de vida], o meu guia parecia a figura de um pai para mim. Ele parecia fazer todas as perguntas certas, nas horas certas. Eu conseguia perceber todas as coisas que precisava fazer para mudar. Cada vez que eu deslizava de volta para o meu outro mundo de afeto e de respostas, era como se a minha experiência de quase-morte estivesse acontecendo novamente.

Enquanto Neev continua a se recuperar, as mudanças que ele já realizara dentro de si mesmo, com a ajuda do seu guia, começam a se firmar – em suas palavras: "Elas apenas começaram a acontecer". E essas mudanças, agora ocorrendo de modo aparente com muita naturalidade, são extremamente abrangentes, como Neev explica em seu relato.

> As mudanças que passei a associar com a minha EQM parecem muito naturais mas, ao mesmo tempo, inatingíveis, sem a minha experiência. Antes da EQM, a minha vida era totalmente diferente. [Agora], ela parece ter acontecido há uma eternidade, mas, na verdade, foi há apenas cinco anos. Como já afirmei, eu me desprezava quando era mais jovem. Eu cresci de maneira muito diferente de todos à minha volta. Eu faço parte da primeira geração de americanos na minha família. Meus pais vieram de Israel e preferiam falar hebraico em casa. Assim, eu tendia a falar hebraico com todos, embora eles não soubessem disso. Por causa dessa diferença cultural, eu tinha dificuldade para me adaptar, portanto, parei de tentar. Eu era uma criança muito introvertida que quase não tinha amigos. O fato de ser atormentado e provocado todos os dias fez desaparecer a minha auto-estima. Eu era uma criança muito curiosa e esperta, mas expres-

sar o meu conhecimento na escola colocava-me em evidência, provocando mais abusos. Como resultado, fiquei conhecido como o maior fracasso do mundo.

Quando eu tinha dez anos, percebi que poderia me expressar por meio dos esportes. Tornei-me um dos melhores jogadores de futebol do meu município e a competição me fazia continuar. O único problema em ser tão bom era que os outros garotos ficavam com inveja e começavam a me torturar ainda mais. Nessa época, eu estava no ensino médio. Eu criara uma concha tão grossa para me proteger da minha falta de habilidade social que as coisas só pioravam. Eu era uma das pessoas mais anti-sociais que jamais existiu. Minha vida era ir para a escola, tirar apenas notas médias e passar cada minuto livre praticando futebol ou assistindo televisão e dormindo. Eu tinha tanto medo de tudo – em especial da rejeição, de falar em público, de eventos sociais, de meninas, e assim por diante – que caí num estado de rebelião [que levou] ao vandalismo e a outros problemas.

Entretanto, de acordo com Neev, a EQM e a ampla reconsideração da sua vida, proporcionada por ela, mudou tudo, provocando uma inversão total nas suas tendências anteriores e, até mesmo, melhorando antigos problemas físicos. O alcance da sua transformação é notável e vale a pena citar em detalhes o seu resumo:

Imediatamente, deixei de ser um pessimista e passei a ser um otimista. Sempre parecia haver um lado bom em tudo. Eu sabia que tudo acontecera por um motivo. Algumas vezes, esse motivo pode não ter ficado claro no início, mas, no final, tudo fazia sentido.

A EQM foi uma espécie de cura física para mim. Problemas físicos que me perseguiram durante toda a minha vida desapareceram. Esses problemas eram enxaquecas crônicas, para as quais eu tivera de tomar comprimidos durante anos, cãibras e uma terrível dor de estômago, que surgia todos os dias antes de eu ir para a escola, antes de jogos de futebol, de exames e em quase todas as situações sociais. Antes da minha experiência, eu era o tolo mais propenso a sofrer acidentes que você jamais conheceu. Todos esses problemas foram solucionados pela minha EQM.

[Mas], ela não curou apenas os problemas físicos – o meu estado mental também foi consertado. A minha visão da vida não era mais sombria e triste. Agora, eu sentia que tinha um objetivo, o qual era o de ajudar as pessoas e compartilhar a minha perspectiva positiva. A minha dependência do tempo parecia ter desaparecido. Eu não me sentia mais pressionado pelo relógio – sempre havia tempo para fazer mais alguma coisa. Eu experienciava todas as coisas pelo que elas eram – não pelo que poderiam fazer por mim ou me proporcionar. Eu não estava mais interessado no que a "sociedade" tinha a dizer sobre a maneira como eu vivia a minha vida. Eu não estava mais interessado no que as pessoas pensavam ou como se sentiam a meu respeito, ou se eu parecia ser bom ou não. Aprendi que eu sou muito mais do que o meu corpo.

Depois disso, as pessoas começaram a me aceitar pelo que eu era. O meu sentimento de afeto e amor fluía através do meu corpo e me trouxe muitos amigos novos. Eu me sentia à vontade em grupos de pessoas, a ponto de precisar estar cercado por elas. Eu não tinha medo da rejeição nem me sentia constrangido. Essas eram coisas triviais que não [tinham] nenhuma conseqüência no esquema mais amplo das coisas.

A dor – física e emocional – parecia ser apenas um estado mental. Depois da minha EQM, a dor física era um desconforto muito menor. Eu percebia a minha mortalidade diferentemente da maioria dos meus amigos. A proximidade que eu tivera com a morte me impedia de brincar tolamente com a vida, a minha e a dos outros, como eu fizera antes. Ao compreender a minha mortalidade, também aprendi a aceitar a morte e, de maneira estranha, ansiava por ela. Não tenho mais medo de muitas coisas. Ao contrário, eu as aceito pelo que elas são e as aplico à minha vida. Eu tento novas coisas com mais facilidade, pois quero aproveitar ao máximo a minha nova vida, sem perder nada.

Depois dessa ampla mudança na minha personalidade, muitas coisas que eu antes valorizava pareciam praticamente sem importância para mim. O dinheiro e os bens materiais não mereciam nenhum pensamento. Fiquei muito generoso com o meu tempo e com as coisas materiais. Associei-me a diversos grupos filantrópicos da escola e ajudava a distribuir alimento para os pobres. A principal mudança que observei em mim foi a perda do desejo de competir. A competição havia sido a força propulsora da minha vida antes da EQM, mas, depois dela, parecia tola e sem importância. Ainda gosto de esportes, mas perdi aquele instinto assassino que me ajudou a ser aceito em diversas universidades.

Ao ler esse trecho, você pode ver que, essencialmente, em cada setor da sua vida, Neev tornou-se o oposto daquilo que fora antes da EQM. Apesar da revisão de algumas dessas mudanças específicas, que será feita em breve, por enquanto é suficiente notar que a EQM, ao virar Neev do avesso, arrancou a sua falsa máscara protetora e permitiu que um rosto muito mais autêntico e amoroso fosse revelado ao mundo. E quando isso aconteceu, o mundo à sua volta também mudou.

E também houve outras mudanças. Neev descobriu que adquirira a habilidade para entrar novamente naquele estado espiritual durante o sono, em que podia, na verdade, ensaiar ações e testar os seus efeitos antes de realmente realizá-las no mundo físico. Como muitas outras pessoas que passaram por uma EQM, ele também pareceu ter desenvolvido uma série de percepções psíquicas e intuitivas que, algumas vezes, lhe permitiam saber ou perceber o resultado de eventos antes de ocorrerem. Entretanto, o seu maior dom talvez seja o desenvolvimento da empatia. A esse respeito, Neev comenta:

> Esses instintos também permitiram que eu sentisse empatia por quase todas as pessoas. Sinto que, quando converso com elas, posso sentir física e emocionalmente o que elas estão sentindo. É como se, por um instante, eu me tornasse elas [...].O dom do *insight* me permite ajudar muitas pessoas com os seus problemas, mas, algumas vezes, eles são tantos que eu me perco nas outras pessoas.

Ao avaliar o impacto total da EQM na sua vida, Neev conclui:

> Eu a considero [...] um processo de cura psicológica. Todas essas mudanças, bem como as muitas pequenas coisas que não posso nem mesmo descrever, tornaram-me uma pessoa melhor. Eu sinto que a minha EQM foi a melhor coisa que jamais me aconteceu [...]. Eu vejo a minha experiência como o evento mais importante da minha vida. Sem a minha EQM, eu não seria feliz hoje.

Ao considerar a EQM de Neev, fica muito claro que ela provocou uma transformação profunda em sua personalidade e em seu comportamento, bem como em sua visão de vida e que, realmente, ele "mudou para melhor". Talvez não seja exagero afirmar, mesmo com base apenas no seu testemunho, que a sua EQM providencialmente calculada pode ter até mesmo salvo a sua vida, quase encerrando-a. Parece que o verdadeiro curso da vida de Neev foi modificado, e assim a sua espiral descendente em direção a repetidos fracassos na escola, à autodepreciação e até mesmo ao vandalismo foi abruptamente interrompida e invertida. Naturalmente, é possível que se a EQM tivesse ocorrido mais tarde, mesmo assim, ele teria encontrado outra forma para solucionar o seu sofrimento. Possivelmente. Mas, como vimos, o próprio Neev não parece inclinado a pensar assim. Na sua opinião, é quase como se a EQM tivesse sido *planejada* para salvá-lo do abismo sobre o qual estava suspenso.

Entretanto, a nossa tarefa não é tanto a de especular o possível significado da experiência de Neev, mas a de aprender com ela para melhorar a nossa vida. Desse ponto de vista, que lições devem ser aprendidas com a transformação de Neev e que poderiam ser aplicadas a qualquer pessoa? Ao examinar o relato desses *insights*, você encontrará o seguinte:

1. Há uma razão para tudo o que acontece.
2. Encontre o seu propósito na vida.
3. Não seja um escravo do tempo.
4. Valorize as coisas pelo que elas são – não pelo que podem lhe dar.
5. Não permita que os pensamentos ou expectativas dos outros o dominem.
6. Nem se preocupe com aquilo que os outros pensam a seu respeito.
7. Lembre-se, você não é o seu corpo.
8. Não tenha medo – mesmo da dor e, com certeza, não da morte.
9. Seja aberto para a vida e viva-a plenamente.
10. O dinheiro e os bens materiais não são particularmente importantes no esquema das coisas.

11. Ajudar os outros é o que conta na vida.
12. Não se preocupe com a competição – apenas aproveite o espetáculo.

Novamente, como ocorreu com a lista extraída da experiência de Craig, muitas dessas afirmações parecem familiares e, na verdade, óbvias. Mas, antes de descartá-las como meros clichês, considere-as sob esse ângulo: *E se você realmente fosse capaz de viver a vida dessa maneira?* Que tipo de pessoa você seria?

A minha resposta é que você seria uma pessoa verdadeiramente livre. Você estaria livre para sempre da tirania da opinião das outras pessoas, das dúvidas, do medo da vida e do medo da morte e das exigências do tempo. Ao contrário, você seria livre para aproveitar a vida como ela é e encontrar satisfação e alegria ajudando os outros.

Basicamente, esse é o dom que a EQM confere às pessoas, embora, para ter certeza, elas em geral tenham de trabalhar muito para compreender. E, da mesma maneira, essa é a promessa da EQM para qualquer um que se esforce para assimilar os seus ensinamentos e aplicá-los em sua vida. Lembre-se de que a história de Neev é sua, se você se identificar com ela. Se isso acontecer e você a levar para dentro de si, profundamente, o que aconteceu com ele deve começar a acontecer com você. Você terá dado um passo em direção à própria libertação e à descoberta do seu verdadeiro *self*.

Diferentemente de Craig, com quem perdi o contato, tenho permanecido em contato com Neev e tive a chance de passar algum tempo com ele. Logo após fazer o meu curso, ele se inscreveu num seminário avançado sobre EQMs e criou um projeto para determinar quais os seus efeitos em universitários. Na verdade, Neev deu muitas palestras sobre o assunto, nas quais, naturalmente, ele recontou a sua história a diversos grupos de estudantes e avaliou o impacto da sua apresentação com a utilização de questionários específicos. Durante o semestre, tive muitas oportunidades de observá-lo na interação com os colegas, em conferências comigo e, até mesmo, quando o entrevistei informalmente no final do semestre, a respeito da sua revisão de vida. A partir das minhas observações nesses contextos, certamente posso afirmar que ele de fato é a pessoa que afirma ser. Descobri que ele é inabalavelmente alegre, mesmo em condições estressantes, generoso, sábio, porém, humilde, e com um enorme senso de humor. Quando falei com ele pela última vez, no final do semestre, ele estava indo para Israel trabalhar como orientador de adolescentes – o tipo de atividade que ele espera que faça parte da sua vida depois da formatura.

Contudo, a lembrança mais constante de Neev baseia-se na apresentação que eu lhe pedi para fazer em meu curso introdutório – o próprio curso no qual ele fora aluno no semestre anterior. Juntamente com dois outros oradores, Neev falou sobre a sua EQM para os colegas. O seu relato foi comovente, engraçado – a classe estava freqüentemente rindo às gargalhadas quando Neev descrevia a sua aparência depois do acidente – e fascinante. Quando acabou, diversos alunos – homens e mulheres – foram abraçá-lo de modo caloroso e muitos outros juntaram-se à sua volta. Alguns choravam. Mais tarde, Neev me contou que compartilhar a sua EQM. daquela maneira era ainda melhor do que a própria experiência. Para mim, aquele foi o ponto culminante do semestre naquela classe.

Laurelynn

No mesmo dia em que Neev compartilhou a sua EQM com os meus alunos, outra pessoa, que eu nunca encontrara antes, também veio de uma cidade vizinha para contar a sua história. Seu nome era Laurelynn Glass Martin, morena alta, magra, de maneiras suaves e fala mansa, que se relacionou com facilidade com os alunos. Laurelynn, que hoje está com pouco mais de 30 anos, começou explicando que quando estava na universidade, no outono de 1982, jogava tênis e planejava participar do Torneio Nacional Universitário de Tênis na primavera, e de lá pretendia participar do circuito profissional de tênis no verão seguinte. Mas, em 9 de dezembro daquele ano, uma simples cirurgia que não deu certo mudou tudo.

Ela fora ao hospital para submeter-se a uma laparoscopia rotineira que não levaria mais do que 20 minutos. Contudo, como descobriu mais tarde, o médico exerceu uma força excessiva na incisão inicial e perfurou a aorta abdominal, a artéria ilíaca direita, a veia cava inferior e os intestinos em dois locais, finalmente atingindo a coluna vertebral. Como resultado, Laurelynn perdeu quase 60% do sangue – e, obviamente, quase perdeu a vida. Antes que outro médico interferisse para salvá-la, realizando uma laparotomia de emergência, ela já entrara no estado de quase-morte e passou pela experiência que iria nos descrever. Entretanto, não havia dúvida a respeito da sua proximidade física da morte. Após cinco horas de cirurgia, ela foi levada para a sala de recuperação em condições críticas. Depois, de acordo com Laurelynn, o médico que a salvara disse: "Eu arranquei você das garras da morte – as suas chances de sobrevivência eram mínimas".

Ao contar novamente a EQM de Laurelynn, recorrerei ao relato escrito que ela me forneceu anteriormente.[1] Nele, como fez na minha aula naquele dia, Laurelynn indicava que, sem nenhum aviso, ela subitamente viu-se flutuando acima do seu corpo físico, à sua direita, observando com indiferença, como afirma, os esforços da equipe médica para reviver o seu corpo sem vida. Enquanto ela narra a história agora, entre nela como antes e sinta-a como se ela estivesse acontecendo com você.

> A equipe médica estava frenética. Havia sangue por todo lado, respingado nos seus jalecos, salpicado no chão e uma poça brilhante de sangue vermelho fluente, na cavidade abdominal aberta. Eu não podia entender o que estava acontecendo lá embaixo. Naquele momento, não conseguia perceber que aquele corpo era o meu. De qualquer maneira, não fazia diferença. Eu estava num estado de liberdade, divertindo-me bastante. Eu apenas queria gritar para as pessoas aflitas lá embaixo: "Ei, eu estou bem. É ótimo aqui em cima". Mas, elas estavam tão concentradas que eu não quis interromper os seus esforços.
>
> Então, viajei para outra esfera de paz total e absoluta. Não havia dor, mas uma sensação de bem-estar, num espaço morno, escuro, suave. Eu estava envolvida pela beatitude total, numa atmosfera de amor e aceitação incondicionais. A escuridão era linda, estendendo-se de modo interminável. A liberdade da paz total ultrapassava qualquer sensação extática que eu jamais sentira aqui na Terra. A distância, vi

---

[1]. Posteriormente, Laurelynn escreveu um livro sobre a sua EQM e as lições que ela lhe ensinou: *Searching for home* (St. Joseph, MI: Cosmic Concepts, 1996).

um horizonte formado por uma luz branco-amarelada. Era muito difícil descrever o lugar onde eu estava, porque as palavras que conhecemos aqui neste plano não são suficientemente adequadas.

Eu estava admirando a beleza da luz, mas não cheguei a me aproximar dela porque, em seguida, senti uma presença aproximando-se à minha direita, acima de mim. Eu estava me sentindo ainda mais tranqüila e feliz, em especial quando descobri que era o meu cunhado de 30 anos, que morrera há sete meses. Embora eu não pudesse vê-lo com os meus olhos ou ouvi-lo com os meus ouvidos, instintivamente eu sabia que era ele. Ele não tinha uma forma física, mas uma presença. Eu podia sentir, ouvir e ver o seu sorriso, a sua risada, o seu senso de humor. Era como se eu tivesse voltado para casa e ele estivesse lá para me receber. Imediatamente, pensei em como eu era feliz por estar com ele, porque agora eu poderia me desculpar pela última vez que estivera com ele antes da sua morte. Eu me sentia mal por não ter conseguido arrumar um tempo na minha atribulada agenda para termos uma conversa franca como ele pedira. Agora, eu não sentia nenhum remorso, mas o seu amor e aceitação total com relação aos meus atos.

A reflexão a respeito do seu comportamento com o cunhado parece levar Laurelynn para o início da sua vida e, antes de perceber, acontecimentos da sua infância começam a surgir, todos ao mesmo tempo, embora em ordem cronológica. Ela menciona dois incidentes específicos. Num deles,

> eu caçoara de uma menininha da minha idade (cinco anos) até fazê-la chorar. Agora, eu estava numa posição única para sentir o que ela sentira. A sua frustração, as suas lágrimas e o seu sentimento de rejeição eram agora os meus sentimentos. Senti uma tremenda compaixão por ela. Essa criança, a qual, na verdade, era eu, precisava de amor, carinho e perdão. Eu não percebera que, ao magoar outra pessoa, eu estava realmente magoando a mim mesma.

No outro incidente que Laurelynn reviveu:

> Eu caçoara de um menino da minha idade (12 anos) por ter me escrito uma carta de amor. Novamente, nesse ponto, a dor da sua rejei-

ção tornou-se a minha dor e, ao mesmo tempo, senti esse enorme amor por esse menino e por mim mesma. Ele morreu alguns anos depois, de um aneurisma cerebral. Eu não me lembrava desses eventos e os considerava insignificantes, até revê-los com objetividade e amor. Agora, percebi como as pessoas eram importantes na vida, como era importante aceitá-las e, acima de tudo, amá-las. Eu não sentia orgulho dessas experiências, mas elas eram parte de mim e eu as aceitava.

Outros pensamentos me foram transmitidos e lembro-me de ter pensado: "Uau, agora eu entendi. Finalmente, todas as coisas a respeito da nossa existência fazem sentido". Finalmente, comecei a questionar o meu cunhado (não com palavras, mas [como] uma transferência) sobre o que estava acontecendo e perguntei se eu poderia ficar. Ele disse que ainda não era a minha hora, que houvera um erro e que eu teria de voltar. Lembro-me de ter pensado: "Tudo bem, eu voltarei, mas agora eu sei como voltar para cá". No mesmo instante, os seus pensamentos eram meus, dizendo: "Você não pode tirar a própria vida (suicídio).[2] Essa não é a resposta, isso não funcionará. Você precisa viver o propósito da sua vida". Eu compreendi, mas ainda me lembro de ter pensado: "Eu não quero voltar" e o seu pensamento chegou a mim, dizendo: "Está tudo bem, nós não vamos para nenhum lugar. Nós estaremos aqui esperando você novamente". O seu último pensamento foi: "Diga à sua irmã que eu estou bem".

Com esses pensamentos finais, senti que estava voltando, caindo imediatamente na escuridão. Eu não senti que tive uma escolha. Eu não senti medo, mas calma. Então, senti o choque de entrar no meu corpo [...]. Nesse momento, senti uma dor aguda inacreditável no abdome, espalhando-se por toda a coluna vertebral [...]. Eu não podia acreditar que estava de volta àquele ambiente infernal, mas então a beleza da experiência inundou-me novamente, proporcionando a paz e tranquilidade mais serenas que eu poderia esperar em tais circunstâncias.

Laurelynn estava de volta, mas a sua provação física, como ela sugeriu, não tinha acabado. Na verdade, ela precisou ser submeti-

---

2. Mais tarde, Laurelynn esclareceu essa passagem para mim, dizendo que essa foi a mensagem do seu cunhado apenas para ela e, na sua opinião, não deveria necessariamente ser considerada uma condenação generalizada.

da a outra cirurgia para a retirada de um coágulo e, durante alguns dias, não estava claro se ela sobreviveria. Contudo, como está óbvio agora, ela sobreviveu e, posteriormente, manteve um diário sobre o que lhe acontecera nessa época. Ela conta:

> Eu... omiti a EQM porque não confiava em ninguém. A reação inicial da minha família foi: "Fique quieta, nós não queremos falar nisso. Nós só queremos que você melhore". Os médicos demonstravam indiferença dizendo: "Você está tomando muitos remédios. Você está tomando injeções de morfina a cada duas ou três horas".

Anos depois, ao escrever esse relato, ela comenta:

> Se eu soubesse que falando sobre a minha EQM e reconhecendo o evento o meu processo de cura teria sido mais fácil! Entretanto, obviamente eu tinha mais lições a aprender, porque os sete anos seguintes foram dedicados à reabilitação (fisioterapia), testes de diagnósticos e cirurgia reparadora.

Contudo, Laurelynn não sentia amargura com relação à EQM, apesar das reações que ela possa ter provocado na sua família e naqueles que cuidavam dela. Como a maioria das pessoas que experienciam uma EQM, ela continua grata pela experiência, e as suas reflexões sobre aquilo que ela aprendeu e que encerram o seu relato fazem eco àquelas que ouvimos antes de Craig e Neev.

> Após a EQM, vieram as mudanças nos valores. Eu sentia que o materialismo e as coisas externas, que antes eram tão importantes, simplesmente não tinham nenhuma importância. As minhas prioridades sofreram uma reviravolta total. Eu sentia que havia um propósito para a minha vida, mesmo nas mínimas coisas, como ser boa com os outros, espontânea e livre, amar mais profundamente [e] não julgar ninguém, aceitando a mim mesma e aos outros. Eu também recebi uma forte mensagem sobre a importância de sempre buscar o conhecimento. Eu não tenho mais medo da morte e, na verdade, eu lhe darei as boas-vindas quando chegar a hora certa – e essa hora, só o poder universal, supremo, é quem escolhe. Contudo, até chegar esse momento, tento aproveitar cada dia como se fosse o último e vivo mais

conscientemente o momento presente. Agora que reconheci e estou chegando a um acordo com a minha EQM, estou vendo, sentindo e vivendo algumas mudanças notáveis. Finalmente, estou me sentindo muito mais saudável: física, mental, emocional e espiritualmente. Eu não tomo mais nenhuma medicação, o que foi um passo monumental, depois de um período em que tomei 36 comprimidos por dia. Sinto um amor pela vida que é motivado pelo puro prazer de aproveitar cada novo dia. Sei que a minha cura é um processo e que ele vem de dentro de mim. Sinto que recebi uma segunda chance na vida e quanto mais eu compartilho uma parte de mim mesma, mais me sinto em paz e unida ao Universo.

Como um apêndice ao documento que descreve a sua EQM, Laurelynn escreveu uma relação dos principais efeitos posteriores à sua experiência. Quando li essa relação pela primeira vez, sorri para mim mesmo, pois Laurelynn parecia ser um caso clássico no que se refere aos efeitos da sua EQM. Em minha pesquisa para os meus livros *Heading toward Omega* e *The Omega Project*, por exemplo, encontrei fortes evidências para quase todas as mudanças que Laurelynn especificara para si mesma. Entretanto, quando fomos almoçar naquele dia após a sua apresentação, eu teria uma surpresa. Laurelynn, que fora encaminhada por um colega, confessou, um pouco envergonhada, que, na verdade, ela nunca lera nenhum dos meus livros! Portanto, ela não poderia ser acusada de tentar me fornecer uma simples versão modificada das minhas próprias descobertas para se promover (não que eu tenha imaginado isso em algum momento, note bem!).

Eu gostaria de compartilhar com você a lista de Laurelynn, como uma forma de resumir as lições para a vida ensinadas pela sua EQM e o impacto que elas tiveram em sua vida. Ao lê-la, você terá uma indicação muito boa do que é verdade para muitas pessoas após uma EQM. De fato, ela é o melhor resumo que jamais encontrei do retrato psicológico de quem passou por uma EQM.

Mais amor por todas as pessoas e por todas as coisas
Maior sensibilidade
Mudanças eletromagnéticas
Maior habilidade psíquica

Enxergar a energia – auras, chacras
Nenhum medo da morte
Menos medo de muitas coisas
Menos preocupação – entrega ao plano divino
Crença na reencarnação
Vegetarianismo
Importante mudança no relacionamento – divórcio
Mudança de profissão
Menos religiosa e mais espiritual
Viver cada dia como se fosse o último
Viver mais conscientemente no momento
Maior preocupação com o nosso planeta – Mãe Terra
Profunda valorização da natureza e do meio ambiente
Saber que o maior dom de todos é dar amor a si mesma e aos outros
Relacionar-se com a humanidade e a criação sem julgamentos e com total aceitação
Menos materialista – enxergar o "grande quadro" da vida
Compreender que temos um propósito divino na vida
Compreender que os desafios que enfrentamos são apenas lições para serem aprendidas aqui na escola da Terra
Saber com certeza que devo sempre seguir a minha verdade e me entregar ao fluxo do Universo

Conhecer e ouvir Laurelynn foi uma espécie de experiência espiritual. Como outras pessoas que passaram por uma EQM, ela comunica diretamente aquilo que vive e é. Talvez, mesmo sem conhecê-la, ela tenha conseguido transmitir um pouco da sua essência, apenas com as suas palavras. De qualquer modo, espero que você reflita sobre sua história e sobre as lições de vida que brilham nela, antes de passar ao próximo relato.

Quanto a Laurelynn, não nos encontramos mais, apesar de termos mantido contado por cartas e telefonemas. Agora, ela está feliz, casada outra vez e, até recentemente, quando precisou tirar licença para ter um bebê (a gravidez foi quase um milagre, ela me contou), trabalhava como fisioterapeuta. Ao conversar com ela e com o marido, no dia em que ambos foram à universidade, fui embora com a forte impressão de que Laurelynn está profundamente comprometida em viver a sua vida de acordo com os princípios espirituais e a compreensão que vislumbrou em sua EQM. Embora a experiência tenha ocorrido há mais de 12 anos, no dia em que nos encontramos ela me parecia estar, nitidamente, vivendo na Luz.

Ao ler esses relatos que apresentei até agora, você pode ficar tentado a presumir que a beleza da própria experiência confere, posteriormente, uma bênção genuína à vida de quem a experienciou. Se esse for o caso, devo dissuadi-lo de imediato de tal impressão idealizada, embora compreensível. Muitas pessoas que passaram por uma EQM, a maioria ouso afirmar, enfrentam períodos difíceis para lidar com a experiência, e o processo da sua integração na vida cotidiana pode demorar muito – e, certamente, em alguns casos, nunca ocorrer. Relacionamentos duradouros podem ficar tensos e terminar, casamentos podem acabar, os desentendimentos são comuns e os períodos de dolorosa introspecção e, até mesmo, de depressão não são raros. A EQM, como vimos, tende a virar a vida da pessoa de pernas para o ar e a reorientação radical e a coragem pessoal para viver a sua verdade podem realmente ser muito difíceis, tanto para quem a experienciou quanto para a família e os amigos.

Sally

Um exemplo disso é uma mulher chamada Sally. Há alguns anos, ela me telefonou no escritório, esperando conversar com alguém sobre os problemas de relacionamento que estava enfrentando após a sua EQM, ocorrida há muitos anos, em 1977. Naquele dia, pelo telefone, Sally, que mora numa pequena cidade no Colorado, compartilhou comigo algumas das suas dificuldades, em particular com relação à família, mas, logo depois, pude encontrá-la pessoalmente durante as minhas férias no Colorado. Naquela época, passei boa parte do dia com Sally na sua casa e conheci alguns dos seus filhos. A partir daí, ficamos amigos e, no decorrer dos anos, ela me mandou muitas cartas, nas quais, com freqüência, falava francamente das dificuldades impostas a ela e à sua família pela EQM.

Para lhe dar uma idéia de Sally, devo dizer que hoje ela tem 47 anos e descende de mexicanos. Católica, estudou até o ensino médio e se casou muito jovem. Ela tem quatro filhos (com idades que variam de 17 a 24 anos de idade) aos quais é muito apegada. Apesar de ter ficado desempregada por causa de uma recente doença, trabalhou em diversos órgãos de serviço social, realizando trabalhos voluntários. Fisicamente, ela é miúda, um pouco acima do peso, com olhos escuros, profundamente compassivos. Quando a conheci, tive a impressão de que ela era uma mulher muito amorosa, apesar de um pouco perturbada e, com certeza, as suas cartas reforçaram essa convicção.

A EQM de Sally ocorreu como resultado de uma grave hemorragia, dez dias após o nascimento do filho mais novo. Os parentes foram convocados e uma ambulância providenciada. Quando o corpo de Sally foi colocado na ambulância, no trajeto para o hospital, como Neev, ela descobriu que estava em outro lugar.

> Sabe de uma coisa [ela escreveu numa carta]? Eu me sentia como se estivesse acima da ambulância no trajeto para o hospital. Eu me sentia flutuando acima dela, embora o meu corpo estivesse lá dentro. Então, chegamos e passou algum tempo antes [...] que eu fosse levada para a sala de emergência. Eu sentia que ia morrer, mas não lembro de ter sentido medo.

O médico tentou inutilmente deter a hemorragia e uma cirurgia foi considerada necessária. Sally lembra que estava consciente dos médicos e enfermeiras movendo-se à sua volta, mas

> eu me sentia tão bem. Não sentia nenhuma dor [...]. Antes de ser anestesiada, o médico me disse: "Você pode entrar e sair bem, mas talvez não, em decorrência do grave sangramento". Fui considerada uma paciente de alto risco. [Tenho cópias de todos os relatórios médicos de Sally, os quais confirmam todos os detalhes essenciais da sua condição, embora, naturalmente, não mencionem as palavras que ela afirma terem sido pronunciadas pelo médico.] Não pensei naquilo porque eu me sentia muito bem.
>
> A última [coisa] de que me lembro [foi] do assistente do meu médico em pé ao lado da minha cama e então senti que deixei o meu

corpo e podia vê-lo lá embaixo, na cama. Não sei quanto tempo fiquei acima do meu corpo olhando para baixo, [mas] de repente, eu estava na mais linda Luz Dourada, e fiquei lá. Eu me sentia tão amada, tranqüila, em paz, feliz. Não consigo encontrar palavras para expressar como era. A Luz Dourada estava à minha volta, dentro de mim. Eu estava na Luz Dourada sem nenhuma separação entre nós. Eu não pensava em nada nem em ninguém. Estando lá, eu não precisava de mais nada. Havia um amor tão poderoso e tanto amor, tanta beleza. Eu sentia amor, compaixão, compreensão, conhecimento. Esse é o meu verdadeiro lar, e aqui é o meu lar terreno.

Mais tarde, vi lindas flores enquanto caminhava num lindo caminho com alguém à minha direita, vestido com um manto marrom. Nós estávamos subindo uma montanha – beleza, beleza, beleza –, flores que eu nunca vira antes.

Não sei quanto tempo fiquei na Luz Dourada, mas, de repente, vi-me voltando ao meu corpo [...] e, então, abri os olhos e uma enfermeira disse que eles estavam preocupados comigo. Eu estava tão zangada que senti vontade de lhe dar um soco! Eu era uma mexicana zangada! Eu queria ficar sozinha.

Sally continua contando que, apesar de se sentir mal por insistir, ela pediu à família para ficar sozinha, pois não tinha nada a dizer. Depois de ter sido liberada do hospital, continuou se sentindo perturbada e "diferente". Como explica:

Eu me sentia como [se houvesse] duas de mim, zangadas, deprimidas, e eu não queria estar lá. Eu queria a linda Luz, embora os meus filhos precisassem de mim. [Após seis meses] continuei me sentindo diferente, estranha, esquisita, deprimida, chorosa [...]. Eu era muito ocupada e não tinha ninguém com quem partilhar a minha EQM e não sabia o que experienciara. Falei dela para o [meu marido], mas ele não estava interessado [...]. Tentei falar com enfermeiras, médicos e outros, [mas] eles [diziam] que fora um sonho, alucinação, medicação, e assim por diante, e diziam que eu devia esquecer, [mas] não posso esquecer, nem quero.

Felizmente, Sally acabou finalmente tomando conhecimento das EQMS, leu alguns livros sobre o assunto e então me telefonou.

Com o tempo, conheceu algumas pessoas na própria comunidade com quem mantém um relacionamento baseado em sensibilidade e compreensão, e isso ajudou a diminuir a sua sensação de isolamento. Para Sally, foi muito importante encontrar pessoas que podiam compreender o que ela passara e o que ainda estava passando para lidar com as ramificações da sua EQM. Contudo, a sua vida não ficou mais fácil após a experiência e, em parte, por não receber nenhum apoio ou compreensão do marido, muitas vezes esteve a ponto de abandoná-lo e só não o fez pelo bem dos filhos.

Entretanto, nas muitas cartas que me escreveu, Sally com freqüência expressou a profunda gratidão pela sua EQM, pelo conforto contínuo proporcionado por sua lembrança viva e pelas lições de amor e compaixão que ela lhe ensinou.

Em uma de suas cartas, por exemplo, ela confidenciou:

> Estou me esforçando muito aqui na Terra, mas eu sei onde é o meu *verdadeiro* lar e como ele é. Lembro dele como se fosse hoje. Fui diretamente para a Mais Linda Luz Dourada. Amor Verdadeiro. Tanta paz, proteção, tranqüilidade. Eu não pensava nem me preocupava com nada. A minha linda Luz Dourada estava à minha volta, em mim, e agradeço a Deus pelo Calor da Luz Dourada Especial. Eu a sinto tão forte dentro de mim, o tempo todo [...]. Eu ainda sinto a Luz em mim e à minha volta. Ken, eu também não tenho medo da morte. Sinto que gostaria de fazer tanto pela minha família, pelos outros, por mim mesma. E continuarei fazendo o que é honesto e justo, com a orientação de Deus.

Naturalmente, nós também aprendemos lições da EQM na experiência de Sally, mas aquelas que preciso enfatizar aqui são diferentes e, por certo, mais perturbadoras do que as que consideramos até agora. A maioria das pessoas, ao ouvir ou ler relatos de EQMs, sente um pouco de inveja, desejando que também pudesse passar pela experiência (sem precisar quase morrer pelo privilégio). Mas, se elas pudessem realmente entrar na pele e na psique de quem passou por uma EQM, logo perceberiam que essa experiência, com freqüência, é uma bênção mesclada e pode continuar a cobrar um alto preço, em forma de sofrimento, como aconteceu com Sally.

Menciono isso e, na verdade, desejo enfatizá-lo, para adverti-lo de que, à medida que você começar a manifestar essas mudanças na própria vida e viver de acordo com as lições e valores da EQM, você também pode esperar enfrentar dificuldades e desafios inesperados. Não pense, por exemplo, que a família e os amigos necessariamente aprovarão ou mesmo compreenderão o seu novo comportamento e atitudes. Não suponha nem por um momento que você não experimentará conflitos internos e, até mesmo, um grande turbilhão emocional, enquanto essas mudanças começam a se enraizar em você.

A mudança é difícil, e sem um grau significativo de apoio social ela é ainda mais difícil. Mas, se você deseja os benefícios da EQM, terá de trabalhar por eles e superar a resistência que enfrentará. Afinal, a nossa sociedade, embora na teoria concorde com muitos dos ideais da EQM, na prática, com freqüência, ela os destrói. Mesmo uma rápida reflexão sobre as implicações comportamentais da EQM é suficiente para convencer a maioria das pessoas de que, em si mesma, ela é um fenômeno subversivo, no sentido de abalar as formas mais grosseiras do Sonho Americano. Nade durante algum tempo na corrente da EQM e você se verá enfrentando poderosas forças oponentes. Esteja preparado para elas e procure abrigo quando necessário. Como Sally, você também pode descobrir que precisará procurar novos amigos.

Steve

Outra pessoa que enfrentou muita perturbação e conflito interior após a EQM é o meu amigo, Steve. Ele é a única pessoa que passou por tal experiência, e que você vai conhecer neste capítulo, que eu nunca encontrei pessoalmente (apesar de estarmos planejando nos encontrar em breve), mas, de algum modo, sinto que passei a conhecê-lo muito bem, pelas muitas cartas e e-mails que ele me enviou no ano passado, além de uma série de conversas por telefone. Na verdade, calculo ter recebido mais de 300 páginas escritas por ele desde que entramos em contato pela primeira vez em outubro de 1993 e, assim, o meu arquivo já está quase precisando de uma gaveta inteira! Ele é, sem dúvida nenhuma, uma das pessoas mais brilhantes, perspicazes e profundamente espirituais que conheci nos meus quase 20 anos de pesquisa sobre as EQMs. E, também, a pessoa que mais sofreu na vida e que sofre ainda mais, como resultado daquilo que aprendeu com a sua EQM e com outras experiências semelhantes.

Steve, que mora no sul da Califórnia, tem 43 anos de idade, é casado, tem três filhos e trabalha como engenheiro em computação. Ele nunca terminou a faculdade, mas, como você verá, é autodidata.

Quando me escreveu pela primeira vez, ele queria desabafar e falar sobre alguns dos conflitos que enfrentou ao tentar reconciliar com o mundo da sua vida cotidiana aquilo que aprendera com a EQM. Mas, para começar, Steve contou um pouco sobre a sua EQM e como ela o modificou.

No caso de Steve, não está claro para mim se ele realmente esteve próximo da morte ao vivenciar a sua experiência, ocorrida durante uma cirurgia simples, que demorou mais do que o esperado; mais tarde, disseram que o cirurgião teve "uma certa dificuldade" para realizar a operação. Mas, como ficou bem estabelecido, sabemos que, necessariamente, não é preciso estar próximo da morte para vivenciar uma EQM; existem muitas situações estressantes, que não ameaçam a vida mas podem precipitar uma EQM ou uma experiência funcionalmente semelhante. E, no final, naturalmente, é a experiência em si que importa, seja qual for a sua causa.

Em 1975, aos 24 anos de idade, Steve submeteu-se a uma cirurgia para extrair um dente do siso. Antes da cirurgia, recebeu uma injeção sedativa no braço esquerdo e, mais tarde, sódio pentotal. A injeção parecia não fazer efeito e o cirurgião, um pouco irritado, injetou um total de quatro cartuchos. Quando a cirurgia terminou – duas horas depois! –, Steve foi levado para uma sala de recuperação pós-operatória, escura, sem janelas, e enquanto estava lá passou pela sua experiência.

> Acordei da cirurgia cego por um rio de luz branca. Pensei que ela fosse um efeito secundário da anestesia geral. Pensei como era estranho ela ter ultrapassado o meu nervo óptico e entrado em todo o meu corpo. Imediatamente, fiquei em pé e olhei para a enfermeira que me ajudou a levantar.

Ela não era uma enfermeira. Ela estava banhada de luz, extraordinariamente bela e amorosa. Era a mulher mais bela que eu jamais vira e quase choro ao pensar nela. Ela usava uma bata larga e branca que emitia luz própria [...]. A luz à sua volta estava me inundando e parecia derramar-se sobre todas as coisas [...]. A luz que brilhava em seu centro era gloriosamente bela. Essa luz, combinada à sua cor, tinha um impacto extraordinário em mim. Os traços do seu rosto estavam tomados por esse brilho interno. Eu podia literalmente sentir o seu amor e carinho [...]. Eu tinha a impressão de que ela me conhecia muito bem e que eu lhe era bastante familiar, mas ela não disse.

Olhei para trás e para baixo, para o meu corpo, ainda deitado na maca, debaixo de um cobertor. E lá estava eu, em pé ao lado de um ser de luz, olhando para o meu corpo. Alguma coisa parecia errada.

Antes que eu tivesse tempo para pensar, ela interrompeu os meus pensamentos e disse: "Não se preocupe, você não está morto. Você está bem vivo. O seu coração ainda está batendo. Olhe!". Eu olhei, eu podia vê-lo. Podia ver os ventrículos esvaziando e enchendo de sangue. Podia ver o sistema vascular e as substâncias que mantinham a minha vida circulando pelo corpo todo. Virei o rosto, feliz porque estava tudo bem.

Assim que comecei a imaginar por que ela estava lá e o que havia de errado com o meu corpo, ela novamente interrompeu os meus pensamentos e disse: "Você não está respirando com regularidade. Há um pouco de preocupação porque a sua respiração pode parar. Estou aqui para estabilizá-la e para garantir que o problema não se agrave. Você é muito valioso e ninguém quer correr nenhum risco com a sua vida".

Ela me afastou para o lado e [mais uma vez] olhei para trás, para o meu corpo, deitado na maca. Duas paredes nos separavam. Havia um véu de energia atrás dela. Esse véu separava o seu mundo do meu [...]. Imediatamente compreendi que não podia atravessá-lo. "Esse é um caminho de mão única. Se você atravessá-lo, não poderá voltar para cá. A sua vida terminará e você não terá feito as coisas que precisa fazer." Fragmentos brilhantes de luz de todas as cores dançavam em volta da abertura. Elas apareciam e desapareciam, como se a luz estivesse sendo fragmentada e estilhaçada no ponto de contato entre dois mundos em níveis diferentes de energia.

Eu me sentia muito bem e não muito surpreso – essa não era a primeira vez que eu encontrava alguém como ela. A sua luz era uma assinatura que a identificava e eu já a vira antes. Vê-la era apaixonar-se por ela, imediatamente. Eu não queria deixá-la nunca mais. Talvez ela tenha sentido que as circunstâncias ofereciam uma comparação injusta com a minha esposa. Ela me mostrou alguns detalhes sobre os meus filhos [que ainda não haviam nascido] e revelou a visão de outra mulher, ainda mais adorável e desejável – a minha esposa. Então, disse que era hora de voltar, que a minha respiração estava estabilizada e que o meu sistema nervoso estava pronto para funcionar sozinho [...]. Vi a sua luz começar a se afastar de mim, enquanto ela saía do meu campo de visão. Essa luz persistiu por dois ou três segundos enquanto eu despertava e minha esposa estava segurando o meu rosto entre as suas mãos.

Será que o que Steve experienciou foi apenas um efeito da droga que tomara? Ele mesmo considerou essa possibilidade – e rejeitou-a.

As pessoas diziam que fora uma alucinação provocada pelas drogas. Eu já tomara sódio pentotal antes e nunca passara por tal experiência. Na verdade, a primeira vez não fora nada agradável [...]. [Anos depois] de ler a descrição de Melvin Morse[3] sobre pessoas incluídas em estudos sobre EQMs, mas que não acreditavam ter passado por uma, encontrei um relato muito parecido com o meu e comecei a perceber que talvez a minha experiência não tivesse sido uma alucinação provocada por drogas.

Naturalmente, as alucinações provocadas por drogas não provocam mudanças dramáticas na vida das pessoas e, como logo veremos, os efeitos dessa e de outras experiências semelhantes na vida de Steve foram nada menos do que estarrecedores. Mas, antes de examinarmos esses efeitos posteriores, devo esclarecer algo que talvez o tenha deixado confuso ao ler a narrativa de Steve. Em determinado momento, ele conta que a luz que vislumbrou durante a sua experiência era familiar – ela já a vira antes. Quando?

---

3. Morse é um famoso pesquisador, pioneiro no estudo das EQMs em crianças.

Bem, o fato é que, cinco anos antes, Steve passara por outra EQM, em conseqüência de uma grave infecção no fígado, bem como por algumas outras "experiências de luz", como ele as chama, mais ou menos nesse mesmo período, embora elas não estivessem associadas a nenhuma crise que colocava a sua vida em perigo. No contexto da sua vida, a EQM que Steve acabou de nos contar poderia ser considerada uma espécie de clímax de uma série de experiências transcendentais relacionadas. De qualquer modo, elas significaram o início de algumas mudanças importantes na vida de Steve e também parecem estar ligadas ao desenvolvimento de algumas tendências extraordinárias.

> Após essas experiências, a minha personalidade mudou e eu nunca mais consegui me dar bem com os meus pais e familiares. Eles diziam que eu era uma criança da geração paz e amor. As pessoas me consideravam uma personalidade fraca que não conseguia realizar nada.
> De repente, eu me sentia tremendamente ignorante. Comecei a comprar livros e a encher cadernos com histórias de diferentes nações, com arqueologia e filosofias.
> Descobri que podia memorizar e tocar um prelúdio e fuga de Bach apenas com algumas horas de preparação, apesar de anteriormente ter de me esforçar durante semanas para aprender uma peça musical.

Após a sua EQM, aos 24 anos de idade, ele afirma, muitas das mudanças que ele já notara começaram a acelerar e alguns dos seus conflitos e problemas ficaram cada vez mais dolorosos.

> [Naquela época], eu trabalhava nos negócios da família. Meu pai era um homem de negócios muito competitivo. Ele era um homem importante na igreja e conhecia a Bíblia de trás para a frente. Ele era um excelente orador e instrutor de vendas, de reputação nacional. Ele me ensinou que eu nunca teria sucesso se não desenvolvesse um desejo intenso, ardente, por dinheiro e riquezas. Eu realmente tentei, mas nunca consegui sentir um desejo ardente pelo dinheiro. Eu trabalhava com eficiência: ganhei algumas concorrências de vendas e, mais tarde, tomei conta dos negócios e ganhei o respeito de clientes e concorrentes. Mas eles nunca aceitaram a minha personalidade "suave". "Moderado" era a palavra mais gentil que usavam para me definir.

Eles consideravam insuportável a mudança do meu ponto de vista. A minha habilidade para ver o futuro e a tendência a reagir e responder aos pensamentos e intenções particulares dos homens que faziam negócio com o meu pai, em lugar de responder aos seus modos externos e educados, eram muito perturbadoras para todos. Tive de reaprender a escutar e a pensar em dois níveis – o dos sentimentos aparentes e o dos verdadeiros sentimentos. A não ser que me mantivesse atento, respondia às perguntas com respostas aos pensamentos e motivações interiores da pessoa e não às suas palavras. O meu sucesso foi um acidente. Eu nunca estava com pressa. Eu nunca era competitivo. Os menos generosos diziam que eu não era realmente um homem.

Enquanto isso, sempre que estava livre das exigências da vida profissional, Steve lançava-se em projetos de auto-educação, os quais, finalmente, iriam libertá-lo da prisão da empresa da família.

Aos 26 anos, comecei a comprar livros e a aprender idiomas. Primeiro francês, depois espanhol. Após dois semestres, comecei a ler *Dom Quixote* e li *Philosophical letters* de Voltaire. Então, voltei a estudar português [anteriormente ele vivera no Brasil]. Aos 28 anos, estudei história e filosofia. Aos 29, comecei a me aventurar na física e na eletrônica. Aos 32, comecei a projetar osciladores e amplificadores. Um deles está num satélite em órbita. Aos 36, comecei a projetar microprocessadores. Agora, estou com 42 anos. Como programador profissional, escrevo cerca de 40 mil linhas de linguagem-C por ano.

Steve ainda lê vorazmente.

Comprei cerca de 150 livros no ano passado. Li a maioria deles. Eram livros de história, filosofia, outras religiões, astronomia, física e arqueologia. Com exceção de obras-primas e clássicos, não leio mais obras de ficção.

Atualmente muito bem-sucedido no trabalho e obviamente um bibliófilo, Steve ainda tem tempo para explorar *hobbies* como astronomia (ele tem dois telescópios) e fotografia (ele é especialista em pássaros selvagens – tenho uma das suas fotografias de um pelicano em meu escritório – e em flores). Contudo, como muitas outras pessoas que passaram por uma EQM, ele se queixa de ser muito sensível.

Não consigo assistir a programas policiais na televisão. Acho obsceno mostrar um assassinato sem remorsos. Tenho travado uma batalha contínua com os meus filhos adolescentes no que se refere à sua escolha de programas na TV. Um programa com descrições vívidas de assassinatos é classificado como "proibido para menores de 18 anos" em nossa casa. Se eles estiverem assistindo a um programa violento, posso sentir o que estão vendo, mesmo estando em outra sala, e isso me deixa perturbado. Eles me acham esquisito. Nada me causa mais dor do que ver os membros da minha família discutindo.

Não posso desistir daquilo que vi. Nada mais realmente importa. Só o fato de dirigir na auto-estrada, percebendo a raiva que as outras pessoas sentem, é doloroso para mim.

Ele também tem problemas quando está na igreja.

Eu amo a Deus mais do que qualquer coisa. Mas quase não consigo ir à igreja. Não consigo ficar sentado durante um sermão [...]. Não consigo me relacionar à culpa e à vergonha contida nas lições. As discussões sobre culpa e pecado não têm nenhuma importância para mim e não me deixam feliz. Elas não se encaixam em nenhuma das experiências que tive [...] tentei tocar nesses assuntos, com delicadeza e cuidado, com os líderes locais da igreja, e eles não reagiram bem. Assim, desisti.

Quando a minha vida não está como deveria ser, sinto uma dor emocional e mudo o mais rápido possível. Mas as numerosas regras e regulamentos não têm nenhum significado para mim. Eles não tocam o meu coração. As leis parecem passos preparatórios para alguma coisa melhor. Eu sei que existem mais coisas.

Atualmente, Steve afirma encontrar algum conforto na literatura, em especial naquela em que a "verdadeira religião" é ensinada. Ele aprecia os trabalhos de Antoine de Saint-Exupéry, mais conhecido pela clássica história *O pequeno príncipe*. Em outro de seus livros, *Terra dos homens*, conta-nos Steve, há um outro conto, aparentemente baseado na própria experiência de Saint-Exupéry como piloto.

Seu avião caiu e ele passou sete dias com pouca ou nenhuma água. Ele já se encontrava além da dor da morte, quando um beduíno tirou-o da areia e, gentilmente, colocou o seu rosto numa tigela de água. Ele olhou para cima, para aquele morador do deserto de rosto enrugado, e viu todos os seus amigos, todos os seus inimigos, toda a humanidade, e sentiu um amor eterno. Depois disso, ele não conseguiu sentir nenhum ódio por árabes, alemães, turcos, ou qualquer pessoa. A única coisa que ele detestava era a ignorância deliberada e a insensibilidade aos sentimentos de outras pessoas.

É fácil perceber por que Steve reagiu tão fortemente à epifania de Saint-Exupéry no deserto, principalmente porque ele próprio se encontra numa espécie de deserto espiritual particular, procurando um oásis de compreensão entre as pessoas pelas quais ele se sente naturalmente atraído. Para mim, Steve é um exemplo claro de um homem que talvez tenha visto demais, experienciado e absorvido demais a Luz, para jamais sentir-se totalmente confortável no mundo comum. Ele sofre por aquilo que sabe e pela dor daqueles que continuam desconhecendo aquilo que a Luz ensina. Contudo, ao mesmo tempo, as pessoas como Steve são uma tocha brilhante para quem deseja conhecer o que ele conhece e, para elas, ele é um professor incomparável. Para mim, ele é um ser de luz em si mesmo, uma fonte de iluminação, que instrui pela própria existência e pela linguagem franca do coração.

Em outra de suas cartas, Steve me disse: "Não existe sermão maior do que a vida que vivemos (e nenhum observador melhor do que os nossos filhos)". São preciosidades aforísticas como essas que me fazem esperar ansiosamente as suas cartas. Ele foi um dos meus professores também e as suas lições são, e espero que agora você concorde, o ouro puro da EQM.

Peggy

Outra mensageira da Luz, a última, é uma mulher chamada Peggy Holladay, que me escreveu em 1989 sobre a sua EQM, enviando um documento de 17 páginas descrevendo a experiência e as lições que, tão eficazmente, ficaram gravadas nela. Se houvesse espaço aqui, eu ficaria tentado a citar o seu relato na íntegra, pelo seu poder e profundidade, mas terei de me contentar em compartilhar alguns trechos desse, e de outro relato, que ela me enviou posteriormente, para você ter uma idéia da sua experiência. Acredito que eles serão o suficiente para deixar óbvio que a sua jornada para a Luz foi feita, na verdade, em nome de todos nós.

Depois de receber a carta de Peggy, naturalmente, respondi expressando a minha profunda apreciação e, um ano depois, nós nos conhecemos num congresso sobre EQMs em Washington. Peggy se revelou uma mulher atraente, de cabelos escuros, a qual, na época, parecia ter trinta e poucos anos de idade. Ela era casada, tinha dois filhos e a sua alegria na vida era cantar. Ela já participara de alguns musicais (mais tarde, ela me enviou um vídeo de uma das suas apresentações no *Showboat*, de Jerome Kern) e, como eu iria descobrir, também é inventora e retratista talentosa. Em resumo, uma mulher com óbvios dons criativos e, a seu modo, muito entusiasmada e calorosa.

Na manhã do Natal de 1973, quando Peggy tinha vinte e poucos anos e morava em Dallas, ela sofreu um acidente de carro, durante o qual teve uma fratura craniana potencialmente fatal. Ela não lembra de ter passado por uma EQM nessa época (naturalmente, o termo ainda não existia), mas, mais tarde, lembrava de ter visto imagens confusas do seu corpo deitado no chão e sendo levado para uma ambulância. Contudo, essa experiência foi um ponto de mutação na sua vida, provocando mudanças radicais na sua personalidade, visão de mundo e em seus padrões de interação social.

Por um lado, ela foi tomada pelo desejo de voltar à faculdade e aprender matérias de áreas anteriormente incompatíveis, como química e biologia, e descobriu que se destacava nelas. Ela estava aprendendo de forma totalmente nova e, como Steve, comenta:

> Era como se eu estivesse "vendo" as coisas com uma compreensão muito mais profunda! Não preciso dizer que a absoluta alegria de aprender era inacreditavelmente nova para mim e a minha mente parecia estar literalmente faminta por informações novas e interessantes. Eu não conseguia acumulá-las com rapidez suficiente.

Por outro, ela descobriu que suas amizades e o seu estilo de vida estavam mudando. Antes freqüentadora de festas e socialmente engraçada, aos poucos percebeu que esses papéis superficiais não lhe serviam mais: "Depois do ferimento na cabeça, eu não conseguia mais me relacionar com a minha antiga vida. Eu era uma pessoa diferente e todos que me conheciam estavam começando a perceber".

Ela começou a ter experiências místicas incomuns, nas quais sentia "a mais profunda alegria que jamais conheci", e também experiências conscientes fora do corpo. Educada na religião batista, sentiu o desejo de voltar a ela, mas, após alguns meses, descobriu que não podia mais relacionar-se com aquilo que ela descreve como "dogma cristão tradicional". Mas talvez a mudança mais profunda tenha sido a experiência do amor compassivo. A esse respeito, ela conta os seguintes incidentes ilustrativos:

> Lembro-me de que, muitas vezes, eu sentia uma grande vontade de abraçar pessoas totalmente estranhas, sentindo extrema preocupação e carinho por elas. Eu não entendia de onde vinha toda essa empatia, mas sabia que era linda, mesmo não podendo abraçá-las... Diversas vezes, quando isso aconteceu, eu conseguia captar os seus pensamentos. Eu realmente lia as suas mentes e, ao mesmo tempo, sentia grande amor por elas.
>
> Entretanto, a experiência mais memorável que tive depois do acidente em que feri a cabeça foi com dois colegas que conheci numa aula de inglês. Nós só havíamos conversado rapidamente em algumas ocasiões sobre tarefas a serem realizadas, mas posso lembrar de ter sentido uma estranha ligação, quase como se eles fossem meus irmãos mais novos, pois eles tinham 18 e 22 anos. Eu não estava preparada para o sentimento que me percorreu no dia em que conversamos. Ele durou apenas cerca de um ou dois segundos, mas era um AMOR tão inacreditavelmente poderoso e intensamente profundo, que fiquei estarrecida e até mesmo em estado de choque. Enquanto conversávamos, olhando nos seus olhos, senti um amor que nenhum ser humano é capaz de sentir (ainda não, de qualquer maneira). Eu não somente sabia o que ambos estavam pensando, mas também, imagine você, eu me tornei eles! Por falar nisso, não havia palavras ou mesmo emoções humanas para descrever o quanto eu

amei aquelas duas pessoas naquele um minuto e meio. Eu nunca sentira tanto amor por outro ser humano antes ou depois daquela experiência, nem mesmo pelos meus filhos, e eu os adoro! Apesar de não saber bem de onde vinha aquele sentimento, sabia que ele não era deste mundo.

Qualquer pessoa familiarizada com a literatura sobre os efeitos posteriores das EQMs já teria percebido agora que as mudanças pelas quais Peggy estava passando após o seu acidente são típicas de pessoas que vivenciaram uma EQM. Seria possível que Peggy tivesse passado por tal experiência sem estar totalmente consciente disso?

A resposta é: com certeza. No decorrer das minhas pesquisas, por exemplo, encontrei algumas pessoas, em especial aquelas que estiveram envolvidas em acidentes de carro, que, durante algum tempo, até mesmo anos, não lembravam conscientemente de terem experienciado uma EQM. Elas sofrem daquilo que é chamado de "amnésia retrógrada". Então, por fim, alguma coisa desperta uma lembrança parcial e, como um sonho há muito esquecido, a experiência volta com intensidade.

Algo assim parece ter acontecido com Peggy, uma vez que, 13 anos depois do acidente, dirigindo uma van igual à que estava e no mesmo caminho de Dallas, ela parece ter tido uma lembrança *consciente* de alguns fragmentos da sua experiência anterior. Entretanto, seja qual for a explicação, aquilo que ela sentiu conversando com os colegas é a verdadeira essência dos ensinamentos essenciais da luz, como ela é apresentada às mentes de quem passa por uma EQM e, só por isso, a afirmação de Peggy é extremamente valiosa e importante para nós.

Em 22 de agosto de 1986, Peggy estava em sua van e seu marido guiava quando foi emocionalmente atingida pela letra triste de uma canção que tocava no rádio. Ela experienciou uma poderosa onda de empatia pelas pessoas e, arrebatada por sua reação profunda e inesperada, foi deitar-se na parte traseira da van. Tentando relaxar, paradoxalmente ela percebeu que o seu coração estava disparado, disse ela, "como se eu tivesse feito exercícios aeróbicos durante 25 minutos". Aos poucos, sua respiração se acalmou e ela se viu mergulhada na "escuridão mais escura", mas não teve medo.

Ela estava totalmente tranqüila e extática e, ao mesmo tempo, "trancada" na experiência que estava para se revelar.

> Eu não sabia onde estava enquanto flutuava, mas parecia tão envolvida numa sensação tão boa, que realmente não pensei nisso. Isto é, até enxergar uma luz pequena, mas muito brilhante, à minha esquerda. Eu nunca me senti como se estivesse num túnel indo, em grande velocidade, na direção da luz; ao contrário, eu me sentia apenas flutuando serenamente na escuridão enquanto a luz vinha na minha direção. Ela era redonda e, realmente, ficava cada vez maior MUITO DEPRESSA, portanto eu poderia ter estado correndo num túnel, embora não me sentisse assim. Como dizem todos aqueles que viram essa luz, ela é como a luz branco-azulada mais brilhante que você possa imaginar – multiplicada por 10 mil. Fiquei um pouco assustada quando a luz veio em minha direção (ou eu em sua direção), embora ela não ferisse os meus olhos como achei que faria. Na verdade, quanto mais eu a olhava, mais hipnotizada ficava pela sensação de paz. Era extremamente calmante e agradável "levar para dentro" essa luz. Eu sabia, clara e imediatamente, que ela não era apenas uma Luz, ela também estava VIVA!, tinha uma personalidade e era inteligente além da nossa compreensão [...]. Eu sabia que a luz era um ser. Eu também sabia que ela era Deus e não tinha sexo.
>
> Além disso, eu sentia a luz "falando" [...] por meio de uma comunicação tão sofisticada que a minha mente não conseguia decifrar o que ela estava dizendo [...]. Comecei a perceber que a luz me conhecia MUITO BEM, logo antes de ela me envolver totalmente.

Entretanto, Peggy foi capaz de entender o que a Luz estava lhe comunicando e também começou a sentir a sua energia. "Eu SABIA, sem nenhuma sombra de dúvida, que ela era a energia mais forte que existe. Ela era a Energia do Puro Amor. Eu pensei: 'Mal posso esperar para contar às pessoas'."

E a Luz começou a lhe ensinar, respondendo às perguntas que, agora, Pegyy acha que deve ter feito:

> A luz me mostrou que o mundo é uma ilusão. Tudo o que lembro a esse respeito é de ter olhado para baixo [para aquilo que ela achava que era a Terra] [...] e pensado: "Meu Deus, ela não é real, não é

real!". Era como se todas as coisas materiais fossem apenas "propulsores" da nossa alma, incluindo o nosso corpo. As coisas mais pesadas que vemos pertencem a uma realidade inferior e são reais, mas não como pensamos. Existem coisas invisíveis para nós agora e que pertencem a níveis mais elevados e são muito, muito mais reais. Eu pensei: "PRECISO me lembrar disso!".

Nesse estado, Peggy logo notou que a sua mente estava funcionando de forma extraordinária, tornando óbvios muitos dos *insights* que ela estava recebendo:

> Nesse lugar, seja o que ele for, eu não tinha a consciência limitada que tenho na Terra. Eu me sentia como se tivesse 125 sentidos, em lugar dos nossos cinco sentidos normais. Era possível fazer, pensar, compreender, e assim por diante – mencione qualquer coisa – sem nenhum esforço.
>
> É como se os fatos estivessem bem à sua frente, totalmente visíveis, sem nenhum risco de mal-entendidos porque a verdade *apenas é*! Nada está oculto. Você se comunica pensando na sua pergunta e na sua resposta. Os pensamentos simplesmente surgem na mente e você sabe que eles vêm de outra fonte. Você também projeta os próprios pensamentos da mesma maneira. Nessa outra esfera, coisas como verdades estão lá, à sua frente, e tudo o que você precisa fazer é pensar no que deseja saber e fica sabendo. A mente é superior, e uma das coisas que me deixou admirada foi a minha habilidade para pensar em quantas coisas desejasse, ao mesmo tempo. Posso lembrar de como fiquei espantada ao perceber que eu estava tendo muitos, muitos pensamentos ao mesmo tempo, com total compreensão e facilidade.

Outras revelações foram feitas a Peggy. Ela descobriu que o tempo também era uma ilusão. Eventos terríveis na Terra tinham um significado interior que os seres humanos, com sua compreensão limitada e estreita, jamais poderiam entender. "Eu queria chorar de pura alegria", diz Peggy, "ao ver a perfeição de toda a criação". Mas, de todas as coisas que Peggy levou para dentro de si, nesse estado de consciência tremendamente expandida, a mais significativa para ela, e talvez para nós, esteja relacionada à natureza do amor abrangente e essencial no Universo.

Continuei vendo algumas verdades surpreendentes [...]. Uma delas foi quando a luz me disse que tudo era Amor, e eu quero dizer, tudo! Sempre pensei que o amor fosse apenas uma emoção humana que as pessoas sentiam de vez em quando e jamais, nem nos meus sonhos mais loucos, pensei que ele fosse TUDO!

Eu pude ver como todas as pessoas são amadas. Estava totalmente evidente que a luz amava a todos igualmente, sem *nenhuma restrição*! Eu realmente quero enfatizar isso, porque fiquei tão feliz ao saber que não precisávamos acreditar ou fazer determinadas coisas para sermos amados. NÓS JÁ FOMOS E SOMOS, NÃO IMPORTA O QUÊ! A luz era extremamente amorosa e preocupada com todas as pessoas. Lembro-me de ter olhado para as pessoas e da luz me pedindo "ame as pessoas". Eu queria chorar, eu sentia tanto por elas [...]. Eu pensei: "Se elas pudessem apenas saber o quanto são amadas, talvez não se sentissem mais tão assustadas ou solitárias".

Então, Peggy recebeu uma infusão da energia da luz, como se precisasse levar para casa a imensidão incompreensível desse amor, para nunca mais esquecê-lo:

Lembro-me vividamente da parte em que a luz fez algo como ligar uma corrente de AMOR puro, completo, concentrado, incondicional. Esse amor que experienciei era tão poderoso que não pode ser comparado ao amor terreno, mesmo que o amor terreno seja muito mais suave. É como saber que o melhor amor que você sente na Terra está diluído em cerca de uma parte por milhão do verdadeiro amor. Enquanto essa onda de puro amor penetrava em mim, senti como se a luz estivesse dizendo simultaneamente: "Eu amo você COMPLETA e TOTALMENTE *como você é*, PORQUE VOCÊ É".

Nesse exato momento, comecei a soluçar profundamente, sentindo que não merecia aquele amor tão puro e que fizera muitas coisas erradas. Enquanto sentia uma tristeza incrível e um desmerecimento doloroso, lembro de ter sido amada pela luz. Ela não deixou de me amar nem por um instante e nunca esquecerei o efeito que isso teve em mim. Eu pensei: "Há mais amor aqui do que qualquer outra coisa [...]". Era como ser banhada em partículas de energia de puro amor. E, enquanto esse amor radiante e energizante fluía dentro de mim, eu SOUBE, mesmo que apenas por alguns segundos, que eu estava totalmente unida à luz. Eu sabia que não havia nada de errado comigo, de maneira alguma. NADA! Durante alguns segundos, não pensei nem senti a perfeição – EU ERA A PERFEIÇÃO! Eu não estava apenas com a luz. Eu me tornara a luz. Eu me tornara tudo ao mesmo tempo!!

Talvez agora seja bom lembrar, compreendendo melhor a sua fonte, do tremendo amor compassivo e transbordante que Peggy afirmou ter sentido pelos dois colegas que ajudou na faculdade. ("Eu não sabia que tal AMOR existia [...]. Eu sabia que ele não era deste mundo.") E, a esse respeito, Peggy sente que levou para casa uma importante lição sobre o poder de cura do amor incondicional como conseqüência de ter recebido a sua transmissão direta durante o encontro com a luz.

Uma das muitas crenças que adquiri a partir dessa experiência é a de que sempre que o amor incondicional é oferecido a alguém, independentemente da sua força ou de sua origem (uma pessoa ou a luz), ele provoca a libertação da "energia de ódio por si mesmo" (que é uma ilusão), levando-a para a consciência do indivíduo para ser examinada e descartada. Assim, o nível de consciência do indivíduo aumenta toda vez que isso é feito.

Entretanto, nesse ponto de sua jornada, tendo absorvido essas e outras lições da Luz, Peggy estava para iniciar a volta para a Terra. Ainda banhada pela Luz, perguntaram se ela "poderia fazer isso para sempre?".

Lembro-me de ter hesitado por um segundo, pensando em minha família, acho, mas definitivamente respondi SIM [...]. Após sentir, mesmo por um instante, essa energia pura, qualquer ser humano vivo cairia de joelhos e soluçaria profundamente de alegria descontrolada e irrestrita diante da perfeição do Universo. Eu estava disposta a *desistir de tudo* que eu amara na Terra para permanecer naquele profundo estado de graça.

Mas por motivos que nunca saberemos, o desejo de Peggy não foi atendido pela Luz e ela se viu voltando, forçada a entrar no seu corpo, ela diz, como se ele, nesse meio tempo, tivesse se transformado em pedra. Ao fazê-lo, ela ficou com os olhos cheios de lágrimas e "estava em estado de choque, imaginando *que diabo aconteceu comigo!*".

Entretanto, os *insights* da Luz continuaram fluindo para ela, mesmo após essa experiência, como aconteceu com Neev, e, conforme já vimos, nesse ponto, em vez de possuírem a qualidade da revelação máxima, eles tendem a ter um significado mais pessoal para o indivíduo. É quase como se a Luz, tendo revelado as suas verdades universais, agora procurasse informar o indivíduo sobre a maneira de utilizar todo esse conhecimento na sua vida. No caso de Peggy, as implicações foram semelhantes àquelas reveladas por Craig, relacionadas à música.

Contudo, primeiramente, Peggy apresenta uma lição da Luz em termos mais amplos:

> Um das coisas que [aprendi] foi que estamos TODOS aqui para realizar uma "tarefa de amor". Não somos obrigados a realizá-la ou podemos realizar quanto desejarmos. Nós é que decidimos. A nossa "tarefa" é programada no nascimento e é a coisa ou as coisas que mais *amamos*. Eu era tão idiota. Sempre pensei que fazer aquilo que mais amamos fosse egoísmo. Lembro-me de como fiquei surpresa e feliz quando essa informação "veio à minha mente". Essa outra fonte de energia, usando a minha voz, disse: "Essa é a coisa mais altruísta e construtiva que você pode fazer pelo mundo, porque essa é a energia que lhe está destinada e, ao fazer isso, você será mais feliz, melhor e mais respeitada!".
>
> Durante a minha EQM, eu realmente lembrei de como eu me sentia quando tinha sete anos e cantava o tempo todo. Eu literalmente revivi aqueles momentos e senti a alegria que eu conhecera quando costumava cantar. Lembrei da luz me dizendo para tentar cantar. Ela não falou nada a respeito de fama, dinheiro, ou mesmo de uma boa voz para cantar.
>
> Sei que o que eu estou dizendo parece absolutamente maluco – acreditem-me, eu sei [...]. Mas essa foi uma GRANDE parte desse encontro inacreditável e não mencioná-la seria tornar toda a história menos verdadeira, ou, pelo menos, com menos significado para mim. Portanto, mesmo sabendo em meu coração que a luz disse que cantar era a minha "tarefa", e mesmo desejando desesperadamente cantar, e

estou me esforçando como louca para isso, tentarei estar receptiva a qualquer coisa que surja no meu caminho [...]. Eu me diverti demais apenas tentando e não quero ir para o túmulo sabendo que nunca tentei.

Agora que eu vi, experienciei e estive com a fonte desse estado mental de euforia amorosa, irei atrás dele pelo resto da minha vida e farei tudo o que sentir profundamente que devo fazer, sabendo que é a *luz* que está me orientando. Eu costumava pensar que era artista quando pintava. Agora, depois da minha EQM, sei que eu sou apenas o pincel, as experiências da minha vida são a tinta, a minha vida é a tela e o mundo é o estúdio, tendo o amor como tema.

Peggy conclui o seu comentário expressando a gratidão que, como sabemos agora, tantas pessoas que passaram por uma EQM oferecem à Luz pelo seu encontro com a verdade máxima, embora ela os tenha lançado num curso incerto:

Minha vida é retribuir de algum modo à Luz por ela ter vindo a mim e ter me amado quando eu mais precisava. Sinto que esse será um projeto para o resto da minha vida. A "antiga eu" sumiu e, todos os dias, estou descobrindo a "nova eu". Não sei o que o futuro trará, mas farei o melhor possível para permanecer aberta às mudanças e ao crescimento. Sei que provavelmente passarei o resto da vida me adaptando, de uma ou de outra maneira, ao que me aconteceu naquele dia de agosto. Mas eu não o trocaria por nada neste mundo! Eu sempre o levarei comigo e, espero, encontrarei alguma maneira de compartilhá-lo.

Bem, com certeza, ela conseguiu! E eu gostaria de falar mais sobre a experiência de Peggy e das suas lições, mas talvez você já tenha lido o suficiente do seu relato e dos outros que o antecederam neste capítulo para ter formado uma imagem clara daquilo que encontramos e aprendemos nessas jornadas para a Luz e para compreender como é profundo o desejo desses viajantes de compartilhar o que viram com as outras pessoas.

Quanto a Peggy, mantivemos contato durante muitos anos após o nosso encontro em Washington. Apesar de nos encontrarmos apenas naquela ocasião, recentemente conversei com ela pelo telefone para ver como estava indo. Ela parecia brilhante e animada, como sempre, e disse que realmente estava se dedicando ao canto, que continua lhe proporcionando grande alegria, e também trabalhando em algumas novas invenções. A minha impressão é de que ela ainda está alegremente seguindo o curso que a Luz lhe determinou há tantos anos e, sem dúvida, continua distribuindo aquela luz a quem encontra no seu caminho. Como fez comigo, quando conversamos pela primeira vez em Washington e, acredito, como fez com você também, por meio da sua voz neste livro.

JUNTANDO OS FIOS DOURADOS

Ao considerarmos essa meia dúzia de jornadas para a Luz que acompanhamos neste capítulo, torna-se óbvio que elas contêm determinados temas que se repetem. Para mim, no entanto, esses temas representam três *níveis* distintos de *insight* que devem ficar claros se quisermos compreender adequadamente o espectro total das lições da EQM.

Primeiro, há o nível daquilo que eu gostaria de chamar simplesmente de *a visão beatífica*. Esse é o aspecto mais elevado, mais inclusivo e universal da EQM. Quando capturado por essa visão beatífica, o indivíduo percebe não somente a perfeição do Universo como a própria perfeição, uma vez que não estamos separados do Universo e, sim, somos uma parte integral e indispensável dele. Essa é a esfera do amor e aceitação puros, incondicionais, um útero original de luz resplandecendo com beleza e glória ilimitadas, onde todo o conhecimento finalmente é revelado e onde nos tornamos conscientes, com uma certeza incontestável, de que ele é o nosso verdadeiro e eterno lar.

A seguir, há o nível daquilo que chamarei de *realizações terrenas*. Nesse nível da EQM, passamos a ver com olhos puros a importância de determinados valores, crenças e esforços humanos que devem orientar a nossa vida no mundo. Entre eles, estão a importância de expressar o amor compassivo e o carinho pelas pessoas, o valor da busca do conhecimento, a obrigação de viver a vida plenamente, com a percepção constante da sua preciosidade, a necessidade de evitar um estilo de vida competitivo ou baseado em bens materiais, a convicção de que a morte não deve ser temida, mas que é apenas uma continuação da vida, e assim por diante.

E, finalmente, há o nível daquilo que será mais bem descrito como *revelação pessoal*. Essa é a informação que, como vimos, normalmente vem ao indivíduo no final da EQM, em que as suas lições estão dirigidas, pela Luz ou por uma presença ou guia que se encontra em sua esfera, às necessidades e circunstâncias dessa pessoa. Como teremos muito tempo para refletir sobre a visão beatífica e as realizações terrenas nos capítulos finais, gostaria de concluir este capítulo focalizando esse último tipo de *insight*. Um dos motivos para isso é deixar claro de que maneira essas lições pessoais podem ser aplicadas na sua vida, mesmo que você não tenha passado por uma EQM.

Começaremos lembrando de determinadas características importantes da EQM e que se baseiam na natureza e no significado dessas revelações pessoais. Para começar, lembre-se de que, em cada caso que consideramos, o indivíduo encontra algum tipo de presença dentro da Luz, alguém ou alguma coisa que dá a impressão de ter um conhecimento onisciente a respeito de si mesmo e uma infinita preocupação pelo seu bem-estar presente e futuro. Então, quando quase morremos, descobrimos que não estamos sozinhos e, provavelmente, nunca estivemos. Nós temos alguém ou alguma coisa que parece nos guiar com benevolência, embora de maneira invisível, em nossa vida nesta terra, mas que pode interferir em momentos críticos e, até mesmo, como no estado de quase-morte, manifestar-se claramente em nossa consciência. Isso, em si, é profundamente reconfortante.

Contudo, ao explorarmos mais a função dessa força orientadora, podemos ver, praticamente em todos os casos que apresentamos, que é quase como se ela se introduzisse durante a EQM para ajudar a corrigir o curso da vida do indivíduo, colocando-a de novo no caminho certo. Isso ficou particularmente evidente na vida de Neev, por exemplo, quando ele estava emaranhado numa espiral descendente autodestrutiva e aprisionado numa jaula aparentemente indestrutível de baixa auto-estima e sentimentos de fracasso. A percepção acerca de si mesmo que ele recebeu na EQM e, em particular, a revisão de vida auxiliada pelo guia destruíram a jaula e libertaram-no para a vida – sinto-me tentado a afirmar –

que ele estava destinado a viver. No caso de Peggy, de acordo com o seu relato, ela também estava vivendo uma vida muito vazia e um tanto hedonística antes da EQM, mas, após sentir o influxo de amor divino da Luz e receber os seus *insights* pessoais da própria Luz, encontrou uma forma de viver uma vida muito mais plena. Até mesmo Steve – apesar de continuar sofrendo com a sua aguda sensibilidade, depois de se libertar de uma família sufocante e dos negócios, a EQM ajudou-o a liberar os seus talentos latentes, estimulando o desejo de conhecimento e permitindo que ele iniciasse uma carreira muito mais satisfatória. E, realmente, Steve me contou que continua recebendo orientação consciente dos seus seres de luz, mostrando que essa ajuda está disponível na vida cotidiana e não apenas nos momentos extremos de quase-morte.

Ao examinar a vida das pessoas que passaram por uma EQM que conhecemos neste capítulo, você não acha que todas elas, em diferentes graus, receberam ajuda para viver uma vida mais autêntica, para desenvolver talentos e tendências adormecidos, bem como estímulo para se libertar das algemas sociais, quando necessário, que as aprisionavam? Na verdade, a Luz disse a Peggy que ela deveria "seguir o seu amor" e que se entregar a ele era a coisa mais altruísta e construtiva no mundo. A Luz parece estar dizendo, a todos nós, que temos um talento único, uma oferta a fazer ao mundo e que a nossa felicidade e a do mundo são alcançadas quando vivemos para realizar esse talento, que é nada menos do que o nosso propósito na vida. A EQM ajuda a quebrar a casca do ovo no qual esse talento se encontra, negligenciado e até mesmo ignorado, para que ele possa começar a emergir e desenvolver-se plenamente. Ela o faz mostrando a cada indivíduo o que ele, em essência, estava destinado a ser, permitindo que ele vislumbre um pouco do seu *self* verdadeiro e da sua vocação no mundo. Assim, Craig é levado a emocionar as pessoas com a sua flauta e Peggy com a sua voz; Laurelynn ajuda a recuperar corpos danificados, enquanto Neev trabalha para orientar crianças a descobrir e perceber seus potenciais; Steve encontrou o seu caminho tornando-se especialista em computação e, ultimamente, uma espécie de divulgador da EQM; Sally, apesar de continuar fazendo bons trabalhos, ainda luta para perceber o seu próprio e autêntico *self*.

Eu falei a respeito desse *self* autêntico ou verdadeiro como algo que é função da Luz revelar ao indivíduo. Como ela faz isso? Com freqüência, a resposta é, em primeiro lugar, mostrando para a pessoa que passou por uma EQM o seu *self falso* ou socialmente condicionado. Em alguns casos, o mecanismo utilizado é a revisão de vida. Você se lembra, na história de Neev, de como ele utilizou o conhecimento proporcionado pela revisão de vida para remodelar a sua vida? Em determinado ponto do seu relato, ele afirma enfaticamente:

> A coisa mais importante que [eu] senti depois da EQM foi a necessidade de corrigir e modificar todas as coisas que eu não gostava em mim. Essa lembrança da revisão de vida me deixava doente. Continuamente, eu via a mim mesmo e detestava o que via. Foi a revisão de vida que estimulou o meu desejo de mudanças e possibilitou essa mudança.

Contudo, em outros casos, a pessoa que passou por uma EQM recebe uma percepção direta da natureza do falso *self* e, portanto, pode compreender de modo intuitivo que a pessoa com a qual ela se identificava e que, habitualmente, considerava como o seu *self* essencial não era nada além de uma ficção. Isso aconteceu com Peggy, por exemplo, e o relato desse *insight* contém uma importante mensagem para todos:

> [Em determinado momento] a minha consciência deve ter se afastado do meu corpo, porque, de repente, eu o estava observando enquanto ele soluçava. Eu estava totalmente indiferente enquanto observava o meu corpo. Ao observá-lo, vi um objeto brilhante, claro, elevar-se dele. Para mim, estava óbvio que era o meu ego. No momento em que ele começou a se elevar, minha consciência voltou ao meu corpo e fiquei angustiada, pensando: "É o meu ego, é o meu ego!", não querendo que ele me deixasse. Eu me sentia como se precisasse retê-lo ou não continuaria viva. De qualquer modo, ele se afastou de mim e nele vi todas as coisas que eu fizera de errado na minha vida. Eu estava atordoada, porque pensei que tudo aquilo fazia parte de mim e simplesmente não podia ser afastado. Vocês nem imaginam como fiquei feliz quando comecei a compreender

que "aquilo nunca havia sido eu". Aquela identidade nunca fora a verdadeira eu.

Comecei a perceber que eu estaria bem sem ele e que, na verdade, estaria melhor sem ele. Foi como tirar o filtro velho, empoeirado, entupido, de um ar-condicionado e deixar o ar passar livremente. Só que, nesse caso, era o amor puro, completo, entrando em mim. Decidi relaxar e deixar a luz despejar toda essa energia maravilhosa em mim e, acreditem ou não, comecei a sentir que eu realmente a merecia! Se existe alguma coisa como "curar uma alma", então foi exatamente isso o que aconteceu comigo.

O falso *self* é construído socialmente, mas o verdadeiro *self* não é tanto ofertado *pela* EQM quanto criado e compreendido pelo indivíduo *depois* da EQM. Entretanto, o conhecimento proporcionado pela Luz é suficiente para ajudar a pessoa a ver o falso *self* e como ele começou a existir – e esse conhecimento, em si mesmo, é suficiente para começar a sua demolição. Depois que isso acontece, fica um espaço livre para que o *self* novo, mais autêntico, possa florescer de modo natural e, se há um objetivo pessoal subjacente à EQM, esse parece ser o de estimular esse desenvolvimento no indivíduo. É como se a Luz desejasse que todas as pessoas se tornassem o *self* que originalmente estavam destinadas a ser. Peggy expressou esse pensamento quando disse: "A nossa 'tarefa' é programada no nascimento e é a coisa, ou coisas, que mais *amamos*". Atuar a partir desse amor nos ajuda a perceber o nosso verdadeiro *self*, que é criado novamente todos os dias da nossa vida pelo comportamento autêntico. É isso o que quer dizer "seguir o seu amor".

Agora, está claro como a impressão nesta página que essas lições da Luz não são apenas para as pessoas que passaram por uma EQM. Elas são para todos. As pessoas que passaram por uma EQM mencionadas nestes capítulos, os mensageiros da Luz, são apenas os nossos professores aqui, cujo trabalho é nos lembrar das verdades que podemos ter esquecido. Você está seguindo o seu amor? Ou você o perdeu de vista enquanto vive a sua vida?

Por favor, reflita um pouco sobre isso – não vá correndo para o próximo capítulo. Na verdade, todo este capítulo foi um longo prefácio para as perguntas que apresentei, pois elas se encontram na verdadeira essência do significado pessoal que as EQMs têm *para você*. Se você está sentindo que a sua vida, de algum modo, desviou-se do curso, não precisa passar por uma EQM para colocá-la de novo no caminho certo. Mas pode aprender com as pessoas que passaram por uma e que começaram o trabalho de guiá-lo novamente na direção certa. Se achar que as minhas palavras podem ser aplicadas a você, talvez possa tentar considerar mais uma vez a sua vida à luz daquilo que a EQM ensina. E, lembre-se, as pessoas que passaram por uma EQM afirmam que não estamos e nunca ficaremos sozinhos. Cada um de nós tem uma fonte de orientação interior que, após ser descoberta, pode nos ajudar, como ajudou as pessoas que passaram por uma EQM. E lembre-se também das palavras de Peggy: que a Luz infinita, fonte de todo o amor no mundo, também ama cada um de nós igual e infinitamente. "Eu vi o quanto as pessoas são amadas", disse. "Se elas apenas pudessem saber o quanto são amadas." Esse amor está lá para todos nós e, ao abrir-se para ele, inevitavelmente, ele o levará para si mesmo – para o seu verdadeiro *self*.

Capítulo 2

A visão do alto: poeira e sapatos fora do lugar

Quando refletimos sobre o conteúdo das narrativas de EQM que apresentei no último capítulo, é difícil negar que alguma coisa verdadeiramente extraordinária aconteceu a esses indivíduos. Mas talvez seja o seu tom de certeza e a óbvia sinceridade de suas palavras que convencem a maioria dos ouvintes de que aquilo que eles experienciaram enquanto estavam próximos da morte é uma revelação que contém algumas das verdades essenciais a respeito da vida e da maneira como ela deve ser vivida.

Com certeza, praticamente todas as pessoas que passaram por uma EQM estão convencidas de que aquilo que viram e compreenderam durante a sua visão representa alguma coisa tão autêntica quanto incontestável. E, da mesma forma, estão igualmente seguras de que aquilo que experienciaram não é um sonho, fantasia ou alucinação. Muitas delas me garantiram, com grande ênfase, que a sua EQM foi "mais real do que a própria vida" ou "mais real do que você e eu sentados aqui, conversando", e outras declarações semelhantes. Com relação a isso, recordo-me em particular de um homem de meia-idade afirmando com vigor que sua experiência havia sido "totalmente objetiva e absolutamente real".

Em virtude do caráter consistente e *insistente* dessas declarações, seria tolo e, por certo, descuidado ignorar esse tipo de testemunho. Mas, ao mesmo tempo, como a maioria das pessoas não passou por essa experiência, aparentemente ficamos numa posição um tanto desconfortável, precisando acreditar em alguma coisa apenas movidos pela fé – fé na precisão do julgamento de outra pessoa. Naturalmente, vale a pena notar que esse julgamento é basicamente unânime entre as pessoas que passaram por uma EQM, mas, é óbvio, do ponto de vista estritamente científico não há provas de nada. Essa opinião coletiva das pessoas que tiveram uma EQM, por mais impressionante que possa ser na sua unanimidade apaixonada, é, no entanto, impossível de ser verificada e baseia-se por completo em relatos subjetivos.

Essas dúvidas, por mais que queiramos ignorá-las, devem ser reconhecidas desde o início. Afinal, numa rápida reflexão, qualquer um admitiria que até mesmo as pessoas mais sérias e sinceras podem estar enganadas ou até mesmo iludidas a respeito da natureza das suas experiências. E, em particular no que se refere às pessoas que vivenciaram uma EQM, com certeza existem outros livros disponíveis, como *Dying to live* de Susan Blackmore, que adotam uma visão cética sobre esses encontros e tentam explicá-los com base em dados neurológicos. Essa espécie de desafio deve ser considerada, em especial se você está pensando em fundamentar o próprio raciocínio e ações nos ensinamentos que podem ser extraídos dessas experiências. Seria duro descobrir, no final, que você estava sendo guiado por nada mais do que alucinações produzidas por um cérebro neurologicamente perturbado e privado de oxigênio!

É claro que a dificuldade para resolver essa questão encontra-se no próprio fato de que as EQMS, no fundo, são inerentemente subjetivas, profundamente particulares e, muitas vezes, indescritíveis. Assim, elas podem estar além da comprovação científica e ter o *status* de revelações religiosas modernas não comprovadas. Não adianta argumentar, como fazem muitos em sua defesa, que essas experiências têm um padrão comum. Isso apenas mostra que elas não são idiossincráticas. Ainda é possível considerar esse padrão, como fazem Susan Blackmore e outros céticos, por exemplo, como nada mais do que detritos subjetivos previsíveis, vomitados por um cérebro agonizante e sem nenhum significado.

Portanto, parece que aqui temos um impasse. Eu gostaria de poder lhe mostrar que essas experiências são realmente aquilo que essas pessoas afirmam, isto é, autênticas, objetivas e tão reais quanto parecem. Mas, para demonstrá-lo, primeiro seria necessário demonstrar que as EQMs não podem ser interpretadas como alucinações, fantasias ou sonhos complexos: em resumo, que a EQM não é meramente um fenômeno *psicológico* ou apenas o produto neurológico de um cérebro agonizante.

Na verdade, muito ao contrário, agora temos boas evidências, de múltiplas fontes, de que a EQM é realmente uma experiência com características objetivas próprias e, numa palavra, é "genuína". Nos próximos capítulos, apresentarei algumas dessas evidências e espero que, ao terminar essa parte do livro, você tenha certeza de que as dúvidas sobre a validade da EQM podem ser eliminadas em bases puramente científicas. *Assim, o que vem a seguir é, na verdade, uma espécie de resumo cujo objetivo é defender a autenticidade da EQM.*

VISÕES FORA-DO-CORPO

Uma dica daquilo que iremos ver pode ser sugerida por esse relato bem-humorado sobre a experiência de um ator de 20 anos, ocorrida quando ele estava no meio de uma dança muito cansativa e frenética no palco:

> De repente, sem nenhum aviso, eu estava nas vigas de aço próximas ao teto da sala. Eu tinha consciência da escuridão das vigas e de suas sombras e, olhando para o espetáculo lá embaixo, fiquei espantado ao perceber que a minha visão mudara: eu podia ver tudo na sala – cada fio de cabelo em cada cabeça, parecia –, tudo ao mesmo tempo. Eu via tudo, num único olhar onipresente: centenas de cabeças arrumadas em fileiras ondulantes de cadeiras portáteis, meia dúzia de bebês dormindo no colo, cabelos de muitas cores diferentes, brilhando à luz do palco. Então, a minha atenção foi desviada para o palco e lá estávamos nós em *collants* multicoloridos, girando na nossa dança e, lá estava eu – *lá estava eu* – frente a frente com [a sua parceira na dança].[1]

---

1. Richard Squires, "The meaning of ecstasy", *Gnosis Magazine, 33* (outono, 1994), p. 69.

Não é preciso dizer que esse homem ficou surpreso ao perceber que se encontrava em dois lugares ao mesmo tempo – dentro e fora do seu corpo, por assim dizer – e estava totalmente perplexo pelo que acontecera. Contudo, mais tarde, ele teve motivos para refletir sobre a sua experiência e seu possível significado e, como nós, também considerou as duas alternativas óbvias relacionadas às EQMS:

> Aquilo era um fenômeno natural ou apenas uma aberração mental? Naturalmente, eu queria acreditar nos meus olhos [mas] [...] a clareza da experiência e a natureza onipresente da minha visão, que enxergava tudo ao mesmo tempo dentro da sala, com os olhos de um gavião, aparentemente poderiam ser questionadas das duas maneiras. Mas, quando penso em coisas como o padrão dos rebites nas vigas do teto ou a careca brilhante do homem com casaco vermelho da quinta fileira, ou uma centena de outros detalhes que preenchiam a minha visão durante o evento, parece mais razoável considerá-lo um fenômeno natural do que uma alucinação. Nenhuma alucinação autoscópica ("ver a si mesmo"), baseada apenas na informação que a minha mente já possuía, poderia ter sido tão perfeita ou precisa nos detalhes.[2]

Essa narrativa de uma aparente experiência fora-do-corpo (EFC) não somente é fascinante e sugestiva em si mesma, mas também contém uma pista óbvia a respeito de como os pesquisadores poderiam reunir evidências para validar as EQMS. É nítido que, apesar da qualidade confessamente subjetiva dessas experiências, há um componente da EQM que, pelo menos em teoria, sugere a possibilidade de uma confirmação externa. Embora esse homem não estivesse obviamente próximo da morte, o relato da sua experiência é de uma semelhança extraordinária, no conteúdo e nos detalhes, aos muitos relatos apresentados por pessoas que sobreviveram a uma EQM. Elas, também, afirmam ter deixado o corpo por um instante e adquirido uma percepção panorâmica e detalhada do ambiente ao seu redor. Suponhamos, então, que essas descrições pudessem ser verificadas. Se pudéssemos mostrar que esses pacientes possivelmente não poderiam ter visto o que eles viram na-

---

2. Richard Squires, "The meaning of ectasy", *op. cit.*, p. 70.

turalmente, nem adquirido essas informações por outros meios, teríamos algumas evidências bastante expressivas para sustentar a objetividade das EQMS. E, é claro, *se* essas percepções pudessem ser confirmadas, teríamos bons motivos para adquirir maior confiança também nos aspectos da EQM que devem, por sua natureza, estar totalmente fora do alcance da comprovação científica.

Na verdade, reunir esse tipo de evidências tem sido o objetivo de algumas pesquisas sérias já realizadas e hoje em andamento na área de estudos da quase-morte. Entretanto, para preparar o caminho, primeiro precisamos determinar o tipo de percepções relatadas pelas pessoas que passaram por uma EQM quando afirmam deixar o corpo com a proximidade da morte.

Para começar, mencionarei uma investigação feita por uma pesquisadora chamada Janice Holden, que ensina na University of North Texas.[3] Holden, que estava interessada em particular em avaliar a *qualidade* da percepção visual durante as EQMS, enviou questionários para diversas pessoas que afirmavam ter passado por uma EFC quando estavam próximas da morte. No total, ela recebeu 63 questionários dos seus correspondentes e o que eles contavam demonstrou, sem sombra de dúvida, que as percepções nas EFCs são constantemente descritas como claras e detalhadas.

Por exemplo, 79% dos entrevistados relataram a presença de percepções visuais nítidas e uma porcentagem comparável também afirmou que elas não tinham distorções, eram coloridas e incluíam (conforme observado pelo ator já mencionado) um campo de visão panorâmico. Além disso, 61% dos casos afirmavam ter uma lembrança completa e precisa do ambiente e uma porcentagem igual até mesmo afirmou que podia ler durante a EFC.

Infelizmente, Holden parece não ter perguntado se a percepção visual proporcionada pela EFC era melhor do que a existente no estado normal (como sugerido, naturalmente, no meu exemplo anterior), mas outros estudos, bem como alguns exemplos específicos a serem apresentados em breve, deixam evidente que, algumas vezes, isso com certeza acontece.

---

3. Janice Miner Holden, "Visual perception during naturalistic near-death out-of-body experiences, *Journal of Near-Death Studies,* 7 (inverno, 1988), pp. 107-20.

De qualquer modo, as descobertas de Holden sustentam fortemente a noção de que, em teoria, as pessoas que passam por uma EQM são capazes de fornecer relatos detalhados dos aspectos visuais do ambiente, o que, do ponto de vista estritamente físico, é impossível. Essa é a teoria. O que precisamos verificar agora é a existência de qualquer evidência específica de que isso de fato acontece, baseada em casos individuais.

Felizmente, como resultado de quase 20 anos de pesquisas, não é difícil obter esses exemplos. Embora um único caso não possa ser em absoluto conclusivo em si mesmo, o peso cumulativo dessas narrativas é suficiente para convencer a maioria dos céticos de que elas são mais do que meras alucinações do paciente.

A seguir, temos uma história típica, que extraí de uma carta enviada por uma correspondente australiana em 1989. A mulher, ao narrar a própria EQM, ocorrida durante uma cirurgia, comentou por acaso a reação do médico quando ela lhe contou a sua experiência:

> Nunca esquecerei a expressão no rosto do cirurgião quando lhe contei que tivera uma EFC durante a operação. Então, perguntei se ele estava sentado num banco verde com assento branco. Ele respondeu que sim. Em seguida, ele disse: "Mas você não poderia ter visto isso da mesa de operações". Eu disse que não vira de onde eu estava deitada, mas do lugar onde eu me encontrava, separada do meu corpo, olhando do alto, durante esse fenômeno. Essa observação provocou uma expressão ainda mais estranha em seu rosto.

Atrevo-me a dizer que praticamente todos os pesquisadores de EQMS ouviram essas histórias em suas pesquisas; na verdade, apesar de perturbadores, esses relatos encontram-se espalhados em grande quantidade em toda a literatura relacionada às EQMS.

No meu caso, a espécie de EFC que considerei em especial impressionante, quando estava iniciando nessa área, foi aquela na qual as pessoas afirmavam perceber *poeira* ou *fiapos* sobre os lustres acima dos quais eles pareciam estar flutuando, separados do seu corpo físico que se encontrava na mesa de operações abaixo. Posso garantir que, naqueles primeiros dias de pesquisas sobre as

EQMs, era engraçado ouvir uma história dessas; ouvi-la pela segunda vez, em linguagem quase idêntica, era muito curioso; ouvi-la pela terceira vez era ficar convencido de que, seja lá o que fossem esses episódios, possivelmente aquelas pessoas não poderiam apenas estar inventando essas histórias. Elas eram extraordinariamente parecidas e, ao mesmo tempo, o tipo de percepção improvável que alguém poderia ter naquele estado para serem tratadas como meras alucinações.

Agora, já perdi a conta da quantidade de relatos como esses, que falam da "poeira sobre o lustre", que encontrei durante minhas pesquisas, mas uma estimativa moderada seria meia dúzia ou mais. Entretanto, só para lhe dar uma idéia de como eles são e da maneira como os seus detalhes peculiares nos forçam a acreditar neles, darei alguns exemplos.

Um desses relatos veio de uma mulher que entrevistei no início da década de 1980, a qual, na época, tinha 46 anos de idade. Ela vivenciara a sua EQM durante uma cirurgia em 1974. Contudo, o mais notável no seu relato foi o fato de ela ter mencionado a roupa incomum do anestesista. Como ela me explicou, ele era um médico que trabalhava principalmente com crianças. E, como descobrira que os seus jovens pacientes muitas vezes ficavam confusos com uma equipe de médicos de aventais verdes todos iguais, ele começara a vestir um gorro amarelo com *borboletas magenta* para que pelo menos ele pudesse ser reconhecido com facilidade. Naturalmente, tudo isso será muito relevante no relato dessa mulher, que agora é descrito em suas próprias palavras. Ela entrara em choque quando ouviu o médico exclamar: "Essa mulher está morrendo!". Nesse instante,

> bang, eu saí! A seguir, eu estava flutuando no teto. E, vendo-o lá embaixo, com o seu gorro na cabeça, eu sabia quem ele era por causa do gorro [isto é, o anestesista com o gorro de borboletas magenta] [...] era tão vívido. A propósito, sou muito míope, e isso foi uma das coisas espantosas que me aconteceram quando deixei o meu corpo. Eu enxergo coisas a quatro metros que a maioria das pessoas enxerga a 100 [...]. Eles estavam me ligando a uma máquina que se encontrava atrás da minha cabeça. E o meu primeiro pensamento foi: "Jesus, eu posso ver! Não acredito nisso, eu posso ver!". Eu podia ler

os números na máquina atrás da minha cabeça[4] e estava excitada. E pensei: "Eles me devolveram os meus óculos...".[5]

Ela continua descrevendo a cirurgia com detalhes, incluindo a aparência do seu corpo, a raspagem na barriga e diversos procedimentos médicos que a equipe estava realizando, e então se vê olhando para um outro objeto, numa posição muito acima do seu corpo físico:

> De onde eu estava olhando, podia ver aquele enorme lustre fluorescente [...] e a parte de cima da lâmpada estava tão suja. [Você consegue ver a parte de cima de uma lâmpada?] Sim, ela estava imunda. E lembro de ter pensado: "Preciso contar para as enfermeiras".[6]

Uma das características mais notáveis desse caso, naturalmente, é a observação de que ela conseguia ver com tanta clareza durante a sua EQM, apesar de, como ela afirma, ser muito míope. Nisso, o seu testemunho também é único nos meus registros. Outra história, muito semelhante, por exemplo, é contada na carta de um audiólogo que, como acontece com freqüência, relata ter visto poeira nos lustres da sala de operações onde ocorreu a sua EQM. Esse incidente aconteceu num hospital japonês durante a Guerra da Coréia. Além disso, esse mesmo homem, que passou a se interessar por EQMs como resultado da própria experiência, também ouviu falar de um outro caso envolvendo uma enfermeira naquele mesmo hospital, incrivelmente semelhante ao seu. Nesse ponto, ele comenta, como introdução:

> O estranho em nossas experiências é que somos ambos extremamente míopes, isto é, usamos óculos de lentes grossas e somos cegos

---

4. Mais tarde, essa entrevistada contou que, após ter se recuperado, foi até a sala de emergência para confirmar se os números que vira na máquina estavam corretos. Ela me informou que, na realidade, eles estavam, e que logo depois ela contou ao anestesista. Entretanto, na época da sua entrevista, eu só pude aceitar a sua palavra, pois não era mais possível verificar a sua afirmação.
5. Kenneth Ring, *Heading toward Omega* (Nova York: Morrow, 1984), p. 42.
6. Idem, ibid., p. 43.

como morcegos. E, no entanto, na EFC ambos fomos capazes de descrever com precisão os eventos, os mostradores, os detalhes, as expressões, sem os nossos óculos.

Ele continua fazendo uma descrição específica das circunstâncias em que ocorreu a sua EQM e das coisas que percebia:

> Eu sofrera um traumatismo na coluna vertebral e estava sendo submetido a uma cirurgia supostamente fácil, para limpeza e raspagem [quando surgiram complicações] [...]. Senti alguma coisa errada no meu sistema e literalmente gritei em minha mente: "Ei, caras, vocês estão me perdendo!". [Então] apenas flutuei para cima da tenda de lona que me cobria e olhei para baixo. (Aqui eu enfatizo a palavra *olhei* [ele diz].) Eu via, nos mínimos detalhes, a poeira sobre os lustres supostamente limpos e estéreis da sala de operações, alguém do lado de fora fumando um cigarro, o estado de quase pânico da equipe médica e a expressão do homem grande e negro da Força Aérea que foi chamado para me erguer em seus braços e me deitar de costas. Ele tinha uma cicatriz em forma de cruz, bem visível, no alto da cabeça quase raspada. Ele era o único que não estava usando máscara, pois fora chamado às pressas. Ele observava a equipe tentando empurrar a vida de volta para mim, pressionando o meu tórax, empurrando, aparentemente para sempre.

Antes de concluir a carta, ele retorna mais uma vez à curiosa semelhança com o caso da enfermeira e, apesar de se esforçar para não falar além do seu conhecimento a respeito da sua EQM, acrescenta essa reflexão significativa:

> A enfermeira que mencionei antes, muito míope, relatou detalhes semelhantes naquilo que ela via, embora ela não estivesse de óculos naquela ocasião. Não me atrevo a contar novamente as suas experiências com medo de dizer alguma coisa errada, mas a singularidade da visualização desses eventos por pessoas quase cegas dá espaço a algumas especulações em minha mente.

Realmente! E, como você verá no próximo capítulo, há pouco tempo explorei essas especulações até os seus limites lógicos, o que resultou em novas descobertas sobre as percepções visuais durante as EQMs, ainda mais difíceis de explicar em termos convencionais.

Mas, antes de falar desse último estudo, há pelo menos mais alguns casos de visões de poeira e coisas parecidas que deveríamos considerar, mesmo que rapidamente.

Um terceiro caso vem de um jovem que foi quase eletrocutado durante um curso de arte industrial, quando estava na faculdade. Ao sentir a eletricidade percorrer o seu corpo, ele conta:

> Fui erguido a dois ou três metros do chão e fiquei a uma distância de mais ou menos um metro do meu corpo, que estava em pé. Eu podia ver toda a área, incluindo poeira, papel picado e pedaços de madeira sobre as bancadas atrás do meu corpo. Outro aluno, de costas para mim, cortava tábuas de madeira com um serrote, mais ou menos quatro metros à frente do meu corpo.[7]

Então, existem as variações sobre o mesmo tema. Por exemplo, algumas vezes, o alto dos lustres é visto *sem* a poeira. A narrativa a seguir é apenas uma passagem curta de uma carta de 28 páginas escrita há alguns anos por uma antropóloga canadense. A carta, que descreve em profundidade uma série de episódios extraordinários na vida da escritora, contém um relato vívido da sua EQM, ocorrida como resultado de uma pneumonia durante a segunda gravidez. Como você verá, a sua experiência tem uma incrível semelhança com a do ator cuja EFC espontânea iniciou este tópico.

Nesse caso, a mulher foi levada às pressas para o hospital pelo marido e, ao chegar, perdeu a consciência. Mesmo assim, ela conseguia ouvir as enfermeiras falando a seu respeito e dizendo, em suas exatas palavras, que ela era "carne morta". Mas ela estava em outro lugar naquele momento. Como ela conta:

> Eu estava flutuando sobre uma maca numa das salas de emergência do hospital. Olhei para baixo, para a maca e sabia que o corpo envolvido por cobertores era o meu e, de fato, não me importei. A sala era muito mais interessante do que o meu corpo. E que perspec-

---

7. Kenneth Odin Merager, "220 volts to my near-death experience", *Seattle IANDS Newsletter*, março-abril, 1991.

tiva clara! Eu podia ver *tudo*. Quero dizer, tudo mesmo. Eu podia ver a parte de cima da lâmpada no teto e a parte debaixo da maca. Eu podia ver os ladrilhos no chão e os azulejos no teto, simultaneamente: uma visão esférica de 300 graus. E não apenas esférica. Detalhada! Eu podia ver cada fio de cabelo e o folículo de onde ele crescia na cabeça da enfermeira ao lado da maca. Naquele momento, eu sabia exatamente quantos fios de cabelos havia para olhar. Mas desviei o meu foco. Ela estava usando meias de náilon brancas e brilhantes. O seu brilho se destacava em detalhes e, mais uma vez, eu sabia exatamente quantas faíscas brilhantes havia lá.

Apesar de, até agora, podermos confiar apenas na palavra dessas pessoas, é precisamente a clareza e exatidão desses detalhes que tornam difícil desprezar essas narrativas. Mesmo assim, a semelhança entre esses casos independentes é tanta que deve ser considerada, em especial quando percebemos que apenas uma pequena amostra delas pode ser apresentada aqui.

Mas, só para examinar mais uma variante, vamos considerar a de uma boa amiga minha que, em vez de observar poeira durante a sua EQM, viu, sem sombra de dúvida, uma *teia de aranha*.

Nel, que agora está com pouco mais de 60 anos, havia muito sofria de úlcera crônica. Durante um episódio particularmente crítico em 1972, enquanto se encontrava na UTI de um hospital em Boston, ela ficou muito mal em decorrência de um sangramento. Enquanto estava inconsciente, ouviu por acaso uma enfermeira e um médico discutindo as suas chances de sobrevivência e soube que não eram boas. Logo depois, Nel sofreu uma dramática mudança na sua percepção:

> De repente, fiquei consciente de que eu não estava mais no meu corpo físico. Eu estava no teto, olhando para baixo, para a cama, para os frascos de soro, para o sangue circulando; os monitores faziam ruídos e a luz fluorescente zumbia sem parar. Olhei em volta e pensei: "Uau! Essa é realmente uma viagem!". Eu não sentia dor. Eu podia ver a dor e a angústia no meu rosto, lá na cama, mas eu estava lá em cima. Eu me sentia confortável e sem dor e estava espantada.
>
> Olhei em volta e vi uma linda e delicada teia de aranha e uma rachadura na parede da janela. Falei para mim mesma: "Meu Deus, a

325 dólares por dia, por que eles não mantêm a sala limpa e consertam aquela rachadura?".

Talvez já tenhamos exemplos específicos suficientes para concluir com segurança que, de algum modo, as pessoas próximas da morte realmente podem enxergar "falhas" mínimas e em geral imperceptíveis, do seu ponto de observação privilegiado, fora do corpo. Na verdade, em alguns desses casos, seria fisicamente impossível essas pessoas verem aquilo que elas afirmam ter visto, do campo visual proporcionado pela posição do seu corpo (sem mencionar o fato de que, naturalmente, nesses casos, os seus olhos estão fechados e elas estão inconscientes). Além disso, como descobrimos, em diversos desses episódios (e eu tenho mais exemplos que poderiam ter sido mencionados), os pacientes míopes afirmam ser capazes de ver com surpreendente nitidez e até mesmo ler alguma coisa, o que, em condições normais, seria impossível para eles.

Em outros relatos que envolviam acidentes (em geral de motocicleta), há ainda mais evidências para apoiar a descoberta de Janice Holden, de que muitas pessoas que passaram por uma EQM conseguem ler durante a sua experiência, mesmo quando os sinais e números (por exemplo, em postes telefônicos ou em *capotas* de ônibus) avistados por essas vítimas de acidentes no seu estado fora-do-corpo parecem não estar próximos do local aonde o seu corpo físico foi arremessado com o impacto. Em outros casos, as pessoas que passaram por uma EQM narraram com precisão os detalhes de conversas que não poderiam ter ouvido, uma vez que elas ocorreram em locais totalmente afastados do seu corpo físico, ou deram informações das quais não poderiam ter conhecimento pelos meios normais.

Recentemente, um caso surpreendente desse tipo chamou a minha atenção. Um homem sul-africano, morando hoje nos Estados Unidos, passou por uma EQM no seu país, em 1972, como resultado de uma pneumonia dupla. Durante a sua permanência no hospital, mas antes da sua EQM, ele fizera amizade com uma enfermeira que trabalhava lá. Como ele me contou:

> Enquanto eu estava em coma (e, acredito, clinicamente morto), minha amiga, a enfermeira, morreu num acidente de carro. Eu a en-

contrei no Outro Lado. Ela me pediu para voltar, prometeu que eu encontraria uma esposa amorosa e pediu que eu dissesse a seus pais que ela ainda os amava e sentia muito ter estragado o presente do seu 21º aniversário (uma MGB vermelha). Desnecessário dizer que, após voltar, quando contei às enfermeiras que, enquanto eu estava "morto", soube que a enfermeira Wyk morrera num acidente e que o carro em que ela morrera era um MGB vermelho (algo que apenas seus pais sabiam), as pessoas começaram a se interessar e prestar atenção.

Obviamente, casos como os que apresentei neste tópico constituem-se um difícil desafio para qualquer um que ainda gostaria de invalidar essas histórias, considerando-as nada mais do que alucinações curiosas de pessoas aparentemente moribundas. As percepções descritas são muito precisas nos seus detalhes e muito poderosas na sua adequação – justamente o tipo de coisa que esperaríamos ouvir se as pessoas de fato *fossem* capazes de ver com extraordinária clareza a partir de uma posição elevada, próxima ao teto – para serem mais do que depressa descartadas, porque simplesmente não são possíveis. Só porque não conseguimos explicá-las, não significa que elas não aconteçam. Ao contrário, elas *realmente* acontecem, o que significa que agora precisamos encontrar um jeito de reconhecê-las e lidar com elas, por mais que isso possa perturbar as nossas teorias sobre aquilo que é possível.

ESTUDOS DA VERACIDADE

> E se você dormisse e no seu sono você sonhasse,
> e se no seu sonho você fosse para o céu
> e lá, colhesse uma linda e estranha flor,
> e se quando você acordasse a flor estivesse na sua mão?
>   Ah, e agora?
>   – *Samuel Taylor Coleridge*

Naturalmente, qualquer pessoa crítica, sem mencionar uma de todo cética, sempre poderia, como último recurso, argumentar contra essas descobertas mostrando (o que na verdade nós já admitimos) que esses são relatos pessoais *não comprovados*; isto é, testemunhos que se apóiam apenas na palavra da pessoa que afirma ter passado por tais experiências. Portanto, como não existe confirmação externa desses relatos e nenhuma maneira de verificá-los agora, depois do acontecimento, eles devem continuar sendo inconclusivos do ponto de vista científico. Curiosos, sim, sugestivos, possivelmente, mas, em última análise, não provam nada.

Mais precisamente, essa é uma posição lógica e defensável. E quando levamos em conta a natureza surpreendente desses relatos e, caso sejam verdadeiros, as suas significativas implicações ontológicas, essas objeções tornam-se ainda mais irrefutáveis. Dizem que afirmações extraordinárias exigem evidências extraordinárias e o testemunho pessoal não comprovado dificilmente fornece tais evidências. Mais uma vez, isso é verdade – a não ser por uma observação. Nem todos os casos desse tipo baseiam-se exclusivamente no relato pessoal de quem passou por uma EQM. Alguns deles foram, *de fato*, confirmados por testemunhas. Nesses casos, falamos de *estudos da veracidade* e alguns deles serão examinados agora em nossa busca de evidências mais fortes da autenticidade da EQM.

Talvez o caso mais conhecido desse tipo seja o de uma mulher chamada Maria, originalmente narrado pela sua crítica assistente social Kimberly Clark.[8] Maria era uma emigrante que, ao visitar amigos pela primeira vez em Seattle, sofreu um grave ataque cardíaco e foi levada às pressas para a UTI do Harborview Hospital. Alguns dias depois, sofreu uma parada cardíaca, mas foi rapidamente ressuscitada.

No dia seguinte, Kimberly Clark foi designada para o seu caso e, durante a conversa, Maria começou a contar a EQM pela qual passara durante a parada cardíaca. Maria contou a história habitual de ser capaz de olhar para baixo enquanto estava próxima ao teto e observar a equipe médica trabalhando no seu corpo. Clark, que já ouvira falar de EQMs mas não acreditava nelas – e na história de Maria –, ouviu com respeito fingido, mas com aparente empatia,

---

8. Kimberly Clark, "Clinical interventions with near-death experiencers". In: B. Greyson & C. P. Flynn (eds.). *The near-death experience: Problems, prospects, perspectives* (Springfield, IL: Charles C. Thomas, 1984), pp. 242-55.

aquilo que para ela era uma narrativa fantástica. No íntimo, como agora confessa, Kimberly encontrou explicações plausíveis para ignorá-la – até Maria mencionar algo bastante incomum.

Nesse ponto, ela contou a Kimberly que não ficara apenas olhando do teto para baixo; ela também estivera *fora* do hospital. Especificamente, disse, um objeto na beirada do terceiro andar da ala norte do edifício chamou a sua atenção e ela "pensou em si mesma lá em cima". Quando "chegou" lá, como conta Kimberly, "deu de cara com – imaginem – um tênis na beirada do edifício!". E Maria continuou descrevendo aquele tênis em detalhes minuciosos, mencionando, entre outras coisas, que havia uma parte rasgada no lugar do dedão e que um dos cordões estava preso embaixo do calcanhar. No final, e com alguma urgência emocional, Maria pediu a Kimberly para que ela tentasse localizar aquele tênis: ela precisava, desesperadamente, saber se o vira "realmente".

Nesse momento, conforme Kimberly mencionou a diversas platéias em sua descrição pessoal desse encontro, ela teve um momento de profunda dúvida metafísica, do tipo sugerido pela epígrafe de Coleridge citada no início deste tópico. Contudo, a sua curiosidade fora definitivamente despertada e ela estava preparada para atender ao pedido de Maria.

Eu já estive no Harborview Hospital e posso afirmar que a face norte do edifício é muito pequena, com apenas cinco janelas no terceiro andar. Quando Kimberly chegou lá, ela não encontrou nenhum tênis – até ir à janela do meio, e lá, sobre a beirada, precisamente como Maria descrevera, estava o tênis.

Agora, ao ouvir um caso como esse, precisamos perguntar: qual a probabilidade de uma emigrante, que visita pela primeira vez uma grande cidade e sofre um ataque cardíaco, sendo levada às pressas para um hospital e tendo em seguida uma parada cardíaca, simplesmente "alucinar" ter visto um tênis – com características muito específicas e incomuns – na beirada de um andar *acima* do local onde se encontrava o seu corpo físico? Somente alguém cético ao extremo, acredito, diria alguma coisa diferente de "nenhuma!".

Certamente, para Kimberly, a descoberta daquele tênis sobre a beirada eliminou na hora o seu ceticismo anterior a respeito das EQMs. Como ela comenta:

A única maneira de obter tal perspectiva seria se ela tivesse estado flutuando lá fora e bem próxima do tênis. Apanhei o tênis e o levei para Maria; ele era uma prova muito concreta para mim.[9]

Naturalmente, nem todos concordariam com a interpretação de Kimberly, mas, admitindo a autenticidade do relato, da qual não tenho nenhum motivo para duvidar, em especial porque a conheço muito bem, os fatos do caso parecem incontestáveis. A descoberta inexplicável de Maria daquele tênis inexplicavelmente colocado naquele local é o tipo de visão estranha que tem o poder de reprimir uma objeção cética. E, contudo, essa pessoa cética ainda poderia se recuperar e argumentar que, afinal, é *apenas* um caso e por mais desconcertante que ele possa parecer, temporariamente, para alguém não inclinado a acreditar nessas coisas, talvez possa ser considerado apenas uma estranha anomalia. No final, é bem possível que um dia seja encontrada uma explicação banal para explicá-lo de modo satisfatório.

Ainda uma vez, é difícil discordar dessa atitude – até sabermos que ocorreram outros casos como o do "tênis de Maria", nos quais ao menos uma testemunha estava disponível para verificar a percepção fora-do-corpo de um paciente. Minha colega Madelaine Lawrence e eu investigamos pessoalmente três desses casos, dos quais dois, curiosamente, também envolvem sapatos![10] A seguir, descreverei de forma resumida cada um deles.

Em 1985, Cathy Milne trabalhava como enfermeira no Hartford Hospital em Connecticut. Ela já se interessava por EQMs e um dia conversou com uma mulher que havia sido ressuscitada recentemente e passara por uma EQM. Após uma conversa inicial comigo por telefone, ela descreveu os detalhes numa carta:

> Ela me contou como flutuou acima do seu corpo, observou os esforços para ressuscitá-la durante algum tempo e então sentiu que estava sendo puxada para cima, passando por diversos andares do

---
9. Kimberly Clark, *op. cit.*, p. 243.
10. Kenneth Ring & Madelaine Lawrence, "Further studies of veridical perception during near-death experiences", *Journal of Near-Death Studies, 11* (verão, 1993), pp. 223-9.

hospital. Então, ela se viu em cima do telhado e percebeu que estava olhando para a cidade de Hartford. Ela ficou maravilhada pela interessante visão e, com o canto dos olhos, viu um objeto vermelho. Era um sapato [...] [Ela] pensou no sapato... e, de repente, sentiu que estava sendo "sugada" para um buraco escuro. O resto da sua EQM era bem típica, conforme me lembro.

Eu estava contando isso para um residente [cético], que foi embora, com jeito zombeteiro. Aparentemente, ele pediu ao zelador para levá-lo até o telhado. Quando o encontrei mais tarde naquele dia, ele tinha um sapato vermelho na mão e também passou a acreditar.[11]

Um comentário adicional sobre essa segunda raridade, outra vez na forma de um único pé de sapato, avistado num local externo de um hospital: após minha entrevista inicial com a sra. Milne, fiz questão de perguntar se ela já ouvira falar do caso do sapato de Maria. Ela não somente não o conhecia como também estava, por motivos que você avaliará, extremamente surpresa ao saber de outra história tão semelhante àquela que acabara de me contar.

A estranha coincidência desses sapatos sem par para atrair a atenção das pessoas que experienciaram uma EQM e, temporariamente, desocuparam o seu corpo deitado no hospital tem, devo admitir, um encanto quase irresistível e me faz lembrar um poema de Muriel Spark chamado "Aquele sapato solitário largado na estrada". Spark, do mesmo modo, surpresa e imaginando por que sapatos sem par parecem ser largados ("Por que só um pé do sapato?"), concluiu apenas "que sempre existem mistérios na vida". Com certeza, no mundo da pesquisa das EQMs ainda não se sabe como aqueles sapatos isolados ficaram "empoleirados" naqueles locais improváveis para, mais tarde, ser avistados por essas pessoas atônitas – e por seus pesquisadores incrédulos! De qualquer modo, como você descobrirá, sapatos incomuns continuam surgindo nesses estudos verídicos.

No verão de 1982, Joyce Harmon, uma enfermeira da UTI do Hartford Hospital, retornou ao trabalho depois das férias. Ela comprara um novo par de cordões de sapato xadrez, os quais, por

---

11. Kathy Milne, relato pessoal, 19 de outubro de 1992.

acaso, estava usando no primeiro dia de trabalho no hospital. Naquele dia, ela ajudou a ressuscitar uma paciente, uma mulher que ela não conhecia.

A ressuscitação foi bem-sucedida e, no dia seguinte, a sra. Harmon foi ver a paciente que, espontaneamente, disse: "Oh, você é aquela com os cordões de sapato xadrez!".

"O quê?", Joyce respondeu, espantada. Ela diz que se lembra muito bem da sensação dos cabelos da sua nuca ficando arrepiados.

"Eu os vi", continuou a mulher. "Eu estava observando o que estava acontecendo ontem, quando morri. Eu estava lá em cima."[12]

Um terceiro caso desse tipo ocorreu no Hartford Hospital alguns anos antes. No final da década de 1970, uma instrutora clínica chamada Sue Saunders estava trabalhando no programa de terapia respiratória. Um dia, ela estava ajudando a ressuscitar um sexagenário na sala de emergência. Os médicos estavam aplicando choques repetidos, sem nenhum resultado. A sra. Saunders estava tentando lhe dar oxigênio com um aparelho. No meio do procedimento, alguém tomou o seu lugar e ela foi embora.

Alguns dias depois, ela encontrou esse paciente na unidade de recuperação cardíaca. Ele comentou espontaneamente: "Você ficava muito melhor com o avental amarelo".

Assim, como Joyce Harmon, ela ficou tão chocada com esse comentário que sentiu calafrios, pois *estava* usando um avental amarelo naquele dia (e não o vestira mais).

"Sim", continuou o homem, "Eu vi você. Você tinha alguma coisa sobre o rosto [correto – era uma máscara] e estava me dando oxigênio [mais uma vez, correto]. E eu vi o seu avental amarelo."

A sra. Saunders acrescenta esses comentários finais:

> Aquilo realmente me deu calafrios! Ele só poderia ter conhecimento dessa informação se estivesse lá, alerta/consciente/ou "fora-do-corpo!". Ele não comentou muito sobre a sua experiência; aparentemente, ele dissera alguma coisa aos parentes e eles não acreditaram. Eu não o pressionei para obter mais informações porque fiquei confusa com o que ele me contara [...]. Na realidade, é estranho pensar que ele se lem-

---

12. Joyce Harmon, relato pessoal, 28 de agosto de 1992.

brava de uma cor! Eu nunca teria acreditado se não tivesse participado disso.[13]

Esses quatro casos que apresentei de forma sucinta comprovam três importantes observações: (1) os pacientes que afirmam ter passado por EFCS, enquanto estavam próximos da morte, algumas vezes descrevem objetos incomuns dos quais não poderiam ter tido conhecimento pelos meios normais; (2) mais tarde, é possível mostrar que esses objetos existiram na forma e no local indicados pelo testemunho do paciente; (3) ouvir esse testemunho tem um forte efeito emocional e cognitivo nos pesquisadores envolvidos – fortalecendo a sua crença na autenticidade das EQMs ou provocando uma espécie de conversão imediata. Novamente, é tão difícil supor que esses pacientes estejam apenas imaginando coisas, quanto compreender de que maneira eles puderam ver o que viram. Nesse ponto, tudo o que podemos fazer talvez seja concordar com Muriel Spark: "Sempre existem mistérios na vida".

E existem muitos casos assim na literatura das EQMs, os quais apenas aprofundam esse mistério enquanto, ao mesmo tempo, oferecem provas ainda mais fortes de uma percepção verídica. Talvez o estudo mais conhecido e mais antigo tenha sido o realizado por um cardiologista chamado Michael Sabom há uma década.[14] Em seu trabalho cuidadoso e sistemático, Sabom encontrou diversos pacientes cardíacos que descreveram, em protocolos detalhados, amplas percepções visuais enquanto eram submetidos à cirurgia ou sofriam um ataque cardíaco ou uma parada cardíaca. Sabom consultou membros da equipe médica, quando possível, ou outras testemunhas, e também examinou os registros médicos desses pacientes, para determinar até onde essas percepções poderiam ser verificadas. Na maioria dos casos, ele obteve evidências convincentes de que esses pacientes estavam relatando detalhes precisos no que se refere à cirurgia, ao equipamento utilizado ou às carac-

---
13. Sue Saunders, relato pessoal, 31 de dezembro de 1992.
14. Consulte, especialmente, o seu livro *Recollections of death: A medical investigation* (Nova York: Harper and Row, 1982), capítulo 7. Também importante é o primeiro artigo de Sabom sobre esse assunto, "The near-death experience: Myth or reality? A methodological approach", *Anabiosis, 1* (julho, 1981), pp. 44-56.

terísticas da equipe médica envolvida, dos quais eles não poderiam ter conhecimento pelos meios normais.

Além disso, para testar ainda mais a sua interpretação, Sabom planejou um engenhoso grupo de controle. Ele reuniu dados de 25 pacientes com problemas cardíacos crônicos, nenhum dos quais, entretanto, havia sido ressuscitado. Ele lhes pediu para apenas *imaginar* que haviam sido ressuscitados e descrever o procedimento como se fossem espectadores (isto é, a partir de uma perspectiva semelhante àquela em geral mencionada pelas pessoas que passaram por uma EQM). Os resultados foram muito estimulantes e fortaleceram os argumentos de Sabom a favor da veracidade dos relatos dessas pessoas.

Em resumo, 22 dos 25 entrevistados do grupo de controle apresentaram descrições cheias de erros sobre a sua hipotética ressuscitação. Além disso, os relatos, com freqüência, eram vagos, difusos e generalizados. Entretanto, as narrativas de pacientes que de fato haviam sido ressuscitados, de acordo com Sabom, *nunca* eram prejudicadas por tais erros e eram muito mais detalhadas.

De modo geral, os dados de Sabom são, em minha opinião, evidência muito convincente de que percepções visuais verídicas, convencionalmente inexplicáveis, *de fato* ocorrem durante as EQMs. E, junto com os casos específicos que já apresentei nessa seção para sua consideração, acredito que agora temos informações suficientes sobre essas ocorrências para concluir que, doravante, elas devem ser reconhecidas tanto pelo pesquisador das EQMs quanto pelos céticos. E a maneira *como* elas podem ser explicadas de maneira satisfatória é um desafio que até agora confunde a todos.

EM BUSCA DE UMA EXPLICAÇÃO

Casos de percepções aparentemente verídicas, mas "impossíveis", em especial do tipo visual, que ocorrem à beira da morte, como aquelas que apresentamos neste capítulo, podem forçar as teorias convencionais a ultrapassar os seus limites, mas, como o seu teimoso apego aos fatos persiste, um dia será preciso lidar com elas. Naturalmente, o problema é que, como as EQMs, essas maravilhas da percepção parecem nos forçar a aceitar noções que se aproximam de modo perigoso dos limites da paranormalidade e até mesmo da religião e, por isso, esses fenômenos costumam ser relegados às margens da ciência onde, com o tempo, a esperança parece ser a de que esses fatos inconvenientes sejam convenientemente esquecidos.

Entretanto, há pouco tempo, surgiu uma nova abordagem a essas observações refratárias, a qual nos permite vislumbrar como elas e outras descobertas ainda mais surpreendentes do mundo da pesquisa das EQMs podem ser conciliadas com a perspectiva científica emergente do estudo moderno da consciência humana. Isso não quer dizer que podemos explicar totalmente, em termos científicos, o que relatamos neste capítulo. Mas, ao associarmos o que apresentamos aos resultados do estudo a ser relatado no próximo capítulo, você poderá ver por si mesmo como a pesquisa das EQMs está ajudando a formar novos modelos explicativos na ciência.

Por mais curiosos que fossem todos esses casos de partículas de poeira insuspeitas, teias de aranha pendentes e sapatos misteriosamente localizados em locais improváveis, ainda temos de considerar outras percepções visuais de pessoas que passaram por uma EQM, as quais, por definição, não poderiam possivelmente ter ocorrido – mas ocorreram. E o fato de terem ocorrido oferece algumas das evidências mais fortes para a autenticidade da EQM, bem como evidências ainda mais convincentes da sua natureza transcendental.

Capítulo 3

Visão sem visão: experiências de quase-morte em cegos

Talvez o teste mais rigoroso da hipótese de que as pessoas estejam de fato vendo o que afirmam ver durante essas EFCs tenha vindo, paradoxalmente, de um estudo de EQMs em cegos. Afinal, como você deve lembrar, já descobrimos que as pessoas muito míopes, algumas vezes, podem descrever com excepcional precisão o seu corpo físico, quando aparentemente não havia nenhum meio natural para obter essa informação. Se esses relatos são na verdade válidos, então o que nos impede de dar o próximo passo lógico? E, naturalmente, esse passo é imaginar se as pessoas cegas próximas da morte também podem ver.

Embora isso possa parecer absurdo, há anos circulam rumores sobre percepções em cegos relacionadas às EQMs. Infelizmente, quando os pesquisadores tentaram segui-los até sua fonte, estes parecem não ter resistido a um exame.[1] E, até sabemos, graças à sinceridade de um escritor depois do fato, que, em pelo menos um caso, essas histórias foram totalmente inventadas com propósitos heurísticos, precisamente porque esses boatos eram tão persistentes![2]

---

1. Por exemplo, Susan Blackmore realizou uma extensa pesquisa sobre esses casos e considera as suas afirmações sem fundamento. Em meu trabalho com Madelaine Lawrence, chegamos à mesma conclusão.
2. Esse caso hipotético aparece no início do livro de Larry Dossey, *Recovering the soul: A scientific and spiritual search* (Nova York: Bantam, 1989), pp. 17-9.

Ainda assim, fiquei intrigado com tais possibilidades e, uma vez que elas poderiam proporcionar uma espécie de teste final para a validade de percepções verídicas durante EFCs – bem como um grande desafio para os céticos –, recentemente decidi realizar uma pesquisa sobre esses casos. Junto com minha colega Sharon Cooper, no início de 1994, primeiro entramos em contato com diversas organizações para cegos, nacionais, regionais, estaduais e locais, e pedimos a sua ajuda para localizar potenciais entrevistados. Estávamos interessados em encontrar pessoas cegas na época de uma EFC ou de uma EFC e que estivessem dispostas a falar conosco sobre as suas experiências.

Após três anos de trabalho, essa investigação foi recentemente completada e, neste capítulo, apresentarei os primeiros relatos extensos e não técnicos das nossas descobertas.[3] Farei uma sinopse do que descobrimos nesse estudo que verificava se os cegos de fato sempre afirmavam ver durante as suas EQMs. Entretanto, acredito que você achará mais instrutivo apenas conhecer algumas das pessoas que tive a oportunidade de entrevistar durante o nosso projeto de pesquisa e ler o que elas nos contaram a respeito do que se lembram quando estavam próximas da morte.

Nossa primeira correspondente, uma mulher chamada Vicki Umipeg, chamou a minha atenção graças à gentileza de minha amiga Kimberly Clark (hoje Kimberly Clark Sharp), a assistente social que, inadvertidamente, interessou-se por EQMs em conseqüência do seu encontro casual com a emigrante Maria, num hospital de Seattle. Um dia, em fevereiro de 1994, quando Cooper e eu estávamos desenvolvendo o nosso estudo, recebi um telefone-

---

Mais tarde, Dossey confessou com algum embaraço, para Susan Blackmore e para mim, em correspondências separadas, que ele o inventou, mas, mesmo assim, acreditava na época que tais pessoas realmente haviam sido entrevistadas por pesquisadores de EQMS.
3. Entretanto, um breve relato popular do nosso trabalho já foi publicado num periódico americano, *The Anomalist*. Ver Kenneth Ring & Sharon Cooper, "Mindsight: How the blind can 'see' during near-death experiences", *The Anomalist*, 5 (1997), pp. 28-40. Uma apresentação mais longa e técnica das nossas descobertas também foi recentemente publicada na literatura profissional. Veja Kenneth Ring & Sharon Cooper, "Near-death and out-of-body experiences in the blind: A study of apparent eyeless vision", *Journal of Near-Death Studies*, 16 (1997), nº 2, pp. 101-47.

ma de Kimberly, que há muito se envolvera no trabalho com as EQMs e que lidera um grupo de apoio em Seattle. Excitada, ela falou sobre outra descoberta acidental: uma mulher cega que passara, não por uma, mas por duas EQMs e que iria conversar com o seu grupo de apoio. Desnecessário dizer que eu era todo ouvidos, e, quando terminamos a conversa, Kimberly prometeu me enviar uma fita gravada com a apresentação de Vicki e colocar-me em contato com ela.

Recebi a fita logo depois e, alguns dias mais tarde, telefonei para Vicki. Desde aquele contato inicial, conversei com ela muitas vezes por telefone e, em duas ocasiões, tive a oportunidade de encontrá-la e o marido enquanto visitava Seattle. Além disso, Sharon Cooper e eu conduzimos extensas entrevistas com Vicki sobre as suas experiências e história de vida. Tendo isso como base, deixe-me apresentá-la e contar mais um pouco sobre as suas EQMs.

Quando conversei com ela pela primeira vez, Vicki tinha 43 anos de idade, era casada e mãe de três filhos. Ela fora um bebê prematuro, pesando apenas 1,3 quilo. Naquela época, com freqüência era utilizado oxigênio para estabilizar os prematuros nas incubadoras, mas Vicki recebeu oxigênio demais e isso provocou a destruição do seu nervo óptico. Como resultado desse erro, ela ficou totalmente cega.

Vicki ganha a vida como cantora e também toca piano, embora, ultimamente, não trabalhe tanto quanto no passado, por causa de problemas familiares e de saúde. Ela teve uma vida muito difícil, cheia de privações, abusos e perdas trágicas e, é maravilhoso, para mim, e sei que também para Clark e outras pessoas que ouviram o seu relato, que ela tenha sido capaz de resistir a tudo isso com tanta dignidade e coragem. Entretanto, não acho adequado discutir aqui os detalhes da sua vida, nem eles são relevantes ao nosso interesse em suas EQMS. Por enquanto, o que desejamos saber em primeiro lugar, acredito, é o que ela experienciou quando estava próxima da morte.

Conforme eu disse, Vicki passou por duas EQMs. Uma delas ocorreu quando ela estava com 20 anos, como resultado de uma apendicite; a outra, a mais vívida delas, quando sofreu um acidente de carro ao sair do trabalho na boate. Nessa época, tinha 22 anos de idade.

Quando escutei a fita que Clark me enviara com o relato de Vicki para o grupo de apoio, fiquei imediatamente intrigado quando ela disse, logo no início, sobre as suas duas EQMs: "Aquelas duas experiências foram as únicas vezes em que eu pude ver e saber o que era a luz, porque eu tive visão. Eu fui capaz de ver".

Senti um arrepio de excitação quando ouvi essas palavras pela primeira vez. Ela dissera, sem sombra de dúvida, que fora capaz de ver. Agora, eu tinha certeza de que encontráramos alguma coisa. Naturalmente, eu precisava descobrir mais.

Ao escutar o restante da fita percebi melhor a totalidade da EQM de Vicki, mas eu precisava falar com ela pessoalmente para descobrir os detalhes que buscava para o nosso estudo. Pouco depois de escutar a fita, consegui entrevistá-la especificamente a respeito do aspecto visual da sua experiência.

Em determinado momento da segunda EQM, ela me contou, ela se viu fora do corpo. Pedi que me contasse mais.

VU: A primeira coisa que realmente percebi é que estava próxima do teto e ouvia aquele médico falando e eu olhei para baixo e vi aquele corpo e, a princípio, não tinha certeza se era o meu. Mas reconheci o meu cabelo. [Numa entrevista posterior, ela também me disse que o outro sinal que a ajudou a ter certeza de que estava olhando para o seu corpo lá embaixo foi a visão bem nítida da sua aliança.]

KR: Como ele era?

VU: Era muito comprido... e parte dele teve de ser raspada, e eu me lembro de ter ficado aborrecida por isso. [Nesse ponto, ela ouve um médico dizendo para a enfermeira que é uma pena mas, por causa de um ferimento no ouvido, ela poderia acabar surda, além de cega.] Eu também sabia o que eles estavam sentindo. Lá do alto, eu sabia que eles estavam muito preocupados e podia vê-los trabalhando naquele corpo. Eu podia ver a minha cabeça aberta. Eu podia ver muito sangue [apesar de não saber de que cor ele era – ela diz que ainda não tem o conceito de cor]. Ela tenta comunicar-se com o médico e com a enfermeira, mas não consegue e sente-se muito frustrada.

KR: Depois de não ter conseguido comunicar-se com eles, do que você se lembra?

VU: Eu passei pelo teto. E aquilo foi demais!
KR: Qual a sua sensação?
VU: Uau! É como se o teto não... eu apenas me fundi.
KR: Havia a sensação de um movimento para cima?
VU: Sim, um-hmm.
KR: Você se viu acima do telhado do hospital?
VU: Sim.
KR: Do que você estava consciente ao atingir aquele local?
VU: Das luzes e das ruas lá embaixo e de tudo. Eu fiquei muito confusa. [Aquilo estava acontecendo muito rápido e, para ela, a visão era desconcertante e confusa. Em determinado momento, ela até mesmo afirma que ver era "assustador".][4]
KR: Você podia ver o telhado do hospital abaixo de você?
VU: Sim.
KR: O que você via à sua volta?
VU: Eu via luzes.
KR: Luzes da cidade?
VU: Sim.
KR: Você podia ver os edifícios?
VU: Sim, eu via outros edifícios, mas isso também foi muito rápido.

Na verdade, todos esses eventos, assim que Vicki começou a subir, aconteceram numa velocidade vertiginosa. E, enquanto Vicki continua em sua experiência, ela começa a sentir uma tremenda sensação de liberdade (uma sensação de "abandono", como definiu) e uma alegria cada vez maior nessa libertação das limitações do corpo. Contudo, isso não demorou muito porque quase imediatamente ela é sugada para um túnel e impelida em direção à luz. Nessa jornada em direção à luz, ela ouve uma música fascinante semelhante à de um carrilhão. Durante tudo isso, naturalmente, ela conta que era capaz de ver.

---

4. Aqui, o comentário de Vicki é coerente com os relatos de pessoas que, tendo sido cegas durante toda a vida, foram submetidas a cirurgias para recuperar a visão. Essas pessoas que, de repente, começaram a ver, em geral, descobrem que o processo da visão é inicialmente confuso e perturbador. Na verdade, algumas jamais se adaptam ao mundo visual e lamentam que o novo e indesejado "dom" da visão lhes tenha sido imposto.

Vendo-se num campo iluminado, coberto de flores, ela vê duas crianças, falecidas há muito tempo, de quem ela fora amiga quando estavam juntas numa escola para cegos. Nessa época, ambas eram deficientes mentais, mas, nesse estado, elas pareciam vigorosas, saudáveis e sem as deficiências terrenas. Ela sente um amor acolhedor por elas e tenta ir em sua direção. Ela também vê outras pessoas que conhecera na vida, mas que haviam morrido (como as pessoas que cuidavam dela e sua avó), e também é atraída em sua direção.

Mas, antes de poder mover-se para fazer um contato mais próximo com elas, uma figura extremamente brilhante – muito mais brilhante do que as outras, ela diz – se interpõe e com toda gentileza bloqueia seu caminho. Intuitivamente, Vicki compreende que essa figura é Jesus [e ela foi capaz de fazer uma descrição detalhada do seu rosto, em especial dos olhos e das roupas]. Em sua presença, ela faz uma revisão total da sua vida – e vê essa revisão, também, incluindo imagens da família e dos amigos –, e lhe é dito que ela deve voltar para criar os filhos. Ao ouvir isso, Vicki fica tremendamente excitada, pois havia muito tempo acalentava o sonho de ser mãe e, agora, tem a convicção interior de que esse será de fato o seu destino quando voltar. Contudo, antes de deixar esse reino de luz, a figura também lhe diz que será muito importante ela aprender "as lições de amor e perdão" (e, como Vicki me disse, essas palavras provaram ser realmente proféticas, bem como a diretriz da sua vida após a EQM).

Nesse ponto, ela se vê de volta ao corpo, no qual entrou quase como se estivesse se chocando com ele e sentiu mais uma vez a inércia pesada e a intensa dor do seu ser físico.

Mesmo com essa breve descrição, você pode perceber que Vicki, apesar de cega desde o nascimento, teve o mesmo tipo de EQM clássica das pessoas com visão. Além disso, durante a experiência, ela parece ser capaz de ver as coisas desse e do outro mundo, exatamente como as outras pessoas relatam. Na verdade, com exceção da sensação de desorientação visual que ela sentiu a princípio (que desapareceu quando estava nos estágios posteriores da sua EQM) e a sua incapacidade para discernir cores, não há nada em seu relato que possa dar a um leitor desinformado alguma pista indicando que ela é cega. No que se refere à sua EQM, em sua compreensão, ela não era cega nessa ocasião.

No início do Capítulo 2, exploramos a possibilidade de que as EQMs poderiam ser uma espécie de encontro, semelhante a um sonho, com o divino e, apesar de não termos encontrado até agora nenhuma evidência para provar isso, ainda vale a pena levantar mais uma vez a questão no que se refere às EQMs em cegos. Se a EQM é como um sonho, as pessoas cegas, como Vicki, deveriam pelo menos perceber algum tipo de semelhança entre eles. Pensando nisso, mencionei a questão no final da nossa entrevista.

KR: Como você compararia os seus sonhos com as suas EQMs?
VU: Nenhuma semelhança, nenhuma semelhança de maneira alguma.
KR: Você tem algum tipo de percepção visual nos seus sonhos?
VU: Nada. Nenhuma cor, nenhuma visão de nenhum tipo, nenhuma sombra, luz, nada.
KR: De que tipo de percepções você tem consciência em seus sonhos?
VU: Sabores – eu sonho muito com comida [ela ri]. E sonho que estou tocando piano e cantando, que é o meu trabalho, de qualquer maneira. Eu sonho que toco coisas... provo coisas, toco coisas, ouço coisas e cheiro coisas – é isso.
KR: E nenhuma percepção visual?
VU: Não.
KR: Então, o que você experienciou durante a sua EQM foi muito diferente dos seus sonhos?
VU: Sim, não há nenhuma impressão visual em nenhum dos meus sonhos.
KR: Então, é correto dizer que você não acha que a natureza da sua EQM é onírica?
VU: Não, ela não tinha nada de onírica. Não era nada assim.

A história de Vicki – tanto a história da sua vida quanto a de suas EQMs – é incomum. A sua vida, como sugeri, foi cheia de traumas, doenças e outras provações e, para mim, é espantoso que ela tenha sobrevivido para contá-la. E, talvez por ser tão eloqüente, as suas EQMs são notáveis pela clareza de detalhes. (Tenho mais de 100 páginas de transcrições das entrevistas com Vicki, além daquela que conduzi pessoalmente.) Assim, Vicki não é, em nenhum sentido, uma pessoa "comum", nem mesmo uma pessoa cega "comum".

Mas a história da sua EQM não é única, mesmo entre os cegos. Outros cegos que entrevistamos posteriormente relataram histórias das suas EQMS, que têm muitos pontos em comum com a de Vicki, incluindo as afirmações de que também podem ver durante esses episódios. Então, como comparação, deixe-me apresentar um resumo da EQM de um homem cego de Connecticut.

Brad Barrows, que tinha 33 anos quando o entrevistei pela primeira vez, teve a sua EQM aos oito anos de idade. Ela ocorreu no inverno de 1968, quando ele morava no Boston Center for Blind Children. Nessa época, Brad teve pneumonia e graves dificuldades respiratórias. Mais tarde, as enfermeiras disseram que o seu coração havia parado, aparentemente durante cerca de quatro minutos, e que foi necessário ressuscitá-lo.

Brad lembra que, quando não conseguia mais respirar, sentiu que estava saindo da cama e flutuando pelo quarto, em direção ao teto. Ele viu o seu corpo aparentemente sem vida sobre a cama. Viu também o seu companheiro de quarto levantar da cama e sair para buscar ajuda. [Mais tarde, o companheiro de quarto confirmou isso.] Então, Brad se viu subindo muito rápido, passando pelos andares do edifício, até ficar em cima do telhado. Nesse ponto, descobriu que podia ver claramente.

Ele avalia que isso tenha ocorrido entre 6h30 e 7 horas da manhã. Ele observou que o céu estava nublado e escuro. No dia anterior houvera uma tempestade de neve e Brad podia ver neve em todo lugar, a não ser nas ruas que haviam sido limpas com máquinas, apesar de ainda estarem lamacentas. [Ele foi capaz de dar uma descrição muito detalhada da aparência da neve.] Brad também podia ver os montes de neve formados pelas máquinas. Ele viu um bonde passar. Finalmente, reconheceu um playground usado pelas crianças da sua escola e uma colina que costumava escalar.

Quando perguntei se ele "sabia ou via" essas coisas, ele disse: "Eu as visualizei nitidamente. De repente, eu podia percebê-las e vê-las... eu lembro... ser capaz de ver tão nitidamente".

Depois que esse segmento da sua experiência terminou [e foi muito rápido, disse], ele estava num túnel e saiu dele para um imenso campo iluminado por uma luz tremenda, envolvente. Tudo era perfeito.

Brad também podia ver claramente nessa esfera, embora tenha comentado que ficou confuso pela sensação da visão. Ele se viu andando num caminho cercado de grama alta e também conta ter visto árvores altas com folhas imensas. Entretanto, não havia sombras visíveis.

Nesse campo, Brad ouviu uma linda música, diferente de tudo o que ele já ouvira na Terra. Caminhando na direção do som, encontrou uma colina e, ao escalá-la, achou uma cintilante estrutura de pedra, tão brilhante que ele pensou que estivesse incandescente. Mas ela não estava e ele entrou nela. Lá, a música também estava tocando e, para Brad, parecia estar louvando a Deus. Nessa estrutura, encontrou um ser que não reconheceu, mas do qual emanava um amor arrebatador. Essa entidade, sem uma palavra, gentilmente empurrou-o para trás, iniciando a reversão da sua experiência, que terminou com Brad na cama, lutando para respirar, assistido por duas enfermeiras.

Brad, como Vicki, era cego de nascença.

Ao comparar esse relato com o de Vicki, você pode perceber de imediato que ambos têm uma estrutura virtualmente idêntica. Como Vicki, Brad passou por uma EFC na qual se vê próximo do teto e conta ter visto o seu corpo lá embaixo. Então, tal como Vicki (e também como a mulher no Hartford Hospital, que mais tarde avistou o sapato vermelho no telhado do edifício), Brad começa a subir pelos andares da escola e, finalmente, fica em cima do telhado e vê a cena matinal aos seus pés. Ele, também, comenta que esse estágio da experiência foi muito rápido e, como Vicki, é arrastado para um túnel e sai dele, como ela, para um campo iluminado. E assim por diante. Ainda há outras semelhanças, mas não precisamos mencionar cada uma delas para termos certeza de que essas duas pessoas, ambas cegas, estão tentando descrever uma jornada semelhante, com as mesmas características. O que é ainda mais extraordinário, naturalmente, é que nenhuma dessas pessoas tivera qualquer experiência anterior com o mundo da visão nem sabiam da existência uma da outra. E ambas, devemos ainda observar, tiveram as suas EFCs *antes* do advento da moderna pesquisa sobre EQMs, iniciada com o livro de Moody, *Life after life*, em 1975.

Além disso, Brad repete as distinções de Vicki entre as óbvias qualidades visuais da sua EQM, as quais contrastam com a sua total ausência nos sonhos. Quando questionado a esse respeito, ele disse: "Em meus sonhos, o meu nível de consciência é igual àquele do meu estado desperto. E isso significa todos os meus sentidos... menos a visão. Em meus sonhos, não tenho nenhuma percepção visual".

Certamente, Vicki e Brad estão entre os nossos casos mais impressionantes, mas, ao mesmo tempo, são totalmente típicos dos nossos exemplos como um todo, pois todos os nossos correspondentes cegos, em geral, costumam descrever EQMs iguais às das pessoas que enxergam. Em nosso estudo, entrevistamos 31 pessoas (14 delas cegas de nascença), das quais 21 passaram por uma EQM (enquanto as outras tiveram apenas EFCs sem associação com uma EQM). Entre aquelas que passaram por uma EQM, as experiências não somente seguiam o clássico padrão da EQM, mas também não variavam de acordo com o estado visual específico dos entrevistados; isto é, quer a pessoa tivesse nascido cega ou perdido a visão posteriormente, ou até mesmo (como em alguns casos) quando havia apenas uma percepção visual mínima, as EQMs descritas eram muito parecidas.

Além disso, 80% dos nossos 31 correspondentes cegos afirmavam ser capazes de ver durante as EQMs ou EFCs e, como Vicki e Brad, muitas vezes, disseram poder ver objetos e pessoas no mundo físico, bem como características de cenários do mundo espiritual. (Outros, além de Vicki, também mencionaram ser capazes de ver durante a revisão de vida.) Entretanto, devo mencionar que, mesmo nos casos em que um correspondente não mencionou a presença da visão, nem sempre fica claro se ela estava de fato ausente ou se o indivíduo apenas não soube reconhecê-la. Essas incertezas eram particularmente claras no caso de alguns deles que jamais haviam visto qualquer coisa. Como confessou um homem (que classificamos como não visualizador): "Eu não sei o que você quer dizer com 'ver'". Ele não sabia explicar como tivera as percepções das quais estava consciente durante a sua EQM.

Com que clareza os nossos correspondentes acreditam ver durante esses episódios? Obviamente, já notamos que as percepções visuais de Vicki e de Brad eram por demais nítidas e detalhadas, em especial quando eles se encontravam nas partes espirituais de sua jornada de quase-morte. Embora nem todos os cegos tivessem impressões visuais nítidas, muitos deles tiveram e, portanto, podemos concluir que casos como os de Vicki e Brad são bastante representativos sob esse aspecto.

Por exemplo, uma de nossas entrevistadas, que perdera totalmente a visão como conseqüência de um derrame aos 22 anos e era míope antes disso, contou que, além de ver o seu corpo, o médico e a sala de cirurgia durante a EQM: "Eu sei que podia ver e que, supostamente, eu era cega [...] e eu sei que podia ver tudo... tudo era muito claro quando eu estive fora. Eu podia ver detalhes e tudo".

Outro homem, que perdeu a visão num acidente de carro aos 19 anos de idade, durante a EQM teve a visão confortante da falecida avó, num vale. Ao comentar sobre a sua clareza, ele disse: "Naturalmente, eu não tinha visão, porque os meus olhos foram totalmente destruídos por completo no acidente, mas [minha visão] era muito clara e nítida [...], eu tinha uma visão perfeita naquela experiência".

Outro homem, cego de nascença, viu a si mesmo numa imensa biblioteca durante a fase transcendental da sua EQM e viu "centenas e milhões e bilhões de livros, a perder de vista". Ao perguntarmos se ele via os livros visualmente, disse: "Oh, sim!". Ele os enxergava claramente? "Sem nenhum problema." Ele ficou surpreso por ser capaz de ver? "Nem um pouco. Eu disse: 'Ei, você não pode ver', e ele disse: 'Bem, é claro que eu posso ver. Veja aqueles livros. Essa é uma prova de que eu posso ver."

Para encerrar este tópico, unirei todos aqueles fios visuais num caso ilustrativo específico de um de nossos correspondentes cegos, uma mulher que chamarei de Marsha. Marsha, que tinha 40 anos quando a entrevistei, é casada, mora em Connecticut e teve uma EQM em 16 de janeiro de 1986, aos 32 anos de idade, como resultado de complicações na gravidez.

Como Vicki, ela fora um bebê prematuro, tendo nascido aos seis meses, e, como conseqüência, desenvolveu uma retinopatia da prematuridade. Contudo, diferentemente de Vicki, sempre tivera uma visão limitada. A esse respeito, Marsha nos contou: "Eu enxergo um pouco com o olho esquerdo, não muito. Não tenho visão para leitura – não consigo ler, mas posso ver pessoas e coisas, mas elas parecem... embaçadas". Um exame posterior mostrou que a visão real de Marsha era muitíssimo deficiente (ela tem um cão guia), portanto, para os propósitos do nosso estudo, e foi classificada como visualmente muito deficiente e não como cega de todo. O caso de Marsha é muito importante para mostrar como a percepção visual de uma pessoa com acentuada deficiência visual não apenas, melhora durante uma EQM, mas também pode tornar-se virtualmente perfeita. Em sua entrevista, ela deixou claro que sua acuidade elevada estava relacionada tanto à sua percepção fora-do-corpo quanto ao que ela vivenciou na parte espiritual da experiência. Com relação à primeira, Marsha nos contou que, quando estava voltando, tinha consciência de estar vendo o seu corpo.

Eu: Você poderia descrevê-lo? Você podia vê-lo em detalhes?
M: Sim, ele parecia comigo. Eu parecia estar dormindo.
Eu: E como era a sua visão, se podemos colocar dessa maneira, quando você estava olhando para si mesma?
M: Era boa... era normal.
Eu: Quando você diz normal, quer dizer nítida?
M: Sim, tudo. Não havia nenhum problema com isso.

Quanto à qualidade da sua percepção espiritual,

Eu: Você era capaz de ver melhor do que conseguia no mundo físico?
M: Oh, sim.
Eu: Qual era a sua percepção visual dessa sala [na parte espiritual da sua EQM]?
M: Tudo, eu podia ver tudo... todas as pessoas, tudo.
Eu: De que maneira? Você poderia ser um pouco mais específica?
M: Era perfeito. Não era como aqui. Não havia problema. Era, como, sabe – tudo, você podia ver tudo. Não era como os olhos. Eu não sei como é a visão normal. Não era como se os olhos vissem. Não podia ser os meus olhos, porque os meus olhos estavam aqui. Eu podia ver ouro na sala. Deus nas paredes. [Havia] pássaros e anjos e todas essas pessoas.
Eu: Quando você viu pássaros e pessoas e a sala, você estava enxergando os detalhes ou como você enxerga agora?
M: Não, não. Eu via os detalhes. Era uma luz branca. Tudo era uma luz branca lá. E havia ouro nas paredes.

Mais tarde, ao elaborar a sua percepção das cores nessa parte da sua experiência, Marsha foi igualmente precisa a respeito das coisas que percebia:

Eu: E você podia ver [as cores] claramente na experiência?
M: Sim. Tudo era como devia ser.

Finalmente, quando o entrevistador tentou obter mais informações sobre a sua experiência visual durante a EQM, ocorreu a seguinte troca:

Eu: Se você tivesse que dizer quanta visão você realmente teve durante a sua experiência, como você a descreveria?
M: Era perfeita. Não vejo como não poderia ser perfeita. Não posso dizer que eu podia ver como vejo agora... eu podia ver tudo [naquela ocasião].
Eu: Você pensa no fato de ter adquirido a visão durante essa experiência?
M: Bem, veja, era visão, mas eu não acho que eram os meus olhos. Eu não sei como funciona, porque os meus olhos estavam aqui e, como eles não são bons e eu podia ver tudo direito, de algum modo, deve ter sido mais um tipo de visão especial.

Embora Marsha ainda tenha um pouco de visão física residual, está claro que os seus comentários lembram os de Vicki e Brad no que se refere à qualidade de percepção visual, em especial na esfera espiritual. Lá, ela enxerga perfeitamente, com detalhes que a deixam espantada, para os quais ela não tem nenhuma explicação. E, como Vicki e Brad, que também notaram a naturalidade da sua visão espiritual nas entrevistas, Marsha utiliza uma frase quase idêntica àquelas que ouvimos de Vicki e Brad: "Tudo era como devia ser". Da mesma forma, a impressão visual do seu corpo físico parece clara e precisa, diferente de sua visão habitual. De modo geral, o seu testemunho é tão surpreendente quanto consistente e mostra que pessoas com sérias deficiências visuais também podem descobrir que a proximidade da morte parece restituir a sua visão, proporcionando uma acuidade normal, talvez até mesmo superior.

Em resumo, como um todo, os nossos entrevistados, tanto os que passaram por EQMS quanto por EFCS, oferecem muitos testemunhos que demonstram que a percepção visual entre os cegos é comum, que as suas sensações estão relacionadas às coisas desse mundo e às da esfera espiritual e que, com freqüência, são nítidas e detalhadas, mesmo nos relatos de pessoas cegas de nascença.

EVIDÊNCIAS QUE CONFIRMAM AS VISÕES NAS EQMs E EFCs

Obviamente, para demonstrar que as percepções descritas pelos nossos entrevistados cegos não são meras fantasias ou mesmo alucinações complexas, precisamos apresentar algum tipo de evidência, de preferência de outras testemunhas ou de documentação confiável. Entretanto, e isto não é de surpreender, é difícil reunir o tipo de corroboração indispensável que ajudaria a sustentar a hipótese de que aquilo que eles afirmam ver é de fato autêntico. Naturalmente, os motivos são claros: em muitos casos (e aqui os de Vicki e Brad podem ser considerados), as EQMS e EFCS ocorreram há tanto tempo que não é mais possível saber quem foram as testemunhas ou mesmo se os seus nomes eram conhecidos ou onde localizá-las. Em outros casos, os potenciais informantes morreram ou não estavam acessíveis. Como resultado, grande parte do testemunho dos nossos correspondentes depende da sua honestidade e da confiabilidade de sua memória. Como regra, não tínhamos nenhum motivo para questionar a sua sinceridade, mas sinceridade não é evidência, e a nossa palavra dificilmente é a *última* palavra no que se refere à avaliação da validade desses relatos.

Mas, ao menos em alguns casos, conseguimos reunir algumas evidências e, num caso, algumas fortes evidências de que essas afirmações estão, de fato, enraizadas numa percepção direta e precisa, apesar de desconcertante, da situação. Neste tópico, apresentarei três novos casos que oferecem algumas evidências das percepções visuais dos cegos.

O nosso primeiro exemplo é o de uma percepção aparentemente verídica durante uma EFC na qual um correspondente afirma ter visto a si mesmo. Entretanto, o que torna esse caso em especial interessante é que ele também viu uma coisa da qual não poderia ter conhecimento pelos meios normais. Além disso, ele nos contou que um amigo poderia confirmar o seu testemunho. Então, vamos examinar esse episódio, como nos foi contado por um homem que chamarei de Frank.

Frank tem 66 anos de idade, mas perdeu totalmente a visão em 1982. Agora, ele não vê nada, incluindo luzes ou sombras. Entretanto, passou por diversas EFCs, desde que se tornou cego. A seguir, o seu relato de uma delas.

Por volta de 1992, uma amiga de Frank ia levá-lo ao velório de um amigo comum. Frank lembrou do incidente dessa maneira:

> E então, eu lhe disse naquela manhã: "Puxa, eu não tenho uma gravata. Por que você não compra uma para mim?". Ela disse: "Sim, eu comprarei uma quando for à Mel [uma loja de roupas]". Assim, ela comprou a gravata e deixou-a em minha casa dizendo: "Eu não posso ficar. Preciso ir para casa me vestir e volto para irmos ao velório". Então, eu me vesti e coloquei a gravata. Ela não me disse de que cor era a gravata. Eu estava deitado no sofá e pude me ver saindo do meu corpo. E podia ver a minha gravata. A gravata que eu estava usando, a qual tinha um círculo – era vermelho – e um círculo cinza, dois círculos cinza. E eu me lembro disso.

O entrevistador pede mais detalhes e esclarecimentos:

Eu: Então, você estava deitado, usando a gravata e viu a si mesmo saindo do corpo e depois viu a gravata?
F: Eu vi a gravata porque eu disse qual era a sua cor.
Eu: Você disse à sua amiga que estava lhe dando carona?
F: Sim, quando ela voltou para me buscar [...]. E quando ela veio me buscar, eu lhe disse: "Os círculos nessa gravata são cinza?". E ela disse: "Sim".
Eu: Ela ficou surpresa por você saber?
F: Sim. Ela disse: "Como você sabia? Alguém veio aqui?". Eu disse: "Não, não veio ninguém". Sabe, não se pode contar a eles [risos] porque eles não aceitam, eles não acreditam.
Eu: E, mesmo agora, você lembra como era a gravata?
F: Sim. É uma gravata cor-de-rosa com círculos e pontinhos no meio do círculo. Um círculo branco-cinzento mais ou menos aqui.

E é uma linda gravata, porque em todo lugar que vou com ela, as pessoas comentam. Assim, ela me disse: "Quem lhe contou?". E eu disse: "Ninguém. Eu apenas adivinhei". Eu não queria lhe contar porque, como eu disse antes... você não pode contar as coisas para certas pessoas.

Naturalmente, depois de ouvir sua história, ficamos ansiosos para localizar a mulher envolvida nesse incidente. Foi difícil, pois Frank perdera o contato com ela, mas, por fim, conseguiu encontrá-la e, sem lhe dizer exatamente por que estávamos interessados em conversar com ela, ele nos colocou em contato. Nesse ponto, Sharon Cooper realizou uma entrevista informal com essa mulher e, mais tarde, resumiu as suas anotações:

> Eu telefonei para a sua amiga, que disse que comprara uma gravata para Frank naquele dia e foi buscá-lo para o velório. Entretanto, ela não se lembrava muito bem da seqüência dos acontecimentos daquele dia para confirmar a precisão da história de Frank e não se lembrava do desenho exato e das cores da gravata. Ela disse que Frank é uma pessoa equilibrada que, em sua experiência, não enfeita as histórias. E, apesar de não poder confirmar o seu relato, ela achava que, provavelmente, a sua narrativa era precisa.

Portanto, aqui, apesar de não termos os fatos cruciais corroborativos da testemunha envolvida, temos um caso muito sugestivo de que a lembrança desse homem sobre a sua experiência é essencialmente precisa. Entretanto, as falhas e a ausência de provas desse caso foram em parte superadas no meu segundo exemplo e, de forma ainda mais convincente, num caso final, em que obtivemos uma confirmação direta e independente do testemunho do entrevistado.

O segundo – e um tanto divertido – caso de possível percepção verídica numa pessoa quase cega, na verdade, me foi descrito há alguns anos por outra pesquisadora, Ingegard Bergström, na Suécia, após uma palestra na qual eu descrevia as nossas primeiras descobertas sobre as EQMS em cegos. Num estudo concluído há pouco tempo, Bergström e um colega tiveram a oportunidade de entrevistar uma mulher que, na ocasião da sua EQM, era virtualmente cega. Sentada na cozinha, essa mulher sofrera uma parada cardíaca, durante a qual afirmou ter visto a pia e uma pilha de pratos sujos, algo que ela não poderia ter visto normalmente. Ela fez essa afirmação na presença do marido, que interrompeu a entrevista para perguntar por que ela não lhe dissera nada na ocasião. "Porque você não me perguntou", ela respondeu, um pouco amargurada, segundo Bergström. Num relatório por escrito sobre esse caso, que Bergström gentilmente me enviou, ela escreveu que o marido parecia muito perturbado e culpado ao ouvir a resposta da esposa, pois era sua responsabilidade lavar os pratos e guardá-los[5].

Nosso caso final é sobre uma mulher de 41 anos de idade que chamarei de Nancy, a qual foi submetida a uma biópsia em 1991 por causa de possível tumor cancerígeno no tórax. Durante o procedimento, inadvertidamente o cirurgião cortou a veia cava superior e, então, ocultou seu erro costurando-a e provocando uma série de catástrofes, incluindo a cegueira – condição que só foi descoberta pouco depois da cirurgia, quando Nancy foi examinada na sala de recuperação. Ela se lembra de ter acordado e gritado: "Eu estou cega, eu estou cega!".

Logo depois, ela foi levada numa maca pelo corredor, para fazer um angiograma no andar debaixo. Entretanto, os atendentes, na pressa, bateram a maca na porta fechada do elevador e foi aí que ela passou por uma EFC.

Nancy contou-nos que flutuou acima da maca e podia ver o seu corpo lá embaixo. Contudo, ela também disse que podia ver o final do corredor, onde dois homens – o pai do seu filho e o seu atual namorado – estavam em pé, parecendo chocados. Ela se lembra de ter ficado surpresa pelo fato de eles ficarem simplesmente parados boquiabertos e não terem feito nenhum movimento para aproximar-se dela. A lembrança da cena pára nesse momento.

Tentando comprovar suas afirmações, entrevistamos os dois homens. O pai não conseguia lembrar dos detalhes daquele incidente, embora as suas afirmações, como um todo, combinassem com as de Nancy: mas a segunda testemunha – seu namorado, Leon – lembrava-se e confirmou todos os fatos essenciais desse

---

5. Bergström, comunicação pessoal, 3 de novembro de 1994.

acontecimento. Abaixo, um resumo de nossa entrevista com ele, relacionado a esse episódio crucial.

L: Eu estava no corredor ao lado do centro cirúrgico e ela estava saindo, e eu sabia que era ela. Eles estavam tirando-a de lá com muita pressa.
Eu: Tirando-a de onde?
L: Do centro cirúrgico onde ela estivera numa sala de recuperação, eu acho. E eu vi aquelas pessoas saindo. Eu vi pessoas empurrando uma maca. Eu vi cerca de quatro ou cinco pessoas com ela e eu olhei e disse: "Deus, parece Nancy", mas o seu rosto e a parte superior do tronco estavam muito inchados, mais ou menos com o dobro do tamanho. Nesse ponto, eu olhei e disse: "Nancy, Nancy" e eles apenas – ela não sabia, eu quero dizer. Ela estava fora. E eles me disseram que a estavam levando para fazer um angiograma.
Eu: Quem lhe disse isso?
L: Acho que foi uma enfermeira. Não tenho certeza. Acho que eu ainda estava em estado de choque. Quer dizer, fora um longo dia para mim. Você está esperando uma cirurgia de uma hora e, aproximadamente dez horas depois, ainda não tem muitas respostas. Acredito que tenha sido uma enfermeira. Eu sei que perguntei. E acho que Dick (o pai do filho de Nancy) estava lá naquela hora. Acho que ele e eu estávamos conversando no corredor.
Eu: Você sabe a que distância vocês estavam de Nancy?
L: Quando eu a vi, ela estava mais ou menos a 30 metros e em seguida passou direto por nós. Provavelmente, eu estava a cerca de um metro ou um metro e meio de distância. E acredito que Dick estava ao meu lado.
Eu: E você sabe como eles a tiraram de lá? Ela estava na maca?
L: Ela estava na maca. Acho que ela estava com uma espécie de aparelho respiratório. Não sei bem o que era.
Eu: E então, para onde eles a levaram?
L: Para o andar debaixo, para fazer um angiograma.
Eu: Como?
L: Eles a levaram para baixo pelo elevador de serviço. Eles não a levaram num elevador comum. Eles a levaram para o fim do corredor, para o elevador de serviço.
Eu: E você viu todo o processo?

L: Sim, eu vi.
Eu: Você a viu entrar no elevador?
L: Sim, porque fui até lá para vê-la entrar no elevador.
Eu: Você se lembra de ter havido alguma agitação para colocá-la no elevador?
L: Acho que havia uma verdadeira sensação de urgência na equipe. Eu já trabalhei em salas de emergência de hospitais e realmente posso perceber isso. Acho que alguém estava tentando entrar no elevador ao mesmo tempo e foi preciso ajeitar um pouco, e alguém disse algo como: "Oh, não consigo colocá-la lá dentro, vamos puxar mais um pouco", antes de conseguirem colocá-la no elevador. Mas foi muito rápido.
Eu: Você olhou bem o rosto dela?
L: Sim, de fato fiquei chocado. Ela estava muito inchada. Ela estava totalmente irreconhecível. Quer dizer, eu sabia que era ela mas – você sabe, fui médico no Vietnã e era como ver um cadáver depois de um dia, depois que ele fica intumescido. Foi a mesma coisa.

Aqui, como já mencionamos, está óbvio que o relato de Leon está de acordo com o de Nancy em quase todos os aspectos significativos, embora ele estivesse muito preocupado com ela e mal a tenha reconhecido por causa do edema. Mas, apesar do seu evidente estado de choque na ocasião, a sua entrevista parece confirmar a história dela, tanto quanto poderíamos esperar de qualquer testemunha externa. A propósito, devemos mencionar que essa testemunha esteve separada de Nancy por diversos anos e eles nem mesmo se comunicaram durante pelo menos um ano antes da entrevista.

Além disso, mesmo que Nancy *não* estivesse totalmente cega naquela ocasião, a máscara respiratória sobre o seu rosto teria obstruído em parte o seu campo visual e, com certeza, impedido o tipo de visão lateral necessária para que ela visse os dois homens no corredor. Mas o fato é que, de acordo com informações dos registros médicos e outras evidências que reunimos, ela já estava totalmente cega quando isso aconteceu.

Após uma investigação minuciosa desse caso e um exame de toda a documentação, concluímos que não havia possibilidade de

Nancy ter visto o que viu com os olhos físicos, os quais, de qualquer forma, estavam quase sem visão naquele momento. Apesar de as evidências indicarem que ela *realmente* viu, como mostra o testemunho corroborativo que citamos, aparentemente, ela viu de verdade.

Sem dúvida, a pergunta é: *como?*. E não apenas como Nancy viu, mas também: como *qualquer* uma das pessoas cegas em nosso estudo vê aquilo que certamente não poderia estar vendo fisicamente? Embora as evidências que mencionei neste tópico pareçam estabelecer um argumento razoável de que essas visões são na realidade precisas, e não apenas uma espécie de invenção, reconstrução, palpite feliz ou fantasia, elas não explicam o paradoxo da nossa descoberta de que, afinal de contas, os rumores que temos ouvido durante todos esses anos, de que os cegos sem dúvida podem ver durante as EQMS, parecem verdadeiros. Se e como isso é possível é o mistério que precisamos nos preparar para investigar e, de acordo com as possibilidades, solucionar.

MAS ISSO É REALMENTE "VER"?

Nesse ponto, parece justificado concluir que as descobertas desse estudo no mínimo levantam algumas questões muito profundas, não apenas sobre os mecanismos da visão, mas também sobre a capacidade do ser humano para transcender totalmente as limitações dos sentidos durante as EQMS. Com certeza, se pudermos confiar nesses relatos, será difícil evitar a sugestão de que, nessas condições extremas, há algum aspecto consciente de nós mesmos que pode se separar do corpo físico e não ficar mais limitado por suas deficiências físicas.

É claro que há um modo mais simples de dizer isso: é como se estivéssemos falando daquilo que a maioria das pessoas chamaria de "alma". Mas esse conceito não tem lugar na ciência moderna e, atualmente, a maior parte dos filósofos e cientistas com certeza rejeitaria qualquer tentativa de introduzir de forma sorrateira pela porta de trás esse remanescente do pensamento dualista. Isso com certeza é compreensível.

Contudo, o nosso dilema não é do tipo que provoca transtornos para os modernos pensadores. Ao contrário, o nosso dilema é descobrir de que outra maneira podemos considerar essas descobertas. Qual exatamente é a alternativa? Para mim, esse é o desafio para qualquer um que queira compreender essas descobertas e as suas fascinantes implicações.

Eu mesmo não afirmo ser capaz de dar uma resposta a essas perguntas desconcertantes que fariam até mesmo os teóricos mais acessíveis parar no meio de uma frase antes de pular para a próxima interpretação mais fácil. Entretanto, gostaria de oferecer pelo menos alguns comentários para qualquer pessoa que quisesse tentar a sorte na elucidação desse mistério – e, ao mesmo tempo, apresentar algumas outras descobertas desse estudo, as quais, acredito, oferecem uma importante pista na busca da explicação definitiva.

Começarei apresentando a pergunta básica com a qual nos confrontamos nesse estudo: se os cegos de fato "vêem" durante essas EQMS, como conseguem, pelo menos nessas condições extremas, aparentemente transcender as restrições sensoriais que, até aquele momento, os aprisionavam num mundo sem visão? Será que na realidade a visão depende dos olhos? Ou, alternativamente, será que existe outra forma de percepção que entra em ação quando uma pessoa, *quer ela seja ou não cega,* é lançada num estado de consciência em que o sistema sensorial não é mais funcional?

Ao explorar tais questões, Sharon Cooper e eu fomos forçados a considerar uma série de interpretações alternativas para as nossas descobertas, que abrangiam desde a psicologia convencional (isto é, explicações baseadas em sonhos, ou conceitos de que essas histórias poderiam ter sido construídas em retrospecto fundamentadas em pistas verbais ou de outro tipo) passando por estudos pouco conhecidos sobre visão em cegos e pela pele, até perspectivas baseadas em sistemas esotéricos e metafísicos, que postulam a existência de corpos sutis e sentidos espirituais. No final, entretanto, descobrimos que nenhuma dessas potenciais interpretações apresentava uma explicação adequada para os resultados do nosso estudo.

Aquilo que finalmente provou ser mais útil para nós envolvia uma reestruturação das nossas descobertas, na forma de uma nova pergunta, porém, mas dirigida para uma questão em particular: será que o que descobrimos em nossos correspondentes cegos é *verda-*

deiramente uma forma de visão? Isto é, ela é algo que poderia ser considerado semelhante à visão física? Fomos levados a refletir sobre essa pergunta em virtude de algumas importantes considerações, as quais, inevitavelmente, continuavam nos fazendo retornar a ela. Por um lado, uma leitura atenta das nossas transcrições, com freqüência, revelava um aspecto sinestésico multifacetado na percepção de quem vivenciou uma EQM que parece transcender a simples visão. Por exemplo, alguns dos nossos entrevistados hesitavam em afirmar que aquilo que eles eram capazes de descrever era visual de modo incontestável, seja porque eles eram cegos de nascença e não sabiam o que era a visão, ou porque, como Marsh nos disse, sabiam que não poderiam estar *vendo* com os seus olhos físicos. Os comentários a seguir são típicos dessa tendência:

> Não era visual. Na realidade, é difícil descrever, porque não era visual. Era quase como uma coisa palpável, mas eu não poderia ter tocado nada estando lá em cima. Mas, sem dúvida não era visual, porque eu não tenho mais a minha visão [...]. [Era] um tipo de memória tátil ou algo parecido. Não é como a visão. A visão é mais clara.
>
> Acho que o que estava acontecendo era um punhado de sinestesia, em que todas essas percepções estavam sendo misturadas numa imagem em minha mente, você sabe, o visual, o tátil, todas as informações que eu tinha. Literalmente, não posso afirmar que de fato vi alguma coisa, mas, no entanto, eu tinha consciência do que estava acontecendo e percebendo tudo aquilo em minha mente [...]. Mas não me lembro dos detalhes. É por isso que reluto em descrevê-lo como algo visual.
>
> O que estou dizendo é que eu estava mais consciente. Não sei se era em decorrência da visão... não tenho certeza. Tudo o que sei é que... de algum modo eu estava consciente das informações ou das coisas que estavam acontecendo e, normalmente, eu não conseguiria perceber pela visão [...]. Por esse motivo estou sendo muito cuidadoso com minhas palavras, porque não tenho certeza de onde veio aquilo. Eu lhe diria que a minha sensação é a de que não veio da visão, e mesmo assim não tenho certeza.

Até mesmo Brad, cujo testemunho inicial parecia tão claro a respeito desse aspecto, numa entrevista posterior qualificou e esclareceu as suas observações anteriores sobre a lembrança de ter visto neve nas ruas próximas à sua escola:

> Eu estava bastante consciente de todas as coisas que foram mencionadas lá (isto é, a sua descrição anterior). Entretanto, se vi as coisas com os olhos, não poderia dizer [...]. Quer dizer, você deve lembrar que, tendo nascido cego, eu não tinha idéia se aquelas imagens eram visuais [...]. Era algo como um sentido tátil, como se literalmente eu pudesse sentir com os dedos da minha mente. Mas eu não me lembro de ter com certeza tocado a neve [...]. A única coisa que posso afirmar sobre essas imagens é que elas vieram a mim numa percepção e que eu estava consciente daquelas imagens de um modo que na verdade não compreendo. Eu não podia de fato afirmar que elas eram visuais em si, porque nunca conhecera nada como aquilo antes. Mas poderia dizer que todos os meus sentidos pareciam muito ativos e muito despertos. Eu estava consciente.

Uma segunda pista veio da nossa compreensão gradativa de que os cegos muitas vezes usam verbos relacionados à visão, de maneira muito mais casual e livre do que as pessoas que enxergam. Vicki, por exemplo, diz que adora "assistir" televisão e usa frases como, "Olhe isso", o que não pode ser considerado literalmente. Embora essa observação não invalide os nossos relatos, ela realmente levanta outra bandeira de cautela no que se refere à interpretação das narrativas dos nossos correspondentes cegos.

À medida que surge esse tipo de testemunho, parece cada vez mais difícil afirmar que os cegos apenas *vêem* o que relatam. Ao contrário, está começando a parecer que eles *sabem*, por meio de uma forma de consciência generalizada ainda mal compreendida e baseada numa série de impressões sensoriais, em especial táteis, o que está acontecendo à sua volta. Entretanto, a pergunta que de imediato nos confronta agora é tão inevitável quanto crucial: *Então, por que esses relatos, quando casualmente examinados, parecem com freqüência sugerir que os cegos realmente vêem de maneira semelhante à visão física?*

Nesse ponto, acreditamos que a resposta deveria estar bem óbvia. Por mais que essas experiências tenham sido codificadas originalmente, na época em que as encontramos, havia muito elas tinham sido expressadas em determinada forma lingüística. E essa forma é uma *linguagem de visão*, uma vez que a nossa linguagem comum está enraizada nas experiências de pessoas que enxergam e, portanto, propensa a imagens *visuais*. Como os cegos são membros da mesma comunidade lingüística das pessoas que enxergam, por certo podemos esperar que eles estejam propensos – na verdade, praticamente forçados – a verbalizar as suas experiências numa linguagem de visão, quase sem levar em conta a sua adequação às qualidades das suas experiências pessoais. Agora, isso *não* significa que, como parte dessa percepção sinestésica multifacetada, não haverá também algum tipo de imagem pictórica; é só para afirmar que isso não deve ser entendido como algo parecido com a visão física.

Contudo, mesmo não podendo afirmar que nessas experiências os cegos enxergam claramente, nós ainda temos de lidar com o fato – e sem dúvida parece ser um fato – de que eles, apesar disso, têm acesso a uma espécie de consciência supersensorial expandida, a qual, em si mesma, não pode ser explicada pelos meios normais. Talvez, como sugeri, embora esses relatos talvez não representem na realidade uma analogia da visão retinal, eles claramente representam *alguma coisa* que deve ser considerada. Em minha opinião, os cegos – bem como outras pessoas que vivenciaram uma EQM ou EFC – entram num estado característico de consciência transcendental que eu gostaria de chamar de *visão da mente*. Quando os sistemas sensoriais falham, a visão da mente torna-se potencialmente disponível e permite o acesso direto a uma esfera de conhecimento transcendental na qual não podemos entrar em nosso estado normal desperto. Nessas condições, "com as portas da percepção purificadas", as coisas se apresentam "como elas são, infinitas". É desse modo que os cegos podem perceber aquilo que não podem ver literalmente e conhecer o que, até aquele momento, estava oculto para eles. Nitidamente, essa não é uma simples "visão", como nós a compreendemos, mas quase uma espécie de onisciência que transcende por completo o que a mera visão jamais poderia proporcionar. Isso, é claro, não quer dizer que na visão da mente os olhos vejam alguma coisa – como eles poderiam? Ao contrário, é o "eu" *interior* que vê e, de repente, contempla o mundo como ele se revela para a visão sem olhos.

CONCLUSÕES

No final, talvez possamos deixar a solução dessas importantes perguntas ontológicas para os filósofos e outros que procuram desvendar os mistérios da natureza da consciência. Contudo, o nosso objetivo neste e no capítulo anterior é muito mais modesto. O nosso objetivo é, como você deve lembrar, apenas começar a provar a autenticidade das EQMs, ou seja, tentar mostrar que esse fenômeno não é apenas uma espécie de aberração psicológica ou artifício de um cérebro agonizante.

Se você agora rever mentalmente as diversas evidências que reuni para a sua consideração nestes dois capítulos, acho que concordará que todas se encaixam muito bem na suposição de que o que acontece durante uma EQM é, basicamente, que ela proporciona uma outra perspectiva para a percepção da realidade. Além disso, essa perspectiva não depende dos sentidos do corpo físico ou mesmo de um sistema visual intacto. Na verdade, ela ocorre somente quando os sentidos estão extintos. Parece que nessas circunstâncias é possível um outro tipo de conhecimento, que chamei de *consciência transcendental*, e todos – não apenas os cegos – começam a ver com uma visão sem olhos.

Reflita sobre os dados apresentados nestes capítulos: os detalhes fantásticos em visão panorâmica quando a pessoa está fora do corpo, as visões de poeira, teias de aranha e outros pormenores em geral desprezados no nosso ambiente cotidiano; as percepções milagrosamente precisas de pessoas quase cegas e a visão "impossível" de pessoas totalmente cegas. Tudo isso não se encaixa com perfeição desde que aceitemos a idéia de que é literalmente possível uma pessoa transcender o corpo e ver com a mente? E, se você está propenso a resistir a essa interpretação, então como *explicaria* a inegável coerência de todos os relatos que acabei de contar?

E mais – como poderíamos explicar a percepção comprovada daqueles objetos improváveis em locais improváveis, quando não havia nenhuma visão física, ou, igualmente, aquelas conversas ouvidas por acaso e que não poderiam ter sido testemunhadas, ou os casos em que essas pessoas obtiveram informações que não poderiam ter obtido por meios normais?

Claramente, as evidências de que essas EQMs não podem mais ser consideradas sonhos ou fantasias ou coisas que as pessoas apenas imaginam, são esmagadoras. E eu não consigo pensar em nenhuma teoria neurológica que possa explicar como Maria viu aquele tênis naquela beirada, você consegue?

Algo real, indiscutivelmente real, está acontecendo a essas pessoas. Quando a experiência começa com uma EFC, elas parecem ver coisas deste mundo, mas com uma compreensão ampliada. Elas estão, ao mesmo tempo, em outro lugar, mas, de certo modo, ainda estão aqui conosco. Tanto nós quanto elas, embora de diferentes ângulos, somos capazes de ver as mesmas coisas.

Mas, então, elas são levadas para outro lugar ao qual, nós, as testemunhas, não temos mais acesso direto. Entretanto, o conhecimento de que elas não estavam alucinando nem mesmo no início da sua jornada nos proporciona maior confiança de que as visões que elas terão em breve – aquelas que descrevemos no Capítulo 1, bem como neste capítulo – também emanam de *outra* realidade e têm a sua própria verdade. Nesse ponto, onde elas finalmente se despedem de nós, e nós delas, essas pessoas estão vendo, sem olhos, mas com a visão da mente, as esferas cintilantes além deste mundo.

Capítulo 4

Crianças
na Luz

Há alguns anos, recebi a carta de uma mãe que desejava compartilhar comigo uma conversa desconcertante que tivera com seu filho. Como introdução, ela me contou que na época em que isso aconteceu ela só escutara falar superficialmente de EQMs, mas o que ocorreu naquele dia fez com que ela desejasse saber muito mais sobre o assunto. Finalmente, ela leu *Heading toward Omega* e isso lhe proporcionou o estímulo para me escrever. Como ela explica:

> O incidente relacionado a Steven aconteceu quando ele tinha dois anos e dois meses. (Agora, ele tem dois anos e dez meses de idade.) Eu estava colocando na moldura uma fotografia dos meus avós, falecidos antes do nascimento dele. Ele estava sentado perto de mim brincando e me perguntou o que eu estava fazendo. Eu lhe disse e expliquei que aquela era uma fotografia dos seus bisavós, que estavam mortos. Ninguém jamais havia falado sobre a morte com Steven e, de repente, descobri que estava falando sobre isso, sem nenhum preparo anterior. Eu sabia que ele não abandonaria o assunto porque é uma criança tagarela, verbalmente precoce e muito curiosa.
>
> Comecei contando que eles não estavam mais conosco e que tinham ido ficar com Deus. Eu estava tentando pensar no que dizer a seguir, enquanto Steven continuava brincando. Antes que eu pudesse dizer mais alguma coisa, ele disse, de maneira bastante natural: "Quando a gente morre, tem um túnel".

Isso me pegou totalmente desprevenida. Eu lhe pedi para repetir e ele repetiu. Fiz mais algumas perguntas de maneira casual (embora estivesse muito interessada). Perguntei se havia alguma coisa no túnel. Ele respondeu que havia luz no túnel. Perguntei qual era a cor da Luz e ele respondeu: "Branca". Perguntei se, quando morremos, passamos pelo túnel. Ele respondeu afirmativamente. Perguntei o que fazemos quando chegamos ao fim do túnel. Ele disse: "Você vai para a Luz". Ele também disse, espontaneamente, que o vovô (apontando para a fotografia) estava lá com "uma luz sobre a cabeça".

[Ele repetiu a mesma informação no dia seguinte, na presença do pai, mas, oito meses depois, não se lembrava de nada.]

A mãe acrescenta este comentário:

> Eu não trabalho fora e Steven passou toda a sua vida comigo e com o pai, a não ser pelas raras ocasiões em que fica com uma babá, a qual nunca discutiu esse assunto. Eu sei que a sua resposta não veio de uma fonte externa.
>
> De todas as coisas que ele poderia ter inventado sobre um assunto com o qual não tinha nenhuma experiência, quais as chances de ele inventar algo como "passar por um túnel e ir para a Luz?". Achei significativo o fato de diversas pessoas entrevistadas por você terem mencionado a sensação de estar voltando para casa, de familiaridade, de sentir que sempre conheceram tudo o que estavam vivenciando. Será possível que as crianças pequenas guardem alguma lembrança de ter estado lá? Será possível que, quando elas adquirem habilidades verbais para expressar isso, a lembrança desaparece?

As perguntas levantadas pela mãe de Steven sobre a possível origem dos seus comentários são, com certeza, estimulantes, mas talvez seja mais provável que as afirmações feitas por ele, com jeito de quem sabe das coisas, estivessem fundamentadas em suas próprias experiências *depois* que ele nasceu. Afinal, talvez seja possível que Steven estivesse lembrando de fragmentos da sua EQM.

No seu caso, não podemos ter certeza disso, mas a possibilidade de que as crianças, em especial as muito jovens, possam ter uma EQM já estimulou a imaginação de diversos pesquisadores de muitos países, por motivos óbvios. Consideremos, por exemplo, outro argumento sobre essas narrativas abundantes no mundo moderno, que poderia ser apresentado por um crítico decidido a descartar a aparente autenticidade da EQM.

Quanto à semelhança de conteúdo, esse crítico poderia com facilidade mencionar o fato de que todos nós, criados sob a influência da tradição ocidental, absorvemos uma série de ensinamentos e suposições sobre o que acontece durante e depois da morte da nossa herança judaico-cristã. Apesar de existirem algumas variações entre essas doutrinas religiosas, de um modo geral elas são coerentes com os milhares de relatos de pessoas que passaram por uma EQM – relatos que, além disso, com freqüência estão repletos de imagens cristãs estereotípicas. O crítico poderia perguntar se não está perfeitamente claro que essas idéias religiosas bastante difundidas, sejam ou não conscientemente aceitas, *estruturam* essas EQMs e, na verdade, com toda probabilidade, as originam em primeiro lugar?

"E, além disso", ele poderia dizer, "pense na quantidade de informações sobre as EQMs disponíveis na atual cultura popular. É pandêmico. Para onde quer que olhemos, alguém está descrevendo uma dessas experiências nos programas *Oprah*, *Geraldo* ou no *Larry King Show*. Com regularidade, elas são anunciadas aos quatro ventos nos tablóides e suas histórias são cercadas de sensacionalismo. Elas foram descritas em muitos filmes de Hollywood e os temas sobre EQMs são incorporados em suas histórias. Elas são destaque em revistas populares, e até o *The New Yorker* tem *cartuns* a seu respeito! E, por falar nisso, pense nos *best sellers* sobre o assunto, do *Life after life*, de Moody, até o *Embraced by the light*, de Betty Eadie, que as pessoas compraram aos milhões. Você teria de ter vivido numa caverna no Himalaia durante os últimos dez anos para não estar familiarizado com essas experiências – na atualidade, elas simplesmente saturam a cultura popular como um todo. Não admira que esses relatos sejam tão semelhantes – todos sabem o que esperar agora! E essas expectativas, de início marteladas pelas nossas tradições religiosas e depois reforçadas por todos os lados pela sua repetição *ad nauseam* na mídia, claramente ditam a forma e o conteúdo dessas narrativas. Em resumo, essas EQMs são apenas derivações – nada mais do que reflexos no nosso espelho cultural, a religião com roupas novas."

É difícil negar esses argumentos, mesmo para as pessoas que acreditam nas EQMs – até começarmos a pensar nas crianças. Se pudéssemos mostrar que elas, em especial as muito jovens, contam experiências essencialmente semelhantes às dos adultos, o argumento do nosso crítico seria, de um só golpe, destruído. É óbvio que, se essas influências potenciais pudessem ser excluídas, teríamos de procurar a explicação para a EQM em outro lugar. Assim, agora você pode entender melhor por que alguns pesquisadores ficariam ansiosos para agarrar a oportunidade de conversar com crianças que estiveram próximas da morte. As suas histórias, caso fossem consistentes com o padrão global da EQM, seriam um outro tipo de evidência muito importante para apoiar a autenticidade da EQM.

EQMs EM CRIANÇAS

Dos diversos pesquisadores que realizaram estudos pioneiros sobre EQMs em crianças, o mais ilustre é, de longe, um pediatra chamado Melvin Morse, autor do popular livro *Closer to the light* e de outros trabalhos nessa área.[1] Contudo, o envolvimento de Morse com esse segmento particular da área de estudos da quase-morte foi puramente casual, não deliberado, e ocorreu em razão de uma conversa que ele teve com uma paciente de sete anos de idade chamada Kristle. A história tornou-se uma das mais famosas em todo o campo de pesquisa das EQMs e, provavelmente, Kristle é agora a criança mais conhecida a ter passado por uma EQM, men-

---

1. Além de *Closer to the light* (Nova York: Villard, 1990), Morse também publicou um outro livro, *Transformed by the light* (Nova York: Villard, 1992), tratando principalmente dos efeitos posteriores das EQMs em crianças. Além desses livros, Morse, algumas vezes com colegas, publicou diversos seminários na literatura médica. Entre eles estão M. Morse, "A near-death-experience in a seven-year-old child", *American Journal of Diseases in Children, 137* (1983), pp. 959-61; M. Morse, P. Castillo, D. Venecia, J. Milstein & D. C. Tyler, "Childhood near-death experiences", *American Journal of Diseases in Children, 140* (1986), pp. 1110-4; M. Morse et al., "Near-death experiences in a pediatric population", *American Journal of Diseases in Children, 139* (1985), pp. 595-600; e M. Morse, "Near-death experiences and death-related visions in children: Implications for the clinician", *Current Problems in Pediatrics, 24* (1994), pp. 55-83.

cionada não somente no primeiro livro de Morse, mas também a principal atração do popular programa de televisão *20/20*.

Ponha-se no lugar de Morse e você poderá compreender com facilidade por que a história de Kristle cativou-o tão prontamente quanto a visão daquele tênis na beirada do edifício do hospital converteu Kimberly Clark, fazendo-a acreditar de imediato na autenticidade das EQMs.

Quando Morse era um jovem interno em Idaho, tentou ressuscitar uma menina de sete anos que quase se afogara na piscina. Essa menina, Kristle, foi ligada a um pulmão artificial, uma varredura CAT apontou um grande inchaço no cérebro e Morse sentiu que as suas chances de recuperação eram quase nulas.

Ele estava errado. Três dias depois, ela se recuperou totalmente.

Mais tarde, Morse fez um exame de acompanhamento. Como médico, estava interessado em tumores cerebrais e leucemia na infância e não tinha nenhum interesse por EQMs (nem tenho certeza se ele já ouvira falar delas naquela época). Kristle iria mudar tudo isso.

Depois de Morse ter se apresentado, antes de começar o exame, Kristle virou-se para a mãe e disse: "Esse é aquele de barba. Primeiro, tinha aquele médico alto sem barba e depois ele veio". [Correto, pensou Morse.]

Então, espontaneamente, ela começou a descrever diversos outros procedimentos que foram realizados nela, incluindo uma intubação nasal – e todas as afirmações também estavam corretas. Morse, que estivera lá o tempo todo, sabia que os seus olhos estavam fechados e que ela estivera em coma profundo durante todo esse período. Ele confessou que ficou surpreso ao ouvir Kristle contar tudo aquilo de maneira tão natural.

Intrigado, perguntou: "Do que você se lembra dos momentos em que estava na piscina?".

"Você quer dizer, quando eu visitei o Pai Celestial", respondeu Kristle.

Perplexo, Morse estimulou-a a falar mais, mas tudo o que ela disse naquele dia foi: "Eu encontrei Jesus e o Pai Celestial". Então, ela ficou muito tímida ou envergonhada e não disse mais nada.

Mas quando Morse voltou na semana seguinte, tentou de novo e, dessa vez, conseguiu toda a história:

Ela não lembrava nada do afogamento. Mas, em suas palavras: "Eu estava morta. Então, eu estava num túnel. Estava escuro e eu estava assustada. Eu não podia andar".

A seguir, ela contou a Morse que apareceu uma mulher chamada Elizabeth e que o túnel ficou brilhante. Kristle descreveu Elizabeth como uma moça alta, com brilhantes cabelos loiros. Então, de acordo com Kristle, elas entraram no céu. "O céu é divertido", disse ela. "Era brilhante e havia muitas flores." Ela disse que havia uma auréola em volta do céu, além da qual ela não podia ver.

Kristle contou ter encontrado muitas pessoas lá, inclusive os seus falecidos avós, a sua tia e "Heather e Melissa", duas almas esperando para renascer. Ela também encontrou o "Pai Celestial e Jesus", que lhe perguntaram se ela queria voltar para a Terra. Ela disse que queria ficar com Ele.

Elizabeth perguntou se ela queria ver a sua mãe e, aparentemente, nesse momento, Kristle foi capaz de ver a sua casa e viu a mãe cozinhando e o pai, que estava sentado no sofá, e também os seus irmãos e irmãs brincando. [De acordo com Morse, quando Kristle mais tarde descreveu essa cena aos pais, eles ficaram espantados por ela ter descrito com tanta precisão as suas roupas, a sua posição na casa e até mesmo a comida que a mãe estava fazendo.]

Nesse momento, Kristle sentiu que, afinal, queria estar com a mãe e, assim, respondeu "sim" à pergunta de Elizabeth, e a próxima coisa que sabe é que acordou no hospital.

Sobre o céu, Kristle comentou mais tarde: "Eu gostaria de voltar lá. Era bom". Ela também continuou perguntando sobre "Heather e Melissa".

De acordo com Morse, Kristle levou cerca de uma hora contando a sua história naquele dia e ele acrescenta seu comentário: "Ela era extremamente tímida, mas contou a história de uma maneira tão intensa que eu acreditei nela irrestritamente".[2]

É óbvio que essa criança contou, de maneira simples e direta, o mesmo tipo de história que ouvimos com tanta freqüência dos lábios de adultos. Os elementos do relato de Kristle foram narrados

---

2. Fundamentei esse relato no livro de Morse, *Closer to the light*, pp. 3-8, bem como em informações adicionais que ele ofereceu sobre o caso em seu artigo, "A near-death experience in a seven-year-old child".

com tanta inocência, que Morse não pôde deixar de ficar impressionado com a sua sinceridade, apesar de já estarmos familiarizados com essa reação. E, como afirma Morse, ele ainda ouviria muitas histórias semelhantes de crianças que entrevistou posteriormente, no decorrer das suas pesquisas sobre EQMs na infância, como aconteceu com outros investigadores que pesquisaram o mesmo território. Um deles é o homem que, com seu livro *Life after life*, de modo inadvertido, instituiu toda a área de estudos da quase-morte. Raymond Moody também encontrou muitos casos de EQMs na infância durante seus quase 30 anos de pesquisa e escreveu sobre muitas delas no livro *The light beyond*.[3] Aqui, citarei apenas um exemplo representativo, o qual, a propósito, tem tantas semelhanças com a história de Kristle que quase poderíamos pensar tratar-se da mesma criança. Mas, naturalmente, não é – é uma menininha chamada Nina.

Nina, que tinha nove anos de idade quando teve a experiência, estava sendo submetida a uma apendectomia quando seu coração parou de bater. Os cirurgiões imediatamente começaram a ressuscitá-la, mas, enquanto isso, Nina, ao que tudo indica, saíra do corpo e estava observando a tentativa de revivê-lo da habitual posição elevada. Como Nina foi citada por Moody:

> Eu os ouvia dizendo que o meu coração havia parado, mas eu estava lá em cima, no teto, observando. Eu podia ver tudo lá de cima. Eu estava flutuando próxima ao teto, assim, quando vi meu corpo, não sabia que era eu. Então eu soube, porque o reconheci. Saí para o corredor e vi a minha mãe chorando. Eu lhe perguntei por que ela estava chorando, mas ela não podia me ouvir. Os médicos acharam que eu estava morta.
>
> Então, apareceu uma linda mulher e me ajudou, porque sabia que eu estava assustada. Nós entramos num túnel e fomos para o céu. Havia lindas flores lá. Eu estava com Deus e com Jesus. Eles disseram que eu precisava voltar para ficar com a minha mãe porque ela estava perturbada. Eles disseram que eu precisava terminar a minha vida. Assim, voltei e acordei.

---

3. R. Moody, *The light beyond* (Nova York: Bantam, 1988), cap. 3, pp. 45-60.

O túnel em que entrei era longo e muito escuro. Passei por ele muito depressa. Havia luz no final. Quando vimos a luz, fiquei muito feliz [...]. A luz era muito brilhante.[4]

Embora no meu trabalho eu tenha me concentrado em adultos, também ouvi muitos relatos de experiências na infância. Alguns deles chamaram a minha atenção sem que eu precisasse me esforçar para encontrá-los. A minha correspondência, por exemplo, oferece diversos exemplos, embora as experiências descritas sejam em geral de adultos que as relatam retrospectivamente. (A propósito, já sabemos que não existem diferenças estruturais substanciais entre as descrições de EQMs contadas por crianças e as relatadas anos depois por adultos.[5]) Algumas são muito breves, outras mais elaboradas, mas todas parecem pedaços da mesma roupa, que outras crianças já nos mostraram.

A seguir, um relato do tipo mais breve, como ilustração:

> Quando eu tinha dez anos [escreve uma mulher] tive uma experiência. Eu estava muito doente, com caxumba, febre alta etc., e lembro de ter estado em algum lugar acima de "mim". Um funil escuro, espiralado, chegou ao seu ponto menor bem abaixo de mim. Lá, eu me vi, minha mãe soluçando no ombro do meu padrasto e outro homem, que eu não conhecia, balançando a cabeça. Então, eu me lembro – "Acho que vou voltar". Tudo isso em absoluto silêncio, impessoal, totalmente tranqüilo.

Um segundo exemplo, mais elaborado, vem de uma pessoa que primeiro se apresentou como autora de um livro a ser publicado, baseado em suas duas EQMs, que ocorreram quando ela era jovem. Em sua carta, ela faz uma descrição parcial de cada uma delas e, em correspondência posterior, convenci-a a me fornecer mais detalhes. A seguir, a versão mais ampla da sua primeira EQM. Por falar nisso, a escritora é Roxanne Sumners e seu livro *The wave*

---

4. R. Moody, *The light beyond*, op. cit., pp. 48-9.
5. William J. Serdahely, "A comparison of retrospective accounts of childhood NDEs with contemporary pediatric accounts", *Journal of Near-Death Studies*, IB, pp. 219-24.

of light,⁶ agora já publicado, é um brilhante relato fictício das suas EQMS.

A minha primeira experiência aconteceu logo depois que fiz 11 anos. Era 23 de dezembro de 1958. Minha mãe acabara de voltar do trabalho e ela, meu irmão mais novo e eu estávamos excitados para começar a nos preparar para o Natal. Mamãe me deu dinheiro para pagar a nossa babá que morava do outro lado da rua. Com o dinheiro na mão, saí de casa e fui para a rua.

Não me lembro do impacto do carro que me atingiu, mas me lembro que, de repente, eu estava sentada numa árvore, observando a cena lá embaixo. Eu estava bastante indiferente ao que estava vendo. Eu estava interessada, mas não realmente preocupada com a "menininha" deitada na rua ou com a mulher que saiu do carro, gritando histericamente.

Olhei para cima e vi o meu avô [que morrera quando Roxanne tinha três anos de idade]. Ele estava estendendo a mão para mim e, quando a alcancei, começamos a nos mover. Havia uma sensação de estarmos nos movendo muito rápido e, então, chegamos a um lugar inacreditavelmente belo, onde tudo à nossa volta era feito de nuvens de tons suaves. Havia flores, mas elas eram fofas e feitas de luzes minúsculas e de cores suaves. Ao longe, havia colinas com castelos. E tudo, até mesmo os castelos, era feito dessas nuvens suaves, fofas, lindamente coloridas.

Perguntei ao meu avô se ele morava naquele lugar e ele disse que sim. Perguntei se eu poderia ficar com ele e ele disse que não – que eu precisava voltar para ajudar a minha mãe e o meu irmãozinho. Subitamente, fiquei consciente do meu corpo outra vez e ele doía demais. O meu braço doía terrivelmente e alguém estava me carregando. Então, voltei àquele lindo lugar com o meu avô e comecei a chorar. Eu disse que não queria voltar, que queria ficar com ele [...]. Havia tanto amor, tanta compreensão. Lembro de ter caminhado com ele e me sentido completamente protegida e compreendida.

E então, acordei no hospital, com um braço quebrado e uma concussão.

---

6. Roxanne Sumners, *The wave of light* (Corvallis, Oregon: Agadir Press, 1994).

Os quatro casos de EQMs na infância, que acabo de relatar, poderiam ser facilmente multiplicados muitas vezes, pois a pesquisa nessa subespecialidade dos estudos da quase-morte tornou-se muito ativa nos últimos anos. E a grande maioria desses encontros continuaria a apresentar, como os exemplos anteriores fizeram, fortes evidências do padrão prototípico das EQMs. Entretanto, todos esses relatos apresentam uma falha crucial e o nosso crítico, com certeza, iria identificá-la rapidamente.

"Essas histórias são adoráveis", reconheceria de início o crítico, "mas, por mais fascinantes que sejam, são totalmente irrelevantes ao assunto em exame. As crianças têm idades que variam de sete a 11 anos de idade. É óbvio que crianças dessa idade raramente estão livres das influências religiosas; ao contrário, com toda probabilidade, elas já estão bem doutrinadas. E, da mesma maneira, elas ficam avidamente grudadas na frente da televisão e teriam muitas oportunidades para ouvir coisas a respeito de EQMs. As crianças podem passar por EQMs, mas não há nenhuma indicação aqui de que elas não foram moldadas pelos fatores culturais e religiosos."

E, naturalmente, o crítico está certo. Mas ele, de modo bastante conveniente, esqueceu um importante qualificador do argumento a favor da autenticidade. Nós também dissemos que a evidência de EQMs na infância seria em especial impressionante nos *muito jovens*, e eles ainda não foram ouvidos. Portanto, nesse ponto, devemos voltar a nossa atenção especificamente para aqueles mencionados no início deste capítulo – crianças que são apenas bebês na terra da EQM.

EQMs EM CRIANÇAS MUITO PEQUENAS

Um dos primeiros relatos de EQMs em crianças muito pequenas foi apresentado por dois psiquiatras, Glen O. Gabbard e Stuart W. Twemlow, num dos capítulos de um livro que trata, em parte, de EQMs.[7] Dos três casos descritos, aquele que envolve um menino chamado Todd é o mais importante para o nosso atual interesse:

---

7. G. O. Gabbard e S. W. Twemlow. *With the eyes of the mind* (Nova York: Praeger, 1984), cap. 9, pp. 154-66.

Todd tinha dois anos e cinco meses de idade quando mordeu o fio elétrico de um aspirador de pó enquanto brincava com os irmãos. Sua mãe chegou dois ou três minutos depois do acidente. Ele estava deitado no chão, imóvel [...]. Ela notou que a sua pele estava ligeiramente azulada e imediatamente ficou alarmada [...]. [Ela] percebeu que ele não estava respirando e chamou uma ambulância. [Os paramédicos fizeram uma ressuscitação cardiopulmonar e rapidamente levaram Todd para a sala de emergência.]

Os registros médicos do hospital indicam que houve um período de aproximadamente 25 minutos, no qual a criança não apresentou nenhum batimento cardíaco ou respiração. Esses registros também indicam que as pupilas de Todd estavam dilatadas e que ele não apresentava nenhuma reação. [Todd continuou sem reação durante alguns dias; na verdade, foram necessários quatro a seis meses para ele recuperar gradativamente as funções corticais e neurológicas. De modo espantoso, não havia nenhuma evidência de qualquer dano cerebral permanente.]

Cerca de três meses antes do seu terceiro aniversário, ele estava brincando na sala quando a mãe lhe perguntou: "Você pode contar para a mamãe o que você lembra do dia em que mordeu o fio do aspirador de pó?". Sem nem mesmo olhar para cima, ele disse: "Eu fui para uma sala com um homem muito bom e sentei com ele". A mãe perguntou como era a sala. Todd respondeu: "Ela tinha uma grande luz brilhante no teto", e a mãe achou que fosse uma espécie de lustre. Então, perguntou o que o homem lhe dissera. Todd respondeu: "Ele perguntou se eu queria ficar lá ou voltar para você". Ele olhou para a mãe e disse: "Eu quis ficar com você e voltar para casa". Então ele sorriu e continuou brincando.[8]

E, a menos que você ache que o pequeno Todd, nesse meio tempo, tivesse furtivamente espiado Oprah conversando com pessoas que tiveram EQMs, saiba que esse incidente ocorreu em 1972, alguns anos *antes* da publicação do livro *Life after life*, de Moody, e, naturalmente, naquela época a mãe de Todd não sabia nada sobre EQMs.

Um caso semelhante, que também se tornou disponível pelo testemunho da mãe da criança, mais uma vez vem dos meus arqui-

---
8. G. O. Gabbard e S. W. Twemlow, op. cit., pp. 154-6.

vos. Nesse caso, a mãe está descrevendo a EQM do filho, José, ocorrida quando ele tinha três anos e oito meses de idade.

As circunstâncias desse caso são dramáticas e vividamente narradas na carta da mãe. Uma família saindo para um passeio no lago, acompanhada de diversos sinais de desconforto e pressentimentos, foi atingida num dia de verão. José não queria ir e, quando chegaram, ele ainda estava zangado. Mesmo assim, quando a mãe estava prestando atenção em outra coisa qualquer, José resolveu entrar na água. Quando ela percebeu que não via o filho fazia algum tempo, deixou escapar

> [...] um grito. "Fay [sua irmã], não consigo encontrar o José." Segundos depois, todos estavam procurando. Vizinhos na praia. Dez minutos se passaram. Nada de José. Eu subi numa colina. Miguel [o marido] veio atrás de mim. Ele me abraçou. Eu me sentia totalmente desesperada enquanto gritava nos seus braços e ele chorava nos meus. Eu sabia que ele estava morto.

Alguns minutos depois, os salva-vidas encontraram José três metros abaixo da superfície. Milagrosamente, o seu coração ainda batia. Ele foi levado às pressas para o hospital, em coma profundo. A mãe e o pai, naturalmente, estavam quase por completo dominados pela ansiedade. E eles ainda levariam outro susto no hospital, duas semanas depois, enquanto continuavam a sua vigília.

> Duas semanas, nenhuma mudança. Um dia, entrei no seu quarto. A cama estava vazia. Sem lençóis, sem José. Eu agarrei o braço de Miguel. Uma servente entrou no quarto e disse: "Ele está no quarto no fim do corredor". Caminhamos pelo corredor totalmente entorpecidos. Eu pensei que ele estivesse morto. Quando entramos bem devagar em seu quarto, José estava rindo para um palhaço que distribuía balões.

Finalmente, José se recupera e o único sinal da sua provação é um pequeno problema no ouvido, que logo melhora.

Anos depois, com 11 anos, ele chama a mãe de lado e começa a lhe contar sobre a luz branca. A mãe não entende. José quer explicar, mas implora que ela não ria dele. Quando tem certeza disso, ele começa a falar da Luz na qual esteve quando quase se afogou.

Ele disse: "Muito tempo atrás eu estava acordado. Não dormindo! Eu estava subindo no ar e vi você e o papai chorando. Alguma coisa veio até mim e disse que eu precisava voltar. Eu me sentia bem, mas gostava de todas as pessoas que estava vendo".

Perguntei a José quem ele viu e ele disse: "Elas eram muito brilhantes, mas um homem me abraçou e eu me senti tão bem que queria ficar, mas ele disse não".

Em geral, nesses casos de crianças muito pequenas, não encontramos nada semelhante à narrativa completa de uma EQM, mas fragmentos, uma mistura de lembranças da luz e do espanto, que precisam ser passadas pelo fino filtro das habilidades verbais ainda rudimentares da criança. Porém, o que obtemos é indiscutivelmente uma recordação da experiência mais ampla que conhecemos. Embora parcial, ela está relacionada ao todo.

Todd e José eram muito pequenos quando vivenciaram as suas EQMs, mas existem ainda outros casos envolvendo crianças ainda menores. Um deles veio de uma pessoa extraordinária chamada Bonnie Long, que conheço muito bem, e que atualmente mora em Seattle. Quando criança, ela vivenciou duas dessas experiências, a primeira quando tinha acabado de completar dois anos de idade. Tendo sido uma criança incomumente precoce, ela afirma se lembrar muito bem desse incidente. O que o provocou, contou ela, foi "derrubar em cima de mim um rádio antigo, grande, daqueles que ficavam num móvel, o que me fez desmaiar". Ela forneceu outros pormenores sobre o incidente, baseada em parte no que ela lembra e, em parte, no que lhe disseram mais tarde:

> Fui atingida no meio da testa e ainda tenho a cicatriz [...]. De qualquer modo, minha mãe me contou depois que eles ficaram com medo de me perder. O vidro do mostrador do rádio estilhaçou no meu rosto e um grande caco entrou no meu nariz. Mas eu estava acima da sala, observando um homem de uniforme escuro com um chapéu escuro, colocando ataduras em mim. Eu me sentia bem onde estava. A coisa que estava recebendo ataduras estava sem energia. Eu ainda me lembro da clareza que eu sentia e do brilho ao meu redor – cores, luz, tranquilidade [...]. Era como se aquele momento fosse em

cores, enquanto o resto da minha vida era opaco e cinza. Eu não parecia ter nenhuma ligação com o que estava acontecendo na sala.

Em carta recente, Bonnie mencionou um detalhe excitante do incidente o qual, anteriormente, eu não conhecia:

> Uma observação interessante é que, quando eu finalmente contei à minha mãe sobre a experiência que passei quando tinha dois anos de idade, fiz uma planta dos aposentos da nossa minúscula casa em Indiana, onde ela ocorreu. Ela ficou espantada ao ver que eu sabia o lugar de cada coisa [...]. Minha mãe diz que era impossível eu me lembrar dos detalhes. Você devia ter visto o rosto dela quando eu lhe falei sobre o homem de uniforme. Ela disse que ele era da equipe de resgate dos bombeiros.

E eu tenho outros casos em meus arquivos, tão surpreendentes quanto o de Bonnie, de pessoas que afirmam lembrar claramente de uma EQM ocorrida com menos idade e, portanto, aparentemente mais improvável. Algumas delas, por exemplo, afirmam lembrar dessas experiências quando não tinham mais do que 18 meses de idade, ou mais jovens ainda, e, às vezes, mencionam, como Bonnie, ter recebido a confirmação dos pais ou parentes de que elas sem dúvida estiveram muito doentes naquela ocasião. Como um exemplo desse tipo de testemunho, vamos lembrar de alguém que já conhecemos. No último capítulo, havia uma mulher, Nel, a qual, durante uma EQM num hospital em Boston, ficou surpresa ao perceber uma teia de aranha no teto. Contudo, como eu saberia mais tarde, essa não havia sido a sua primeira EQM. A primeira ocorreu, como conta, quando ela estava com apenas 13 *meses* de idade. E, além disso, ela se lembra claramente desse incidente e soube pela mãe, que fora hospitalizada nessa época por causa de uma pneumonia. Primeiro, ela apresenta informações básicas sobre as circunstâncias:

> Eu estava muito doente, com pneumonia bilateral e mastoidite bilateral. Em 1935, o mundo ainda não fora abençoado com os antibióticos. O tratamento para a mastoidite, em geral, era radical e envolvia a remoção cirúrgica do osso mastóide, localizado atrás da orelha. A

grave condição dos meus pulmões excluía o uso de qualquer anestesia geral [...]. O processo foi invasivo e doloroso. Para um bebê, foi traumatizante e muito semelhante a um estupro.

A seguir, Nel descreve aquilo que ela lembra das percepções do mundo à sua volta:

> O meu corpo estava amarrado na cama, enquanto mãos fortes como aço seguravam a minha cabeça. Minha mãe não pôde permanecer na sala, pois eu estava no isolamento. Pelas barras do berço de ferro, com sua pintura fosca e descascada, eu podia vê-la do outro lado de uma janela. O seu rosto estava deformado pela angústia. Lágrimas manchavam as suas bochechas.

Então, quando a cirurgia finalmente foi realizada, de repente, Nel se encontrava em outro lugar:

> A sensação familiar de impotência foi substituída por uma calidez e paz enquanto uma luz suave, porém brilhante, envolvia o meu corpo. Olhei para a janela, procurando a minha mãe. Eu queria que ela soubesse que eu estava bem. Ela não estava lá. A aridez fria do hospital desaparecera. Eu estava salva; eu estava segura; eu estava curada. A Luz banhou o meu corpo com amor; fortaleceu a minha alma, e me disse para lutar – e eu lutei!

Por mais notáveis que sejam esses casos, sugerindo que as crianças podem se lembrar de EQMs com menos de um ou dois anos de idade, eles estão longe dos exemplos mais impressionantes de EQMs em crianças muito pequenas. Talvez o exemplo mais extraordinário desse tipo, na verdade desconcertante e, além disso, documentado, referia-se a um jovem chamado Mark Botts, que hoje tem 22 anos e afirma se lembrar de uma EQM ocorrida quando ele tinha apenas nove meses! Antes que você comece a pensar que acreditar nessa afirmação aparentemente forçada seria sacrificar todo o nosso senso crítico, conheça os fatos e então tome a sua decisão.

Encontrei e conversei com Mark pela primeira vez num congresso da International Association for Near-Death Studies (IANDS) em junho de 1991, em Seattle, onde eu estava para falar sobre minhas pesquisas. Durante o congresso, havia um grupo de diversas pessoas que passaram por EQMS e Mark, então com 19 anos, era um dos participantes, junto com a mãe, Carol. Antes de Mark contar a sua história, Carol deu à platéia algumas informações básicas sobre ele.

Mark nascera, ela nos contou, com um problema chamado traqueomalacia, que significa, na verdade, amolecimento da traquéia. Essa condição causa problemas respiratórios. Quando ele tinha nove meses, foi hospitalizado porque não conseguia respirar e uma traqueostomia de emergência foi realizada. Durante o procedimento, Mark teve uma parada cardíaca e ficou sem batimentos durante 40 minutos! Finalmente, foi ressuscitado, mas ficou em coma (a qual duraria três meses). Após a sua recuperação (a propósito, sem nenhum dano cerebral) colocaram um tubo na sua traquéia, que permaneceu lá até os três anos de idade e que o impedia de falar. Dois anos depois, com cinco anos, ele estava almoçando com o pai e espontaneamente tocou no assunto da época "em que eu morri".

Como a mãe observou antes de nos contar o caso, nenhum dos pais jamais ouvira essa história antes. Ela continuou: "Nunca, nunca lhe dissemos que ele morrera. Nunca lhe dissemos as coisas que lhe aconteceram".

De qualquer modo, a conversa foi assim:

> Ele sentou ao lado do pai e disse: "Papai, sabe de uma coisa?". E o pai disse: "O quê?". "Você sabe que eu morri?" "Ah, verdade?" E ele disse: "Sim". O pai disse: "Bem, e o que aconteceu?". E ele respondeu: "Estava muito, muito escuro, papai, e então ficou muito, muito claro. E eu corri e corri e não doía mais". E o pai disse: "Onde você estava correndo, Mark?". E ele respondeu: "Ah, papai, eu estava correndo lá [apontando para cima] [...]". E ele disse que não doía mais e que o homem falou com ele. E seu pai perguntou: "O que ele disse?". E Mark respondeu: "Ele não falava assim [apontando para a boca], ele falava assim [apontando para a cabeça]". Porque ele não conseguia dizer com o seu vocabulário limitado que era através da mente. E ele disse: "Eu não queria voltar, papai, mas precisei".

Os pais ficaram totalmente aturdidos com a história de Mark. É óbvio que isso aconteceu antes que o termo *experiência de quase-morte* fosse criado por Moody e nenhum dos pais jamais ouvira falar disso. Contudo, de algum modo, eles acreditaram que Mark estava falando a verdade. Mas nenhuma das pessoas que eles consultaram, incluindo os médicos de Mark, pôde lhes oferecer uma orientação útil, quanto mais confirmar a história. A mãe disse que, quando Mark tentou falar sobre isso com os amigos, ele foi ridicularizado e, assim, em pouco tempo aprendeu a manter silêncio sobre o assunto. E a sua compreensível discrição continuou, ela nos contou, até há alguns anos, quando ele teve a oportunidade de compartilhar as suas lembranças com Melvin Morse. Morse ajudou a confirmar a história de Mark e fez os pais entenderem o que acontecera. A gratidão de Carol Botts a Morse, que também era orador no congresso, era óbvia.

Naquele ponto, toda a platéia estava ansiosa para ouvir a história diretamente de Mark, que ficara sentado, a maior parte do tempo com a cabeça baixa, enquanto a mãe falava a seu respeito. Quando chegou a sua vez, ele ergueu a cabeça e começou a falar, quase timidamente, porém com voz firme e tranqüila, sobre as suas lembranças de quando tinha nove meses de idade. Ele usava o vocabulário de um jovem adulto, mas, como você verá, a sua narrativa só acrescenta mais informações e detalhes à da sua mãe: não há divergência entre elas.

Após descrever as circunstâncias que precipitaram a sua parada cardíaca, Mark disse:

> Eu flutuei para fora do meu corpo e podia ver os médicos e enfermeiras trabalhando em mim, tentando me trazer de volta à vida. E eu podia ver a minha avó tentando encontrar minha mãe no final do corredor. E era estranho. Não havia nenhuma possibilidade de eu conseguir ver a minha mãe ou a minha avó, ou qualquer coisa, porque a minha mãe estava do outro lado, na sala de espera, que ficava distante pelo menos cem metros, passando por muitos corredores, salas e portas.
>
> E eu apenas continuava flutuando lá em cima. Eu vi [*sic*] médicos e enfermeiras ainda trabalhando em mim [...]. De repente, fui para o teto da sala, passei pelo telhado e entrei numa outra dimensão no fundo de um túnel. Esse túnel era muito, muito escuro e não se enxergava nada. Eu engatinhei para cima do túnel. [Pode parecer estra-

nho Mark dizer que "engatinhou" para cima do túnel, mas lembre-se de que ele só tinha nove meses de idade na época do incidente de quase-morte!]

Mark explicou que, para ele, foi difícil escalar o túnel, mas, mesmo assim, continuou avançando. Então:

Na metade do túnel, vi um pontinho minúsculo de luz, muito parecido com o amanhecer. Quando eu já percorrera mais da metade, pude ver muita luz. "Uau, vou lá ver o que é." De repente, a cerca de um metro do topo havia aquelas luzes grandes, lindas, de cor amarelo-alaranjadas, em todo lugar. É mais ou menos como a luz do Sol, só que mais brilhante – mas não fere os olhos [...].

Quando saí do túnel [...] nunca toquei o chão. Eu estava deslizando! [...]. Eu não engatinhei e não podia caminhar porque só tinha nove meses [...]. Portanto, eu estava apenas deslizando e então, de repente, a cerca de 50 metros à minha frente, estavam aquelas figuras brancas indistintas [...]. Eles me fizeram sentir calidez e amor, que eu era bem-vindo lá [...] [Por um instante, Mark se vira, mas quando volta a olhar, aquelas figuras haviam desaparecido.] Mas quando eu me virei, tudo era dourado [...] [Agora ele está deslizando por uma estrada.] A estrada era daquele lindo dourado – era tudo dourado até onde eu podia enxergar. Então, eu pensei mais ou menos isso: "Uau, onde eu estou agora?".

Assim, eu estava deslizando por aquela estrada dourada e, de repente, apareceu aquele sujeito na minha frente. [Nesse ponto, inicia-se uma conversa telepática e Mark compreende que esse ser é "Deus".] Ele me perguntou como eu estava e eu disse que me sentia muito bem e maravilhoso. "Eu posso respirar, eu me sinto livre aqui. É maravilhoso!" [Logo depois, eles param de deslizar pela estrada dourada e conversam mais, mente com mente.] E ele me perguntou se eu queria voltar. E eu disse: "Não". E ele continuou: "Por quê?". "Porque aqui em cima é bom e maravilhoso e tranqüilo. Eu não quero voltar para a dor e o sofrimento." E ele continuou: "Você tem um propósito na vida e, quando ele for cumprido, você poderá voltar e me visitar novamente algum dia".

E, então, eu estava de volta ao meu corpo, porém, em coma.[9]

---

9. Grande parte desse relato foi obtida diretamente de um vídeo desse congresso chamado *Transcending the limits, Seattle IANDS Newsletter,* 1993.

Ouvindo Mark contar a sua história, era difícil duvidar dela, e a sua sinceridade, acredito, era óbvia para todos. Mas para alguém que não estava lá ouvindo-o contar pessoalmente a sua história, pode ser muito mais difícil acreditar que esse jovem estivesse de fato lembrando, e lembrando com clareza, acontecimentos que supostamente ocorreram quando ele tinha apenas nove meses de idade. Portanto, devemos perguntar: que outras evidências nos permitirão acreditar que a história de Mark é real e não uma fantasia?

Em breve, examinarei algumas descobertas sobre bebês, hoje disponíveis, e que demonstram de modo muito convincente que crianças pequenas como Mark, ou ainda menores, sem dúvida nenhuma podem se lembrar de incidentes ocorridos nessa idade, mas, por enquanto, irei me concentrar naquilo que sabemos sobre Mark e sobre o relato da sua pretensa experiência.

Primeiro, sabemos pelos relatórios médicos que, quando criança, Mark realmente sofria de bronquiolite decorrente do problema da sua traquéia e que ele foi tratado como contaram. Sabemos disso não apenas pelo seu testemunho, mas também porque Melvin Morse pesquisou esse caso completamente durante a sua pesquisa.[10]

Segundo, a história de Mark é condizente, sob muitos aspectos, com os detalhes de outros casos de EQMs na infância, com os quais já estamos familiarizados. Por exemplo, você se lembra da história do menino cego, Brad Barrows, que contei no capítulo anterior. Brad tinha oito anos quando teve a sua EQM, mas também contou que flutuou para fora do corpo, subindo até o teto e finalmente passando pelo telhado, como Mark afirma ter feito. Além disso, Brad, assim como Mark, foi sugado para um túnel, que ele também percorreu com dificuldade e, então, saiu para um ambiente muito iluminado. Como Mark, no final ele encontrou um ser que o fez parar e exigiu que voltasse ao seu corpo, contra a sua vontade. As semelhanças entre esses dois casos (e outros que eu poderia citar) são tão óbvias que dispensam comentários. Qual a probabilidade de meras fantasias serem tão parecidas?

Terceiro, temos outras informações da mãe de Mark de que, quando ele era pequeno, levava uma vida muito limitada e não es-

---

10. O próprio Morse faz um breve relato em seu livro *Closer to the light*, pp. 35-7.

tava sujeito às habituais influências típicas em crianças daquela idade. Com relação a esse fato, sua mãe comentou durante a discussão em grupo:

> Ele não saía. Ele nunca fora à igreja ou à escola dominical. Ele nunca fora a um supermercado. Ele não levava ninguém em casa. Ele vivia uma vida muito isolada. Não seria possível ele ter conhecimento dessas coisas.

Novamente, essas palavras são familiares. Nós já as ouvimos antes. Lembra-se dos comentários feitos pela mãe do pequeno Steven, o menininho cuja história de quase-morte iniciou este capítulo, sobre as possíveis fontes externas de seu aparente conhecimento sobre EQMs? Ela, também, afirmou que o seu filho tinha uma vida muito protegida até os dois anos de idade, e ela estava certa de que ele não aprendera aquilo com nenhuma fonte externa.

Finalmente, a mãe de Mark deixou claro que ela também teve de enfrentar as dúvidas e o ceticismo das pessoas que escolhera para divulgar a história de Mark. E, nesse ponto, falou com muita sinceridade sobre como enfrentou esses desafios:

> As pessoas nos diziam: "Como você pode acreditar numa criança que conta algo que aconteceu quando ela tinha nove meses de idade?". E eu dizia: "Como você pode *não* acreditar quando ela sabe dizer onde você estava quando era impossível vê-la? Como você pode não acreditar nela quando as coisas que ela disse aconteceram, quando não havia nenhuma maneira para ela saber?".

A história de Mark, que amplia as nossas idéias sobre o que as crianças podem lembrar quando são muito pequenas, obviamente não pode ser descartada com facilidade como mera fantasia. Existem muitos dados para sustentá-la e, além disso, Mark não é, de maneira alguma, o caso mais jovem registrado de crianças que, aparentemente, lembram de uma EQM. Para demonstrar até onde essas lembranças podem chegar, vou mencionar outros casos de forma mais resumida, ao menos para sugerir que esses limites podem muito bem exceder todas as nossas idéias a respeito dessas possibilidades.

Em 1985, por exemplo, um pediatra chamado David B. Herzog relatou um caso numa revista de medicina envolvendo uma menininha que tinha apenas *seis* meses de idade quando pode ter passado por uma EQM.[11] Você poderá julgar por si mesmo as evidências e tirar suas próprias conclusões.

Herzog conta que a menina em questão foi levada às pressas para um hospital sofrendo de grave insuficiência renal e circulatória e com poucas chances de sobrevivência. Mas, contra todas as expectativas, sobreviveu, foi tratada e liberada. Entretanto, Herzog observa, havia algumas indicações sugestivas de que quando esteve próxima da morte ela passou por uma EQM.

> Alguns meses depois de ter alta, ela teve uma reação de pânico ao ser encorajada por parentes a engatinhar no túnel de uma loja local. A causa dessa reação não estava clara, mas o "pânico de túnel" foi demonstrado de novo em diversas ocasiões. De acordo com a mãe, durante esses episódios a paciente falava muito rápido, ficava excessivamente assustada e agia como se conhecesse o túnel muito bem. Aos três anos e meio, quando a mãe estava lhe explicando a morte iminente da avó, a criança perguntou: "A vovó precisa passar pelo túnel para ver Deus?".[12]

Finalmente, citarei um último exemplo de outro correspondente que, como outros que me escreveram, afirma se lembrar de fatos do início da infância. Entretanto, nesse caso, a carta contém uma indicação de que a sua experiência pode realmente estar fundamentada num incidente real de quase-morte. Como ela explica:

> Em determinado momento, suponho, todos nos lembramos das recordações iniciais dessa vida. Para mim, foram duas. A segunda foi em 1950, quando eu tinha cerca de dois anos de idade. Lembro-me vividamente de estar deitada de costas numa mesa, chorando e vendo a mesa cercada de pessoas com aventais e máscaras e vendo a más-

---

11. O relato desse caso será encontrado num artigo do dr. Herzog e John T. Herrin, "Near-death experiences in the very young", *Critical Care Medicine, 13* 1985, pp. 1074-5.
12. Idem, ibid., p. 1074.

cara de éter vindo na direção do meu rosto e de estar sentindo um cheiro terrível e depois a escuridão.

A primeira recordação concreta ocorreu antes disso. Eu estava num túnel escuro, que tinha uma luz brilhante no final. Eu olhei para baixo e ligeiramente à direita e vi um bebê. Durante anos, acreditei que, de algum modo, eu me lembrava do meu nascimento. Então, ao refletir sobre isso, percebi que aquilo era absurdo. Então, imaginei que eu fosse gêmea. A pesquisa genealógica eliminou essa possibilidade. Contudo, descobri que com seis semanas de vida eu tive coqueluche e fiquei muito doente.

A sua conclusão?

Acredito que tive uma experiência real, embora rápida, de quase-morte. Sinto-me em paz e feliz acreditando ter encontrado a verdadeira explicação para essa recordação tão antiga que permaneceu na minha mente consciente [...]. E eu realmente nunca tive medo da morte, sempre acreditando, com total certeza, numa continuação da vida.

Nesse ponto, você bem pode estar começando a imaginar se finalmente chegamos ao limite da aparente lembrança consciente de EQMs na infância. Por certo, para a maioria das pessoas, é difícil aceitar a idéia de que um bebê de seis semanas possa lembrar de uma EQM. E, no entanto, como você logo descobrirá, já temos boas evidências empíricas de que os processos da memória em crianças podem realmente ser precisos com tão pouca idade ou ainda antes. Na realidade, tenho escutado de diversas pessoas que elas têm certeza de que podem se lembrar de uma EQM que tiveram ao nascer! Algumas delas não somente me escreveram contando essas recordações, mas também me informaram que, aparentemente, eram natimortas, cianóticas ou apresentavam outras condições de risco no parto, o que, para elas, confirma as suas recordações de uma EQM.

Naturalmente, não espero que você acredite nessas afirmações baseadas em evidências tão frágeis, mas, antes de descartá-las como fantasias, talvez fosse bom examinar as pesquisas recentes que tratam da memória de recém-nascidos.

MEMÓRIA PERINATAL

A pesquisa moderna sobre a memória humana demonstrou claramente que a memória não é um processo unitário. Ao contrário, ela é o que, hoje, os neurocientistas chamam de "modular", o que significa que diversos componentes do cérebro estão envolvidos numa codificação muito específica de diferentes tipos de experiência. No cérebro, por exemplo, a memória visual é representada de maneira diferente da memória auditiva. E, mesmo em determinada área da memória, como a visão, certas regiões do córtex pré-frontal reagem à cor e à forma, outras registram a localização, outras estão envolvidas na análise do padrão, e assim por diante.[13]

Uma das implicações dessa compreensão modular da função cerebral é a de que também existem diferentes *tipos* de memória. Atualmente, por exemplo, a maioria das pessoas está familiarizada com a distinção entre memória de curto e de longo prazo. Outra distinção habitualmente empregada na neurociência refere-se à memória *declarativa* (lembrar que alguma coisa aconteceu) e à memória *processual* (lembrar como fazer alguma coisa). Existe a memória autobiográfica, a memória semântica, a memória celular e uma variedade de outros tipos de memória que foram selecionadas para um estudo especial.

Uma delas, particularmente importante para nós aqui, é a memória *perinatal*. O termo *perinatal* significa "no momento ou próximo ao momento do nascimento" e foi originalmente sugerido por um dos pioneiros da pesquisa sobre possíveis lembranças relacionadas ao nascimento, Stanislav Grof.[14] A idéia de que os adultos

---

13. Uma boa introdução a essa compreensão da função do cérebro é apresentada no livro de Richard Restak, *The modular brain* (Nova York: Macmillan, 1994).
14. Grof é um psiquiatra e psicanalista tcheco, um dos fundadores do campo da psicologia transpessoal no final dos anos 60. Ele é mais conhecido pela pesquisa sobre os efeitos de agentes psicodélicos na consciência humana e por uma forma de terapia experimental sem drogas chamada integração holotrópica. Ele escreveu sobre as suas descobertas relacionadas a experiências perinatais em seus diversos livros, incluindo *Realms of the human unconscious* (Nova York: Vicking, 1975) (com Joan Halifax), *The human encounter with death* (Nova York: Dutton, 1977), *Beyond the brain* (Albany, NY: SUNY Press, 1985) e *The adventure of self-disco very* (Albany, NY: SUNY Press, 1988). Este úl-

podem se lembrar do nascimento e de outras experiências neonatais teve uma história longa e controvertida, mas as recentes pesquisas sobre essa possibilidade aparentemente absurda descobriram evidências difíceis de serem contestadas. Na verdade, para desenvolver essa linha de pesquisa e estimular as suas aplicações terapêuticas, há 15 anos foi criada uma Associação para a Psicologia e Saúde Pré e Perinatal. Hoje, centenas de médicos e enfermeiras, estudiosos e acadêmicos, terapeutas e educadores de todo o mundo reúnem-se para compartilhar as suas descobertas e *insights* em congressos internacionais.

Um deles, presidente dessa organização, é David B. Chamberlain, psicólogo e pesquisador perinatal de San Diego. Durante muitos anos, o dr. Chamberlain tem sido um dos principais defensores da existência da memória perinatal e realizou muitas pesquisas para comprovar as suas afirmações. Acredito que o seu trabalho seja representativo das descobertas nesse campo e, em virtude da sua importância óbvia para os relatos de EQMS na infância, dedicarei alguns minutos para descrever algumas das suas descobertas.

O interesse de Chamberlain nessa área foi originalmente despertado por histórias de crianças muito pequenas que pareciam lembrar do próprio nascimento. O que o impediu de rejeitar de imediato essas afirmações aparentemente absurdas foi o fato de que, com freqüência, as crianças demonstravam estar de fato relatando eventos corretos, sobre os quais não tinham nenhum conhecimento. Alguns exemplos permitirão que você entre na mente confusa de Chamberlain enquanto ele tentava entender como aquelas crianças poderiam saber aquilo que sabiam.

Num conhecido livro que Chamberlain escreveu sobre o assunto,[15] ele conta uma dessas histórias, relatada por um menino de três anos e meio de idade chamado Jason. Voltando para casa uma noite, Jason espontaneamente começou a contar o que ele lembrava do seu nascimento.

---

timo livro foi publicado no Brasil sob o título *A aventura da autodescoberta* (São Paulo: Summus, 1998).
15. David Chamberlain, *The mind of your newborn baby* (3ª ed., Berkeley, CA: North Atlantic Books, 1998).

Ele disse para a mãe que a ouviu chorar e que ele estava fazendo tudo o que podia para sair. Era "apertado e ele se sentia molhado" e sentia alguma coisa em volta do pescoço e da garganta. Além disso, alguma coisa machucou sua cabeça e ele lembrava que o seu rosto fora "arranhado".

A mãe de Jason disse que "nunca falei com ele sobre o nascimento, *nunca*", mas os fatos estavam corretos. O cordão umbilical estava enrolado no seu pescoço, ele foi monitorado por um eletrodo colocado no seu couro cabeludo e puxado para fora por fórceps. A foto tirada pelo hospital mostra arranhões no seu rosto.[16]

Outra menina, de quase quatro anos de idade, falando do próprio nascimento, conhecia um "segredo de família" que nunca lhe fora revelado. Nesse caso, uma amiga da mãe e, mais tarde, babá ocasional, chamada Cathy, estava presente no momento do parto, ajudando a parteira. Após o nascimento, a parteira estava ocupada e a mãe fora levada para o banho, e Cathy ficou sozinha com o bebê. Quando ele começou a chorar, sem pensar, Cathy lhe deu o seio para mamar. Quando a mãe voltou, o bebê já estava dormindo e Cathy, sentindo-se um pouco culpada por ter sido a primeira pessoa a amamentar a criança, decidiu não contar nada para a mãe.

Quatro anos depois, Cathy estava cuidando dessa mesma criança e, só por curiosidade, perguntou se ela se lembrava do dia em que nascera. Como narra Chamberlain, Cathy mais tarde lhe contou:

> Ela respondeu: "Sim!", e fez um relato preciso de quem estava presente e do papel de cada um durante o trabalho de parto e o nascimento. Ela descreveu a luz suave do útero e as pressões que sentiu durante o parto. Então, a criança se aproximou e sussurrou em tom confidencial: "Você me segurou e me deu o peito quando eu chorei e mamãe não estava lá". Depois, ela levantou e saiu para brincar. Cathy diz: "Ninguém pode dizer que os bebês não lembram do seu nascimento!".[17]

---

16. David Chamberlain, *The mind of your newborn baby*, op. cit., p. 103.
17. Idem, ibid., p. 104.

Ao ouvir histórias sugestivas como essas, Chamberlain sentiu-se na obrigação de verificar se poderia confirmar tais relatos por meio de pesquisas sistemáticas. Com esse propósito, ele estudou dez pares de mães e filhos e hipnotizou-os em separado, pedindo detalhes do nascimento. Naturalmente, foram aceitas no estudo apenas as mães que podiam provar nunca terem contado os detalhes do parto aos filhos. Para fazer uma avaliação, Chamberlain admitiu que o relato da mãe seria, pelo menos, uma descrição aproximadamente precisa das circunstâncias do nascimento, com a qual o testemunho da criança poderia ser comparado.

Ao comparar esses relatos independentes, Chamberlain descobriu que, de modo geral, as histórias da mãe e da criança eram impressionantemente parecidas, concordando em detalhes específicos de maneira quase sobrenatural. Eis como ele resume as suas descobertas:

> As crianças contaram muitos detalhes com precisão, como a hora, o local, as pessoas presentes, os instrumentos utilizados, a posição no momento do nascimento, o comportamento de enfermeiras e médicos, a primeira alimentação com água ou leite, a disposição dos móveis e detalhes da alta e da ida para casa. Geralmente, as seqüências eram adequadas: entrar e sair de carros, salas, camas ou equipamentos, mamar na mamadeira e/ou peito na ordem correta, e a entrada ou saída de médicos e pais.[18]

Quando ouvi os relatos de Chamberlain sobre as lembranças das crianças sobre o próprio nascimento e as suas circunstâncias, tive uma estranha sensação de *déjà vu*, porque eles eram muito parecidos com os que ouvíramos de adultos sobre percepções fora-do-corpo. Na verdade, é difícil deixar de concluir que os recém-nascidos e as pessoas que quase morreram vêem as coisas de um posto de observação semelhante. Chamberlain, também, comentou a relação entre as percepções perinatais e as EFCS.[19]

---

18. David Chamberlain, *Consciousness at birth: A review of the empirical evidence* (San Diego, CA: Chamberlain Publicatons, 1983), p. 34.
19. Veja o seu artigo "The expanding boundaries of memory", *ReVision, 12* (1990), pp. 11-20.

E os detalhes mencionados por essas crianças também têm o mesmo tipo de precisão que encontramos em nossos estudos sobre a veracidade da EQM. Nesses casos, naturalmente, a confirmação é oferecida pela similaridade com a lembrança da mãe. A seguir, um desses exemplos:

> Depois que o bebê foi trazido do berçário, uma mulher contou: "Eu a peguei e a cheirei. Cheirei a sua cabeça. Olhei para os dedos dos seus pés e disse: 'Oh, Deus! Ela tem dedos deformados!'. Então, ela chamou a enfermeira e perguntou sobre os dedos e a enfermeira garantiu que eles eram normais.
> A criança [em separado] fez esse relato: "Ela está me pegando, olhando para mim [...]. Ela está me cheirando! E ela perguntou à enfermeira por que os meus dedos eram tão engraçados [...]. A enfermeira disse que é assim que os meus dedos são e que eles não eram deformados".[20]

A partir do estudo da evidência, não apenas do próprio trabalho, mas também de outros estudos sobre memória perinatal, Chamberlain afirma que foi levado, inevitavelmente, a concluir que as lembranças do nascimento, reunidas de maneira disciplinada e sistemática, com freqüência, são lembranças verdadeiras da experiência real. Ele ainda ressalta que a pesquisa moderna da psicologia do desenvolvimento e da neurociência está ajudando a erradicar crenças anteriores sobre a impossibilidade de tais lembranças. As objeções baseadas na suposição de que os bebês não têm suficiente mielinação neuronal, por exemplo, ou de que o seu cérebro está insuficientemente desenvolvido no nascimento para permitir esses processos de memória demonstraram não ter fundamento. Como diz Chamberlain, recapitulando as evidências: "Durante mais de um século, as lembranças do nascimento foram chamadas de 'fantasias' e as memórias pré-natais de 'impossíveis'. Na realidade, os limites falsos da ciência estabelecidos pela psicologia e pela neurociência é que eram fantasias".[21]

E aqui, naturalmente, de imediato reconhecemos outro paralelo entre o que as pessoas que quase morreram nos ensinam e as

---

20. David Chamberlain, *Consciousness at birth*, op. cit., p. 35.
21. Idem, "The expanding boundaries of memory", p. 18.

lições encontradas nos estudos sobre memória no nascimento: a própria ciência terá de dar espaço para fatos anteriormente ridicularizados como fantasias.

A maturidade dos processos mentais evidentes durante e antes do nascimento levanta questões fundamentais sobre a relação entre a mente e as estruturas físicas do cérebro e do sistema nervoso, questões que, provavelmente, não podem ser respondidas pelo atual paradigma da psicologia do desenvolvimento.[22]

Você deve lembrar que essa conclusão de Chamberlain é quase idêntica àquela que chegamos no último capítulo após verificarmos evidências para comprovar a veracidade de percepções durante EFCs. Em cada caso, as experiências nos extremos da vida, do nascimento e da morte, forçam-nos a enfrentar a possibilidade de que, basicamente, a nossa consciência transcende o seu lar corporal palpável.

CONCLUSÕES

Descobertas como as de Chamberlain e da neurociência contemporânea relacionadas à memória no começo da vida nos dão a certeza de que os acontecimentos ocorridos nos primeiros dias de vida, incluindo, é claro, as EQMs, podem mais tarde ser lembrados com precisão. Se isso for verdade, então os relatos que você leu neste capítulo sobre EQMs na infância, em especial aqueles ocorridas com *crianças muito pequenas*, sem dúvida constituem um elo muito importante nas provas que demonstram a autenticidade dessas experiências. Em lugar de se originar de ensinamentos religiosos ou de uma cultura popular saturada de histórias de EQMs, as histórias dessas crianças parecem descrever algo que é *intrínseco* à personalidade humana quando ela entra num estado de consciência resultante da proximidade da morte. Com o tempo, os ensinamentos religiosos podem enfeitar a experiência e influenciar a sua interpretação, e as entrevistas na televisão podem fazer sensacionalismo e até mesmo banalizá-las com a incansável exploração do

---

22. David Chamberlain, *Consciousness at birth*, op. cit., p. 43.

nosso desejo de saber mais a respeito dessas jornadas transcendentais, mas nenhuma dessas influências *provoca* essas experiências, em primeiro lugar. A sua estrutura e conteúdo vêm de alguma coisa externa à nossa própria formação cultural.

Nós só podemos imaginar quais são as suas verdadeiras origens, e nenhuma pesquisa sobre EQMs será capaz de responder a essa pergunta. Na minha opinião, o que o estudo de EQMs na infância demonstra é que as nossas objeções críticas, apesar de aparentemente plausíveis, não são convincentes e por certo não nos aproximam nem um pouco da descoberta do mistério da EQM. Mas, apesar de os críticos estarem calados agora (pelo menos por algum tempo!), nós não temos a última palavra. Agora, talvez tenhamos mais motivos para acreditar que a EQM é um fenômeno autêntico, mas *o que ela é* continua sendo algo que resiste a todas as tentativas para compreendê-la do lado de fora.

E UMA PALAVRA FINAL DE UM MENINO CHAMADO MARC

Lembrei disso há pouco tempo, quando participei de um congresso em Montreal, sobre a morte e o morrer. O principal objetivo do congresso era reunir intelectuais e acadêmicos do Ocidente com representantes do budismo tibetano, liderados pelo próprio dalai-lama, para dialogar sobre temas como sofrimento, cura e morte. Durante três dias, a platéia ouviu muitas apresentações acadêmicas educadas, *workshops* e discussões apresentando os dignitários do Ocidente e do Oriente.

Na última tarde de uma palestra, foi escolhido um grupo muito importante de oradores para encerrar a reunião. Stanislav Grof estava entre eles, além de diversos outros acadêmicos franco-canadenses. E o dalai-lama estava mais uma vez presente, como estivera na abertura do congresso, no papel especial de comentarista. Na verdade, cada orador faria um discurso de cerca de meia hora e depois, no final, concluiria pedindo à Sua Santidade para responder alguma pergunta que gostaria de fazer.

Como eu estava sentado na terceira fileira na platéia, bem à frente da mesa do orador, não pude deixar de notar um menininho que entrou no último minuto e sentou na primeira fileira ao lado de uma mulher que parecia ser a sua mãe, além de outra mulher. Enquanto os oradores entravam no palco para ocupar os seus lugares, fiquei olhando intensamente para aquela criança, por causa de sua postura e aparência surpreendentes; uma serenidade tranqüila e visível e uma dignidade incontestável faziam-na parecer uma ilha de silêncio entre uma platéia que já estava barulhentamente cochichando, na expectativa do encerramento daquele evento de gala. Mas, além da sua presença marcante, ela também era uma criança de aparência bastante incomum. Para mim, era quase como se eu estivesse na presença de uma aparição, porque também havia algo inegavelmente fantasmagórico nela. Ela era baixa, porém magra, excessivamente pálida e o seu cabelo era fino e escasso. Quando a vi pela primeira vez, pensei de imediato nas fotos das vítimas do Holocausto – esqueléticas, fantasmagóricas e já com o cheiro da morte. Aquela não era uma criança comum, e tenho certeza de que outras pessoas próximas também se sentiram culpadas por terem ficado olhando para ela.

Então, houve uma agitação, alguns dos organizadores se reuniram em volta da criança, conversando com ela e com a mulher que eu achava ser a sua mãe. Logo depois, ela foi levada ao palco e ocupou o seu lugar; aquela pequena criança pálida, entre os personagens ilustres, que já estavam sentados em seus lugares. Naturalmente, a platéia ficou confusa e curiosa com relação à identidade daquele jovem recém-chegado e pelos motivos que o faziam chamar a atenção dos outros oradores.

Logo, o mediador explicou que o menino fora convidado a comparecer como a última apresentação do programa. Ele foi apresentado como Marc Beaulieu e disseram a sua idade (não me lembro exatamente da sua idade, mas acho que devia ter uns nove anos). Marc sofria de leucemia incurável e, por motivos que não foram explicados de forma muito clara, queria muito conhecer o dalai-lama. Todos, tenho certeza, ficaram muito emocionados ao saber desses fatos a respeito de Marc, o qual, logo depois, leu (em francês), numa voz monótona, um curto discurso que ele (ou alguém) havia escrito para a ocasião. O teor desse discurso estava, principalmente, relacionado ao fato de que as crianças que estão morrendo, como ele, apenas desejavam ser tratadas como todo mundo e não ser isoladas como se fossem leprosos. A platéia aplaudiu Marc educadamente, porém com emoção, e então o pequeno Marc voltou a sentar, colocou os fones de ouvido (para acompanhar a tradução simultânea, quando necessário, em francês) e aparentemente encerrou a sua participação.

Durante mais de duas horas, ele ficou sentado lá, enquanto os oradores escolhidos se apresentavam, e até houve um orador (por falar nisso, não era Grof, o qual fez um discurso muito respeitoso e sério) que andou empertigado pelo palco, gesticulando afetadamente em direção a *slides* eróticos, os quais a maioria da platéia, desconfio, achou de muito mau gosto, considerando a ocasião. Enquanto isso, interrompendo cada um desses discursos, o dalailama, auxiliado por seu tradutor pessoal, fazia as suas observações, com freqüência bem-humoradas, em resposta a cada um deles. Nesse ponto, Marc fora quase esquecido, uma presença quase invisível no palco.

Entretanto, no final da tarde, o grupo estava se arrastando e se tornara, pelo menos em minha opinião, um tanto cansativo. Parecíamos estar afundando num mar de verborragia, francês e inglês, quando o último orador se apresentou.

Finalmente, chegara o momento das perguntas da platéia e, depois de mais ou menos 15 minutos, alguém fez uma pergunta a *Marc*. Ele pareceu surpreso, mas logo ficou atento quando lhe perguntaram o que tudo aquilo significara para ele e, em particular, qual a sua opinião sobre a morte.

Nesse momento, era possível sentir uma certa tensão na platéia, enquanto Marc tirava os fones de ouvido e começava a falar. A sua voz era suave e a platéia estava quase silenciosa. Em meus fones de ouvido, ouvindo a tradução em inglês, escutei estas palavras:

> Eu acho que, quando morremos, não está acabado. *Não pode estar acabado*, porque, em minha mente, isso é impossível. Tudo continua – nós apenas voltamos para casa. Nós voltamos para casa, onde estávamos antes de estar nesta vida. E a vida é apenas alguma coisa com a qual precisamos aprender alguma coisa. E quando aprendemos essa coisa, então voltamos para casa. Nós voltamos para onde estávamos antes. E a vida, naturalmente, é limitada a um determina-

do período de tempo. Isto é, a vida exterior. Mas a vida que está dentro é infinita, ela nunca termina.

Com esse comentário, os oradores pareciam não saber como reagir. Ouvir essa declaração tão espontânea e direta, tão obviamente fundamentada na própria experiência do menino e transmitida com tanta pureza de coração, parecia aturdi-los, como acredito que tenha feito com a maioria da platéia. Após quase três horas de conversa, foi preciso uma criança para nos silenciar e nos levar a reconhecer essa verdade simples, porém profunda, a respeito da vida e da morte.

Stan Grof, sentado perto de Marc, foi o primeiro a levantar, e durante um longo momento ele ficou parado, aplaudindo. Os outros oradores, alguns aparentemente um tanto envergonhados, foram quase forçados a fazer o mesmo. Então, o dalai-lama levantou e, num gesto terno, abençoou o menino e colocou uma guirlanda de flores em seu pescoço. Enquanto isso, a platéia ficara toda em pé, aplaudindo Marc. Eu também estava em pé, os olhos cheios de lágrimas como, sem dúvida, os de muitas pessoas à minha volta.

Nesse momento inesperado, houve uma espécie de caos. Diversas pessoas da platéia começaram a correr na direção do palco, muitas tirando fotografias, os *flashes* disparando. O dalai-lama foi rapidamente escoltado para fora do palco, protegido por sua comitiva, enquanto as pessoas juntavam-se ao seu redor. Os outros oradores ficaram por ali durante algum tempo, sem saber bem o que fazer. De repente, havia confusão em todo o lugar, a rígida estrutura do congresso totalmente destruída pelas poucas palavras de uma criança de nove anos morrendo de leucemia.

Na verdade, o congresso nunca foi propriamente encerrado. As palavras de Marc fizeram isso ao provocar uma conscientização convulsiva na platéia. De acordo com a minha lembrança, elas foram, adequadamente, as palavras finais pronunciadas no congresso e, logo depois, todos saímos, humildes e atordoados, para a tarde ensolarada de Montreal, as palavras de Marc ainda ecoando em nossos ouvidos – e almas.

Outra lição de um menino envolvido pela luz, que nos ajuda a lembrar daquilo que a morte tem a nos ensinar.

E, ao ler aqui as palavras de Marc, *você* lembra o que a espantada mãe de Marc ficou imaginando ao refletir sobre as observações espontâneas do próprio filho de dois anos de idade sobre o que acontece quando morremos? O que ela me escreveu foi:

> Achei significativo o fato de diversas pessoas entrevistadas por você terem mencionado a sensação de estar voltando para casa, de familiaridade, de sentir que sempre conheceram tudo o que vivenciaram. Será possível que as crianças pequenas guardem alguma lembrança de ter estado lá?

Talvez, considerando o testemunho de Marc, ela estivesse certa, afinal.

Capítulo 5

Vivendo na Luz:
o depois

Em 1984, publiquei o meu livro *Heading toward Omega*, o primeiro importante estudo sobre os efeitos posteriores de longo prazo da EQM. Minha pesquisa demonstrou que, assim como a própria EQM inclui um padrão distinto de elementos, a mesma coisa ocorria com as mudanças que pareciam ocorrer mais tarde na vida dessas pessoas. Na esfera das crenças, valores, comportamento e visão de vida, essas pessoas, por mais diferentes que tivessem sido antes da experiência, mostravam semelhanças surpreendentes. De um ponto de vista psicológico, era quase como se elas tivessem sido submetidas à mesma prova de iniciação – desencadeada pelo trauma de quase morrer, o qual, inesperadamente, provocava *insights* semelhantes, transformadores – e emergissem dela para falar numa só voz e agir a partir do conhecimento secreto de uma visão compartilhada. Como resultado, apesar de ainda terem personalidades diferentes, posteriormente, elas costumavam compartilhar um *perfil psicológico* comum. Em resumo, a maioria parecia estar não apenas transformada pela experiência, mas também de maneira muito parecida.

Nos 14 anos que se passaram desde a publicação de *Heading toward Omega*, muitos outros estudos confirmaram as minhas descobertas básicas.[1] Na realidade, pelo menos oito importantes pes-

---

1. Para obter referências bibliográficas das principais pesquisas sobre os efeitos posteriores da EQM, consulte a nota 2 no Capítulo 1.

quisas adicionais sobre os efeitos posteriores da EQM, realizadas nos Estados Unidos, Inglaterra, Austrália e Itália – na verdade, em todo país onde esses estudos foram realizados –, apresentaram outras evidências da estabilidade desse padrão. Pelo menos no Ocidente, as pessoas que passaram por uma EQM parecem ter ficado muito parecidas após o seu encontro com a quase-morte, no que se refere às suas crenças, comportamento, valores e visão do mundo.

A semelhança entre esses efeitos posteriores pode ser notável e importante, mas talvez você esteja imaginando por que ela é mencionada aqui. O motivo é claro: esses estudos mostram que, seja qual for a natureza da EQM, *ela é real nos seus efeitos*. Além disso, quando examinamos esses efeitos, específica e detalhadamente, você logo verá, se ainda não estiver convencido, que eles decididamente não são o tipo de mudanças que esperaríamos ver se a EQM fosse apenas uma alucinação elaborada ou algum outro tipo de fenômeno puramente psicológico. Assim, a semelhança dessas mudanças entre pessoas que passaram por uma EQM e o seu caráter específico e permanente constituem mais um argumento a favor da sua autenticidade.

Apesar de ter sugerido que o padrão dos efeitos posteriores é comum, eu ainda não disse nada específico sobre os elementos que formam o padrão em si mesmo. Se, mais tarde, essas pessoas podem ser descritas por um padrão psicológico comum, precisamente do que ele é formado?

Sem dúvida, nós já *tivemos* indicações desse perfil. Por exemplo, você deve se lembrar da mulher chamada Laurelynn Martin mencionada no primeiro capítulo. Mas, aqui, devo recordar-lhe que, quando Laurelynn me escreveu, ela incluiu uma relação específica de características para exemplificar como a EQM afetou a sua vida (ver pp. 61-2). Naquela época, fiquei surpreso ao ver como ela caracterizava bem a maioria das mudanças que eu já testemunhara com tanta freqüência em pessoas que passaram por EQMs e descritas em meus livros anteriores, porém, você deve lembrar, mais tarde eu soube que ela nunca os lera. Então, para mim, a sua relação era uma confirmação particularmente interessante daquele perfil familiar.

Antes de começarmos a explorar a anatomia desse perfil, você talvez queira rever não apenas a relação de Laurelynn, mas também a sua declaração sobre a mudança posterior em seus valores, mencionadas nas páginas 60-1. Assim, você terá uma boa descrição geral do território que examinaremos a seguir.

MUDANÇAS PSICOLÓGICAS E COMPORTAMENTAIS APÓS AS EQMs

Em alguns dos próximos capítulos, exploraremos em detalhes alguns dos efeitos específicos da EQM e, portanto, aqui eles serão apresentados de maneira breve, porém sistematizada. E, em vez de ilustrar cada um dos seus componentes, apresentarei alguns casos no final do capítulo, para que você possa perceber melhor a disposição dessas faces da jóia da EQM, fazendo-as brilhar harmoniosamente na vida dessas pessoas.

Valorização da vida

A maioria das pessoas que passam por uma EQM volta valorizando mais a vida do dia-a-dia – a beleza do rosto de uma pessoa idosa, as alegrias e o poder majestoso da natureza, as alegrias diárias. Elas vêem, com maior prazer, o que para muitos de nós tornou-se apenas um hábito. A admiração e a gratidão pela própria vida também costuma aumentar.

Auto-aceitação

Posteriormente, as pessoas que passaram por uma EQM adquirem um sentimento mais elevado do próprio valor e mais auto-aceitação. Com freqüência, a insegurança pessoal, a timidez e a necessidade exagerada de agradar ou de se submeter à vontade dos outros são substituídas pela autoconfiança e sociabilidade, podendo surpreender aqueles que as conheceram antes da EQM.

Consideração pelos outros

Uma das mudanças mais notáveis e constantes após uma EQM é a consideração crescente e compassiva pelas outras pessoas. Como disse um homem, ajudar os outros é "mais real do que este mundo". Demonstrar amor pelos semelhantes é dar um pouco daquilo que foi recebido na Luz e, em alguns casos, o anseio de fazê-lo é quase insaciável.

Respeito pela vida

A maioria das pessoas que passaram por uma EQM descobre que a sua consideração pelos outros não pode limitar-se aos seres humanos mas, decididamente, deve se estender a todas as formas de vida. Portanto, o respeito pela vida animal, pela natureza e maior sensibilidade pela saúde ecológica do planeta como um todo costumam caracterizar os valores de muitas delas.

Antimaterialismo

Após uma EQM, a vida voltada aos valores e bens materiais em si mesmos tende a ser considerada vazia e sem sentido.

Anticompetitividade

Muitas pessoas que tiveram uma EQM comentam que não percorrem mais os caminhos comuns, socialmente aprovados, que exigem a competição pelas recompensas materiais ou sucesso na vida. Ser importante ou impressionar os outros deixa de ser fundamental. O amor, mais do que as realizações, é o que realmente importa.

Espiritualidade

Curiosamente, muitas delas afirmam que, após a sua experiência, elas não se tornam mais religiosas; elas se tornam mais espiritualistas. Com isso, parecem estar dizendo que os aspectos formais da religião

– no sentido da religião organizada – tornam-se menos importantes e uma espiritualidade mais universal e abrangente que envolve todas as pessoas passa a exercer uma influência mais profunda.

Busca do conhecimento

Muitas dessas pessoas são tomadas por uma tremenda sede de conhecimento, a qual, com freqüência, é colocada a serviço da própria busca espiritual. Viver de acordo com o que aprenderam na Luz e, com esse objetivo, recuperar, de algum modo, um pouco do conhecimento que lhes foi implantado durante a experiência tornam-se as suas principais motivações.

Propósito

Para as pessoas que passaram por uma EQM, a convicção de que a vida *é* importante e de que há um propósito sagrado na vida de todos torna-se profundamente enraizada. Muitas delas sentem que a tarefa da sua vida após a EQM é descobrir a própria *raison d'être* espiritual e, assim, cumprir a sua missão na vida.

Medo da morte

Elas tendem a dominar por completo, e para sempre, o medo da morte. Embora os temores normais relacionados ao processo da morte continuem existindo, o momento da morte em si é considerado positivamente como uma transição libertadora para um estado sublime que elas já atingiram por um breve espaço de tempo.

Vida após a morte

Geralmente, quem passou por uma EQM fica convencido de que alguma forma de existência consciente ininterrupta espera por elas depois da morte do corpo. Algumas dessas pessoas tornam-se mais receptivas ou passam a acreditar em algum tipo de reencarnação.

Crença em Deus

Quase sem levar em conta aquilo que as pessoas que passaram por uma EQM acreditavam antes e por quanto tempo acreditaram, elas costumam afirmar que agora sabem, com certeza absoluta, que Deus existe. Entretanto, nesse contexto, algumas simplesmente preferem usar a expressão a Luz.

Portanto, estas são algumas das principais características do perfil psicológico das pessoas que tiveram uma EQM – um conjunto de crenças e valores consistentes, que se reforçam mutuamente e que costumam moldar o seu comportamento diário e a sua visão do cosmos. *Porém, os efeitos posteriores da EQM dificilmente estão limitados apenas a essas mudanças.* Pesquisas recentes também revelaram uma série de outros efeitos da EQM que nos levam, ainda mais fortemente, à conclusão de que esse fenômeno provoca alterações definitivas no funcionamento humano que de maneira alguma podem ser atribuídas a mecanismos puramente psicológicos. A seguir, vamos dirigir a nossa atenção a essas outras manifestações, com freqüência, extraordinárias.

MUDANÇAS NO FUNCIONAMENTO CONSCIENTE E PARANORMAL

Além de mudar as crenças e valores dos indivíduos, a EQM também parece alterar de maneira profunda a própria consciência de quem a experiencia. Numa frase, parece que a EQM liberta potenciais habitualmente adormecidos, proporcionando uma *percepção mais elevada* e um funcionamento humano extraordinário. Aqui, podemos distinguir pelo menos três aspectos importantes, porém nitidamente inter-relacionados, desse tipo de transformação.

Percepção mental ampliada

Muitas pessoas afirmam que, posteriormente, experienciam estados de percepção mental ampliada, nos quais são inundadas de informações, em geral em tal velocidade que não conseguem absorvê-las. Normalmente, elas têm certeza de que essas informações parecem "enviadas" de fontes externas ao seu ego. A quantidade de informações pode ser impressionante, mas o conteúdo pode variar muito – abstrato e teórico, profundamente pessoal e significativo, espiritual ou prático – e, com freqüência, ser muito valorizado pelo indivíduo.[2]

Sensibilidade paranormal

Embora confirmado por diversas pesquisas recentes,[3] já sabemos há algum tempo que a EQM parece acelerar o desenvolvimento de uma série de sensibilidades psíquicas. Descobriu-se, por exemplo, que após uma EQM há um aumento marcante nos relatos sobre a incidência de fenômenos paranormais como telepatia, clarividência e precognição. Além disso, as pessoas que passaram por uma EQM afirmam experienciar uma quantidade maior de EFCs espontâneas e percepções incomuns, como a visão de campos de energia (ou "auras") ao redor do corpo das outras pessoas.

Dons de cura

Apesar da ausência de trabalhos cuidadosos e sistemáticos sobre o assunto, quase não existem dúvidas a respeito da forte conexão entre a EQM e o desenvolvimento posterior de dons de cura. Essa relação será explorada detalhadamente no Capítulo 11. Por enquanto, ressaltarei apenas que a literatura sobre as EQMs como

---

2. Apresentei algumas das minhas descobertas em meu último livro, *The Omega Project* (Nova York: William Morrow, 1992). Contudo, há muitas delas na literatura sobre EQMs. Para conhecer relatos curiosos desse fenômeno feitos pelos pesquisadores, por exemplo, veja *Transformed by the ligh*, de Melvin Morse (Nova York: Villard, 1992), e *Beyond the light*, de P. M. H. Atwater (Nova York: Birch Lane, 1994). Para um bom exemplo autobiográfico, veja *Saved by the light*, de Dannion Brinkley (Nova York: HarperCollins, 1994).
3. Veja, por exemplo, o meu livro *The Omega Project*, *Transformed by the light*, de Morse, *Beyond the light*, de Atwater, e *Transformed by the light*, de Cherie Sutherland (Sydney, Austrália, 1992), para estudos representativos.

um todo está repleta de relatos de pessoas que afirmam ter adquirido tais habilidades, e estudos estatísticos confirmaram que isso não é raro. Em meu trabalho, por exemplo, descobri que 42% das pessoas que tiveram uma EQM afirmavam ter adquirido dons de cura (comparados com apenas 11% do meu grupo de controle).[4] Igualmente, Cherie Sutherland descobriu que, enquanto apenas 8% da sua amostra de australianos que vivenciaram uma EQM afirmavam sentir que já tinham poderes de cura *antes* da EQM, 65% disseram que isso aconteceu após a experiência.[5]

Portanto, vemos que as mudanças provocadas pelas EQMs não estão limitadas apenas a aspectos psicológicos e comportamentais, mas que potenciais mais elevados da consciência humana também parecem ser ativados pela experiência. Mais uma vez, esse desenvolvimento sugere que a EQM deve ser mais do que uma simples visão. Ao contrário, ela parece *fazer alguma coisa ao* indivíduo, afetando mais do que apenas a sua psique. A seguir, começaremos a ver, pela primeira vez neste livro, que, na verdade, a EQM realmente parece modificar o sistema nervoso e o cérebro de uma pessoa.

MUDANÇAS FISIOLÓGICAS E NEUROLÓGICAS

Pesquisas recentes realizadas por diversos pesquisadores independentes apresentaram evidências impressionantes, apesar de preliminares, de que a EQM também costuma desencadear uma série de mudanças fisiológicas e neurológicas que definem uma nítida síndrome *psicofísica*.[6] Até agora, surgiram quatro categorias principais para nos ajudar a identificar os componentes dessa síndrome da EQM.

---

4. Veja *The Omega Project*, p. 278.
5. Veja *Transformed by the light*, de Cherie Sutherland, pp. 128-9.
6. Veja, por exemplo, os trabalhos anteriormente citados por Morse, Atwater e por mim, além do artigo completo do *Journal of Near-Death Studies, 12* (1), 1994, dedicado a diversas teorias neurológicas e especulações sobre a EQM, especialmente no que se refere à *kundalini*. E o artigo de Bruce Greyson, "Near-death experiences and the physio-kundalini syndrome", *Journal of Religion and Health, 32* (4), 1993, pp. 277-90, é mais relevante aqui.

Hiperestesia

Muitas pessoas relatam que, após uma EQM, descobrem ter ficado excessivamente sensíveis à luz, ao som, à umidade e a uma série de outros estímulos ou condições ambientais. O paladar aumenta e a tolerância ao álcool e às drogas farmacêuticas diminui. Portanto, não nos surpreende o fato de elas relatarem um aumento nas alergias após a EQM. E, aqui, é particularmente digno de nota o aumento marcante da sensibilidade elétrica – essas pessoas começam a ter muitos "encontros estranhos do tipo elétrico". Uma proporção surpreendentemente alta dessas pessoas descobre, por exemplo, que os relógios digitais de pulso não funcionam mais, ou que elas provocam um "curto-circuito" no sistema elétrico do carro, ou que os computadores e equipamentos elétricos deixam de funcionar sem motivo aparente, e assim por diante.[7]

Esse padrão define uma síndrome de *hiperestesia*, uma sensibilidade incomum aos estímulos ambientais que, com freqüência, inclui a sensibilidade elétrica. Essa síndrome foi anteriormente identificada e estudada, apesar de ainda não ser compreendida.[8] Mas aqui, o que importa é apenas isso: muitas pessoas parecem "adquiri-la" como resultado da EQM.

A pergunta óbvia é: como poderia uma "simples alucinação" ou outro fenômeno puramente psicológico provocar tal efeito?

Estados de hipoexcitação fisiológica

Após a EQM, há evidências de uma mudança fisiológica característica em muitas pessoas, a qual consiste da diminuição da tem-

---

7. Relatei primeiramente esse efeito no *The Omega Project*. Logo depois, Melvin Morse descreveu descobertas quase idênticas em seu livro *Transformed by the light*. Mais recentemente, P. M. H. Atwater pesquisou essa matéria mais cuidadosamente, confirmando e ampliando as descobertas já publicadas por Morse e por mim.
8. Veja, por exemplo, as seguintes fontes: *The electric connection*, de Michael Shallis (Nova York: New Amsterdam, 1988); *The SLI effect*, de Hilary Evans (Londres: Association for the Scientific Study of Anomalous Phenomena, 1993); *Allergies and aliens*, de Albert Budden (Londres: Discovery Times Press, 1994).

peratura corporal, pressão sanguínea e taxa metabólica – em outras palavras, um estado de hipoexcitação fisiológica.[9] Esse estado parece coexistir com outra condição, que descreverei a seguir e, de certa maneira, é o seu oposto paradoxal.

Mudanças energéticas e ativação da kundalini

Em geral, as pessoas que passam por uma EQM costumam relatar que elas têm mais energia, dormem menos e passam muito bem com menos horas de sono.[10] E, como um todo, as mudanças energéticas parecem estar relacionadas a um conceito originado nas tradições espirituais do Oriente, cada vez mais reconhecidas e aceitas pelos psicoterapeutas do Ocidente, treinados para lidar com esse despertar espiritual. Esse conceito é chamado de *kundalini*, considerado um mecanismo específico que libera o *prana* (ou energia vital) no corpo. Teoricamente, quando esse mecanismo é ativado, faz essa energia fluir pelo corpo por canais predeterminados, estimulando o desenvolvimento de uma consciência mais elevada e do que chamamos de "percepção sensorial mais elevada". Seja como for, não podemos ignorar o fato de três estudos independentes terem demonstrado que essas pessoas costumam relatar um enorme aumento de sintomas há muito tempo associados à ativação da *kundalini*.[11] Quer essa interpretação esteja ou não correta, parece haver pouca dúvida de que algum tipo de tremenda força energética começa a se manifestar fisicamente em muitas pessoas que experienciaram uma EQM.

Mudanças neurológicas e cerebrais

Infelizmente, existem poucos trabalhos que investigam os efeitos das EQMs no funcionamento neurológico, embora haja muita es-

---

9. Os estudos mais relevantes aqui são meus e de Atwater, ambos anteriormente mencionados.
10. Ring, *The Omega Project*, op. cit., p. 277.
11. Esses estudos são encontrados em *The Omega Project*, Greyson (veja nota 6) e no artigo de Yvonne Kason, "Near-death experiences and kundalini awakening: Exploring the link", *Journal of Near-Death Studies, 12* (3), 1994, pp. 143-57.

peculação teórica na literatura sobre as EQMs. Porém, são comuns entre essas pessoas os *relatos subjetivos* dessas mudanças. Por exemplo, em meu estudo chamado Projeto Ômega, descobri que mais de 50% das pessoas mencionavam um funcionamento diferente do sistema nervoso e, ainda mais curioso, um terço dos meus entrevistados sentia que o cérebro fora *fisicamente* alterado pela experiência.[12]

Naturalmente, o cérebro, como um sistema dinâmico, está em fluxo heraclitiano* o tempo todo, mas, a não ser que a pessoa esteja sofrendo de alguma coisa potencialmente desastrosa, como um tumor ou uma lesão, essas mudanças não são conscientes. Então, o que faria uma porcentagem significativa de pessoas que passaram por uma EQM afirmar (e nas conversas comigo, algumas vezes insistir) ter conhecimento de que o seu cérebro foi "religado" pela sua experiência?

Na falta de pesquisas precisas, só podemos ficar imaginando, mas ao levarmos em consideração todas as descobertas mencionadas neste tópico, não nos parece mais absurdo concluir que a EQM sem dúvida pode ter um efeito acentuado no sistema nervoso e que as mudanças tremendas e radicais após a EQM, que examinamos rapidamente neste capítulo, podem ser mediadas precisamente por essa poderosa alteração estrutural.

As pesquisas mencionadas neste tópico estão apenas no início e, é claro, essas descobertas preliminares baseadas quase exclusivamente em auto-relatos esperam confirmação de rigorosos estu-

---

12. Já existem diversas opiniões que afirmam que essas afirmações subjetivas bem podem ser justificadas ou que, no mínimo, oferecem um grau de apoio teórico para elas. Veja, por exemplo, o artigo de Michael Persinger, "Near-death experience: Determining the neuroanatomical pathways by experiential patterns and simulation in experimental setting", *Healing: Beyond suffering or death,* de Luc Bessette (ed.) (Chabanel, Beauport, Quebec, Canadá: MNH Publications, 1993), pp. 277-86. Importante também o artigo de Jean-Pierre Jourdan, "Near-death and transcendental experiences: Neurophysiological correlates of mystical traditions", *Journal of Near-Death Studies, 12* (3), 1994, pp. 177-200.

*Heráclito, filósofo grego, acreditava que o fogo era o princípio essencial e fundamental do Universo e que toda a Natureza, em virtude dessa essência, achava-se em estado de fluxo constante; em todas as coisas, mesmo naquelas que, aos nossos sentidos, parecem permanentes e imóveis, existe um movimento perpétuo e alteração constante. (N. T.)

dos laboratoriais fundamentados em medições cuidadosas e objetivas. Porém, os dados reunidos até agora são muito consistentes e sugerem que a EQM afeta o *soma,* bem como a *psique,* e, longe de ser um fenômeno psicológico, a experiência consciente de quase-morte tende a reprogramar o indivíduo num nível *psicobiológico* profundo. Naturalmente, se isso for confirmado por pesquisas futuras, ainda teríamos outro forte motivo para concluir que a EQM não pode ser invalidada em bases puramente subjetivas.

De qualquer modo, seja qual for a explicação definitiva para a EQM, ainda ficamos com um fato incontestável: *A experiência deixa as suas marcas, profundas e duradouras, na pessoa que sobrevive a ela.* Esses efeitos resistem a *qualquer* explicação e, certamente, precisam ser reconhecidos, uma vez que são o legado pessoal, tangível para todos que os experienciam. Como tal, eles são os frutos de quem passou por uma EQM e, se quisermos partilhar dessa colheita e torná-la nossa, precisamos por nós mesmos começar a provar esses frutos, mesmo que, a princípio, apenas indiretamente.

A VIDA APÓS UMA EQM: ALGUNS AUTO-RETRATOS

Agora que encerramos a revisão das evidências que apontam para a autenticidade da EQM, estamos prontos para retornar ao tema principal deste livro: como usar as informações sobre as EQMs de maneira prática em nossa vida. No Capítulo 1, iniciamos essa busca apenas ouvindo algumas das histórias contadas por quem vivenciou uma EQM e tentando evocar as suas lições essenciais em nossa vida. Aqui, continuaremos essa pesquisa, não focalizando as EQMs como tal, mas a maneira como a vida é vivida depois que a experiência começou a exercer os seus efeitos característicos. Desse modo, você poderá ver como, em casos individuais específicos, os efeitos posteriores típicos da EQM começam a tecer um desenho totalmente novo na tapeçaria da vida de uma pessoa.

Depois de ter publicado *Heading toward Omega,* recebi muitas cartas de leitores, muitos dos quais haviam passado por uma EQM. Com freqüência, eles escreviam para me dizer que, na verdade, realmente se identificavam com o padrão de mudanças surgidas após uma EQM e, em geral, diziam coisas como: "Era como se você estivesse descrevendo a *minha* vida no seu livro". Algumas vezes, as semelhanças eram tão agradavelmente parecidas que as pessoas se sentiam estimuladas a enviar não apenas uma carta, mas algo mais parecido com um longo documento autobiográfico, para que eu pudesse perceber o contexto total da sua vida e perceber exatamente como a EQM fora um ponto de mutação essencial. Na maioria dos casos desse tipo, a pessoa também respondia, pelo menos em parte, e, algumas vezes, totalmente, aos itens dos diversos questionários que eu utilizara em minhas pesquisas e relacionara no Apêndice do livro. Assim, recebi diversas histórias não solicitadas, porém muito completas, que ajudaram a confirmar e a completar o retrato das pessoas que vivenciam uma EQM, e que eu tentara pintar no *Heading toward Omega*.

Aqui, eu gostaria de apresentar algumas dessas pessoas, mas, antes de conhecê-las, devo alertá-lo sobre duas reflexões que você deve levar em consideração ao ouvir esses relatos da vida após a EQM. Primeiro, por favor, saiba que as narrativas que escolhi enfatizam as mudanças em crenças, valores e comportamento e não as mudanças psicofísicas que também fazem parte da síndrome dos efeitos posteriores, pois, embora elas sejam uma importante evidência da *autenticidade* da EQM, são menos importantes para a discussão a respeito de como podemos nos desenvolver a partir do estudo das EQMS. Aqui, por exemplo, a maneira como uma pessoa passa a ver com novos olhos, como conseqüência de uma profunda transformação nos valores, será muito mais útil para nós.

Segundo, você talvez questione a utilização de casos selecionados, obtidos exclusivamente de pessoas que leram e responderam de modo favorável a meu livro. Será que não há uma grande possibilidade de favoritismo aqui? Talvez, mas eu não creio, por este motivo: lembre-se de que o padrão que descrevi em meu livro já foi confirmado por diversos pesquisadores independentes em pelo menos quatro diferentes países. Portanto, o que você estará lendo num momento é uma história comum a milhares de vidas – e se, desse número, com certeza, pouquíssimas ouviram falar do meu livro, imagine se elas o leram! Lembre-se de Laurelynn Martin, que é um exemplo virtualmente perfeito do padrão dos efeitos posteriores da EQM, mas que não conhecia meus livros. Portanto, acho que podemos excluir com segurança a noção de que as pessoas que você conhecerá agora estavam "contaminadas" pela leitura de *Heading toward Omega*. Ao contrário, elas parecem ser apenas espécimes particularmente bons do tipo de pessoas que tiveram uma EQM já descritas nele.

Robert

Em junho de 1987, um homem de cinqüenta e poucos anos, magro, vestido de maneira informal e com um sorriso radiante, cumprimentou-me no café próximo à universidade onde eu costumava almoçar. Robert, que morava no Havaí, estava visitando a filha mais velha em Nova York e viajara até Connecticut apenas para esse encontro. Na verdade, nós nos "conhecíamos" havia um ano, porque ele me escrevera diversas cartas sobre a sua EQM e a sua vida posterior, mas, quando a oportunidade de nos conhecermos pessoalmente apresentou-se de modo inesperado, fiquei encantado por poder convidá-lo a me visitar para ouvir mais sobre a sua história. O relato a seguir baseia-se, em parte, na minha lembrança da nossa conversa durante o almoço daquele dia, mas, principalmente, num dos documentos que Robert me enviara no ano anterior, o qual transcreverei extensivamente.

Antes da sua EQM aos 44 anos de idade, Robert fora um advogado bem-sucedido que morava em Los Angeles. Divorciado, ele era pai de três filhas e conta que, de modo geral, era muito feliz e a sua vida ia bem. Na noite de 10 de junho de 1974, ele foi assaltado e o ladrão bateu violentamente na sua cabeça e no seu corpo com uma machadinha. Apesar de uma séria fratura no crânio e da perda de grande quantidade de sangue, Robert sobreviveu e, mais tarde, foi levado ao hospital, onde passou pela EQM. Entretanto, após recuperar-se dos ferimentos, descobriu que era um homem mudado. Por um lado, não sentia mais nenhum interesse em praticar a advocacia. Por outro, ele deixou Los Angeles e foi morar numa fazenda em Idaho com um amigo.

> Eu não tinha nenhum interesse em competir e me sentia receptivo aos problemas dos outros – era muito difícil entender. Eu ouvira falar da MT [meditação transcendental] e comecei a meditar. Fiz novos ami-

gos e deixei os negócios e os advogados [...]. Eu sentia a minha necessidade de prestígio e *status* desaparecendo e gostava da vida simples numa fazenda em Snake River, Idaho.

Como tantas outras pessoas que conheci e das quais ouvi falar, Robert logo se viu lançado na própria jornada espiritual e, nas palavras da poeta Mary Oliver, começou a entrar "cada vez mais profundamente no mundo". Por volta de 1977, ele estava na Índia, onde desenvolveu intensivamente o seu interesse pela meditação e pela espiritualidade e, por fim, estabeleceu-se em Hilo, no Havaí, vivendo num ambiente natural que parecia adequado ao homem que ele se tornara.

> Nos últimos anos, tenho me concentrado na natureza, nos relacionamentos interpessoais e em meu crescimento pessoal. Muita coisa aconteceu em todas essas áreas. O meu julgamento crítico sobre as outras pessoas diminuiu. Sinto que todos estão fazendo o melhor que podem em determinado momento da sua vida [...]. Descobri que todas as observações que você fez [em meu livro] sobre maior apreciação da vida, um sentimento maior de valor próprio, maior preocupação pelo bem-estar dos outros, a diminuição da importância de coisas materiais, a busca de uma compreensão mais profunda da vida e a busca correlacionada por mais autocompreensão são verdades para mim.

Para demonstrar que essa mudança de valores não foi apenas da boca para fora, Robert mencionou alguns exemplos de como ela afetou o seu estilo de vida:

> Nos últimos seis anos, tenho me dedicado à jardinagem e à agricultura orgânica natural. Algumas vezes, tenho vontade de ser professor, mas acho que posso desempenhar melhor o meu papel com o meu exemplo – não dando aulas ou procurando alunos. Também estudei nutrição por conta própria. Sou vegetariano, faço o meu próprio leite de soja, tofu e temperos e, naturalmente, cozinho. Sinto vontade de compartilhar isso com novos amigos, mas não dando aulas [...]. Decidi fazer um treinamento oferecido por uma instituição muito respeitada aqui em Hilo e vou terminá-lo em março.

As viagens, em particular para países de culturas tradicionais, como parte da sua constante busca pela sabedoria espiritual, são uma outra importante faceta da vida de Robert após a EQM.

> Sinto-me particularmente ansioso para respeitar todas as culturas do mundo. Viajei para o México e para a América Central, incluindo a Guatemala, Honduras e Costa Rica, levando apenas uma mochila e aprendi espanhol morando com amigos. Tenho um filho adotivo na Guatemala, que visitei em outubro de 1986, e trabalho com um grupo de sobrevivência cultural [...]. Acho que estou ficando mais sábio e ficaria feliz de desistir de toda a minha educação formal para adquirir mais sabedoria. Eu a vejo nos hindus quando viajo, em alguns havaianos nativos e nos povos indígenas de todos os lugares.

Durante a sua visita, Robert e eu ficamos juntos algumas horas, envolvidos numa conversa profunda e, como a maioria das pessoas que vivenciaram uma EQM, ele demonstrava boa vontade para falar sobre os seus esforços pessoais, pois a sua vida não se tornara fácil depois da EQM. Ele também me impressionou pela humildade e cordialidade, qualidades que ficaram óbvias para mim quase a partir do momento em que ele se sentou à minha frente. A última vez que ouvi falar dele, estava viajando de novo, dessa vez de volta ao continente, tendo ido morar com outro amigo numa fazenda orgânica no Oregon. Como aconteceu com outras pessoas que passaram por uma EQM e que conheci, Robert entrou e saiu novamente da minha vida, mas deixou a sua marca em mim e eu não o esqueci.

Mia

Em junho de 1991, recebi um envelope assustadoramente grosso, vindo da Finlândia. Ao abri-lo, encontrei um documento com 38 páginas, em espaço simples, que começava assim:

> Prezado sr. Ring,
> Acabo de ler o seu livro *Heading toward Omega*, do qual gostei muito. Eu acho que os livros que falam sobre experiências de quase-morte são muito valiosos para todos, principalmente para pessoas como eu, que passaram por experiências semelhantes. Não é sempre que se

encontra alguém que tenha passado por uma experiência de quase-morte e não existem muitas pessoas que acreditam em você e podem compreender o que você está dizendo. Portanto, é agradável poder ler sobre outras pessoas que tiveram o mesmo tipo de experiência e saber que não estamos sozinhos no mundo com essas experiências.

Essa foi a apresentação de uma mulher que chamarei de Mia, cuja história de vida iria ser revelada nas muitas páginas que vieram depois. Naturalmente, nenhum resumo com apenas algumas frases lhe faria justiça, mas, pelo menos, preciso tentar mostrar um pouco das suas experiências para que você possa entender como a EQM afetou a vida dela. Quando me escreveu, Mia tinha 33 anos de idade, mãe de três filhos, formada na universidade e estava passando por um difícil processo de divórcio. Desempregada, estava planejando iniciar um treinamento como enfermeira, um sonho de infância, o qual, ela sugere, foi reativado pela sua EQM. Mia teve uma vida cheia de experiências anormais, muitas das quais, a julgar pelo seu relato, foram paranormais e, apesar de não se lembrar da data exata da sua EQM, esta parece ter ocorrido por volta de 1982, quando estava com 24 anos de idade. Contudo, de todas as suas experiências, ela diz que "Eu acho que a EQM foi a experiência mais importante da minha vida", e o seu documento oferece muitas evidências dos seus profundos efeitos. Por exemplo:

> O impacto mais forte da [minha] EQM na minha vida foi que eu não tinha mais medo da morte ou de morrer. É uma sensação muito libertadora sentir que você pode eliminar o medo da morte. Eu ainda tenho medo da provável dor associada à morte, mas não tenho medo da morte em si. Eu sei como é, eu sei o que acontece depois da morte e eu sei que é a melhor coisa que jamais poderia acontecer a qualquer um [...]. O outro impacto dessa experiência foi que comecei a levar a sério as coisas paranormais. Eu já tivera alguns *déjà vus* e sonhos antes das minhas experiências, mas esse tipo de coisa começou a acontecer cada vez mais na minha vida.[13]

---

13. Na verdade, no final do seu documento, Mia narrou cerca de 20 exemplos específicos, embora eu os tenha omitido aqui por não serem imediatamente relevantes para os nossos atuais interesses.

Porém, na verdade, a sua EQM teve muitas outras ramificações, que Mia me descreveu. Uma das mais fortes foi o seu efeito em suas opiniões religiosas e espirituais. Atéia antes da sua experiência, agora ela diz: "Eu não preciso acreditar que existe um Deus e o céu. Eu *sei* que eles são reais. Eu estive lá". Oferecendo mais detalhes, ela reflete sobre a sua educação luterana e o papel da igreja na sua vida:

> Eu nunca fui de freqüentar a igreja [...]. Eu ainda não acredito na igreja, apesar de compreender e respeitar o seu significado para muitas pessoas. Eu não me sinto mais perto de Deus na igreja do que em qualquer outro lugar. Eu sei que posso falar com Deus onde quer que eu esteja. Eu não preciso de um lugar específico para fazer isso.
>
> Eu não concordo com a visão de Deus adotada pela minha igreja. Eu sei que Deus é um velho amoroso, e não zangado e difícil de satisfazer. Eu sei que finalmente todas as pessoas vão para o céu. Não existe inferno, ou o inferno é aqui, onde vivemos agora [...]. [Esse] inferno é uma necessidade que precisamos atravessar [aqui] em nossa vida [mas], no céu, não há nada de ruim.

Mia também demonstra uma qualidade de universalidade religiosa e abrangência espiritual, tão comum a muitas das pessoas que vivenciaram uma EQM:

> Acredito que todas as religiões têm a mesma origem. Estamos falando do mesmo Deus, seja qual for o nome que lhe damos. Somos nós, as pessoas, que deturpamos o conhecimento ou a verdade originais. As pessoas descrevem as suas experiências ou mensagens a partir da própria vida e cultura... e no final, a sua mensagem pode ser muito diferente do que era no princípio.

Da mesma forma, a sua opinião sobre a vida após a morte também foi afetada, passando a incorporar uma perspectiva de reencarnação:

> Sendo atéia, eu não acreditava em reencarnação antes das minhas experiências. Eu achava que não havia nada após a morte. Era o fim. Após a minha EQM, compreendi que essa vida aqui é apenas uma das

muitas que precisamos viver. Estamos fadados a nascer aqui repetidamente [até] sermos bons o suficiente para irmos para outras dimensões em definitivo.

Uma outra importante área de mudanças está relacionada aos sentimentos de Mia sobre os relacionamentos com outras pessoas. Agora, ela diz:

> Sinto intensamente que desejo ajudar as pessoas. Eu até pensei em ir para algum país pobre, por exemplo, a África, e tento ajudar o máximo possível. Então, mais uma vez, percebi que eu não poderia ser útil lá com meus filhos cronicamente doentes e com as minhas próprias alergias. Portanto, comecei a buscar um modo de ajudar as pessoas daqui, de onde estou.

Essas reflexões, como eu disse anteriormente, fizeram-na buscar uma nova profissão como enfermeira na Finlândia.

Ela também acha que se tornou menos crítica:

> Antes da minha EQM, eu era muito mais intolerante e impaciente do que sou agora. Eu achava que sabia como você devia ou não viver a sua vida. Achava que se você enfrentasse alguns grandes problemas em sua vida, você só poderia culpar a si mesmo. Eles são conseqüência da sua preguiça ou estupidez.
>
> Agora, eu tento não julgar as pessoas. Eu tento pensar que algumas grandes tragédias podem ter provocado os problemas na vida delas [...]. Agora, sou mais tolerante. No céu, senti o amor e a compaixão de Deus e de Jesus por mim. Eu sei que eles não julgam ninguém e amam todos nós igualmente, do jeito que somos. Eu sei que eles ficam felizes quando você trata bem as outras pessoas e demonstra pelos seus "filhos" o mesmo amor e compaixão que eles demonstram por você.

A importância dessa última lição de compaixão não foi perdida com relação às dificuldades da sua vida, em especial aquelas relacionadas ao seu divórcio iminente. Aqui, também, ela aprendeu a se perdoar e a praticar a arte da *auto*compaixão. Refletindo na sua situação, ela fala de maneira muito franca de como a sua EQM a ajudou a resolver um problema que anteriormente teria parecido insolúvel:

> Eu sinto muito pelo meu divórcio, mas quando li em seu livro que houve muitos divórcios na vida de outras pessoas que experienciaram uma EQM, isso me ajudou muito. Quando casei, achava que era meu dever permanecer casada até o fim da minha vida. (Nós já tínhamos o nosso filho e eu achava que devia isso a ele.) Eu pensava: "O que Deus uniu, nenhum homem deve separar", e me sentia mal até mesmo em pensar no divórcio. Foi preciso muito tempo para eu entender que até mesmo um divórcio pode ser a vontade de Deus para que essa pessoa evolua, admitindo que ela pode fracassar nas suas melhores tentativas e compreendendo que há mais coisas a serem aprendidas (por exemplo, compaixão pelas outras pessoas na mesma situação) ao enfrentar essas dificuldades [...]. De qualquer modo, agora me sinto livre para viver a vida (após o divórcio) mais de acordo com os meus princípios. Acho que depois disso serei uma mãe melhor e uma pessoa melhor.

Diferentemente de Robert, cujas cartas conduziram ao nosso encontro, Mia entrou na minha vida de repente, sem nenhum aviso, escreveu extensamente sobre a sua vida e o que ela estava enfrentando, me agradeceu e então desapareceu. Gostaria de acreditar que, nos sete anos que se passaram desde que ela me escreveu aquela carta gigantesca, ela de fato tenha se tornado a enfermeira que desejava ser, mas isso, se for verdade, é uma parte da sua história que eu ainda não conheço. Porém, em minha mente, de algum modo tenho poucas dúvidas de que, após o divórcio, ela tenha se tornado uma pessoa melhor. Aquela pessoa estava visível o tempo todo. "Por seus frutos..."

Fler

Certa noite, em 1993, quando eu estava na Austrália dando palestras, descobri que estava morto de fome antes de uma delas em Melbourne. De algum modo, o meu anfitrião e eu ficáramos conversando a tarde toda e, quando percebemos, estava na hora de ir para o local da palestra e não havia tempo nem mesmo para um lanche rápido. Chegamos lá cerca de 20 minutos antes da hora marcada e, enquanto eu verificava alguns detalhes finais, duas mulheres correram até mim, uma delas segurando um exemplar do meu livro *Heading toward Omega*, e quase me sufocaram com o entusiasmo da sua recepção. Num instante, ficou claro que eram mãe e filha, ambas haviam experienciado uma EQM e eram admiradoras tão devotadas que, com orgulho, disseram que haviam comprado os primeiros ingressos para a minha palestra, há semanas. Depois dessa apresentação, sem pensar, eu disse:

"Há algum lugar por aqui onde possamos comer alguma coisa?"

Elas se olharam em dúvida e, então, a mais velha disse: "Acho que há um café ou algo parecido ao lado".

"Vamos lá", eu disse.

Sem hesitação (de algum modo tudo parecia ter sido compreendido), elas me conduziram pela leve garoa, tentando proteger da chuva o seu pobre orador faminto e a si mesmas, com um único guarda-chuva, por caminhos labirínticos que finalmente nos levaram a um grande edifício. As primeiras portas que tentamos estavam fechadas, mas, destemidos, insistimos até encontrar algumas portas abertas que davam para a sala de jantar de uma universidade próxima e que, ai de mim, acabara de fechar. Mas quando as minhas novas amigas explicaram a situação aos empregados, eles imediatamente concordaram em nos servir peixe e batatas fritas e, então, corremos para a mesa mais próxima para devorá-los. Ou, pelo menos, foi o que eu fiz. Minhas amigas – chamadas Fler (mãe) e Andrea (filha) – não estavam interessadas na comida, mas em conversar comigo. Assim, enquanto eu engolia a minha refeição, elas conversavam, uma sempre interrompendo a outra, porém com alegria e muito bom humor, e falaram de si mesmas, das suas experiências e do seu trabalho. Nunca participei de uma conversa tão rápida nem ouvi um discurso que competisse com a velocidade daquele. Num piscar de olhos, estava acabado e tivemos de correr de volta para o local da palestra para que eu pudesse estar lá na apresentação.

Foi assim que conheci Fler e Andrea Beaumont, que passaram a fazer parte da minha extensa lista de correspondentes. Como resultado, só depois de tê-las conhecido é que pude conhecer os detalhes das suas EQMS e descobrir que Fler passara por nada menos do que três delas! Obtive essa informação num documento extenso que Fler anexou a uma das suas recentes cartas. E, como me deu permissão para citá-lo, eu o farei de forma resumida. Mas, antes, permita que eu apresente Fler adequadamente.

Hoje com 65 anos de idade, concluiu apenas o ensino fundamental (tendo abandonado a escola aos 15 anos), mas há muito participa de diversos grupos espirituais na Austrália, trabalhou como jornalista e está escrevendo um livro sobre a vida após a morte. Ela também sofre de leucemia incurável e, desde que nos conhecemos, foi hospitalizada diversas vezes.

A sua EQM ocorreu em 1959 (quando estava com 30 anos), em 1961 e, mais recentemente, em 1988. Todos os eventos estavam relacionados a hospitais ou à doença. Ao discuti-los no documento que me enviou, ela convenientemente (para os meus propósitos) resume os efeitos posteriores específicos de cada incidente em separado e, ao citá-los aqui, seguirei apenas o formato que ela usou.

> Antes da minha primeira rápida experiência em 1959, eu era uma pessoa muito rígida e egoísta, atéia, quase totalmente indiferente às pessoas e ao mundo à minha volta. Após a experiência... eu estava mais consciente das necessidades das pessoas, mais carinhosa e amorosa. [Também] desenvolvi um grande interesse pelo universo físico e, apesar de ter deixado a escola aos 13 anos de idade, comecei a estudar astronomia, ciência e arqueologia. Era como se os meus olhos, de repente, tivessem sido abertos para o mundo e para as pessoas pela primeira vez.

A sua segunda experiência, dois anos depois, foi muito mais profunda e, conseqüentemente, ela afirma, seus efeitos foram mais dramáticos. Para começar,

> [...] o ateísmo desapareceu. Eu sabia que havia vida após a morte, que havia uma dimensão espiritual para a qual todos nós avançamos. O amor e a compaixão aumentaram muito. Habilidades psíquicas, como EFCS, precognição, clarividência e outras se manifestaram.

Depois da segunda EQM, o seu interesse pelos assuntos espirituais e paranormais se desenvolveu e ela se envolveu profundamente em organizações como a Sociedade Teosófica, entre outras.

A terceira EQM, em 1988, intensificou ainda mais os seus sentimentos de compaixão amorosa pelos outros e, na verdade, por todas as coisas vivas. Como Fler diz,

> sou muito mais tolerante e compreensiva, mais espiritualista do que religiosa, reservo um tempo para conversar e ajudar pessoas solitárias, carentes e mais velhas, confortar e aconselhar os aflitos e angustiados, alimentar e ajudar animais e pássaros e amar e defender o meio ambiente.
>
> Sinto empatia por todos e por tudo e estou consciente da interconexão e unidade de tudo.
>
> Embora eu agora tenha câncer, não há medo da morte.

O resumo de Fler sobre os efeitos posteriores da sua EQM é conciso, mas, como você deve ter percebido, mesmo assim ele inclui a maioria dos elementos que formam o padrão básico mencionado no início deste capítulo. Apesar de Fler ser, sob certos aspectos, uma pessoa incomum, os efeitos posteriores das suas EQMs são totalmente típicos. E, no seu caso, posso testemunhar que as suas cartas eram coerentes com a sua autodescrição: ela demonstrou ser uma pessoa excepcionalmente boa e solícita e já me prestou muitos favores profissionais, apesar da sua vida inacreditavelmente ocupada, a qual se tornou ainda mais difícil pelas constantes hospitalizações em razão da doença.

Desde que conheci Fler e Andrea, esperava voltar à Austrália para encontrá-las e, em 1995, realizei o meu desejo – graças a elas. Essas duas encantadoras senhoras, apesar do enorme esforço envolvido, me ajudaram a organizar uma outra viagem para dar palestras, tomando providências para que, dessa vez, eu tivesse alguns dias extras para passar com elas em Melbourne. Elas haviam prometido que, se eu voltasse lá, estariam ansiosas para me mostrar a famosa hospitalidade da Austrália. Eu não fiquei desapontado. Passamos momentos agradáveis juntos e continuamos em contato até hoje, como amigos íntimos e amorosos.

Marty

Marty Chandler, hoje com cinqüenta e poucos anos, era segundanista universitário, cursando engenharia elétrica em 1964, quando passou pela sua EQM. Naturalmente, naqueles dias, pouca coisa era conhecida a respeito dessas experiências e o próprio termo *experiência de quase-morte* só seria criado depois de uma década. Em 1966, ele mencionou a sua EQM para a mulher com quem se casou mais tarde, mas, como de início a reação dela foi negativa, assim como a de sua mãe, Marty deixou a história de lado e guardou-a para si mesmo.

E continuou assim, mesmo quando ele e a esposa descobriram o trabalho de Raymond Moody em 1977; entretanto, cerca de dez anos depois, um acontecimento iria iniciar uma inversão dramática no relacionamento de Marty com a sua EQM. No início de 1988, sua esposa leu no jornal local a notícia de que Moody estaria fazendo uma palestra sobre EQMs e eles decidiram comparecer. Lá, Marty teve a oportunidade de compartilhar a sua EQM com o próprio Moody e com diversas outras pessoas que também haviam tido uma EQM, recebendo delas uma confirmação que, ele disse, teve um "efeito profundo". Logo, ele estava falando publicamente sobre a sua experiência em diversas reuniões da IANDS e em seu congresso nacional de 1988. Logo depois, leu *Heading toward Omega*, o qual, como ele me disse, o ajudou a organizar seus pensamentos, não apenas com relação à sua EQM mas, particularmente, com relação aos seus efeitos posteriores. Sendo um homem organizado e sistemático, ele seguiu o formato do meu livro para escrever um documento com 23 páginas, nas quais, na verdade, comenta sobre todas as mudanças de vida e *insights* que ele acredita terem origem em sua experiência, além de responder a todos os itens do meu questionário.

Para justificar essa tarefa um tanto incomum e demorada, Marty menciona (sob o título Propósito na Vida) que ele foi quase forçado a fazer isso em virtude de alguma coisa que aconteceu enquanto ele estava na Luz:

> Durante a experiência, fiz uma afirmação clara para a Luz de que eu precisava realizar coisas importantes quando voltasse. Na verdade,

essa foi a razão pela qual decidi não continuar lá. Eu gosto muito de ajudar as pessoas. Sinto que preciso fazer o melhor que posso enquanto estiver aqui; esse é um compromisso entre mim e a Luz (Deus). Eu sinto fortemente que escrever esse relato sobre a minha experiência é parte do meu propósito na vida.

De que maneira Marty experienciou as suas mudanças? Vamos relacionar as maneiras, utilizando as suas próprias categorias como títulos.

Postura com relação ao self – Eu me senti melhor a respeito de mim mesmo como pessoa e consegui me envolver mais socialmente. De modo geral, a minha confiança aumentou.

Sentimentos/Relacionamentos com os outros – Desejo de ajudar os outros, compaixão pelos outros, empatia ou compreensão pelos outros, paciência/tolerância com os outros, habilidade para expressar amor pelos outros, aceitação dos outros como eles são – tudo isso aumentou definitivamente, apesar de eu ter começado a desenvolver valores nesse sentido quando era criança/adolescente.

Espiritualidade/Crenças religiosas/Valores – Eu fui educado como católico. Quando estava na faculdade, tive algumas dúvidas a respeito de alguns aspectos da religião. A experiência [me] ajudou a me afastar da religião ortodoxa organizada e ingressar na religião liberal. Em 1970, minha esposa e eu entramos para a Igreja Unitarista.

A experiência fortaleceu os meus sentimentos a respeito da existência de Deus, mas o conceito ultrapassava o tradicional judaico-cristão. Eu via Deus como o criador de toda a lei física e do Universo. Deus transcende o Universo e está além do tempo e do espaço. Sendo infinito, Deus também tem uma natureza muito pessoal e carinhosa. Eu vejo um Deus de amor, compaixão e perdão. O conceito de um Deus vingativo e de castigo infinito, que lança almas no inferno eterno, é algo incompreensível para mim.

Busca de valores espirituais/Consciência mais elevada, e assim por diante – A minha busca aumentou e se intensificou, em particular no que se refere a tentar me encontrar mais uma vez com a Luz por meio da meditação. Até agora, não consegui repetir a experiência. A minha busca de valores espirituais tornou-se mais pessoal e menos baseada em qualquer religião particular. Nos últimos anos, a minha busca de valores espirituais aumentou muito. Isso está relacionado à minha participação ativa no grupo local da IANDS.

Medo da morte – O medo da morte diminuiu, mas o medo de morrer continuou.

Habilidades psíquicas – Antes da minha experiência, eu não possuía habilidades psíquicas. Depois da EQM houve um importante aumento na precognição (conhecimento antecipado de eventos futuros). Isso acontecia por meio de sonhos muito vívidos.

Como Mia, Marty continua apresentando diversos exemplos das suas visões precognitivas e, novamente, como os exemplos de Mia, alguns deles são muito impressionantes.

Você pode perceber agora que Marty também se encaixa no padrão familiar dos efeitos posteriores da EQM. E, como muitos outros, ele sente que há uma mensagem essencial (o termo é dele) para os outros, que essas pessoas devem trazer de volta e compartilhar com o mundo. No caso de Marty, ele resume assim:

> Amar e cuidar dos outros são as coisas mais importantes que podemos fazer como seres humanos nesta terra. Existe um Deus superior e amoroso [e] nós devemos buscar a verdade e agir honestamente uns com os outros.

Esses são sentimentos comuns, quase banais, com os quais a maioria de nós concordaria sem que essas pessoas precisassem nos lembrar deles. Mas, como já vimos no Capítulo 1 e neste, elas não desejam fazer pregações, mas *ensinar pelo exemplo*. Como um grupo, elas são impressionantes, precisamente porque vivem a sua experiência por meio de ações e esforçam-se para honrá-la na prática em sua vida cotidiana. Assim, o que nós precisamos aprender com elas não é tanto como devemos viver (porque em nosso coração já sabemos disso), mas como, se assim decidirmos, podemos realmente tornar a nossa vida num exemplo para ela refletir, o máximo possível, os ensinamentos da Luz. É para essa tarefa que precisamos, a todo custo, voltar agora a nossa atenção.

LIGANDO-SE À EQM

As pessoas que se interessam pelas EQMS, às vezes, invejam aquelas que tiveram uma EQM (apesar de elas afirmarem que há um alto preço a ser pago pelo privilégio e, necessariamente, elas não estão se referindo apenas ao trauma físico ao qual precisaram sobreviver). "Ah! se eu pudesse viver tal experiência" é um desejo freqüente e, algumas vezes, explícito das pessoas que ouvem ou lêem relatos de EQMS. Essa é uma reação compreensível e previsível, mas que demonstra que elas não estão entendendo aquilo que as pessoas que passaram por uma EQM se esforçam para transmitir.

Lembro-me de um caso vívido, porém instrutivo, dessa inveja inútil e que ocorreu numa de minhas aulas, há muitos anos. Foi por volta de 1978, logo depois de eu ter me envolvido nas pesquisas sobre EQMS, quando pedi a uma dessas pessoas para ir à minha classe e contar sua história aos meus alunos. Virginia, já falecida, era uma mulher pequena, roliça, de meia-idade e descendente de italianos, a qual, mais tarde, como vim a descobrir, invariavelmente descrevia a si mesma como "apenas uma dona de casa". Mas, quando estava contando a sua história – e naqueles dias elas eram muito mais exóticas do que agora –, ela transformou-se numa oradora eloqüente, com uma personalidade inegavelmente magnética. E quando ela começou a descrever as mudanças provocadas pela EQM na sua vida – todas aquelas que agora você conhece muito bem –, muitos dos meus alunos pareciam ainda mais excitados.

Finalmente, chegara a hora das perguntas e um dos meus alunos, um rapaz, perguntou: "Eu adoraria ter uma experiência como essa! Mas como isso é possível?". Mal fazendo uma pausa, Virginia respondeu: "Ame os outros".

Que resposta perfeita! Naturalmente, Virginia estava nos dizendo que a sua experiência teria sido desperdiçada conosco se os ouvintes não entendessem a mensagem: Você não precisa passar por uma EQM para viver de acordo com os seus ensinamentos ou para iniciar a própria busca espiritual. Os seus frutos estão nos seus efeitos e eles são contagiosos para um coração aberto. Escute, absorva e aja, e todas as coisas fundamentais oferecidas às pessoas que vivenciaram uma EQM podem tornar-se suas.

É claro que ouvir é fácil, mas é muito mais difícil absorver e muito difícil lembrar. Porém, é precisamente ao domínio dessas difíceis tarefas que este livro é dedicado. Você ouviu e, se ouviu com o coração aberto, já começou a absorver (se você não confia na própria experiência, apresentarei evidências disso posteriormente). Quanto mais você refletir sobre as histórias deste livro, mais elas se tornarão a *sua história*, portanto, leia-as outra vez, conforme necessário, para incorporá-las mais plenamente. E, tenha certeza: os frutos da EQM que você começou a provar neste capítulo serão novamente oferecidos, para que se torne ainda mais fácil assimilá-los nas circunstâncias particulares da sua vida. O importante agora é você perceber, se ainda não percebeu, que o processo de absorção já começou e ficará mais forte à medida que você continuar lendo este livro.

Entretanto, nos últimos capítulos eu estive principalmente preocupado em mostrar que a EQM é sem dúvida um fenômeno autêntico, e que podemos acreditar que ela contém um verdadeiro significado espiritual. Ao longo do caminho, você leu diversos relatos de EQMs e dos seus efeitos posteriores para obter algo semelhante a uma imagem completa do fenômeno e daquilo que ele provoca. A minha intenção era torná-lo capaz de usar esse material para formar um modelo da típica pessoa que experiencia uma EQM e conscientizá-lo das principais lições de vida originadas na experiência em si mesma. Tudo isso ajuda a preparar o caminho para a sua conexão pessoal e única com a EQM.

Mas, para desenvolver e aprofundar ainda mais essa conexão, precisamos passar da mera absorção passiva dessa informação para a sua utilização *ativa*. É como aprender um novo idioma: use-o ou perca-o! Assim, aprender fazendo é o novo caminho que seguiremos agora, a começar pelo próximo capítulo.

Capítulo 6

Vivendo tudo outra vez: a experiência da revisão de vida

A maioria das pessoas, mesmo aquelas que não estão conscientemente familiarizadas com o fenômeno da EQM, já ouviu falar da revisão de vida. "Ah! sim", elas dirão, "é quando a sua vida passa diante dos seus olhos, certo?" E então, podem acrescentar que, às vezes, esse tipo de coisa acontece a vítimas de afogamento.

E, realmente, isso acontece, como descobri quando comecei as minhas pesquisas sobre EQM em 1977. Por exemplo, um jovem que quase se afogou num acidente de barco contou-me:

> Foi espantoso. Eu podia ver no fundo da minha mente uma sucessão, exatamente [uma] sucessão incontável de pensamentos, lembranças, coisas com as quais eu sonhara, pensamentos e recordações do passado, passando rapidamente à minha frente, em menos de 30 segundos. Todas essas coisas sobre a minha mãe e a minha avó e meus irmãos e os sonhos que eu tive. Era como se essas imagens, milhões de imagens, estivessem passando rapidamente. Eram pensamentos e imagens de pessoas. E muitos pensamentos apenas surgiam [estala os dedos diversas vezes] numa fração de segundos. Eu estava de olhos fechados embaixo d'água, mas ainda podia ver essas imagens [...]. Apenas [pausa] coisas bobas – apenas coisas sem importância que eu achava que tinha esquecido. Apenas [estala os dedos] continuavam passando rapidamente. Era como se eu estivesse passando por essas recordações e, ah, ah, como se todas elas estivessem

sendo regravadas. Eu estava voltando a fita. E tudo estava retrocedendo e, assim, eu podia passar tudo de novo como num gravador.[1]

Naturalmente, você deve lembrar que nós já vimos esse tipo de *playback* relacionado a um incidente de quase-afogamento no início deste livro. Você se lembra do primeiro exemplo de uma EQM que descrevi no início do primeiro capítulo – o caso de Craig? (Se não lembra, talvez queira ler novamente as páginas 37-8 com um exemplo desse fenômeno.)

Com freqüência, outros pesquisadores já ouviram relatos semelhantes de pessoas que quase perderam a vida por afogamento e, de acordo com Russell Noyes e Roy Kletti, dois pesquisadores que se especializaram no estudo de EQMs provocadas por acidentes, as pessoas que sobrevivem à ameaça de afundar numa sepultura submersa, em geral, afirmam ter passado por uma revisão de vida como parte da EQM.[2]

Assim, o estereótipo comum relacionado às experiências interiores de vítimas de afogamento é confirmado pela moderna pesquisa sistemática da EQM. Entretanto, essa pesquisa também mostrou que as pessoas que quase perdem a vida em outros tipos de acidentes relatam exatamente o mesmo fenômeno. Como um exemplo disso, compare essa lembrança de um dos meus correspondentes em *Life at death*, que sobreviveu milagrosamente a uma queda de avião a 3.500 pés de altura, quando o pára-quedas não abriu. Como ele me contou:

> É como um filme passando diante dos seus olhos, desde quando você pode se lembrar até, você sabe, a época em que aquilo estava

---

1. Kenneth Ring, *Life at death* (Nova York: Coward, McCann e Geoghegan, 1980), p. 117.
2. Esses episódios foram descritos por 43% das vítimas de quase-afogamento e é muito mais elevado do que os 25% habitualmente mencionados como um nível de incidência global da revisão de vida para as EQMs em geral. O trabalho de Noyes e Kletti pode ser encontrado em "Panoramic memory: A response to the threat of death", *Omega, 8* (3), 1977, pp. 181-94. Um levantamento representativo da incidência da revisão de vida pode ser encontrado no artigo de Bruce Greyson, "Near-death encounters with and without near-death experiences: Comparative NDE scale profiles", *Journal of Near-Death Studies, 8* (primavera, 1990), pp. 151-61.

acontecendo [isto é, o momento presente] [...]. Parece que as fotografias da sua vida apenas passam diante dos seus olhos, as coisas que você costumava fazer quando era pequeno e coisas assim: coisas bobas. Como ver o rosto dos seus pais – tudo. E coisas que eu não lembrava ter feito. Coisas que eu não lembrava agora, mas que me lembrava há dois anos ou mais. Tudo voltou para mim, como se a minha mente se lembrasse de tudo o que eu costumava fazer quando era pequeno. Eu costumava perguntar aos meus amigos: "Lembra disso, lembra daquilo?". E dizia: "Uau, foi há muito tempo, eu nem me lembro disso". Tudo fazia a minha mente lembrar de tudo [...]. Era como um filme, como se houvesse uma câmera nos seus olhos. Em questão de um ou dois segundos. Apenas bum, bum [estala os dedos]. Era claro como o dia, claro como o dia. Era tudo muito rápido e você pode ver tudo.[3]

Naturalmente, a quantidade, a rapidez e a clareza dessas imagens são espantosas, mas a própria familiaridade com esses episódios talvez diminua muito o seu impacto no leitor moderno. Entretanto, para que você possa começar a avaliar o significado dessas experiências, é preciso limpar a sua mente dessas percepções e libertar-se do raciocínio estereotípico sobre a revisão de vida. Posso lhe garantir que considerar esses episódios apenas como a "sua vida passando diante dos seus olhos" é como considerar a EQM nada mais do que "ver uma luz no fim de um túnel". Essas frases banais servem apenas para subestimar a EQM com a insipidez de um tablóide, que menciona apenas um trecho de uma entrevista para atender aos seus objetivos. Nenhuma característica da EQM presta-se tanto a esse tipo de caracterização banal quanto a revisão de vida. Assim, precisamos nos esforçar ainda mais para examinar profundamente esse fenômeno com olhos prístinos. O que vimos até agora é apenas o esboço superficial de uma experiência cuja profundidade e poder para mudar vidas não poderiam nem mesmo ser imaginados nesse ponto.

Em minha opinião, *nenhuma característica da EQM é mais importante como um guia para a vida das pessoas que não passaram por uma EQM do que a revisão de vida*. O exame cuidadoso e a ab-

---

3. Ring, *Life at death*, op. cit., p. 116.

sorção do material a ser apresentado neste capítulo e no próximo poderiam alterar a sua vida da forma mais abrangente. Portanto, agora iremos nos dedicar um pouco à revisão de vida e, enquanto começamos a examinar a sua estrutura profunda, veja o que ela tem a nos ensinar.

Para nos orientar até as dimensões críticas da revisão de vida, talvez seja melhor começarmos com uma descrição das suas principais características. Os exemplos também servirão para ajudá-lo a avaliar por que esse aspecto da EQM costuma ser tão poderosamente transformador para as pessoas que a experienciaram. E, como sempre, o que elas aprenderam com a EQM, você pode aprender com elas.

A EXPERIÊNCIA DA REVISÃO DE VIDA

Freqüentemente, você não está apenas revendo a sua vida, mas revivendo-a de verdade

Embora seja verdade que há um aspecto na revisão de vida no qual observamos as cenas da nossa vida como espectadores, muitas pessoas afirmam que, ao mesmo tempo, elas estão *nas* cenas, como se *realmente estivessem vivendo-as novamente.*

Agora, faça uma pausa para absorver as implicações dessa afirmação. Na revisão de vida, você é mais do que apenas um observador passivo de si mesmo no filme da sua vida. Você está de volta a tudo aquilo e experiencia o que lhe aconteceu como se estivesse acontecendo mais uma vez. Em resumo, e para simplificar, você está vivendo a sua vida novamente – de algum modo, as suas recordações transformaram-se em recriações vívidas dos episódios da sua vida.

Para dar um exemplo dessa característica surpreendente da revisão de vida, retornarei a uma pessoa que encontramos no primeiro capítulo deste livro: meu ex-aluno Neev o qual, você deve se lembrar, teve a sua EQM como resultado de uma colisão durante um jogo de beisebol. No final do semestre da primavera de 1994, após Neev ter terminado dois cursos comigo, convidei-o a ir ao meu escritório para perguntar mais sobre a sua revisão de vida. Quando ele começou a contar que vira diversos incidentes da própria vida, perguntei se eles surgiam na forma de imagens. Ou tentei perguntar, porque Neev me interrompeu dizendo: "Era como se eu estivesse lá de novo. Acho que era como reviver a minha vida. [...]. Não era totalmente visual. Era como se eu estivesse revivendo tudo. Era como experienciar tudo outra vez, pela primeira vez".

Após me dar alguns exemplos específicos dessas experiências (e eu apresentarei um deles no próximo capítulo), perguntei se ele poderia fazer uma metáfora que captasse a sensação qualitativa da sua revisão de vida. Fazendo uma pausa, ele respondeu: "Certa vez, eu disse que era como estar numa mesa de edição, observando um filme da minha vida e pressionando o botão *fast forward*". E continuou, acrescentando detalhes a essa afirmação e dizendo que essa comparação era enganosa, uma vez que poderia sugerir que ele estava menos envolvido do que realmente se sentia. Então, ele continuou:

> Agora, eu vejo a revisão de vida como – vida! Fisicamente, eu não estava lá, mas era como se estivesse revivendo toda a minha vida. Eu me sentia como se estivesse passando por tudo aquilo, exatamente do mesmo jeito, mas compreendia as coisas de maneira diferente [...]. Sabe, era apenas como viver.

A partir dos seus comentários, agora compreendemos que a revisão de vida é uma experiência que, em geral, envolve a pessoa de maneira inacreditavelmente absorvente, lançando-a de volta àquilo que, inegavelmente, parecem ser os acontecimentos reais da sua vida. Assim, não nos surpreende o fato de que essa característica da EQM tenha o poder de fazer aqueles que passaram por ela olhar a sua vida com uma nova compreensão – e, à luz dessa compreensão, transformar a si mesmos, como Neev fez.

Você experiencia tudo de novo

Talvez você tenha notado que Neev disse ter sentido que estava revivendo *toda* a sua vida. Na verdade, tais afirmações são bastante típicas das pessoas que relatam esse fenômeno. Aqui, por exemplo, temos algumas afirmações rápidas, porém representativas, que escolhi da minha coleção desses casos e de outros que eu encontrei:

> A revisão de vida era absoluta, positivamente, tudo dos primeiros 33 anos da minha vida [...] desde o meu nascimento até o dia do acidente.

> Ela continuou me mostrando cada acontecimento dos meus 22 anos de vida, numa espécie de revisão panorâmica instantânea tridimensional [...]. O brilho mostrou cada segundo de todos aqueles anos, em detalhes, no que parecia ser apenas um minuto no tempo.

> Toda a minha vida estava lá, cada momento dela... Todos e tudo que eu jamais vira e tudo o que me acontecera estava lá.

> Então, eu estava vendo toda a minha vida, do início ao fim, mesmo aquelas pequenas coisas que esquecemos com o tempo.

> Eu tinha um conhecimento total, completo de tudo o que acontecera em minha vida – mesmo das coisas insignificantes que eu esquecera.

> A minha vida passou diante de mim [...] mesmo as coisas que eu esquecera totalmente. Cada emoção, todos os momentos felizes, os momentos tristes, os momentos de raiva, o amor, a reconciliação – tudo estava lá. Nada foi esquecido.

E quando essas pessoas afirmam ter revivido tudo na revisão de vida, elas querem dizer *tudo*. Uma dessas pessoas, que insistiu nesse ponto com muita ênfase, é o pesquisador e escritor P. M. H. Atwater, o qual, em seu primeiro livro sobre EQMs, *Coming back to life*, escreveu, em parte: "Para mim, foi como reviver *cada* pensamento que pensei, cada palavra que pronunciei e *cada* ato que realizei [...]. Nenhum detalhe foi esquecido. Nenhum erro ou ofensa foi esquecido".[4] Na verdade, Atwater afirmou que a sua expe-

---

4. P. M. H. Atwater, *Coming back to life* (Nova York: Dodd-Mead, 1988), p. 36.

riência envolveu ainda mais, como veremos em breve, mas, a sua afirmação, como uma espécie de ápice daquelas que a precederam, nos oferece muita coisa para pensar.

Todas as observações que encontramos nessa seção deixam claro que a revisão de vida é, em muitos casos, *reviver toda a nossa vida*, mesmo as partes que aconteceram no início da infância e uma recordação de eventos incontáveis, há muito esquecidos.

Novamente, antes de passarmos para a próxima seção, talvez seja bom você fazer uma pausa e tentar projetar-se, na sua imaginação, nesse tipo de experiência de memória total. É claro que o esforço fracassará – mesmo um Nabokov fracassaria –, mas a tentativa de realizar essa tarefa impossível tornará evidente o repertório prodigioso de autoconhecimento que está latente em nós, necessitando apenas da chave exigida para fazer tudo transbordar para a nossa visão interior.

Você vê tudo ao mesmo tempo e, mesmo assim, cronologicamente

As pessoas que passaram por uma EQM enfatizam que a sua experiência não ocorre no tempo mas num estado de simultaneidade virtual – tudo ao mesmo tempo. Contudo, ao retornar à sua consciência comum e lembrar da experiência, elas são forçadas a fazê-lo sob as limitações artificiais, porém imperativas, do tempo como nós o conhecemos. Assim, a *narrativa* das pessoas que passaram por uma EQM costuma envolver uma seqüência variada *ao longo* do tempo, mas é importante não confundir a experiência em si com a sua descrição. A maior parte das histórias depende de um *continuum* de tempo – passado, presente, futuro –, mas a EQM assemelha-se mais a um encontro com um campo holográfico, no qual toda informação está condensada numa unidade onipresente.

O que é verdade para a EQM, em geral também é válido para a revisão de vida. Essa situação é bem explicada por uma dessas pessoas, a qual já conhecemos, Nel, que passou por uma EQM aos 13 meses de idade e por uma segunda, aos 38 anos. Como ela conta:

Com relação à questão do tempo, tudo acontecia simultaneamente. Tudo acontecia ao mesmo tempo, mas nós estamos presos pelas limitações da linguagem. É como uma explosão, está tudo lá. Quando a minha vida passou diante dos meus olhos, ela começou em minha lembrança inicial aos 13 meses. Havia uma enorme tela de TV à minha frente [...]. Bem à esquerda estava a minha lembrança aos 13 meses e bem à direita estava julho, 1972, 38 anos de idade. Tudo o que havia no meio estava lá e eu podia ver tudo, ao mesmo tempo.

Essa observação também é útil de outra maneira, pois sugere que na revisão de vida *o tempo torna-se espacial*; isto é, os acontecimentos são organizados de tal maneira que a pessoa se sente num *continuum* espacial.

Aqui, uma analogia simples pode ser útil. Imagine-se dirigindo um carro por uma estrada sinuosa nas montanhas. Inevitavelmente, você fará as curvas uma de cada vez, sem saber o que encontrará adiante e esquecendo rapidamente o que deixou para trás. Agora, imagine que você está suspenso no ar, a cerca de mil metros, com uma visão total do trajeto daquele carro. Dessa perspectiva aérea, você pode literalmente ver o passado e o futuro do carro, bem como a sua atual posição. Em outras palavras, o tempo tornou-se espacial, mas, enquanto você era o motorista, estava limitado pelas vendas do tempo linear.

Acredito que algo semelhante aconteça durante a revisão de vida. É como se essas pessoas fossem capazes de sair da sua vida quando a observam como espectadores e, num relance, aprendem toda a sua trajetória.

Noyes e Kletti, os pesquisadores que se especializaram no estudo da memória panorâmica, parecem ter chegado a uma conclusão semelhante e alguns dos seus casos até mesmo sugerem que a minha analogia pode ser mais literal do que imaginária. A esse respeito, eles observam:

> Em virtude da expansão do espaço, as lembranças em geral eram vistas a distância, como se estivessem numa tela [lembre-se da imagem de Nel]. Uma vítima de afogamento disse ter visto a sua vida "como uma paisagem lá embaixo". No meio de uma explosão, um

homem disse: "Era como se eu estivesse sentado numa nuvem olhando para baixo, para todo o cenário – passado, presente e futuro".[5]

Se o tipo de concepção que Noyes, Kletti e eu estamos propondo tiver algum mérito, algo mais deve ser encontrado nesses relatos de revisões de vida. Deve haver também alguma evidência daquilo que podemos chamar de *trailer* da vida, pois essa formulação sugere que as pessoas que passaram por uma EQM *transcendem* as barreiras do tempo comum durante a sua experiência. Portanto, elas devem, pelo menos algumas vezes, ser capazes não apenas de lembrar do passado, mas também de ver o futuro.
Será que elas podem?
Felizmente, nesse sentido, as evidências parecem bastante conclusivas: elas realmente podem – ou, pelo menos, há muitos relatos de tais afirmações espalhados na literatura sobre EQMS. Noyes e Kletti dão alguns exemplos sugestivos (pelo menos de possíveis eventos futuros), e uma pesquisa realizada pelo psiquiatra Bruce Greyson revelou que cerca de um terço das pessoas lembrando de uma revisão de vida tiveram visões de eventos futuros pessoais. Do mesmo modo, já relatei alguns casos desse tipo em meus livros, apresentando muitos detalhes específicos de previsões aparentemente sobrenaturais.[6] Aqui, devo contentar-me com apenas um único exemplo, não publicado, desse aspecto incomum da revisão de vida.

Para esse exemplo, recorro novamente a Nel. Você se lembra de que, em determinado ponto, ela se viu olhando para uma gigantesca tela de televisão, na qual eram descritos todos os eventos da sua vida, começando quando tinha 13 meses de idade. Antes do final da sua experiência (pelo menos, como ela narra), tomou a decisão consciente de retornar ao seu corpo físico.

> Naquele momento, havia uma segunda tela de TV, tão grande quanto a primeira. Ela me mostrou lampejos daquilo que viria; mostrou que eu passaria por um período prolongado de dor física; mos-

---
5. Noyes & Kletti, op. cit., p. 188.
6. Para obter exemplos de alguns casos particularmente convincentes, ver Ring, *Heading toward Omega*, capítulo 7.

trou que os membros da minha família sofreriam dores físicas; mostrou que a minha cunhada morreria prematuramente, e isso aconteceu. Eu vi um caminho muito difícil. A presença [que esteve com ela o tempo todo] disse: "Você voltará e manterá a sua família unida; você será a sua cola".

Conheço Nel há mais de 15 anos agora e passamos muito tempo juntos. Baseado em nosso contato, estou convencido de que os eventos que ela previu durante a sua EQM (nem todos estão descritos na passagem que acabei de mencionar) de fato ocorreram, exatamente como lhe foi mostrado.

De qualquer modo, as considerações anteriores devem nos ajudar a solucionar o aparente paradoxo sugerido pelo título desse tópico – que a revisão de vida é simultânea, apesar de cronológica. Do contexto da própria experiência, que ocorre fora do tempo, toda informação está presente numa simultaneidade virtual. Mas, à medida que se *descreve* a experiência, com os segundos do relógio tiquetaqueando em segundo plano, precisamos receber esses eventos um após o outro, para coordená-los à trajetória conhecida da nossa vida. É uma ironia que o próprio ato de tornar essa experiência mais compreensível para o ouvinte não possa deixar de distorcer a natureza da revisão de vida em si.

É preciso descrevê-la com metáforas

Ao tentar transmitir a sensação qualitativa do processo de revisão de vida para o ouvinte, as pessoas que tiveram uma EQM, naturalmente, recorrem a metáforas, as quais podem refletir o seu aspecto simultâneo ou sucessivo. Como exemplos do primeiro, ouvi falar de pessoas que comparam a experiência da revisão de vida a um desfile de numerosas bolhas no espaço, cada uma contendo uma cena. Outra pessoa disse que observou a sua vida como uma sucessão de "minúsculos pontos e padrões de luz". Outra disse que era como se o organizador da sua experiência tivesse "escolhido um palito para cada cena da minha vida, espetando-os um ao lado do outro; era como se fosse uma cerca de estacas e cada uma representava determinado segmento da minha vida".

Contudo, o mais comum na revisão de vida são as imagens que refletem a sensação de uma exposição, super-rápida, a informações. Às vezes, para transmitir essa característica da experiência, as pessoas que passaram por uma EQM dizem que é como ver um milhão de quadros da sua vida num filme sendo rodado em alta velocidade, ou como ser submetido a uma explosão de imagens geradas por um computador, embora cada uma delas seja clara e distinta. Típica de tais comentários é a afirmação de uma mulher: "Eu vi – parecia ser muito rápido – a minha vida, tudo o que aconteceu. [Ela menciona diversas lembranças] tudo se revelava à minha frente. Muito rapidamente, passando como um milhão de pensamentos. Um filme muito rápido".

Ao escolher metáforas para esses processos, como mostra o caso dessa mulher, as pessoas que passaram por uma EQM costumam recorrer a meios familiares, contemporâneos – filmes, televisão, gravadores e, em especial hoje em dia, vídeos. A sua percepção é de que, de algum modo, toda a sua vida foi *gravada* e, durante a EQM, ela é passada para que elas a vejam. Mas você não deve pensar que esse processo é puramente mecânico, com as imagens passando num ritmo constante, em incrível velocidade. Ao contrário, o que as pessoas que tiveram uma EQM dizem é que podem, de acordo com a sua vontade, passar as imagens mais devagar e até mesmo aumentá-las, para obter uma compreensão mais profunda do seu significado. Se usarmos a metáfora do videoteipe, por exemplo, podemos dizer que essas pessoas afirmam que podem fazer o equivalente a uma edição de vídeo: passar as imagens mais rápido, congelar imagens, dar um *zoom* e, em algumas circunstâncias, até mesmo apagar por completo determinadas imagens.

Alguns exemplos irão ajudá-lo a avaliar como essas pessoas podem assumir um papel *ativo* no processo de compreender o significado da sua vida. Como veremos, aproveitar essa forma interativa de relação com a revisão de vida intensifica muito o seu potencial educativo e proporciona algo muito mais instrutivo, tornando a pessoa mais do que apenas uma testemunha passiva da história da sua vida.

Uma mulher – aquela que viu sua revisão de vida como um desfile de bolhas – disse-me: "Sempre que eu queria, podia dar um *zoom* em diferentes importantes eventos da minha vida que eu achava bons ou ruins – mas não havia bom ou ruim, apenas eu, revivendo coisas". Neev, que usou a analogia do botão *fast forward* relacionada à sua revisão de vida, disse algo semelhante na sua entrevista:

> Quando paro para pensar nas cenas ou nas coisas que lembro, parece que eu posso parar e, se quiser, escolher alguma coisa, eu apenas penso nela e então tudo volta para mim e posso me lembrar de tudo. Quero dizer que é assim que ela passa, a vida inteira [...]. E algumas coisas, sobre as quais eu tinha mais dúvidas e precisava entender mais, demoravam mais.

Uma outra elaboração desse processo de dilatação cênica vem de um médico sueco, Göran Grip, que passou por uma EQM aos cinco anos de idade. No seu caso, ele foi guiado por um ser de luz durante a revisão, a qual, na maior parte, tratava do seu relacionamento com o irmão mais novo. De vez em quando, havia uma pausa na sucessão de imagens para que o ser de luz pudesse focalizar a atenção do menino em determinado acontecimento.

Um episódio inteiro – com começo, meio e fim – destacava-se como uma entidade: era possível ver simultaneamente cada pequeno ato ou palavra pronunciada com a sua respectiva emoção (minha ou do meu irmão). Numa descrição adulta, era como se fôssemos capazes de perambular, de um lado para o outro, numa paisagem estática, cujas características não eram árvores e colinas, mas ações, palavras e emoções. As suas sugestões estavam lá ao mesmo "tempo" – como uma paisagem alternativa sobreposta à original.

Naturalmente, muitas vezes, é doloroso testemunhar aquilo que vemos na revisão de vida. Contudo, em alguns casos, parece possível passar essas imagens rapidamente, pará-las, ou até mesmo apagar alguns aspectos dolorosos. Nesses casos, é difícil evitar a impressão de que a agência responsável pela organização da revisão de vida tem uma intenção compassiva, um ponto ao qual retornaremos em breve.

Um mulher, por exemplo, ao ficar emocionalmente perturbada por uma cena, contou: "Eu parei e disse: 'Eu não quero mais ficar aqui; eu não gosto dessa situação [...].' Se aquela experiência aconteceu comigo, eu pulei algumas coisas e continuei do início até chegar ao fim". Quando tentei esclarecer esse processo, perguntei diretamente se ela achava que também poderia pular cenas emocionalmente pouco importantes. Ela confirmou, dizendo com franqueza: "Com certeza, e passar para outra parte".

Um homem, para quem observar a revisão de vida foi uma provação, estava cercado por um grupo de seres de luz. Quando ficou emocionalmente arrasado, aconteceu algo estranho, porém lindo: "Sempre que eu ficava um pouco perturbado, eles paravam a revisão por algum tempo e apenas me amavam".

Outra mulher comentou que, *depois* que a revisão de vida acabou, os seus seres de luz "evitaram que eu sofresse muito durante a minha revisão de vida, eliminando aquela experiência da minha memória". Entretanto, ela deixou claro que, embora a sensação do sofrimento tivesse sido eliminada, as informações específicas que ela obteve durante a revisão de vida – e as lições que elas lhe ensinaram – permaneceram intactas.

Assim, podemos perceber que, longe de ser um processo mecânico, no qual a pessoa é apenas um espectador passivo durante a revisão de vida, essa experiência oferece muitas oportunidades para que ela se envolva na própria vida, enxergando-a com novos olhos, aprendendo com ela e, em potencial, se desenvolvendo. Nesse sentido, como exploraremos mais completamente agora, a revisão de vida pode ser considerada uma observação do *self* e um evento interativo.

Você a experiencia a partir de uma dupla perspectiva

Na revisão de vida, a pessoa é, alternada e, algumas vezes, simultaneamente, ator e espectador – um participante da própria vida e, ao mesmo tempo, um observador. Algumas vezes, você está no filme, outras está apenas observando, outras, ainda, é como se as duas situações estivessem acontecendo ao mesmo tempo.

A mulher que já mencionei, que conseguiu pular determinadas cenas da sua vida, também fala desse aspecto duplo:

Eu observava algumas [imagens] de maneira distanciada. Como eu podia ver as coisas acontecendo, era como abrir uma porta e observar o que estava acontecendo, e eu me afastava e deixava tudo lá. Mas algumas coisas me atingiram emocionalmente.

Neev foi ainda mais explícito a esse respeito:

É como se você estivesse indo fazer uma revisão de vida e nós fôssemos ver uma peça e eu estaria na peça, mas também estaria observando da platéia. E eu sentiria todas as emoções, dor e sofrimento de todos os personagens à minha volta. E eu teria esses sentimentos como um ator da peça e também como espectador. Portanto, eu teria as duas perspectivas.

Igualmente, Göran Grip afirma:

A maneira como passamos pelos episódios era muito parecida com o nosso jeito de passar as coisas na mente: sem palavras, revivendo alguma coisa simultaneamente como se ela estivesse acontecendo de novo e observando-a de cima, vendo a si mesmo como um ator entre os outros.

Obviamente, essa perspectiva dupla permite uma observação neutra e um envolvimento emocional durante a revisão de vida, para que o indivíduo possa aprender de maneiras diferentes, porém complementares, durante a experiência. Mas, agora que compreendemos *como* o processo funciona, precisamos prosseguir a nossa investigação em direção às lições essenciais da experiência em si mesma. O que se aprende com essa experiência e como esses *insights* são incutidos?

LIÇÕES DA REVISÃO DE VIDA

Quando estudamos as narrativas de revisões de vida, percebemos, quase de imediato, que essa experiência, *em sua essência*, é de natureza educativa. As revisões de vida ensinam e, apesar da enorme diversidade de imagens, cada uma relacionada exclusivamente à vida daquela pessoa, o que elas ensinam é surpreendentemente universal. Em minha opinião, sem dúvida, elas nos ensinam como devemos viver. Simples assim. Existem determinados valores – valores universais – pelos quais devemos nos orientar e os episódios da revisão de vida contêm lembretes vívidos e inacreditavelmente poderosos desses valores. Quem foi submetido a um desses encontros não pode deixar de ficar consciente desses ensinamentos, porque eles são evidentes por si mesmos e, como veremos, é impossível não ser afetado. Você vê, você lembra e, conseqüentemente, você muda a sua vida. Nada exerce tanta influência quanto uma revisão de vida e, à medida que se começa a entrar nela mais profundamente, entende-se por quê.

Eis alguns exemplos simples, até mesmo agradáveis, daquilo que eu quero dizer e que obtive das pessoas que entrevistei para o meu livro *Heading toward Omega:*

> A sua vida é mostrada – e você julga. Você fez o que devia fazer? Você pensa: "Oh, eu dei seis dólares para alguém que não tinha muito e isso foi legal". Isso não significou nada. São as pequenas coisas – talvez uma criança machucada que você ajudou ou apenas parar para dizer olá a uma pessoa doente. Essas são as coisas mais importantes.[7]

> Imediatamente, toda a minha vida foi desnudada para essa presença maravilhosa, "DEUS". Eu sentia dentro de mim o seu perdão pelas coisas na minha vida das quais eu me envergonhava, como se elas não tivessem grande importância. Perguntaram-me – mas não havia palavras; era uma comunicação mental direta e instantânea – "O que você fez para beneficiar ou melhorar a raça humana?". Ao mesmo tempo, toda a minha vida estava à minha frente e me mostraram ou me fizeram compreender o que importava. Não vou falar mais nisso, mas, acredite-me, o que eu considerei pouco importante na minha vida foi a minha salvação e o que eu pensei que fosse importante não era nada.[8]

---

7. Ring, *Heading toward Omega*, p. 70.
8. Idem, ibidem, p. 67.

> Eu tive um conhecimento total, completo, claro, de tudo o que aconteceu na minha vida [...] tudo mesmo, o que me fez compreender melhor tudo naquele momento. Tudo estava tão claro [...]. Eu percebi que toda pessoa é enviada à Terra para realizar determinadas coisas e aprender. Por exemplo, compartilhar mais amor, ser mais carinhoso com os outros. Para descobrir que a coisa mais importante são os relacionamentos e o amor e não as coisas materiais. E para perceber que cada pequena coisa que você faz na vida é gravada e, mesmo que você passe por ela sem pensar naquele momento, ela sempre volta mais tarde. Por exemplo, você pode estar [...] parado no semáforo e está com pressa e a mulher na sua frente não percebe que a luz está verde e não sai de imediato, e você fica aborrecido e começa a buzinar e lhe dizer para se apressar. Esse é o tipo de coisa que realmente é importante.[9]

De que maneira podemos apreender essas coisas no contexto da revisão de vida? A resposta parece ser a de que o ser ou seres de luz, que parecem organizar esse processo e que podem ou não ser visíveis, nos ajudam a *vê-las* e a *compreendê-las* intuitivamente. Vamos examinar alguns exemplos para deixar isso claro.

Göran Grip apresenta um exemplo particularmente instrutivo desse tipo de tutela acessível nesse estado. Falando do ser de luz que encontrou durante a sua EQM, ele escreve:

> O seu amor me encorajou a passar pela minha vida até aquele ponto. Eu vi, revivi, lembrei de coisas que aconteceram na minha vida; não apenas aquilo que realmente aconteceu, mas também as emoções envolvidas. Com cinco anos de idade, você não teve a oportunidade de fazer muitas coisas ruins, mas eu tinha um irmão de dois anos de quem eu sentia muito ciúmes e, muitas vezes, fui malvado com ele, como acontece entre irmãos, e fora castigado pelos meus pais da maneira habitual (sem violência).
>
> Ao passar por tudo o que nos aconteceu, o meu foco não estava naquilo que realmente fizemos um ao outro (ou "quem começou"). O tempo todo, a ênfase estava em nossa troca de emoções. E, por causa do amor e da compreensão irradiando do ser de luz, encontrei

---
9. Ring, *Heading toward Omega*, p. 69.

a coragem para ver, com os meus olhos abertos e sem defesas, como os meus atos haviam causado sofrimento. E, na maior parte dos episódios que percorremos, o ser me ofereceu uma alternativa para agir; não aquilo que eu *deveria* ter feito, o que teria sido moralizante, mas o que eu *poderia* ter feito – um convite aberto que me fez sentir completamente livre para aceitar ou não as suas sugestões.

Entretanto, as lições que vêm da revisão de vida nem sempre são oferecidas de maneira tão suave e amorosa. Em alguns casos, elas são administradas de forma muito diferente, mas com um impacto inesquecível. Nenhuma história exemplifica isso melhor do que aquela que ouvi de um bom amigo quando nos encontramos numa palestra na Universidade de Connecticut, na década de 1980.

Tom Sawyer – sim, esse é o seu verdadeiro nome – é uma pessoa que conheci logo após a publicação do meu primeiro livro sobre EQMs em 1980. Nos anos seguintes, conheci muito bem Tom e a sua família e conto um pouco da sua história em meu livro *Heading toward Omega*. Mas, inexplicavelmente, nunca soubera desse incidente particular da sua EQM, até a tarde da palestra na universidade.

Quando jovem, Tom tinha um temperamento incontrolável e um dia, como nos explicou, isso lhe causou problemas. Ele estava dirigindo a sua picape de motor envenenado pela cidade, quando surgiu um pedestre e quase colidiu com ele. Tom, em vez de ficar aliviado por não ter havido nenhum acidente, ficou furioso com o homem que quase danificara a sua linda picape, da qual ele tinha muito orgulho. Palavras zangadas foram trocadas, logo seguidas por socos e, finalmente, Tom deixou a sua vítima inconsciente, deitada no meio da rua. Contudo, logo depois, tomado pelo remorso depois que a raiva diminuiu, relatou o incidente para a polícia e foi solto com uma advertência.

Anos depois, durante a EQM, Tom foi forçado a reviver essa cena e, como outros de quem já falamos, descobriu que a estava revivendo a partir de uma dupla perspectiva. Uma parte de si mesmo, ele disse, parecia estar em cima de um edifício olhando para a rua e, dessa posição elevada, ele apenas observava, como um espectador, a briga acontecendo lá embaixo. Mas outra parte de Tom estava realmente *envolvida* outra vez na briga. Entretanto, dessa vez, na revisão de vida, ele estava no lugar *da outra parte* e sentiu cada soco que desferira naquele homem – 32 ao todo, ele disse – antes de desmaiar na calçada.

Essa inversão de papéis na revisão de vida, na qual nos encontramos experienciando *diretamente* os efeitos dos nossos atos em outras pessoas, não aconteceu apenas com Tom. Na verdade, como veremos num instante, em geral ela é encontrada nos relatos de revisões de vida e parece forçar aqueles que experienciam essa surpreendente reviravolta empática a compreender as suas lições de vida com toda a força de um soco psíquico.

Portanto, para que você tenha uma idéia do que esse processo provoca, bem como os seus efeitos na pessoa, gostaria de convidá-lo *agora* a executar um pequeno exercício – um exercício de identificação imaginativa. Isso o ajudará a incorporar as lições da revisão de vida na sua vida *agora* e a tornar seus os *insights* recebidos por outras pessoas.

UM EXERCÍCIO DE REVISÃO DE VIDA

Ao examinar um pouco da literatura sobre a revisão de vida, consegui localizar com muita facilidade uma série de relatos nos quais são mencionados não apenas o efeito da inversão de papéis, mas também os sentimentos que ela provocou e o que ela ensinou. A seguir, quero apenas compartilhar esses trechos com você, sem comentários, mas gostaria de lhe pedir para lê-los de determinada maneira e com uma intenção específica. *Primeiro, leia devagar cada uma dessas reflexões e, ao terminar, faça uma pausa de um ou dois minutos para refletir sobre aquilo que o escritor acabou de dizer. Ao fazê-lo, tente sentir o que essas pessoas sentiram, colocando-se no lugar delas.*

Eis o primeiro, que consegui numa circular do grupo da IANDS de Seattle.

> FLASH! Cores brilhantes saíam de dentro de mim, sendo exibidas à nossa frente [ela estava com um grupo de pessoas cujos rostos irradiavam um amor incondicional], como um teatro flutuando no ar. Era uma visão panorâmica, tridimensional, da minha vida, de cada aspecto da minha vida. Tudo o que eu dissera ou fizera, ou mesmo pen-

sara, estava lá, para todos sentirmos. Eu repensei cada pensamento, reexperienciei cada sentimento, como ele acontecera, imediatamente. E eu também senti como os meus atos, ou até mesmo apenas os meus *pensamentos*, afetaram os outros. Quando critiquei alguém, eu me sentia fazendo aquilo. Então, eu trocava de lugar e sentia o que a pessoa sentiu ao receber de mim aquela crítica. Então, eu voltava aos meus sentimentos, para ser capaz de responder ao drama que acabara de testemunhar e experienciar, para reagir, por exemplo, com vergonha ou remorso por causa daquele episódio. Numerosos atos ou pensamentos, derivados da minha própria mesquinhez, crueldade ou raiva, me faziam sentir o conseqüente sofrimento das outras pessoas. Eu sentia isso mesmo quando, na ocasião em que magoara alguém, eu decidira ignorar como aquilo a afetaria. E eu senti a sua dor durante todo o tempo em que elas foram afetadas pelo que eu fizera. Como eu estava numa dimensão diferente, onde o tempo não pode ser medido, da maneira como o conhecemos na Terra, era possível saber tudo isso e sentir tudo ao mesmo tempo, instantaneamente, e com a capacidade para compreender toda essa informação!

DE *REFLECTIONS ON LIFE AFTER LIFE*, DE RAYMOND MOODY:
Então, era como se houvesse um espetáculo à minha volta e tudo na minha vida estivesse passando por uma revisão [...]. Quando eu via alguma coisa [...] era como se eu estivesse vendo com os olhos do conhecimento onipotente (acho que você diria assim), guiando-me e ajudando-me a ver. Essa é a parte que ficou comigo, porque ela me mostrou não apenas o que eu fizera, mas *até mesmo como o que eu fizera afetara outras pessoas* [...] porque eu podia sentir aquelas coisas [...] eu descobri que nem mesmo os pensamentos são perdidos [...] cada pensamento estava lá. (p. 35)

DE *HEADING TOWARD OMEGA*, DE KENNETH RING:
De repente [...] a minha vida passou diante de mim [...]. O que aconteceu é que senti cada emoção que eu sentira na minha vida. E os meus olhos estavam me mostrando a base de como aquela emoção afetara a minha vida. O que a minha vida fizera até aquele momento para afetar a vida de outras pessoas, usando o sentimento de puro amor que me envolvia como um ponto de comparação. E eu fizera um trabalho terrível. Deus, é sério! [...]. Olhar para si mesmo no

que se refere à quantidade de amor que você distribui para as outras pessoas é devastador. (p. 71)

De *The light beyond*, de Raymond Moody:
[Durante a sua revisão de vida], lembro de um incidente em particular [...] quando era criança, eu tirei a cesta de Páscoa da minha irmã mais nova, porque lá havia um brinquedo que eu queria. Contudo, na revisão, senti os seus sentimentos de desapontamento e de perda e de rejeição. O que fazemos às outras pessoas quando agimos mal! [...]. Tudo o que você fez está lá na revisão para você avaliar (e) quando eu estava lá, naquela revisão, não havia nenhum refúgio. Eu era as pessoas que magoara e era as pessoas que ajudara a se sentirem bem [...]. É um verdadeiro desafio, cada dia da minha vida, saber que, quando eu morrer, vou ter de testemunhar cada ato novamente, só que, dessa vez, de fato sentindo os efeitos que tive nos outros. Por certo, isso me faz parar e pensar. (pp. 37-8)

De outra circular da *iands de Seattle*:
Ela continuou a mostrar cada evento dos meus 22 anos de vida, numa espécie de revisão panorâmica em três dimensões [...]. O brilho me mostrou cada segundo de todos aqueles anos, em detalhes, no que pareceu ser apenas um minuto no tempo. Observar e reviver todos aqueles eventos da minha vida mudou tudo.

Foi uma oportunidade para ver e sentir todo o amor que eu compartilhara e, mais importante, todo o sofrimento que eu causara. Fui capaz de reviver, simultaneamente, não apenas os meus sentimentos e pensamentos, como os das outras pessoas com as quais eu interagira. Ver a mim mesma pelos olhos delas foi uma experiência humilhante.

De *Coming back*, de P. M. H. Atwater:
A minha não foi uma revisão, mas uma revivência. Para mim, foi reviver *cada* pensamento que eu pensara, *cada* palavra que eu pronunciara e *cada* ato que eu realizara; *e mais*, o efeito de cada pensamento, palavra e ato em todos os que fizeram parte do meu ambiente ou esfera de influência, quer eu os tenha conhecido ou não [...]. Nenhum detalhe foi omitido. Nenhum erro ou ofensa foi esquecido. Nenhum engano ou acidente passou despercebido. Se existe inferno, no que me diz respeito, isso era o inferno. (p. 36)

DE *WHOLE IN ONE*, DE DAVID LORIMER:
[Um prisioneiro viu um rolo de papel começar a desenrolar diante dos seus olhos e comenta:] E as únicas imagens nele eram as imagens das pessoas que eu magoara. Parecia não ter fim. Muitas dessas pessoas eu conhecera ou vira. Então, havia centenas que eu nunca vira. Essas eram as pessoas que eu prejudicara indiretamente. Assim, a história minuciosa da minha longa carreira criminosa foi revivida, além de todos os pequenos danos que eu infligira inconscientemente com minhas palavras impensadas, meus olhares e omissões. Aparentemente, nada foi omitido nesse pesadelo de injúrias, mas a coisa mais apavorante foi que cada sofrimento que eu causara aos outros era agora sentido por mim, enquanto o rolo de papel era desenrolado. (p. 23)

Por ter usado essas citações em minhas aulas e *workshops*, sei que é difícil assimilá-las de uma só vez. Nos grupos para os quais elas foram apresentadas, testemunhei muitas pessoas ficando profundamente pensativas ao refletir sobre essas observações e, mais tarde, ao discuti-las, algumas até mesmo choravam. Se você está se sentindo assim, apenas lendo, imagine como se sentiram as pessoas que experienciaram uma EQM!

Mas não basta apenas notar que esses comentários tendem a provocar reflexões profundas e fortes emoções nos leitores. Para perceber melhor o impacto total dessas observações e, mais importante, para começar a torná-las relevantes na sua vida, precisamos dar um passo adiante nesse exercício.

Por favor, pegue uma folha de papel em branco ou, se tem um diário, pegue-o agora. Ou, se preferir, vá para a máquina de escrever ou para o computador. De qualquer modo, eis o que eu quero que você faça nos próximos dez ou 15 minutos (ou mais, se você quiser). Comece com essa frase e então continue escrevendo:

Quando reflito sobre esses comentários com relação à minha própria vida, eu...

Ao terminar, você pode ou não sentir vontade de continuar lendo este capítulo. Não importa – ele esperará pacientemente até os seus olhos voltarem a ler as palavras restantes.

UM COMENTÁRIO SOBRE O EXERCÍCIO DA REVISÃO DE VIDA

Se você tivesse participado de um dos meus *workshops* nos quais utilizo esse exercício, eu lhes teria pedido, depois que todos tivessem acabado de escrever, para formarem pequenos grupos de quatro ou cinco pessoas e compartilharem as reações aos comentários sobre a revisão de vida e, se isso os deixasse confortáveis, para falar sobre o que escreveram a respeito dela com relação à própria vida. A seguir, eu teria pedido a todos para voltar ao grupo como um todo e iniciaria uma discussão geral.

Como sugeri, essas partes subseqüentes do exercício, aumentadas pelo contexto do grupo, podem ser muito poderosas e geradoras de importantes *insights* para os participantes. Infelizmente, ao fazer o exercício sozinho, você não pode colher esses benefícios adicionais, mas existem pelo menos duas coisas que você pode fazer para aumentar o seu impacto de maneira comparável àquela que ocorre em um grupo.

Primeiro, sei que alguns dos participantes levam para casa cópias da folha que distribuo contendo esses trechos, para poderem reproduzi-las e usá-las em pequenos grupos de sua escolha – com colegas, amigos e familiares, por exemplo. Eu o encorajo a fazer o mesmo. Copie as páginas relevantes deste livro ou datilografe esses trechos numa folha de papel para reproduzi-los posteriormente, e, então, execute a sua própria versão deste exercício, encerrando com uma discussão em grupo.

Segundo, no material seguinte deste tópico, gostaria de tratar de alguns dos principais temas que, em geral, surgem das discussões que mantenho com esses grupos.

Talvez a descoberta mais óbvia – e importante –, expressa de uma maneira ou de outra, seja a de que esse exercício nos força a pensar no significado da Regra de Ouro de maneira totalmente nova. A maioria de nós está acostumada a considerá-la principalmente como um preceito para a ação moral: "Faça aos outros aquilo que você gostaria que lhe fizessem". Mas, à luz desses comentários sobre a revisão de vida, a Regra de Ouro é muito mais do que isso – é, *de fato, a maneira como ela funciona*. Em resumo, se esses relatos de fato nos revelam o que experienciamos no momento da morte, então o que fizemos aos outros é *experienciado* como feito a nós. Conselhos familiares, como "Ama o próximo como a si mesmo", do ponto de vista da revisão de vida, querem dizer que você mesmo *é o próximo que está sendo aconselhado a amar*. E essa não é uma mera convicção intelectual ou mesmo um credo religioso – é *um fato inegável da sua experiência vivida*.

Esse *insight* torna-se evidente por si mesmo para as pessoas que passaram por uma revisão de vida e, algumas vezes, leva-as a valorizar mais profundamente essa injunção religiosa universal, razão pela qual ela deve ser verdadeira. Nesse sentido, uma afirmação característica foi apresentada num artigo de uma correspondente minha, Minette Crow, recentemente falecida e que teve a sua EQM em 1954. Ela disse ter percebido que:

> [...] não importava o que eu fizera a qualquer pessoa – não importava qual poderia ter sido a ação, boa ou má – aquela ação provocaria uma reação não somente em mim, mas também em todos ao meu redor. Eu sabia que cada ação tinha a sua própria reação. Aquilo que fazemos a favor ou contra outra pessoa, fazemos a nós mesmos. Compreendi totalmente o que Jesus queria dizer quando afirmou: "Quantas vezes vós fizestes isto a um destes meus irmãos, a mim é que o fizeste".[10]

Uma outra maneira de colocar isso seria dizer que a revisão de vida demonstra que, psicológica e espiritualmente, só existe de fato uma pessoa no Universo – e essa pessoa, naturalmente, é você. Cada ato, cada pensamento, cada sentimento, cada emoção dirigidos a outra pessoa – quer você a conheça ou não – mais tarde será *experienciado* por você. Tudo o que você transmite, volta – do mesmo modo como Tom Sawyer sentiu cada um dos 32 socos que perversamente desferiu em sua vítima vencida. Lembre-se de que uma dessas pessoas mencionadas disse ter aprendido essa lição na revisão de vida: "Eu era as pessoas que eu magoara e eu era as pessoas que eu ajudara a se sentirem bem". Da próxima vez que você

---

10. Myra Ka Lange, "To the top of the universe", *Venture Inward* (maio/jun., 1988), pp. 40-5. (Myra Ka Lange era o pseudônimo de Minette Crow nesse artigo.)

estiver no meio de uma discussão acalorada com alguém, talvez você pare no meio de uma frase ao perceber que as suas agressões verbais um dia, inevitavelmente, refletirão de volta para você no espelho inclemente da sua vida.

Não sei quanto a você, mas meditar sobre essas implicações da revisão de vida também me faz pensar na justiça de outra maneira. E fico pensando se poderia haver uma forma de justiça *mais perfeita* do que essa: Tudo o que você faz se torna seu. Não que sejamos recompensados pelos bons atos ou punidos pelos maus; apenas que recebemos de volta aquilo que demos, *exatamente* como fizemos. O amor desinteressado oferecido ao seu filho é o amor que você experiencia lhe sendo presenteado. E, do mesmo modo, uma palavra indiferente, que fere os sentimentos de alguém, volta para você – uma a uma, perfeitamente, sem nenhuma possibilidade de erro. Que Solon poderia ter imaginado alguma coisa mais justa?

Por sua vez, essas reflexões sugerem a revisão de um aspecto da EQM que parece causar problemas a muitas pessoas. Muitas vezes, depois de uma palestra sobre EQMs, as pessoas perguntam se *todos* irão finalmente ficar na presença da Luz e receber as bênçãos incomparáveis que ela parece estender a qualquer pessoa. Por trás dessa pergunta, em geral está a insinuação de que algumas pessoas deveriam ser eliminadas dessa experiência – estupradores, por exemplo, ou pessoas que levaram uma vida moralmente repreensível (ou mesmo, para alguns fundamentalistas, pessoas que não podem "ser salvas").

A resposta que ouvi de diversas pessoas que passaram por uma EQM é sem restrições: todos, afirmam elas, entrarão nessa Luz. A Luz é incondicional e não tem favoritos. Invariavelmente, essa resposta provoca uma reação agitada na platéia e alguém sempre joga a carta mais alta: "Até mesmo Hitler?", alguém perguntará com incredulidade.

Lembro-me de uma resposta dada a essa pergunta por uma amiga minha que, quando criança, sofreu severo abuso sexual e físico por parte do pai. Quando estava na Luz, ela perguntou telepaticamente: "Todos vêm para cá?". A resposta foi "Sim". Então, ela fez a pergunta que representa o limite para a maioria das pessoas: "Até mesmo Hitler?". "Sim." Então, pressionando ainda mais a Luz, ela perguntou: "Até o meu pai?". Novamente, "Sim".

Mas, quando falou do seu encontro com a Luz, ela também mencionou o outro lado da moeda – a revisão de vida. Lembre-se daquilo que as pessoas mencionadas disseram:

> Numerosos atos ou pensamentos, derivados da minha própria mesquinhez, crueldade ou raiva, me fizeram sentir o conseqüente sofrimento das outras pessoas. Sentia isso mesmo quando, na ocasião em que magoara alguém, eu decidira ignorar como aquilo o afetaria. E eu senti a sua dor durante todo o tempo em que essas pessoas foram afetadas pelo que eu fizera.

P. M. H. Atwater, repetindo os comentários que ouvi de outras pessoas, disse que o fato de precisar reviver o que fizera, pensara e sentira a respeito dos outros, foi o inferno para ela. E o prisioneiro, que de fato tinha uma longa carreira criminosa, disse, numa passagem cuja relação com as atrocidades de Hitler não pode ser ignorada: "Aparentemente, nada foi omitido nesse pesadelo de injúrias, mas a coisa mais apavorante foi que o sofrimento que eu causei em outras pessoas era agora sentido por mim enquanto o rolo de papel desenrolava".

Outra vez, a justiça aparentemente perfeita. Dessa perspectiva, você pode imaginar como deve ter sido a revisão de vida de Hitler? Podemos até mesmo imaginar se ela já terminou!

Essas reflexões, por mais que satisfaçam a nossa necessidade de ver a justiça feita, em especial a personalidades históricas moralmente depravadas, mesmo assim são muito perturbadoras para a maioria das pessoas. Nenhum de nós, obviamente, viveu uma vida irrepreensível; todos fizemos coisas das quais nos envergonhamos muitíssimo e agora precisamos viver com o conhecimento de que a sombra desses atos nos perseguirá como um fantasma não exorcizado. E então, há aquelas ações cujas conseqüências talvez não conheçamos, mas cujos efeitos, nem sempre agradáveis, seremos forçados a experienciar durante a revisão de vida. Tais pensamentos – e talvez você tenha pensado assim enquanto escrevia – provavelmente são perturbadores, até mesmo profundamente angustiantes, para muitos de nós. Apenas pensar neles é agora um fardo que ninguém gostaria de carregar e, no entanto, parece não haver nenhuma maneira honesta de nos livrarmos deles.

Mas, no final, há uma maneira de chegar a um acordo com esse problema que ameaça nos esmagar com expectativas sombrias e terríveis, de proporções quase dickensianas. E é uma maneira que pode surgir como uma surpresa quase boa demais para ser verdade. Pois o fato incontestável é que, nessas revisões de vida, a justiça, aparentemente, é sempre amenizada por uma espécie de compaixão que permite que a maioria das pessoas reviva a sua vida sem ranger os dentes de angústia e remorso.

Nunca há nenhuma censura – você não é julgado.
Você está na presença de um ser que o ama incondicionalmente.
Você é tratado com total compaixão.
Você sempre é perdoado.
Só lhe pedem para você olhar a sua vida e compreender.

Embora a revisão de vida possa ser o preço pago para entrar na Luz, a presença dentro da Luz irá ajudá-lo a passar por aquilo com a maior e mais delicada compaixão e amor e, algumas vezes, com humor. Você não está sendo castigado; *você está vendo*, para que possa aprender.

Agora, você compreenderá que, por motivos pedagógicos pessoais, eu deliberadamente não mencionei uma característica crucial do processo de revisão de vida que completa e possibilita a absorção das suas lições sem autocensura ou culpa. Portanto, para apresentar a imagem completa da revisão de vida agora, precisamos voltar a alguns dos comentários citados, só que, dessa vez, permitindo que os seus autores contem como foram carinhosamente ajudados a assimilar na sua vida aquilo que lhes foi mostrado. Novamente, o que é verdade para a pessoa que passou por uma EQM, é verdade para todos: na revisão de vida, você jamais precisa ter medo de ser julgado por uma força fora de si mesmo.

A REVISÃO DE VIDA COMO UM PROCESSO NÃO CRÍTICO

Na série de citações que utilizei para o exercício da revisão de vida está a de uma mulher que encerrou seus comentários observando que ver a si mesma pelos olhos dos outros foi uma experiência humilhante. Porém, é mais instrutivo ouvir o que ela acrescenta logo depois para obter o equilíbrio que mencionei:

> E, no entanto, enquanto eu revivia a minha vida, ninguém estava me julgando. Ninguém apontou o dedo para os horrores, ou me culpou por qualquer um dos meus erros. Havia apenas a presença irresistível de aceitação completa, total receptividade e amor profundo.

Essas afirmações são, na verdade, bastante típicas das pessoas que passaram por uma revisão de vida. Outra mulher, uma australiana minha amiga, disse quase a mesma coisa numa carta que me escreveu, mas acrescentou algo significativo sobre a função educativa da revisão de vida: "Eu senti a dor, a alegria, a vergonha de tudo, incluindo a maneira como os outros, cuja vida eu tocara, haviam sentido. No entanto, nem uma vez o Ser me condenou. Ele apenas disse: 'Você estava aprendendo'.

Um homem da Califórnia, também numa carta, repetiu o mesmo refrão nessas palavras:

> A revisão da minha vida começara e eu sabia que tudo o que ocorrera na minha vida já era conhecido por mim e por Cristo. A revisão não aconteceu para que eu fosse castigado, mas para que eu pudesse ter a oportunidade de aprender as lições que não aprendera com a minha vida. Enquanto a revisão continuava, eu podia ver que não era um julgamento, mas uma maravilhosa experiência de vida.

Um homem que entrevistei para *Life at death* falou em estilo semelhante:

> Era como se eu tivesse que ver algumas das coisas boas que eu fizera e alguns erros que eu cometera, você sabe, e tentar compreendê-los. Era como: "Tudo bem, veja por que você sofreu o acidente. Veja por que isso aconteceu. Por causa disso e daquilo e do outro [...]". Mas não havia *sentimento* de culpa. Estava *tudo bem*.[11]

---

11. Ring, *Life at death*, op. cit., p. 73.

Anteriormente, neste capítulo ouvimos o médico sueco Göran Grip, que descreveu a maneira paciente, não moralizadora, com a qual o ser de luz que estava orientando a sua revisão de vida tentou instruí-lo. A esse respeito, um outro comentário nos ajuda a avaliar como esse tipo de ensino não crítico atinge a mente de uma criança de cinco anos:

> Eu tinha certeza de que se eu aceitasse as suas sugestões ele não ficaria exultante, dizendo: "Booooom menino", e se eu as rejeitasse, ele não ficaria de mau humor, nem tentaria me fazer mudar de idéia. Eu me sentia totalmente livre e respeitado. Não preciso dizer que as suas sugestões eram todas para que eu tivesse uma atitude mais amorosa e compreensiva [...]. E, apesar de ter experienciado novamente a inveja, o ódio, a humilhação e a solidão, dessa vez elas estavam inundadas pelo seu amor e pela força que ele me dava.

Essas elaborações do *contexto* não crítico da revisão de vida nos permitem criar um modelo mental mais exato para lidar com o seu *conteúdo*, algumas vezes doloroso, sem nos sentirmos extremamente tensos ou culpados. O ser ou seres que parecem controlar esse processo demonstram tanta consideração compassiva, amorosa e compreensiva, que o indivíduo pode passar pelos eventos mais difíceis da sua vida com relativa serenidade. E, mesmo quando os limites de uma pessoa são temporariamente ultrapassados, esses maravilhosos seres amorosos ainda encontram maneiras para evitar que a chama do auto-exame queime a nossa alma. Um exemplo disso é a história de um homem, da qual já citei um fragmento:

> Eu sentia intensamente que toda a revisão de vida teria sido emocionalmente destrutiva [...] se não fosse pelo fato de o meu amigo [o ser de luz] e os amigos do meu amigo terem me amado enquanto eu observava tudo. Eu podia sentir aquele amor. Toda vez que eu ficava um pouco perturbado, eles paravam a revisão por algum tempo e apenas me amavam. O seu amor era tangível. Você podia senti-lo no corpo, podia senti-lo dentro de você; o amor deles o atravessava.
> A terapia foi o seu amor, porque a minha revisão de vida apenas continuava me deixando arrasado. Era deplorável observar, simples-

mente deplorável [...] era repugnante. Mas durante todo o tempo havia o seu amor.[12]

Ao escutar os relatos que apresentei neste tópico, é difícil não sentir que, sejam quais forem as transgressões de uma pessoa, da perspectiva aparentemente onisciente do ser de Luz, o perdão já está implícito. E, na verdade, algumas vezes, essa sugestão de perdão é apreendida diretamente, como num dos casos que citei quando um homem disse: "Eu sentia dentro de mim o seu perdão pelas coisas em minha vida das quais eu me envergonhava, como se elas não tivessem muita importância".

Outros, conforme mencionei, fizeram confissões semelhantes. Uma amiga minha escreveu que, no meio do seu encontro com a Luz, ela descobriu que fora transformada e que "os meus erros, pecados e culpa haviam sido perdoados sem que eu pedisse". Outra mulher contou que, na sua revisão de vida, ela também sabia que "você foi perdoada de todos os seus pecados".

Mas, novamente, precisamos lembrar que aqui há um equilíbrio: pode não haver culpa, mas, com certeza, há o auto-exame na revisão de vida. O ser de Luz o abraça, por assim dizer, com um amor incondicional para que você veja a si mesmo verdadeiramente – sem culpa e objetivamente –, para que você possa tornar-se um *juiz perspicaz de si mesmo*. Para não cometer nenhum engano a esse respeito, você ainda precisa encarar a si mesmo e aprender com os seus atos. A revisão de vida não o tira de uma situação difícil, mas, simplesmente, o suspende para que você possa ver e compreender a sua vida como uma totalidade.

E, naturalmente, as pessoas que experienciaram uma EQM compreendem isso – e são sinceras ao afirmar que, embora o ser de Luz jamais julgue, *elas julgam a si mesmas.*

Por exemplo, a última mulher que citei com relação ao perdão de pecados fez este comentário:

> Você está julgando a si mesmo. Você foi perdoado de todos os seus pecados, mas será que é capaz de se perdoar por não ter feito

---
12. Arvin S. Gibson, *Glimpses of eternity* (Bountiful, UT: Horizon, 1992), p. 281.

as coisas que deveria e por algumas pequenas trapaças que talvez tenha feito na sua vida? Esse é o julgamento.[13]

Quando perguntei a Neev se ele se sentira julgado durante a sua EQM, ele respondeu:

> Eu realmente não vi ninguém me julgando. Era mais como se eu estivesse julgando a mim mesmo naquilo que fiz e em como aquilo afetou todas as pessoas. Acho que eu estava aprendendo a meu respeito e sobre como eu me encaixo no quebra-cabeça da vida de todas essas pessoas.

Finalmente, uma observação semelhante foi feita por um australiano que lembrou de uma EQM quando tinha 14 anos de idade:

> Eu disse à Luz que achava que havia um julgamento para muitas pessoas e que eu esperava que ela me julgasse com severidade. Ela disse: "Oh, não, isso não acontece". Contudo, a meu pedido, eles passaram novamente os eventos que haviam acontecido em minha vida [...] e eu fui o juiz.[14]

Assim, afinal de contas, há uma espécie de julgamento na revisão de vida, mas o único juiz é você. Esse é um outro exemplo de justiça perfeita aplicada pela revisão de vida, mas sempre realizada sob a proteção amorosa e sábia dos seres cujo único objetivo parece ser a nossa própria compreensão e auto-aceitação.

CONCLUSÕES

Neste capítulo, examinamos, por assim dizer, a anatomia geral da revisão de vida, exploramos as suas principais características e iniciamos a tarefa de compreender o que e como ela tenta ensinar o indivíduo sobre a própria vida e, na verdade, como devemos

---

13. Ring, *Heading toward Omega*, op. cit., p. 70.
14. Bruce Elder, *And when I die, will I be dead?* (Crows Nest, NSW, Austrália: Australian Broadcasting Corporation, 1987), p. 24.

viver neste mundo. Empreguei a frase "iniciamos a tarefa de compreender" deliberadamente, porque por mais que você sinta que penetramos em profundidade na natureza da revisão de vida, posso lhe garantir que devemos penetrar ainda mais fundo se desejarmos extrair todas as suas lições para a *nossa* vida, isto é, para aqueles de nós que não passamos por uma EQM. Naturalmente, começamos a fazê-lo neste capítulo, mas existem outros *insights* práticos a serem obtidos com uma exploração mais minuciosa das características da revisão de vida.

Uma das limitações deste capítulo, que você deve ter notado, é que, ao ilustrar as diversas facetas da revisão de vida, escolhi apresentá-las sob a forma de trechos isolados – fragmentos de muitos relatos – para que você pudesse começar a formar na sua mente uma imagem total desse fenômeno complexo. Mas, nenhuma explicação da revisão de vida seria considerada completa sem exemplos de episódios completos, do início ao fim, para que o alcance total e a forma dos seus extraordinários ensinamentos possam tornar-se evidentes. Assim, o próximo capítulo mudará o nosso foco da revisão de vida, dando um *zoom* e permitindo que muitas das suas características gerais se tornem visualmente acessíveis para nós, naquilo que Blake chamaria de seus "mínimos detalhes". E nós, também, veremos o céu nesses grãos de areia.

Capítulo 7

A revisão de vida como o instrumento definitivo de ensino

Você é um garoto de oito anos. É verão e você está livre para brincar e fazer travessuras. Mas, um dia, o seu pai lhe dá uma tarefa. Você deve cortar a grama para tia Gay e arrancar as ervas daninhas do quintal. Você adora a sua tia e ela gosta muito de você. Ela já o levara até o quintal para falar dos seus planos para algumas flores do campo que cresciam em pequenas trepadeiras no lugar que seu pai lhe pediu para arrancar as ervas daninhas.

"Não mexa nelas", sua tia dissera, "e assim que elas florescerem, vou fazer tiaras para todas as meninas e colares floridos para alguns dos meninos."

Mas, agora, o seu pai lhe disse para cortar aquelas plantas. Sendo um menino atencioso, você pensa nas alternativas. Você poderia dizer a seu pai que a sua tia quer que as plantas cresçam. Se mesmo assim ele insistisse que elas fossem cortadas, você poderia explicar para sua tia que você foi forçado a cortá-las. Ou você poderia pedir à sua tia para conversar com o seu pai. Ou, é claro, você poderia apenas ir em frente e arrancar as plantas. Agora, vamos entrar em sua cabeça e ouvir o que a sua mente de oito anos de idade está pensando.

"Eu decidi cortar as plantas. Bem, pior do que isso, eu até mesmo inventei um nome para a tarefa. Eu a chamei de 'Operação Arranca-tudo'. Deliberadamente, decidi ser malvado. E fui em frente, sentindo a autoridade que o meu pai me deu quando disse para cortar a grama e as ervas daninhas. Eu pensei: 'Uau! Eu consegui. Eu fiz. E, se algum dia a tia Gay disser qualquer coisa, eu apenas lhe direi que o meu pai me mandou fazer aquilo. Ou, se o meu pai perguntar alguma coisa, responderei que foi isso que ele me mandou fazer'. E a culpa não terá sido minha. E eu ficarei bem. Fim da história."

Você faz o trabalho e a sua tia Gay nunca diz nenhuma palavra. Você fica aliviado – conseguiu sair totalmente impune. E, com o tempo, esquece tudo sobre esse incidente.

Agora, um quarto de século depois, você está com trinta e poucos anos de idade e um dia, em maio, enquanto trabalhava embaixo do carro na garagem, o apoio que sustentava o veículo cai e você fica preso. Antes de ser retirado de lá, você tem uma EQM e passa por uma revisão de vida. Posteriormente, é isso o que você tem a dizer:

> Adivinhe! Eu não só revivi [esse incidente] na minha revisão de vida, mas também revivi cada pensamento e atitude – até mesmo a temperatura do ar e coisas que eu não poderia ter avaliado quando tinha oito anos de idade. Por exemplo, eu não sabia quantos mosquitos estavam naquela área. Na revisão de vida, eu poderia tê-los contado. Tudo era mais preciso do que possivelmente poderia ser percebido na realidade do acontecimento original.
>
> Eu não apenas revivi a minha atitude aos oito anos de idade e o tipo de excitação e alegria de sair impune de alguma coisa, mas também observei esse acontecimento como um adulto de 33 anos de idade. Mas, foi muito mais do que isso.
>
> Eu me senti exatamente como se eu fosse a tia Gay, alguns dias depois, após as plantas terem sido cortadas, quando ela saiu pela porta dos fundos. Eu conhecia os pensamentos que passeavam pela sua mente. "Oh, meu Deus, o que aconteceu? Oh, bem, ele deve ter esquecido. Mas ele não poderia ter esquecido, todos estavam esperando por isso ansiosamente – Oh, não, pare com isso. Ele nunca fez nada parecido. Eu o amo tanto. Oh, vamos lá, esqueça."
>
> Para lá e para cá, pensando na possibilidade e dizendo para si mesma: "Bem, é possível. Não, ele não é assim. De qualquer modo, não importa. Eu o amo. Nunca falarei nada. Deus me perdoe se ele realmente esqueceu e eu falar e ferir os seus sentimentos. Mas eu

acho que ele fez. Devo confrontá-lo e lhe perguntar?". Pensamento após pensamento. O que estou dizendo é que eu era o corpo da minha tia Gay, eu estava em seus olhos, eu estava em suas emoções, eu estava em suas perguntas não respondidas. Eu senti o desapontamento, a humilhação. Foi arrasador para mim e, enquanto eu sentia isso, a minha atitude mudou muito.

Eu sentia coisas que não podem ser percebidas. Eu me via cortando a grama, de um lugar bastante elevado, como se eu fosse uma câmera. Eu observava tudo. Percebia e sentia e sabia tudo sobre a minha tia Gay, no que se refere ao nosso relacionamento e à Operação Arranca-tudo.

Além disso, eu era capaz de observar a cena, absoluta, positiva, incondicionalmente. Mas sem as terríveis emoções e sentimentos que tia Gay sentiu com relação à sua incerteza, conflito, mágoa e desapontamento. E, no entanto, ela realmente ficou magoada por ter perdido as flores, por não ter feito as coisas que prometera para as crianças e por ter ficado imaginando se eu poderia ter feito de propósito. Mas eu senti tudo isso mediante o amor incondicional dos olhos de Deus.

Nunca houve nada parecido com "Viu? Agora você se sente suficientemente malvado?" ou, "Você realmente foi malvado". Nada disso. Apenas, aos olhos de Deus, um desprendimento simples, puro, completo, total. Nenhuma crítica. Tudo isso simultaneamente com a total devastação emocional daquilo que eu provocara na vida da minha tia. E a arrogância, os pequenos pensamentos insolentes, os sentimentos ruins e a excitação daquilo que eu provocara em minha própria vida naquela tenra idade.[1]

Agora, você é outro garotinho, mais ou menos da mesma idade. Dessa vez, você é judeu e é o dia de Yom Kippur, o dia mais

---

[1]. Obtive esse relato do livro de Sidney Saylor Farr *What Tom Sawyer learned from dying* (Norfolk, VA: Hampton Roads, 1993), pp. 29-31. Ao adaptá-lo para este livro, fiz algumas pequenas alterações no conteúdo e na pontuação e eliminei algumas redundâncias, mas usei o máximo possível as palavras de Tom. Contudo, esse livro é extremamente valioso pelas suas descrições detalhadas de diversos episódios da revisão de vida de Tom e, para esse propósito, eu o recomendo muito, entre outros. No que se refere à sua revisão de vida, consulte em especial as pp. 29-37.

sagrado do ano – o Dia do Perdão. Seus pais levaram você e seu irmão mais novo para a sinagoga e os deixaram sozinhos por um instante enquanto rezavam e meditavam. Você e seu irmão ficaram obedientemente sentados durante algum tempo, mas você começou a ficar entediado e olhou para o seu irmão. Ele tem apenas quatro anos e também está entediado e inquieto. Sem que seus pais percebam, ambos saem sorrateiramente. Lá fora, no estacionamento, você encontra um carrinho de supermercado. Você coloca o seu irmão dentro dele e começa a empurrá-lo, só para se divertir.

Em seguida, você vai para o topo de uma colina e, num impulso, empurra o carrinho e o observa enquanto ele começa a descer a colina. Horrorizado, você percebe que o seu irmão está indo na direção da parede e vai chocar-se com ela – com força. Mas você fica paralisado até ocorrer o acidente. Só depois você corre e descobre que seu irmão bateu a cabeça na colisão e está sangrando muito. Agora, você realmente conseguiu!

Dez anos depois, durante a sua EQM, você passa por uma revisão de vida e revive toda a cena. Agora, é assim que você a vê:

> A princípio, na revisão de vida, havia alegria e divertimento e felicidade. Era realmente um sentimento gostoso. Eu podia sentir o meu irmão e eu, podia sentir a ligação entre nós. Então, de repente, dentro de mim, as coisas mudaram, tornando-se diferentes, mais corruptas – de certo modo, mais perversas. Por capricho, decidi empurrá-lo pela colina e deixá-lo por conta própria.
>
> E eu podia sentir o que o meu irmão sentia; a princípio, excitação. Você sabe: "Eu estou indo tão depressa, estou indo realmente depressa", sabe, uma verdadeira emoção para ele. E então, quando ele viu a parede se aproximando e percebeu que não podia desviar, a excitação transformou-se em pânico e medo e angústia. E não é como se eu observasse o seu pânico. Eu *sentia* o seu pânico. E eu me sentia, no topo da colina, percebendo o que eu fizera. E só depois que ele bateu na parede foi que eu corri para ver se ele estava bem.
>
> Mas na revisão, vi como eu agira e senti tudo o que fizera. E foi chocante para mim ver que, a princípio, eu tentara esconder o que acontecera. "Você está bem, nada aconteceu, não se preocupe." E então percebi que não podia fazer isso. Era como um conflito interior que se repetia. Eu o sentira quando tinha sete ou oito anos [na

A revisão de vida como o instrumento definitivo de ensino | 233

época do acidente] e, então, senti novamente durante a revisão de vida. E, durante a revisão de vida, ele pareceu estúpido. Quero dizer, por que esconder, isso não vai ajudar em nada. Alguém vai descobrir, isso apenas o está magoando.

E só depois que o meu irmão percebeu que estava com a cabeça sangrando é que ele ficou aterrorizado. E eu senti esse medo e sofrimento intensos. Eu o levei de volta para a sinagoga. Eu não sabia o que fazer e estava em pânico. E esse é o dia mais sagrado e todos estão rezando – é um dia no qual você não deve fazer uma coisa assim!

E eu corri para dentro e havia uma senhora à nossa direita, entrando pelas portas de vidro. E ela viu – e eu senti, vindo dela, algo como: "Oh, meu Deus, o que aconteceu", e uma espécie de medo. Isto é, eu senti isso *na revisão de vida*. Quando aconteceu, eu mal prestei atenção nela.

Eu corri para dentro com ele. E comecei a gritar: "Há um médico aqui, há um médico aqui?". Naturalmente, muitas mãos se levantaram "Eu sou médico". E isso também provocou um caos.

E na revisão de vida é como se eu tivesse sentido todo o caos. E eu senti todas as pessoas. É como se fosse um bombardeio de sentimentos, preocupações, emoções, raiva – e como se todos estivessem correndo. Como se você estivesse numa multidão e todos estivessem correndo na sua direção e você estivesse se sentindo encurralado. Bem, na revisão, eles não apenas estavam correndo na minha direção, eles estavam jogando todas as suas emoções em mim, todos esses sentimentos. E todos eles estavam me atingindo e eu os estava sentindo.

Mas quando isso realmente aconteceu, eu só sabia que estava causando um tumulto, mas estava insensível aos seus sentimentos. Eu estava pensando mais ou menos isto: "Cuidem dele, sinto muito ter feito isso". Mas era só isso. Eu realmente não via nada do que estava acontecendo.

Percebi que as primeiras pessoas estavam chegando – elas estavam examinando o meu irmão e ele estava em pânico com todas aquelas pessoas dizendo que acontecera algo com ele. Ele não sabia o que estava acontecendo. Os médicos estavam preocupados com o ferimento na sua cabeça. Eles não estavam em pânico, estavam trabalhando num frenesi. E todas essas pessoas estavam se acotovelando em volta dele. E então, havia pessoas que estavam extremamente zangadas porque as suas preces foram interrompidas nesse dia por algum garoto que deveria estar sendo vigiado pelos pais.

E quando a minha mãe chegou, a princípio ela estava zangada porque os seus filhos estavam provocando aquele tumulto – ela estava irritada. Ela ficou furiosa porque era religiosa e esse dia era muito importante para ela. Então, quando ela viu o que acontecera, percebeu que o meu irmão estava machucado, e a raiva transformou-se em medo, porque ela não sabia o que acontecera e queria cuidar do meu irmão.

Na revisão de vida, lembro-me de ter sentido como se alguma coisa estivesse me apunhalando, vinda dos sentimentos da minha mãe. Era como se todas as suas emoções estivessem misturadas, ela não sabia o que estava acontecendo. Estava confusa. E precisava saber e precisava abraçá-lo e cuidar dele e, mesmo assim, ela se sentia mal por minha causa. Mas ela também estava muito zangada comigo.

Na revisão de vida, eu senti, basicamente, o que todos à minha volta sentiam, ao mesmo tempo. Eu estava observando e eu estava fazendo. E experienciei os dois aspectos ao mesmo tempo. Mas eu não via ninguém me julgando. Era mais como se eu estivesse me julgando por aquilo que eu fizera e pela maneira como aquilo afetara a todos.[2]

Essas histórias, como você compreenderá, não descrevem incidentes imaginários, embora eu as tenha apresentado de maneira a convidá-lo a imaginar que elas aconteceram com você. Elas foram obtidas de relatos verdadeiros de pessoas que experienciaram uma EQM: a primeira é de Tom Sawyer – de cujo encontro pugilístico envolvendo a inversão de papéis você se lembra do capítulo anterior – e a segunda, da minha entrevista com Neevon Spring. Obviamente, as duas histórias são semelhantes, pois envolvem meninos da mesma idade, fazendo travessuras que os garotos costumam fazer. Embora no caso do irmão de Neev pudesse haver a possibilidade de um dano sério, ambas são exemplos de travessuras comuns, que quase todos fizemos na infância. E, mesmo assim, na

---

2. Esse relato foi extraído de minha entrevista com Neevon Spring em 20 de maio de 1994. Em alguns trechos, alterei ligeiramente as suas palavras para eliminar algumas das minhas perguntas.

revisão de vida, veja como elas se transformam em acontecimentos da mais profunda angústia e auto-revelação!

Ao examinar esses episódios completos da revisão de vida pelo nosso microscópio (e lembre-se, eu apresentei apenas um episódio dos muitos ocorridos na vida de cada uma dessas pessoas), obviamente podemos ver muito mais detalhes do que antes. E o que revela o nosso exame mais detalhado desses casos?

Aqui, não mencionarei as características que já discutimos – como a experiência a partir de uma perspectiva dupla ou a ausência de julgamento externo – para me concentrar naquilo que é novo para nós.

Naturalmente, já aprendemos que quando um incidente é revivido durante a revisão de vida, a pessoa não passa apenas por ele outra vez da mesma maneira como ele foi originalmente percebido. Mas, com esses casos, podemos começar a descobrir uma elaboração mais importante desse princípio. Na revisão de vida, a pessoa realmente experiencia o episódio como ela *poderia ter feito* na ocasião, caso estivesse totalmente presente nele – sensorial, psicológica e telepaticamente!

Agora, deixe-me explicar essa última frase, pois ela contém muito do que anteriormente estava apenas subentendido.

Primeiro, o evento original e reexperienciado com todos os canais sensoriais abertos. Você se lembra de Tom ter dito que estava novamente consciente da temperatura do ar e de "coisas que eu possivelmente não poderia ter avaliado quando tinha oito anos de idade". Ele até mesmo afirma que, se quisesse, poderia ter contado os mosquitos presentes (uma afirmação fantástica, você poderia dizer, embora eu tenha ouvido declarações semelhantes de outras pessoas que passaram por uma EQM). "Tudo", ele diz, "era mais preciso do que possivelmente poderia ter sido percebido na realidade do acontecimento original."

Quando questionei Neev sobre isso, ele me contou quase a mesma coisa: "Na revisão", ele afirmou enfaticamente, "é como se cada talo de grama fosse óbvio para mim e cada tipo de sensação ou percepção que eu poderia ter – sentimento, toque, cheiro – estivesse ampliado. Não era apenas visual."

Segundo, o nosso grau de *insight* psicológico a respeito de nós mesmos é ampliado. Você enxerga os seus motivos, mesmo que não estivesse totalmente consciente deles na época ou os tenha esquecido, e não há possibilidade de auto-engano. Nem existem mais quaisquer desculpas ou justificativas pouco convincentes para os nossos atos, como aquelas que podem ter surgido na época do acontecimento, para relaxar o nosso comportamento. Como Neev informou mais tarde:

> Quando eu era eu na minha vida outra vez, não me preocupei com desculpas para aquilo que fizera. Não havia desculpas. Eu já fizera aquelas coisas e não podia mudá-las e não podia justificá-las. Agora eu precisava entender por que elas aconteceram e o que acontecerá por causa delas.

E, por fim, e talvez o mais extraordinário de tudo, é que durante a revisão de vida parece haver uma compreensão telepática dos pensamentos e emoções das outras pessoas, a ponto de existir uma identificação quase completa. Vimos isso claramente quando Tom conseguiu entrar na mente da tia e aparentemente saber o que ela estava pensando e sentindo. Na verdade, ele afirma de modo explícito: "Eu senti as coisas exatamente como se eu fosse a minha tia Gay". Da mesma maneira, Neev também fez isso durante a sua revisão de vida, particularmente com o irmão, cujo pânico ele sentiu como se fosse dele, e com a mãe.

Ao comentar outra cena da sua revisão de vida – aquela relacionada à briga com o pedestre –, Tom mostra de maneira extraordinariamente vívida como essa identificação empática pode ser completa:

> Eu também vi o punho de Tom Sawyer vindo diretamente para o meu rosto. E eu senti a indignação, a raiva, a vergonha, a frustração, a dor física. Senti os meus dentes mordendo o lábio inferior – em outras palavras, eu estava vendo com os olhos do homem. Eu estava no corpo do homem. Eu senti tudo daquele inter-relacionamento entre Tom Sawyer e aquele homem naquele dia. Eu senti coisas inacreditáveis a respeito daquele homem e que são de natureza muito pessoal, confidencial e particular.[3]

---

3. Farr, op. cit., p. 33.

Mesmo quando a identificação é com muitas pessoas, como no caso de Neev, a quantidade de informações disponíveis, sobre os seus sentimentos e emoções durante a revisão de vida, pode ser avassaladora e, como Neev contou, ela é sentida como um soco na psique.

O que tudo isso significa? Se pudermos acreditar nesses relatos (e existem outros semelhantes na literatura), eles sugerem que, ao passarmos por uma revisão de vida, *todos os filtros anteriores que podem ter nos afastado de nós mesmos e dos outros são removidos*. Não existe mais nenhuma barreira para a compreensão. Não existe mais separação entre nós e os outros, e a revelação de que o nosso isolamento ilusório como indivíduos nesse mundo é uma farsa. Ele nunca foi real. Você enxerga imediatamente que, em lugar de ter vivido separado dos outros, você sempre é verdadeiramente *uma parte deles* e eles são parte de você.

As implicações dessas percepções, agora auto-evidentes (pelo menos no contexto da revisão de vida), precisam ser examinadas e levam-nos diretamente a outro tema, implícito durante grande parte da nossa discussão anterior sobre a revisão de vida, em especial em nossa reflexão sobre o efeito da inversão de papéis no último capítulo: a interconexão.

A LIÇÃO DA INTERCONEXÃO

Quando consideramos o aspecto da inversão de papéis da revisão de vida no último tópico, vimos, sem sombra de dúvida, que os limites comuns são eliminados durante a EQM, permitindo uma identificação total com o outro. As ilustrações de Tom e Neev, que acabamos de considerar, mostram como essa conexão pode ser profunda e específica. Mas essa característica da revisão de vida pode ser examinada mais ainda, e num nível mais elevado de abstração, podendo agora ser compreendida como um *princípio básico de vida*, a partir do qual a Regra de Ouro é um derivado lógico.

Há apenas alguns dias, recebi outra carta de Roxanne Sumners, a pessoa que apresentei no Capítulo 4. Ela é, você deve se lembrar, uma escritora que passou por duas EQMS na infância, a primeira das quais eu já relatei. Mas, em sua carta mais recente, ela está falando da segunda, ocorrida quando era adolescente. E o que ela me contou, oportunamente, me ajudará a ilustrar esse *insight* básico da revisão de vida:

> Quando eu quase me afoguei no mar aos 17 anos de idade, toda a minha vida estava lá, dentro da luz – mas, em lugar de uma seqüência de acontecimentos, ela veio toda de uma vez. Eu aprendi que o tempo, como pensamos nele, não existe, nem a separação entre nós [...]. Na verdade, era quase como se não existisse nenhum "outro". Eu digo quase porque eu estava autoconsciente, mas sabia que a minha consciência vivia dentro de um complexo padrão que existia eternamente, em todo lugar.

Esse "complexo padrão", eterno, onipresente, do qual Roxanne fala, no qual o seu *self* estava enraizado, é algo que muitas pessoas que passaram por uma EQM percebem diretamente e que tem implicações e efeitos imediatos. Outra amiga minha, Fler Beaumont, da Austrália, que conheci numa viagem que fiz em 1993 para dar palestras, também escreveu recentemente sobre o mesmo assunto. Ela teve uma EQM (e uma revisão de vida) em 1988, e contou-me com uma franqueza sensível: "Eu sinto empatia por todas as pessoas e por todas as coisas e estou consciente da interconexão e unidade de tudo".

Esses sentimentos, como sugeri, não são comuns apenas entre as pessoas que passaram por uma EQM e por uma revisão de vida, mas estendem-se também a toda a vida e não apenas com relação a outros seres humanos. Tom Sawyer foi explícito a esse respeito:

> Você realmente tem [um] efeito sobre as plantas. Você realmente tem um efeito sobre os animais. Você realmente tem um efeito sobre o Universo. E em sua revisão de vida, você será o Universo e sentirá a si mesmo e como [...] [você] afeta o Universo [...]. Os pequenos micróbios em suas pálpebras, que alguns de vocês nem sabem que existem. Esse é um inter-relacionamento, de você consigo mesmo e com essas pequenas entidades que vivem e sobrevivem em suas pálpebras. Quando você acenou para um bom amigo outro dia, você afetou as nuvens lá em cima? Você realmente as afetou? As asas de uma

borboleta voando na China afetam o tempo aqui? *É melhor acreditar que sim!* Você pode aprender tudo isso numa revisão de vida![4]

Como a última frase de Tom deixa claro, ele não está apenas citando o trecho de um tratado obscuro sobre a teoria do caos. O seu não é o conhecimento intelectual obtido em livros mas, ao contrário, uma percepção direta e incontestável da própria revisão de vida.

P. M. H. Atwater viu a mesma coisa em sua revisão de vida, citada no último capítulo. Aqui, no entanto, o que preciso observar é que, quando ela afirmou ter consciência do efeito de cada ato, pensamento e palavra nas outras pessoas, também incluiu "tempo, plantas, animais, solo, árvores, água e ar".[5] Resumindo, ela estava ligada a tudo num complexo padrão de totalidade.

Os correspondentes de Raymond Moody afirmaram ter tido *insights* idênticos. Um deles, por exemplo, contou que:

> Uma das grandes coisas que eu aprendi quando morri, foi que todos nós somos parte de um universo grande, vivo. Se pensamos que podemos magoar outra pessoa ou outra coisa viva sem magoar a nós mesmos, estamos redondamente enganados. Agora, olho para uma floresta ou para uma flor ou um pássaro e digo: "Isso sou eu, é parte de mim". Estamos ligados a todas as coisas e se transmitimos amor por essas conexões, então somos felizes.[6]

Naturalmente, esse tipo de consciência é primordial e é encontrada em muitas das grandes tradições religiosas e espirituais do mundo, como na própria Regra de Ouro. Na América, costumamos associar essa perspectiva aos povos indígenas, os americanos nativos. No íntimo, provavelmente, todos reconhecem de imediato essa verdade e anseiam segui-la em sua vida cotidiana. No mínimo, todos conhecemos a frase de John Donne: "Nenhum homem é uma ilha". Mas a revisão de vida *mostra* isso e, depois de ver por si mesmo, você jamais poderá esquecer. Essa complexa rede de tota-

---

4. Farr, op. cit., p. 35.
5. P. M. H. Atwater, *Coming back to life*, op. cit., p. 36.
6. Raymond A. Moody, *The light beyond* (Nova York: Bantam, 1988), p. 34.

lidade da qual você é uma parte permanente *torna-se* o seu mundo e serve de base experimental para a sua ética.[7] É simplesmente como as coisas são.

Quando Neev estava recapitulando os seus comentários sobre as lições da revisão de vida, ele se interrompeu, deixando escapar:

> Eu gostaria que todos tivessem uma – isso mudaria o mundo! Todas as pessoas se entenderiam e não haveria conflitos e não haveria o caos e não haveria a cobiça e a guerra [...]. A revisão de vida é o instrumento definitivo de ensino.

É claro que nem todos *podem* vivenciar essa experiência, mas todos podem aprender com ela e tentar tornar suas essas verdades evidentes por si mesmas. As forças responsáveis pelo controle da revisão de vida parecem sugerir que essa experiência não é oferecida apenas para beneficiar as pessoas que as vivenciam, uma vez que todos, e, conseqüentemente, os que passam por uma EQM, são os seus mensageiros e não apenas os seus recipientes.

Cabe ao restante de nós ouvir a mensagem, agir de acordo com ela e, assim, mudar o mundo.

O PODER DE CURA DA REVISÃO DE VIDA NA TRANSFORMAÇÃO PESSOAL

Entretanto, o mundo não mudará se *nós* não mudarmos e a mudança deve começar do zero, no *self*, para começar a se espalhar. Da mesma forma, as lições da revisão de vida devem ser tra-

---

7. O escritor inglês David Lorimer baseou um dos seus livros, *Whole in one*, precisamente nesse ponto e afirma que a EQM está ajudando a moldar uma ética pós-moderna de interconexão. Qualquer pessoa interessada na exploração das dimensões éticas desse tema, por certo, deve ler o trabalho sério e apaixonado de Lorimer. Outros escritores também falaram desse tema ao discutir as EQMS e a revisão de vida. As discussões mais profundas serão encontradas em *Music of the mind* (Melbourne, Austrália: Hill of Content, 1994), de Darryl Reanny, *The Tibetan book of living and dying* (San Francisco: HarperCollins, 1992), de Soygal Rinpoche, e em *The holographic universe* (Nova York: HarperCollins, 1991), de Michael Talbot.

zidas do nível elevado dos princípios abstratos e aplicadas em nosso comportamento na vida cotidiana, se quisermos que elas sejam catalisadores eficazes para a mudança. Para ver como isso poderia ser feito, primeiro precisamos examinar um outro aspecto da revisão de vida, que é como ela realmente muda a vida de quem passa por uma EQM. O que iremos ver nessa investigação é que, com freqüência, a revisão de vida pode ser *o* estímulo crucial para o tipo de transformações pessoais que já discutimos no Capítulo 6 e para as mudanças na auto-aceitação que examinaremos no próximo. Porém, agora a nossa tarefa é verificar, não apenas *como*, mas também *por que* a revisão de vida muda tão profundamente a vida de uma pessoa que passou por uma EQM.

O ponto essencial a ser compreendido é que a revisão de vida, para quem passa por uma, não é apenas uma revelação pessoal ou um *insight* dos princípios de importância cósmica, mas também uma *cura*. O que irá curá-lo de sentimentos constantes de inadequação e padrões de comportamento que levam ao fracasso não é apenas o que você vê a respeito de si mesmo, mas *como* você começa a ver e a compreender. O resultado é uma espécie de perdão para si mesmo e para os outros que o levarão de volta ao seu verdadeiro *self*.

Para ver como isso funciona, será útil focalizar alguns detalhes de casos particulares. Apresentarei dois exemplos ilustrativos, começando com alguém que conheço muito bem, Barbara Harris Whitfield, atualmente uma famosa escritora e pesquisadora no campo dos estudos de quase-morte.[8]

Conheci Barbara no início dos anos 80, durante um congresso na Flórida. Depois desse encontro, ela começou a me escrever e, mais tarde, mudou para Connecticut para trabalhar com um colega meu, o psiquiatra Bruce Greyson, que trabalha na University of Connecticut Health Center. Antes de mudar para Connecticut, Barbara me visitou para que eu pudesse entrevistá-la sobre a sua experiência, e a sua história é contada em meu livro *Heading toward Omega*. Aqui, no entanto, citarei apenas algumas de suas observa-

---

[8]. Veja os seus livros, *Full circle* (Nova York: Pocket Books, 1990), com Lionel Bacom, e *Spiritual awakenings* (Deerfield Beach, FL: Health Publications, 1995).

ções durante aquela entrevista e que se referem principalmente ao que ela viu, aprendeu e passou a compreender durante a revisão de vida.

> Era como se eu estivesse lá outra vez [...]. Eu era criança novamente [...]. [Falando do abuso físico praticado pela mãe, o qual ela estava revivendo.] Eu estava dizendo: "Não admira". Não admira que você seja como é, sabe. Olhando para o que estão lhe fazendo quando você é tão pequena [...]. Era como se eu estivesse compreendendo como eu era insegura e como me sentia inferior porque ninguém nunca me abraçara nem fizera eu me sentir valiosa. Então, fui capaz de ver toda a minha vida se desdobrando a partir da perspectiva daquela menininha triste, neurótica [...]. Eu estava observando toda aquela infância e percebendo que a minha cabeça estava no lugar errado, e consegui refocalizar as coisas e compreender melhor toda a rejeição que eu sentira. Toda aquela rejeição estava na minha cabeça [...]. Foi a terapia mais curativa que poderia ter existido.
>
> Eu estava me perdoando por não ter sido sempre boa. Eu estava me perdoando por ter sido neurótica. E eu senti muito perdão e compaixão pelas pessoas que eu achava que estavam sendo más comigo [...]. E eu podia compreender a sua beleza e as suas qualidades. E era como esquecer o passado e começar vida nova [...]. Era o tipo de coisa na qual eu apenas não era mais a vítima; todos nós havíamos sido vítimas [...]. E eu fui capaz de compreender tudo o que estava acontecendo [...]. Era como uma cura [...]. O efeito total foi que eu revivi a minha vida com uma atitude muito mais saudável e isso me curou. E, quando cheguei ao fim, pela primeira vez senti vontade de viver.[9]

Como mostrei em meu livro, o conhecimento adquirido por Barbara na revisão de vida foi absolutamente crucial para a sua transformação, e as dramáticas mudanças ocorridas mais tarde no seu autoconceito e na sua vida não ficaram óbvias para mim apenas quando eu estava trabalhando em *Heading toward Omega*, mas persistem até hoje, como pode testemunhar qualquer um que a conheça.

---

9. Ring, *Reading toward Omega*, pp. 106-7.

Outra pessoa cuja revisão de vida provou ser responsável por uma importante revolução e mudanças na auto-avaliação e comportamento foi Neev. Você deve lembrar do Capítulo 1, no qual eu apresentei muitas informações sobre esse aspecto do seu caso. Se você lembrar ou ler novamente aquela seção (veja as pp. 47-56) perceberá que as mudanças na vida de Neev, resultantes da revisão de vida, foram tão notáveis quanto as que aconteceram a Barbara. Não repetirei aqui aquela discussão, mas lembrarei que Neev também atribui essas mudanças à revisão de vida. Reviver a sua vida deixou-o doente, ele disse, e "foi a revisão de vida que acendeu o meu desejo de mudança, permitindo que ela acontecesse".

Em sua entrevista comigo, Neev acrescentou detalhes a respeito daquilo, de como aprendeu na revisão de vida e também comentou especificamente, como Barbara, sobre o seu efeito curativo na sua vida. Ele me contou que:

> Aprendi a viver. Acho que a revisão de vida foi como um processo de cura para mim. Foi ela que realmente provocou todas as mudanças em mim, porque permitiu que eu afastasse as coisas que não entendia. Havia uma fonte de raiva e frustração em mim. Como o sofrimento de não ser compreendido e não ser aceito. Porque as pessoas me faziam coisas que eu considerava extremamente cruéis.

Então, ele continua contando que, por ter conseguido enxergar que essas pessoas agiam por ignorância, não podia mais culpá-las pelos seus atos. Elas não sabiam agir de outra maneira. E foi esse *insight* que lhe permitiu perdoá-las.

Resumindo, Neev acrescenta:

> A revisão de vida me curou. Eu poderia ter ido a um psiquiatra, ter ficado deitado no divã durante 20 anos e não teria compreendido o que eu compreendi agora, porque precisei reviver a minha vida, e experienciá-la, e compreendê-la melhor e mais completamente. Quando eu a estava vivendo [na sua vida real, ele quer dizer] havia apenas uma parte que eu compreendia e ninguém encaixava as peças. Assim, basicamente, carreguei aquela bagagem comigo até encontrar as peças que me ajudaram a compreendê-la. A revisão de vida foi como encontrar o livro de respostas para o teste. Ela me explicou tudo.

Essa sensação de que a revisão de vida contém "todas as respostas" da nossa vida e efetivamente elimina a necessidade de determinado tipo de psicoterapia não é uma afirmação (seja qual for o seu verdadeiro valor real) feita apenas por Neev. Na realidade, Barbara Harris Whitfield disse algo quase idêntico durante a sua entrevista comigo. Em determinado ponto, ela afirmou com emoção: "Anos e anos de intensa psicanálise não poderiam ter me levado a sentir o que eu estava sentindo rapidamente".[10] Tom Sawyer também junta-se ao coro: "Quando essa revisão de vida ocorre, você tem o conhecimento total. Você tem a capacidade de ser um psicólogo, um psiquiatra, um psicanalista e muito mais. Você é o próprio mestre espiritual".[11]

Em lugar de simplesmente endossar a sugestão de que a revisão de vida é um substituto superior para a psicoterapia, a qual nos deixa, nós, os que não tivemos uma EQM, sem nada com o que trabalhar e proporciona ainda menos conforto para os psicoterapeutas conscienciosos, a minha opinião sobre essas observações é decididamente diferente. Imagine uma técnica terapêutica baseada na tentativa de induzir uma experiência semelhante à revisão de vida. Na verdade, não precisamos apenas imaginar essa possibilidade – ela já existe em abordagens como a psicossíntese e o trabalho respiratório holotrópico e, sem dúvida, também em outras modalidades terapêuticas. Portanto, eu encorajaria os terapeutas audaciosos, interessados em colher os frutos do poder de cura da revisão de vida para os seus clientes, a inovar técnicas práticas para ajudar a induzir essa experiência poderosa, que modifica a vida das pessoas. Assim, muitas pessoas, e não apenas as que passaram por uma EQM, poderiam colher os mesmos frutos que elas colheram diretamente da sua árvore de conhecimento particular.

Essa sugestão, embora possa parecer uma divagação do nosso assunto, sem dúvida serve para predizer o nosso interesse final neste capítulo, isto é, como colocar em prática todas essas informações na nossa vida cotidiana. Agora que já conhecemos o poder latente da revisão de vida para aumentar a auto-aceitação e modificar a visão de mundo e a vida de maneira radical, como acessá-lo?

---

10. Ring, *Reading toward Omega*, op. cit., p. 106.
11. Farr, op. cit., p. 35.

Aqui, o conhecimento teórico é inútil. Para se beneficiar deste capítulo e do anterior, agora você deve se preparar para aplicar na sua vida o que aprendeu.

AS APLICAÇÕES DA REVISÃO DE VIDA

O sucesso da maior parte das lições práticas extraídas do estudo da revisão de vida depende de uma habilidade humana fundamental – a identificação com os outros: a chave é colocar-se no lugar do outro e, então, experienciar os seus pensamentos e sentimentos como se fossem seus. É precisamente esse tipo de identificação que parece ser muitíssimo intensificado como um efeito posterior da revisão de vida e é isso o que você pode desenvolver colocando em prática as suas lições.

Você deve lembrar que no Capítulo 1 Neev falou de como a sua revisão de vida lhe deu esse dom. Ele disse: "Esses instintos também me permitiram sentir empatia por quase todas as pessoas. Sinto que, quando falo com as pessoas, posso sentir física e emocionalmente aquilo que elas estão sentindo naquele momento. É como se, por um instante, eu me tornasse elas".

Desejando explorar melhor esse ponto em minha entrevista, eu lhe pedi para falar mais sobre isso. Ele contou que, agora, usa essas habilidades quase inconscientemente para prever as conseqüências das suas palavras e atos *antes* de agir – uma coisa que qualquer um poderia fazer deliberadamente – para não se comportar de maneira indiferente e insensível com relação aos sentimentos dos outros.

> Agora, estou muito mais ligado naquilo que vou falar, antes de falar. Não que eu pense nisso o tempo todo. É como se eu fizesse isso instintivamente. E sou capaz de olhar antes de pular, mas de forma mental. Assim, não provoco esses tipos de efeitos – os negativos. Os positivos, aqueles que são necessários, eu faço, de qualquer modo... Eu não conseguia ver isso anteriormente, mas, na revisão de vida, acho que foi aí que eu aprendi a fazer isso.

O que Neev aprendeu com a sua revisão de vida, obviamente, você pode aprender com ele. Agora, deixe-me dar um exemplo específico, cortesia de outro dos meus correspondentes, de como exatamente esse tipo de comportamento antecipado, baseado no conhecimento explícito da revisão de vida, pode ser utilizado para o benefício de todas as pessoas.

Recentemente, recebi a carta de uma boa amiga chamada Judy e que está muito familiarizada com a literatura sobre EQMs. Em sua carta, ela descreveu o seguinte incidente:

> Certa noite, um amigo, duas pessoas recentemente conhecidas e eu fomos a um restaurante. Lá, ficamos sentados de tal modo que não era possível manter uma conversa que incluísse os quatro – e o nível de decibéis na sala lotada também não ajudava. Assim, a mulher chamada Michelle estava sentada bem à esquerda; o meu amigo, Jim, à sua direita; eu estava ao lado dele e a outra mulher, Kathleen, bem à direita da mesa.
>
> Jim e eu queríamos conversar com Michelle porque estávamos muito interessados no seu trabalho e sabíamos que não teríamos outra oportunidade de encontrá-la por muito tempo, porque ela estava indo para a Europa, onde ficaria por um longo período. Como a conversa entre os quatro era impossível naquelas circunstâncias, aos poucos eu desisti de conversar, principalmente porque percebera que Kathleen parecia um tanto afastada de tudo. De qualquer modo, teria sido difícil ela participar da conversa porque Michelle, que é uma espécie de "artista" e está sempre "ligada", rapidamente dominou a conversa. E já se tornara óbvio que Michelle e Kathleen antipatizavam uma com a outra.
>
> De qualquer forma, Kathleen começou a dar sinais de retraimento, talvez até mesmo de ressentimento e, para mim, estava ficando cada vez mais óbvio que ela não se sentia incluída. Mais tarde, Jim me disse que, na ocasião, ele percebera isso vagamente, mas sentiu que as circunstâncias o impediam de fazer alguma coisa.

Entretanto, Judy, que já estava consciente das implicações da revisão de vida em virtude do seu conhecimento da literatura das EQMs, de repente teve um pensamento que atravessou a sua mente como um raio e mudou tudo.

> Eu estava frustrada por não poder conversar mais com Michelle e por ter que conversar com alguém que não parecia estar disposta a

fazer nenhum esforço para se envolver, continuando muito distante. Para mim, não é fácil ser superficialmente sociável, apenas por obrigação, portanto, aquela era uma situação desagradável. De repente, surgiu o pensamento: "Como eu gostaria de ver essa cena na minha revisão de vida?". *Imediatamente*, senti o sofrimento de Kathleen e a intensidade daquele sofrimento me deu arrepios no corpo. Eu não vi a minha própria revisão de vida, ao contrário, eu senti a vida de Kathleen dentro de mim, quase como se eu a estivesse vivendo, particularmente a enorme rejeição que ela sentira durante a maior parte da vida (o que ela mais tarde me confirmou) e como o seu distanciamento se tornara uma proteção contra mais sofrimento.

Depois que esse *insight* atingiu Judy como um raio, ela diz que

sentimentos de empatia e compaixão vieram à superfície muito rapidamente, acompanhados por um verdadeiro e forte interesse por Kathleen. Sem hesitação ou hipocrisia, eu me virei – não apenas a cabeça, mas todo o meu corpo – em sua direção e lhe dei um sorriso caloroso e comecei a conversar com ela (embora eu soubesse dentro de mim que as palavras não seriam necessárias). Ela respondeu como se tivesse acabado de receber o abraço mais amoroso e logo nos envolvemos numa conversa só nossa.

Como resultado, aquela noite não apenas foi um sucesso, afinal de contas, como desenvolveu-se entre Kathleen e eu um afeto carinhoso e genuíno, que se transformou em amizade. E, desde aquele momento, sinto verdadeiramente uma empatia constante e incondicional por ela, como se, por um breve instante, me tivessem permitido espiar dentro do coração de outra pessoa, por intermédio de todos os véus ilusórios, recebendo assim a força total da compreensão que nos é oferecida quando nos colocamos no lugar do outro. Lembro-me de ter lido em algum lugar que "conhecer uma pessoa verdadeiramente é amá-la", e posso afirmar que isso me foi mostrado naquela noite, incontestavelmente.

E tudo isso, como poderia parecer, apenas porque Judy *conscientemente* utilizou o seu conhecimento da revisão de vida para se comportar da maneira como teria desejado ver a si mesma na própria revisão de vida.

O truque de se projetar na própria revisão de vida para modificar os seus atos no presente também foi mencionado por outras pessoas familiarizadas com o assunto. Por exemplo, numa revisão do livro *What Tom Sawyer learned from dying*, li com considerável interesse essa passagem do escritor:

> As revelações de Sawyer sobre a revisão de vida me fizeram examinar a minha própria vida e cada ato, cada motivo, cada palavra e pensamento dirigido a outras pessoas. Será que ficarei contente comigo mesmo no dia em que sentir como a minha vida afetou os outros?
> Definitivamente, o fato de conhecer a revisão de vida melhorou o comportamento do meu marido! Agora, sempre que começa a perder a paciência, ele quer que eu o interrompa com as palavras: "Lembre-se, hora do filme!". Ele teme o dia em que descobrirá como é ser *eu*, escutando as suas tolices e discursos sobre vários assuntos. Eu o faço lembrar que os nossos "filmes" incluirão cenas alegres, bem como tristes. Atualmente, ele está se esforçando muito para garantir que a segunda metade do seu filme seja digna de aplausos![12]

O uso de uma frase como "lembre-se da sua revisão de vida", dita com alegria ou até mesmo de maneira crítica, pode ajudar os outros a praticar a estratégia de Neev, mas, provavelmente, é melhor pronunciá-la para si mesmo, com compaixão, como um lembrete gentil de que o momento presente não ficará perdido em algum lugar no enorme arquivo da sua vida, mas que ele bem pode se repetir. Tudo o que você precisa fazer, *neste* momento, é refletir, como fez a minha amiga: "Como eu gostaria de ver essa cena na minha revisão de vida?", e, então, agir de acordo.

Existem ainda outros métodos para colocar em prática esse conhecimento. Um deles, por exemplo, é sugerido por um comentário de Göran Grip. Você se lembra de que ele disse que, quando estava fazendo a sua revisão de vida sob a orientação do seu ser de luz, ele viu o que fizera e o que poderia ter feito (não o que ele *deveria* ter feito). Você pode fazer o mesmo executando o exercício a seguir.

---

12. Emily L. VanLaeys, "Life review revealed in near-death experience", *Venture Inward* (jul./ago., 1994), p. 51.

No final do dia, vá para um local tranqüilo ou, se preferir, apenas faça esse exercício na cama, antes de dormir. Relaxe e respire profundamente algumas vezes ou faça alguma outra coisa que costuma fazer para ficar calmo e centrado. Depois de atingir esse estado, comece a rever os acontecimentos do seu dia, como eles de fato aconteceram. Ao chegar a uma cena que o desagrada, por causa de eventos ou encontros que ainda magoam, pense nela cuidadosamente e pergunte-se: "Da perspectiva da revisão de vida, como eu poderia ter agido ou respondido?". Agora, deixe a nova versão revisada dessa cena passar em sua mente. Não julgue a si mesmo – apenas observe o desenrolar da cena. Depois de internalizá-la, tire a versão original real da sua mente e então continue revendo o seu dia. Sempre que chegar a uma cena problemática, repita o mesmo processo.

Se você é o tipo de pessoa que pode incorporar essa espécie de revisão diária na sua vida, tornando-a um hábito, por certo você se beneficiará.

Contudo, se esse tipo de exercício for demais para você, então eu tenho um substituto. Você se lembra do exercício que você fez no último capítulo, sobre a inversão de papéis? Sugiro que, de vez em quando, você apenas releia aquelas citações, com o máximo de concentração e reflexão possíveis. Posso lhe garantir que, à medida que você continuar absorvendo-as e tornando-as suas, elas, também, começarão a ter um impacto no seu pensamento e ações.

Bem, você já entendeu e, sem dúvida, pode pensar em outras variações para essas sugestões, bem como inventar técnicas totalmente novas para praticar as lições da revisão de vida. (A propósito, eu adoraria receber uma carta sua, caso você tenha outras idéias sobre esse assunto e ache que elas podem beneficiar outras pessoas.)

Uma observação final necessária é a de que, naturalmente, você não precisa passar por uma EQM para ter uma revisão de vida e beneficiar-se diretamente. Sabemos que essas experiências, de vez em quando, acontecem espontaneamente e resultam da tensão e, como já mostrei, podem ser induzidas, pelo menos até certo ponto, de modo deliberado, por técnicas terapêuticas ou outros métodos. Eis, por exemplo, um relato que recebi recentemente de um correspondente anteriormente desconhecido e que mostra como uma revisão de vida completa pode ocorrer sem um gatilho óbvio, quase "do nada" e, mesmo assim, com todas as características e percepções daquelas que ocorrem no contexto de uma EQM.

Então, houve o momento em que eu estava apenas deitado no chão, pensando, e toda a minha vida passou diante dos meus olhos. Eu sabia que tudo o que acontecera na minha vida era resultado das minhas ações. Tudo era absolutamente justo. Eu via a interconexão de tudo o que eu fizera. Não havia nenhum sentimento de culpa ou vergonha ou censura de "Deus". Apenas o conhecimento absoluto de que tudo era justo em minha vida e que eu não tinha absolutamente nada do que me queixar.

Esses incidentes espontâneos nos ajudam a lembrar, de outra maneira, que não dependemos de uma EQM para nos beneficiar de suas lições. O que, com freqüência, vem mediante uma EQM, pode vir para os outros de maneiras diferentes e sem necessidade de uma crise de quase-morte. As bênçãos podem chegar até nós de forma espontânea, ou podemos procurá-las, ou, simplesmente, surgir de circunstâncias aparentemente casuais. Mas as lições da revisão de vida, como vimos, estão disponíveis para todos nós, quer tenhamos ou não passado por ela. O importante é não esquecer o que você aprendeu e agir de acordo com o seu conhecimento.

Capítulo 8

Na Luz do amor: a lição da auto-aceitação

De todos os ensinamentos no mundo, o maior é o amor. E de todas as lições da EQM, nenhuma é maior do que a importância, na verdade a supremacia, do amor. E aquilo que a EQM ensina sobre o amor é que tudo *é* amor, é feito de amor e vem do amor.

Por exemplo, você se lembra de que Peggy Holladay descobriu a sua verdade enquanto estava na Luz? O que ela disse foi: "A Luz me disse que tudo era Amor, e eu quero dizer tudo! Eu sempre pensei que o amor era apenas uma emoção humana que as pessoas sentiam de vez em quando, nunca, nem em meus sonhos mais loucos, pensei que ele fosse literalmente TUDO!".

Uma vez que somos parte de tudo, nós, também, somos concebidos no amor e por amor. Portanto, o amor é a nossa verdadeira natureza. E, mesmo assim, por que muitos de nós não conseguem sentir esse amor na vida e, às vezes, até somos tão pouco amorosos conosco? Por que sentimos tanta dificuldade para nos conectar a essa essência de amor ou mesmo para acreditar que ela existe dentro de nós? O que nos mantém tão afastados da essência daquilo que somos?

Se aceitarmos a verdade da principal revelação da EQM, só pode ser porque perdemos contato com a Nascente. Para nós, pessoas modernas, isso é o pecado original. Existencialmente, nós nascemos do amor, como bebês lançados do útero para o mundo frio, e esquecemos o nosso verdadeiro lar. Mas, agora, os ensinamentos da EQM vêm para nos lembrar, para nos reconectar à Nascente e nos devolver para os braços do Amor. E mais do que isso: como o Amor é a verdade essencial da EQM, ele também pode nos libertar. Mas, você poderia perguntar, o que está nos impedindo? Do que precisamos nos libertar? A resposta, naturalmente, já foi sugerida: apenas da maneira como pensamos em nós mesmos e, principalmente, dos *julgamentos* que continuamente fazemos a nosso respeito e que nos afastam do amor da Luz. Nós criamos nossa própria prisão por meio da autocrítica e cada crítica nos enclausura de modo ainda mais profundo. Mas, lembre-se, a LUZ *não julga*. Ela ama. E, como vimos nos capítulos sobre a revisão de vida, ela também nos mostra, quando necessário, *outra* forma de agir que poderíamos ter utilizado que, por sua vez, favorece o discernimento e o *insight*. Quando aprendermos a nos ver como somos vistos pela Luz, finalmente estaremos livres para nos sentir como de fato somos e, talvez, para começar a nos amar verdadeiramente pela primeira vez.

O que pode nos ajudar a fazer isso? Primeiro, lembre-se do que a Luz nos ensina. Citando Peggy outra vez:

> Pude ver o quanto todas as pessoas são amadas. Estava totalmente evidente que a Luz amava a todos igualmente sem *nenhuma* restrição. Eu de fato quero enfatizar isso porque fiquei por demais feliz em saber que não precisávamos acreditar ou fazer determinadas coisas para sermos amados. NÓS JÁ FOMOS E SOMOS, NÃO IMPORTA O QUÊ! A Luz era extremamente amorosa e preocupada com todas as pessoas. Lembro-me de ter olhado para as pessoas e da Luz me pedindo "ame as pessoas". Eu queria chorar, eu sentia tanto por elas [...]. Eu pensei: "Se apenas elas pudessem saber o quanto são amadas, talvez não se sentissem mais tão assustadas ou solitárias".

O objetivo deste capítulo é empregar esse conhecimento, focalizando o tema e a importância crucial do *amor-próprio*. Contudo, amor-próprio é uma palavra ambígua e talvez um tanto infeliz, pois pode sugerir a idéia representada pela expressão francesa, *amour-propre,* que implica uma espécie de consideração egoísta pelo *self,* a qual seria enganadora aqui. O que quero dizer com amor-próprio nesse contexto poderia ser mais bem explicado pela palavra *autocompaixão*. Esse conceito também é muito semelhante ao conceito psicológico mais comum da *auto-aceitação* e, em geral, utilizo esse termo para designar a visão de si mesmo que parece ser facilitada pelo encontro com a Luz. Assim, este capítulo explorará as diversas maneiras de auto-aceitação ensinadas pela Luz, como esse ensinamento passa a afetar o comportamento de quem experiencia uma EQM e, o mais importante, como você pode incorporar essas lições à sua vida e começar a compreender a si mesmo a partir dessa perspectiva.

O PRIMEIRO DOM DA LUZ: AUTO-ACEITAÇÃO

Quando eu estava trabalhando no meu livro *Heading toward Omega,* recebi a carta de uma mulher de Ohio, Nancy Clark, que queria contar uma experiência profunda que tivera enquanto estava na Luz. Em sua carta, descreveu uma série de efeitos posteriores que agora sabemos ser característicos das EQMs, incluindo o impacto dessa experiência no seu autoconceito. A esse respeito, escreveu:

> Antes da minha experiência, acho que eu era como a maioria das pessoas, lutando para ter uma auto-imagem melhor. Mas, eu realmente *experienciei* como sou valiosa e como sou amada por Deus – a luz – e, constantemente, lembro-me disso em minha vida diária. Com freqüência penso: "Se Ele me valoriza tanto (como senti naquele dia de janeiro), então, apesar dos maus pensamentos que tenho a respeito de mim mesma, EU DEVO ser uma pessoa de valor". Sabe, com todos os meus defeitos – e eu os tenho –, mesmo assim ele me deu essa experiência que modificou a minha vida. Não porque eu a merecesse ou a tivesse iniciado por conta própria. Mas, por algum motivo que desconheço, aos seus olhos, eu sou uma pessoa de valor. Então, aos meus olhos, acredito que EU SOU!

Pouco depois de ter recebido a carta de Nancy, conheci Nel numa palestra em Boston e, alguns meses depois, ela me contou um *insight* da sua EQM, tão semelhante ao que Nancy me escrevera, que foi como se ela tivesse vivido uma experiência idêntica:

"Depois de uma vida de esforços, aprendi a me aceitar como sou. Se a Luz e a presença podiam me aceitar com todas as minhas fraquezas e defeitos, então eu devo ser uma pessoa legal".

E, ao ler o que Nel experienciou enquanto estava na Luz, é fácil compreender por que esse encontro teve um efeito tão profundo. Para compreender essa experiência, um rápido resumo:

> De repente, tornei-me consciente de uma luz. Ela estava ao meu redor, ela me envolvia, ela me cercava completamente. Era uma luz sobrenatural. Ela tinha uma cor inigualável, que não existe na Terra. Ela não era um feixe de luz do Sol; não era o brilho de uma lâmpada de 100 watts; não era um fogo flamejante; não era uma enorme quantidade de velas; não era uma explosão celestial no céu escuro.
>
> Ela era morna; era radiante; era tranqüila; era acolhedora; era misericordiosa; era completamente não-crítica; e me deu uma sensação de segurança total que eu nunca conhecera. Eu a amei. Ela era a perfeição; era o amor total, incondicional. Ela era tudo o que você poderia desejar na Terra. Estava tudo lá, na Luz.

Naturalmente, já lemos relatos semelhantes da Luz neste livro – muitos deles –, mas, aqui, percebemos como especificamente essa imersão na Luz deixa as suas marcas na maneira de o indivíduo pensar a respeito de si mesmo. A partir do testemunho de Nancy e de Nel (e ele é típico de muitas pessoas que passaram por uma EQM), compreendemos que elas não esquecem os seus defeitos (na verdade, podem tornar-se ainda mais conscientes deles em decorrência dos *insights* da revisão de vida), mas, *apesar deles*, sabem que, como *pessoas*, são infinitamente amadas pela Luz e, portanto, nesse sentido, são pessoas legais do jeito que são e como sempre foram.

Tente internalizar isso projetando-se numa esfera onde você é banhado por esse amor que compreende tudo e aprenda, com uma certeza absoluta e inegável, que, sejam quais forem as duras críticas que você possa ter feito a si mesmo, pelos seus fracassos e defeitos, elas não são compartilhadas pela Luz. Que libertação da tirania do próprio *self* crítico! Você não é a pessoa que acredita ser: os seus supostos "pecados" e erros já foram perdoados e a compaixão por si mesmo, vinda daquela Luz, começa a permear cada parte do seu ser. Não admira que você saia desse encontro com as qualidades de uma nova autoconsciência, moldada na imagem do amor universal que agora vive permanentemente dentro de você.

E não presuma irrefletidamente que essas revelações são privilégios apenas das pessoas que passaram por uma EQM. Na verdade, alguns leitores de *Heading toward Omega* talvez lembrem que Nancy Clark não esteve, de maneira alguma, próxima da morte quando se viu cercada pela Luz. Ela estava escrevendo um discurso em elogio a um amigo naquele momento. Como veremos mais tarde, com freqüência, a Luz se manifesta para pessoas que, como Nancy, não se encontram em situação de perigo e costuma ter o mesmo tipo de impacto da EQM. Você não precisa estar perto da morte para experienciar essa Luz – ela pode acontecer a qualquer momento. E, como insisti reiteradas vezes, você nem mesmo precisa experienciá-la diretamente para aprender com ela. As suas lições estão disponíveis para todos que estiverem receptivos aos seus ensinamentos; só é preciso o dom para aplicá-los em si mesmo.

Eu disse que a lição da auto-aceitação confere uma tremenda libertação ao indivíduo e que agora ele pode começar a se libertar do *self* crítico, o qual, ao ser eliminado, também revela o nosso ser essencial. Mas há outras bênçãos, igualmente importantes num sentido prático, que surgem ao mesmo tempo, como resultado desse processo de destruição. Uma das mais expressivas é a libertação da opinião dos outros, a qual anteriormente pode ter afetado nosso autoconceito de forma limitadora, bem como nosso comportamento no mundo.

Novamente, o caso de Nel exemplifica bem esses efeitos secundários. Numa carta que me escreveu alguns meses depois de nos conhecermos, ela falou sobre essas conseqüências e do recém-descoberto senso de liberdade e força pessoal:

> O efeito posterior mais profundo da minha EQM é que agora eu me aceito como sou. Eu não estou mais restrita pelas limitações impostas pelos outros. Eu não estou mais restrita a fazer o que os outros querem; nem sinto necessidade de buscar a aprovação dos outros, agindo de acordo com os *seus* padrões. Descobri uma essência dentro de mim, um espírito, que sabe o que é melhor para mim e que me orien-

ta em tudo o que faço. Eu confio nesse espírito interior e escuto o que ele diz, e ajo de acordo com as suas orientações. Apesar de respeitar as opiniões alheias, apesar de valorizar a preocupação dos outros pelo meu bem-estar, não me sinto mais impelida a seguir as suas ordens. Estou segura com o conhecimento interior daquilo que é melhor para mim. Não temo mais a rejeição quando não satisfaço as expectativas dos outros. Diariamente, estou me desenvolvendo, sabendo que sou um indivíduo e, como tal, um ser humano atuando totalmente com uma mente, um corpo e um espírito só meus.

Essas palavras foram escritas há mais de 15 anos, mas ainda são verdadeiras. Conheço Nel há muito tempo e, em minha opinião, essas palavras decididamente demonstram o seu caráter e a sua maneira de ser no mundo. O documento que ela me enviou era, de certo modo, a proclamação da sua emancipação pessoal, pois a sua EQM libertou-a do cativeiro das opiniões e expectativas alheias. Agora, depois da sua EQM, ela finalmente ficou livre para ser ela mesma. Mas note que ela não age egoisticamente. Ao contrário, ela parece ter ficado consciente da própria voz – um espírito dentro dela, como ela diz, quase uma presença interior espectral – e, agora, ela segue a sua orientação.

Nem todas as pessoas que passam por uma EQM compreendem isso com tanta clareza e sem conflitos quanto Nel, mas muitas adquiriram uma compreensão semelhante após a sua EQM e tentaram, algumas vezes com muito esforço, encontrar o caminho para o seu verdadeiro *self* e para um estilo de vida que permite que esse *self* se expresse completamente. Nos capítulos anteriores, conseguimos aprender muito sobre como as pessoas que passaram por uma EQM costumam buscar um novo estilo de vida congruente com a autoconsciência emergente ou, ocasionalmente, retomar interesses anteriores abandonados e agrupar a sua identidade ao redor deles. Essas pessoas também declararam a independência do *self* condicionado e da vida programada que, até aquele momento, fora controlada pelas expectativas dos outros ou da sociedade e seguiram o próprio caminho. Entretanto, a nossa tarefa agora é ver como isso foi possível e que recursos secretos a Luz colocou à sua disposição para lhes dar a força que precisavam para iniciar a jornada indicada pela sua voz interior.

OUTROS DONS DE AUTO-EXPRESSÃO DA EQM

Depois que o antigo *self* começa a desembaraçar a trama dos fios de uma história de vida de condicionamento crítico, a essência natural do *self* finalmente fica livre para emergir, enraizada numa compreensão totalmente nova da vida. Contudo, esse processo é demorado, pois o *self* nascente não se manifesta já formado, como uma nova descoberta, mas precisa ser *criado* pelo indivíduo por meio de uma mudança de atitude e de comportamento, muitas vezes radical. Além disso, os amigos e familiares de quem passou por uma EQM podem resistir a essas mudanças, não compreendendo a sua base e temendo as suas conseqüências. Assim, quem utilizar o dom da auto-aceitação deve superar as tendências à inércia dentro de si mesmo e os possíveis obstáculos externos. Porém, nesse processo de autotransformação, elas recebem a ajuda de novos aliados que, inesperadamente, surgem na psique e oferecem os meios para o *self* remodelar os seus atos.

Talvez a fonte de apoio mais básica seja a nova fé em si mesmo, vinda do recebimento do imprimátur da própria Luz. Naturalmente, já encontramos esse efeito nos testemunhos de Nancy e Nel, e outras pessoas que passaram por uma EQM costumam repetir um refrão semelhante ao falar sobre o que as ajudou a realizar as mudanças necessárias em sua vida. Parafraseando uma delas: "Uma vez que alguém acredita em mim, não posso deixar de acreditar em mim".

A expressão prática mais óbvia dessa fé é um aumento marcante no sentimento de valor próprio e autoconfiança. Em meu livro *Heading toward Omega*, dou muitos exemplos desse tipo de mudanças extraídos das entrevistas que realizei para aquela pesquisa.[1] Mencionarei apenas alguns deles para ilustrar esse ponto:

> Eu ficava facilmente intimidado [...]. Eu não sou mais assim [...]. Posso falar com qualquer um agora [...]. Tenho mais confiança em mim mesmo.
>
> [Antes] eu era inseguro, sempre [...] [Agora], se alguém não gosta de mim, eu não me importo [...]. Eu sempre fui – acredite ou não –

---

1. Veja o Capítulo 4, especialmente as pp. 140-5.

tímido e retraído e ninguém conseguia me fazer falar em frente a um grupo. Bem, eu dei uma virada de 180 graus.

Eu mudei 360 graus, de uma pessoa muito tímida, introvertida, para uma pessoa extrovertida. Completamente! Agora eu falo em público [...] eu nunca poderia ter feito um discurso em minha vida [antes].[2]

Anteriormente, mencionei que as mudanças na auto-aceitação, exemplificadas por Nancy e Nel, são, na verdade, características das pessoas que passam por uma EQM, assim como a melhora da autoestima. Em *Heading toward Omega*, por exemplo, descobri que isso é verdade para cerca de 85% da minha amostra de pessoas que experienciaram uma EQM. E, recentemente, Cherie Sutherland, em seu estudo australiano, relatou descobertas quase idênticas, 83% da sua amostra afirmava ter melhorado o sentimento de valor próprio.[3] Na verdade, se você examinasse alguns dos relatos de Sutherland, teria dificuldade para distingui-los dos meus. Eis alguns exemplos para uma comparação:

> Na época da minha experiência, eu acreditava que não era nada, que todos eram muito melhores do que eu. Eu era uma pessoa muito tímida naqueles dias. Difícil acreditar nisso agora! [risos]. Eu era muito tímido, não confiava em minhas habilidades. Eu não tinha habilidades, realmente [...]. Eu me sentia uma espécie de pessoa inferior, oprimida, naquela época [...]. Mas, depois, absolutamente toda a minha vida mudou. Ela está aberta e eu fiquei mais assertiva e mais consciente de quem eu sou. Agora, percebo que sou um ser humano perfeito e não tenho mais medo de ninguém e de nada. Quer dizer, eu ainda sou a mesma velha Moira cometendo os mesmos erros, mas estou muito mais consciente do que está acontecendo. Agora, tenho muito mais autoconfiança.
>
> Desde a experiência, eu de fato aumentei a minha autoconfiança e auto-estima. Eu não conseguia entrar numa sala cheia de gente e

---

2. Todas essas citações são de *Heading toward Omega*, pp. 100-1.
3. As descobertas de Sutherland estão relatadas em *Transformed by the light*, pp. 134-5. E, incidentalmente, quase todas que não relatam um nível maior na auto-estima ou no valor próprio afirmam não ter havido nenhuma mudança.

preferia atravessar a rua do que conversar com alguém. Mas agora sou a primeira a falar quando estou numa fila. Eu sempre admirei o meu avô – ele saía e conversava com todos no ponto de ônibus. Eu não me atrevia, eu não tinha nenhuma autoconfiança. Mas depois [da EQM] eu sabia que havia alguém ou alguma coisa cuidando de mim e me orientando.[4]

O que está acontecendo aqui? Nitidamente, potencialidades do *self*, antes latentes, até mesmo insuspeitas – forças, habilidades e vontade –, estão começando a crescer e a desenvolver no solo, de repente fértil, da alma do indivíduo. A Luz de nossa verdadeira natureza, como o sol brilhando nas plantas da terra, faz surgir o que estava pronto para se desenvolver e só precisava de um estímulo catalisador. Em resumo, o amor absoluto e incondicional da Luz revela a essência do verdadeiro *self* do indivíduo e, quando o alinhamento com esse *self* começa a ocorrer, o crescimento de autoconfiança e os sentimentos de valor próprio naturais começam a surgir como um subproduto necessário, como sempre foram. Quando o antigo *self* aleijado – montes de defesas e concessões baseadas no medo – desaparece, as suas muletas também podem ser dispensadas. O resultado é a coragem. Finalmente, somos capazes de ficar em pé sozinhos.

E a coragem é um outro aliado que possibilita não apenas ouvirmos a voz do novo *self*, mas *segui-la*. No Capítulo 4, mencionei que um dos temas comuns na vida de quem passa por uma EQM é uma espécie de jornada espiritual, no fundo, uma busca para colocar em ação o verdadeiro *self*, ilustrada pelo exemplo de Robert. Aqui, da nossa atual perspectiva, podemos compreender não apenas por que esse tipo de jornada é tão predominante entre essas pessoas, mas também o que a impele e possibilita, em primeiro lugar. O novo *self* não é apenas uma questão de *insight*; ele exige expressão ou será um natimorto. E as suas exigências podem ser implacáveis.

---

[4]. Obtive esses casos de outro livro de Sutherland, *Within the light*, em que ela apresenta muito mais material extraído de suas entrevistas para *Transformed for the light*. Os comentários citados são dos seus correspondentes, Moira, p. 192, e Patrick, p. 207 (do original).

Considere o caso de outra das minhas correspondentes, Maria, do Peru, que teve a sua EQM em Lima, em 1975, relacionada ao nascimento do terceiro filho. Quando voltou da sua experiência e se recuperou, descobriu que o seu estilo de vida anterior não poderia mais lhe proporcionar o recipiente adequado para as suas energias. Em seu caso, ela teve a coragem de destruí-lo.

> Isso provocou uma mudança fundamental nas minhas atitudes diante da vida. Deixei de lado todas as minhas atividades como executiva e iniciei a busca por uma resposta, movida por algum tipo de energia – um pouco estranha para mim. Comecei lendo a Bíblia, conheci místicos, gurus, filósofos, grupos esotéricos, religiões, e assim por diante. A minha busca de nove anos foi bastante intensa. Algumas vezes, sentia-me ansiosa, mas podia superar esses estados, pois cada nova descoberta me deixava ver com clareza que a minha busca e os seus resultados eram bastante coerentes com a [minha EQM]. Isso me enchia de otimismo e paz interior.
>
> Eu não conseguia mais me identificar com as pessoas do meu círculo social e familiar. Os meus valores haviam sofrido um choque e começaram a mudar [mas] foram reafirmados quando intensifiquei a minha busca. Tive de deixar todos os meus amigos, que agora são artistas e intelectuais de vanguarda, muitos dos quais com uma verdadeira vocação para o serviço social. Meu marido foi muito compreensivo e receptivo, mas, algumas vezes, eu não podia lhe explicar o que sentia e apenas dizia: "Estou na beira de um abismo". E ele me ouvia, carinhosa e seriamente, e isso me ajudou muito. "Vá em frente", ele dizia.

E ela foi. Ouvi falar de Maria algumas vezes desde que ela me escreveu pela primeira vez, no ano passado. Agora, ela está muito longe de Lima, geográfica e metaforicamente. Ela está profundamente envolvida com o xamanismo da América do Sul, o qual considera um caminho alternativo para a mesma esfera que lhe foi aberta pela EQM e ajuda pessoas que desejam explorar essa prática tradicional na sua cultura nativa para aprender os seus métodos. Numa palavra, ela se tornou uma *xamanista*, e a sua última carta mostra que ela sente ter de fato encontrado a verdadeira vocação.

Entretanto, Maria teve sorte, pois recebeu o apoio do marido para procurar a sua vocação na vida e concentrar o seu novo *self* ao redor dela. Muitas pessoas não têm a mesma sorte, pois a estrada que se sentem impelidas a seguir, com freqüência, força-as a abandonar os amigos *e* a família e, conseqüentemente, os divórcios ou o rompimento de relacionamentos importantes são uma outra perda muito comum para quem sobrevive a uma EQM. Afastar-se de um cônjuge ou amante, como vimos no caso de Mia, por exemplo, no Capítulo 4, também requer coragem, mas a coragem é precisamente o aliado que pode ser chamado agora para nos ajudar a dar esse passo drástico. E a pessoa que passa por uma EQM sabe que, algumas vezes, ele *precisa* ser dado, não por mera infelicidade pessoal com um parceiro, mas porque o novo *self* simplesmente não pode existir, muito menos se desenvolver, num ambiente hostil à sua existência.

A profunda luta que tantas das pessoas que passaram por uma EQM precisam enfrentar, se desejarem realizar o seu verdadeiro *self* e seguir para onde ele as levar, obviamente exige muita autocompaixão. Mas o esforço para prestar atenção à própria voz em meio à algazarra de vozes que gritam e censuram e até mesmo ameaçam, ainda está repleto de angústia para elas. Quantas vezes, em minhas consultas individuais com pessoas sofrendo na tentativa de encontrar o próprio caminho em direção à autolibertação e realização espiritual, tive de escutar os seus apelos vibrantes por uma orientação correta, enquanto elas enfrentavam as difíceis escolhas que não conseguiam mais evitar.

E, contudo, embora eu tenha ouvido com freqüência esse tipo de *cri de coeur* dos lábios das pessoas com quem trabalhei, devemos lembrar que o caminho que chama não é, de maneira nenhuma, aquele que sempre impõe esse auto-exame profundo ou que exige um rompimento severo em nossa vida pessoal. Como um exemplo de uma transição mais fácil para o verdadeiro *self*, você deve lembrar do Capítulo 1 quando Peggy compreendeu o imperativo de "seguir o seu amor". Aqui, enquanto revisitamos num novo contexto alguns dos temas que exploramos primeiro naquele capítulo, será útil retornar a alguns dos comentários de Peggy para completarmos a discussão e lhe dar o equilíbrio que ela exige agora.

No caso de Peggy, você se lembra de que ela foi suavemente levada pela Luz a perceber que o seu amor natural estava relacionado à música, especificamente à alegria de cantar e, na sua vida após a EQM, cantar tornou-se outra vez fundamental para ela. Então, para Peggy, não foi preciso divorciar-se do marido, viajar o mundo inteiro em busca de guias espirituais, nem deixar o seu antigo mundo para trás como um monte de lixo descartável. Tudo o que ela precisou fazer em sua vida foi apenas se lembrar de "seguir o seu amor" *de volta* ao ponto onde ela o abandonara e começar outra vez daí. E tudo do que ela precisou não foi tanto de coragem quanto de *insight* e *autocompreensão*, outro dom da Luz, naturalmente, e um dom que, para muitas pessoas que passaram por uma EQM, pode ser suficiente para colocá-las na estrada, não muito longe de casa, na qual elas precisam caminhar agora, mesmo sem saber qual é o seu destino final. Contudo, para Peggy, houve também um sentimento de gratidão que motivou a sua jornada e que foi o maior dom de todos.

A minha vida era retribuir de algum modo à Luz por ela ter vindo a mim e me amado quando eu mais precisava. Sinto que esse vai ser o meu projeto de vida. A "antiga eu" se foi e todos os dias descubro a "nova eu". Eu não sei o que o futuro trará, mas vou fazer o melhor para continuar aberta às mudanças e ao crescimento. Sei que, provavelmente, passarei o resto da minha vida me adaptando, de uma maneira ou de outra, ao que me aconteceu naquele dia de agosto. Mas eu não o mudaria por nada neste mundo! Eu o levarei comigo sempre e espero encontrar uma maneira de compartilhá-lo.

Obviamente, cada pessoa segue um caminho diferente e as maneiras de criarmos ou nos reconectarmos ao nosso verdadeiro *self* são tantas quanto o número de visitantes temporários que procuram encontrar o seu verdadeiro lugar. Algumas, como Maria e Robert, terão de se aventurar muito mais longe do que na vida anterior, encontrar novos companheiros pelo caminho e descobrir, por meio da sua busca, uma vocação totalmente distinta para orientar a sua vida. Outras, como Peggy e Craig, só precisam voltar ao jardim da sua infância, por assim dizer. Alguns se divorciarão, enquanto outros descobrirão que a vida familiar ficou melhor e se renovou. O caminho de outra pessoa pode ser um beco sem saída para você.

E diferentes dons da Luz serão necessários para diferentes tipos de jornadas. Mas a Luz também ensina isso: se você precisar deles, você os terá. O amor incessante da Luz guiará o seu caminho, com firmeza, e lhe dará tudo do que você precisa. A única coisa necessária é dar o primeiro e irreversível passo no mundo, que conduz ao caminho que você reconheceu com a ajuda do seu coração aberto.

A BUSCA DO *SELF*: UTILIZANDO OS DONS DA EQM

Até agora, vimos o poder para efetuar importantes mudanças no autoconceito, conferido pelo dom da auto-aceitação, às pessoas que passam por uma EQM e como, posteriormente, as diversas facetas desse dom – maior auto-estima, autoconfiança, coragem e *insight* de si mesmo – ajudam o indivíduo a realizar o tipo de mudanças de vida que refletem e fortalecem o *self* recém-surgido. Contudo, o que estamos confrontando agora não é tão-somente a necessidade de compreender esses fenômenos mais profundamente, mas um desafio ainda maior: precisamos aprender outra vez a aplicar aquilo que aprendemos na própria vida.

Mas, primeiro, um aviso importante: *Naturalmente*, muitas pessoas – e, sem dúvida, muitos leitores deste livro – já estão "a caminho" na sua vida, agindo de acordo com o seu verdadeiro *self*. Essas pessoas não precisarão aplicar essas lições, porque já o fizeram. Embora a maioria das pessoas, provavelmente, consiga fazer isso com um "curso de treinamento", como o que este capítulo oferece, o que vem a seguir é dirigido principalmente aos leitores que sentem que este capítulo despertou algumas dúvidas, fazendo-os pensar se, e até que ponto, estão em contato com o seu *self* essencial ou se estão vivendo como deveriam viver. Se você se sente assim, então leia: isto é para você.

Vamos examinar melhor a questão da autenticidade, analisando as suas reações ao que foi apresentado aqui e, na verdade, no livro todo, mas em particular nas informações dos Capítulos 1 e 4. Você deve ter se identificado com determinados casos, e talvez eles o tenham feito parar por um instante e pensar na sua própria vida. Agora, pare alguns minutos e lembre-se destes casos ou, melhor ainda, pare de ler quando chegar ao fim desse parágrafo e leia-os novamente com atenção. O que eles despertaram em você? Eles sugerem determinados bloqueios na sua vida? Momentos decisivos em que você pegou o caminho *errado*? Épocas em que você agiu apenas para agradar aos outros, em prejuízo das suas próprias necessidades essenciais? Ocasiões – demais, talvez – em que você cedeu às vozes que lhe imploravam "melhore a minha vida"? Você se lembrou da sua incapacidade de "seguir o seu amor", achando que, ao fazê-lo, estaria sendo apenas egoísta? Mas você pode elaborar as suas próprias perguntas – aquelas que só você sabe que se aplicam especialmente a você. Agora, reflita e escreva sobre esses assuntos num diário, em qualquer pedaço de papel que estiver à mão ou no seu computador. A forma não importa, só o processo de auto-exame que permite a realização desse trabalho interior necessário. Volte a ler este capítulo só depois de terminar e leve o tempo que precisar.

Naturalmente, você terá de decidir o que fazer com essas autodescobertas. Talvez você só vá pensar um pouco nelas, deixá-las passear pela mente, ou sonhar com elas se essa for a sua tendência. Talvez você não faça nada – ou pareça não estar fazendo nada. Alguns de vocês conversarão com um amigo íntimo, enquanto outros poderão continuar pensando nelas ou escrevendo mais a seu respeito. Você poderá, se desejar, fazer terapia, buscar meios mais radicais de auto-exploração, encontrar o próprio grupo de pessoas que passaram por uma EQM, buscar um guia espiritual ou, como Robert e Maria, criar um caminho totalmente novo para a sua vida. Eu já comentei que existem numerosas maneiras de procurar o nosso verdadeiro *self* e, para mim, quase não é preciso fazer mais do que esboçar algumas delas, muito menos recomendar alguma. De qualquer forma, essa é a sua tarefa, se você decidir aceitá-la. Tudo o que eu posso fazer, e isso será feito no capítulo final, é mostrar o caminho para determinados recursos e programas e deixá-lo assumir a partir daí.

Entretanto, ainda há algumas orientações gerais e lembretes que podem ser extraídos deste capítulo que *qualquer um* pode usar em seu benefício. E todos estão relacionados ao que será descoberto quando encontramos a Luz, seja por meio da quase-morte ou de alguma outra maneira. As pessoas que passaram por uma EQM dizem que há um ensinamento essencial da Luz que se aplica a todos. E esse ensinamento e este capítulo podem ser resumidos assim:

Todas as pessoas são infinitamente amadas com uma compaixão inacreditável. Existe um plano ou, poderíamos dizer, uma espécie de esquema para a vida de todos e, apesar de cada um de nós ser livre para abraçá-lo ou rejeitá-lo, a Luz está lá para nos ajudar a encontrá-lo. Se nos abrirmos para a Luz, evocando-a em nossa vida, com o tempo, o nosso próprio caminho nos será mostrado – e nós o reconheceremos como nosso, inequivocamente, porque ele nos dará a alegria. A alegria de viver é o sinal mais verdadeiro de que estamos vivendo corretamente.

O que mata é o julgamento; o que cura é o amor. A própria Luz é só amor e nunca julga; ao contrário, ela suavemente lhe dá uma *cotovelada*, empurrando-o na direção do seu *self* essencial. Ela quer que você perceba que o seu ser essencial é essa Luz – não alguma coisa fora de você. Ao identificar-se com a Luz, você só sentirá amor e compaixão por si mesmo – e por tudo – e será capaz de esquecer qualquer julgamento. A autocensura, a culpa e outras formas de autolaceração serão igualmente derrotadas. Quando o julgamento – aquele implacável propagador de divisão – for destruído, existirá apenas a aceitação – de tudo. E isso é chamado de amor.

"De todos os ensinamentos do mundo, o maior é o amor. E de todas as lições da EQM, nenhuma é maior do que a importância, na verdade a supremacia, do amor. E o que a EQM ensina sobre o amor é que tudo é amor e é feito de amor e vem do amor."

Capítulo 9

Através do vidro, suavemente: vendo o mundo com os olhos abertos da EQM

No último capítulo, focalizamos a autoconsciência que a experiência de quase-morte costuma promover. Lá, compreendemos que o efeito de uma EQM é estimular o crescimento da auto-estima e da auto-aceitação e, portanto, aumentar a coragem do indivíduo para buscar um estilo de vida coerente com o seu verdadeiro *self*. E, das diversas lições contadas naquele capítulo, talvez a mais essencial fosse a da importância da autocompaixão.

Aqui, o nosso foco muda de direção para que possamos olhar, não para o *self*, mas para o mundo, como ele é visto pelos olhos de quem passou por uma EQM. Ao fazê-lo, na verdade, estamos voltando por um instante a algumas das considerações do Capítulo 5, em que tentei desenhar um retrato dessas pessoas com relação a um grupo característico de crenças, atitudes e valores que costumam surgir como resultado de uma EQM. Esse padrão de efeitos psicológicos posteriores também é, à sua própria maneira, uma *visão de mundo*, um filtro que lhes permite ver e experienciar o mundo comum com sensibilidade e compreensão elevadas. Como resultado, a autocompaixão dirigida para o exterior transforma-se em compaixão pelos outros – e, como veremos, é, em poucas palavras, talvez a lição fundamental que devemos absorver *neste* capítulo.

Eu digo "absorver" deliberadamente, porque a nossa tarefa aqui não é apenas compreender que essas pessoas agora vêem o mundo com os olhos transbordantes de compaixão, mas aprender a ver o mundo dessa maneira. Como começar a internalizar essa perspectiva – e, na verdade, como talvez já tenhamos começado a fazê-lo, mesmo sem termos consciência – é o trabalho deste capítulo, mas, naturalmente, a premissa deste livro é *que* isso é possível. E as pessoas que passaram por uma EQM também compartilham dessa convicção. Como o meu amigo Steve, que conhecemos no Capítulo 1, disse: "É possível adquirir todo o conhecimento que as pessoas adquirem quando morrem, sem morrer. Você não precisa morrer para chegar lá".

Então, como podemos começar a capturar esse conhecimento e adotar a sua maneira de experienciar o mundo? Para começar, parece haver duas modalidades distintas de aprendizagem à nossa disposição, as quais, embora certamente possamos isolá-las de propósitos heurísticos, com freqüência podem trabalhar juntas de maneira sinergética. A primeira atua pelo princípio do contágio, enquanto a segunda envolve um esforço deliberado para seguir o comportamento dessas pessoas e, assim, colocar em prática o que aprendemos sobre a sua maneira de ser no mundo. Neste capítulo, vamos considerar as duas modalidades de aprendizagem, apesar de começarmos nos concentrando principalmente na primeira.

A EQM COMO UM VÍRUS BENIGNO

Como você sabe, informações sobre EQMs estão disponíveis desde os anos 70, desde que o trabalho pioneiro de Elisabeth Kübler-Ross e Raymond Moody surgiu com um efeito tão eletrizante e, a partir daí, o mundo ocidental familiarizou-se com as histórias que os sobreviventes contam a respeito de sua jornada para a Luz. Na verdade, o nível de fascínio popular exercido por essas experiências, apesar dos momentos em que o interesse mostrou-se particularmente elevado, nunca diminuiu realmente e a EQM continua sendo quase um importante componente da nossa cultura. Então, é curioso que mesmo tendo atraído tanta atenção, em especial pela mídia e, hoje, pela internet, não tenha sido realizada quase nenhuma pesquisa para examinar os *efeitos* de todas essas informações sobre as EQMs nas pessoas que jamais passaram por tal experiência – obviamente, a grande maioria das pessoas deste planeta! O fato de, depois de todo esse tempo, ainda sabermos tão pouco a respeito de como a maior parte do mundo reagiu à tremenda quantidade de material baseado na EQM atualmente disponível, mostra a existência de uma surpreendente lacuna na área dos estudos da quase-morte e a necessidade de preenchê-la com investigações cuidadosas e sistemáticas.

Naturalmente, seria enganador sugerir que não temos nenhum dado sobre essa questão. Por exemplo, já foram realizadas algumas pesquisas por diversos grupos profissionais, como médicos, enfermeiros, psicólogos ou membros do clero, nos Estados Unidos e em comunidades selecionadas de outros locais, que questionaram o seu conhecimento e aceitação das EQMS. E, é claro, há diversas cartas publicadas e muitas não publicadas, algumas das quais eu citei nos capítulos anteriores, e que oferecem um testemunho comovente e eloqüente sobre o poder da literatura da EQM para proporcionar conforto, esperança e inspiração às pessoas que não vivenciaram tais experiências. Essas pesquisas e relatos pessoais certamente mostram o impacto que as informações sobre as EQMS podem ter sobre grupos e indivíduos selecionados, mas eles ainda estão muito longe de estudos cuidadosos sobre como essas informações foram recebidas pela população como um todo[1].

Na realidade, conheço apenas dois estudos que tentaram explorar conscientemente essa questão, se bem que com amostras de

---

1. Veja, por exemplo, D. Royse, "The near-death experience: A survey of clergy's attitudes and knowledge", *Journal of Pastoral Care*, 1985; Roberta Orne, "Nurses' views of NDES", *American Journal of Nursing*, 1986; B. A. Walker & R. D. Russel, "Assessing psychologists' knowledge and attitudes toward near-death phenomena", *Journal of Near-Death Studies*, 1989; E. R. Hayes & L. D. Waters, "Interdisciplinary perception of the near-death experience: Implications for professional education and practice", 1989; Linda Barnett, "Hospice nurses' knowledge and attitudes toward the near-death experience", *Journal of Near-Death Studies*, 1989; L. J. Bechtel, A. Chen, R. A. Pierce e B. A. Walker, "Assessment of clergy knowledge and attitudes toward the near-death experience", *Journal of Near-Death Studies*, 1992; L. H. Moore, "An assessment of physicians' knowledge of and attitudes toward the near-death experience", *Journal of Near-Death Studies*, 1994; Allan Kellehear & P. Heaven, "Community attitudes towards near-death experiences: An Australian study", *Journal of Near-Death Studies*, 1989; e Allan Kellehear, P. Heaven e J. Gao, "Community attitudes toward near-death experiences: A Chinese study", *Journal of Near-Death Studies*, 1990.

pessoas que não passaram por uma EQM e, por isso, não são representativas das pessoas em geral. O primeiro deles foi descrito há alguns anos pelo falecido sociólogo Charles Flynn em seu livro *After the beyond* e foi chamado de "O Projeto Amor". Esse trabalho representou a tentativa de Flynn de explicar algumas das lições morais da EQM pedindo a seus alunos das aulas de sociologia da Miami University de Ohio para fazerem um esforço para "se relacionar de maneira amorosa com uma pessoa com a qual não se relacionariam".[2] Obviamente, Flynn estava utilizando uma estratégia de aprendizagem baseada numa imitação nitidamente direta da tendência de voltar-se para os outros, demonstrada por quem vivenciou uma EQM. Embora seus cursos não estivessem *essencialmente* relacionados às EQMs, Flynn falava delas enfatizando como essas experiências costumam criar uma atitude mais amorosa e compassiva com as outras pessoas, e também passava vídeos sobre as pessoas que passaram por uma EQM. Além disso, como um guia para o tipo de ação que ele estava procurando encorajar nos alunos, Flyn também exigia que eles lessem um livro popular na época, chamado *Amor*,[3] de Leo Buscaglia, e mostrava vídeos das suas palestras.

No total, mais de 400 alunos participaram desses "Projetos Amor". Flynn avaliava os resultados das atividades dos alunos por meio de uma combinação de questionários e diários pessoais. As suas descobertas mostraram fortes evidências de que essas interações resultavam no aumento da consideração compassiva pelas pessoas em geral (mais de 80% dos alunos relataram esse efeito), bem como mais sentimentos de valor próprio (indicado por cerca de 65% desses alunos). Além disso, esses efeitos costumavam persistir, apesar de diminuírem um pouco, conforme mostrado por uma pesquisa de acompanhamento realizada um ano depois.

Naturalmente, essa tentativa para estimular "as lições de amor vindas da EQM", como Flynn ousadamente colocava,[4] vai bem além do simples exame dos efeitos da mera exposição às informações

---

2. Charles Flynn, *After the beyond* (Englewood Cliffs, NJ: Prentice-Hall, 1986), p. 7.
3. Leo Buscaglia, *Love* (Nova York: Fawcett, 1982).
4. Flynn, op. cit., p. 7.

sobre as EQMs, que é o que estaremos fazendo em breve. Contudo, pesquisas mais recentes sugerem que de maneira alguma é *necessário* induzir as pessoas a se envolver ativamente para que comecem a experienciar alguns dos benefícios das EQMs. Aparentemente, pelo menos para as pessoas receptivas ou interessadas nas EQMs, a simples exposição pode ser suficiente para provocar o mesmo tipo de mudanças – e mais – que Flyn considerou características nos seus alunos.

Aqui, estou me referindo a um recente trabalho que realizei e que foi publicado em forma de livro com o título *The Omega Project*.[5] A parte que nos interessa nesse estudo envolveu 74 pessoas que vivenciaram uma EQM e, particularmente pertinente aqui, um grupo de controle de 54 pessoas que se interessavam pelas EQMs, mas que jamais haviam passado pela experiência. Ao examinar o padrão das mudanças nas crenças e valores, descobri que o grupo de controle apresentava muitos dos mesmos efeitos de quem passou por uma EQM *desde que começaram a se interessar por elas*, embora a magnitude dessas mudanças, em geral, fosse um pouco menor do que as ocorridas nas pessoas que de fato passaram pela experiência. Entretanto, os resultados mostraram nitidamente que os membros do grupo de controle sentiam que também passaram a valorizar mais a vida, aceitando mais a si mesmos, tornando-se mais compassivos em relação aos outros, mais espiritualistas, menos materialistas, e assim por diante – em resumo, refletiam o mesmo tipo de perfil de valores de quem realmente experienciou uma EQM, presumivelmente apenas como resultado de estarem interessados no mundo dessas experiências. E não foi só isso; análises posteriores revelaram que as mudanças nos valores e na filosofia de vida relatadas pelo grupo de controle costumavam persistir e não desapareciam com o passar do tempo. Em alguns casos, essas pessoas estavam descrevendo mudanças que já duravam quase duas décadas.

Descobri também outras mudanças permanentes nas crenças e valores do grupo de controle que mostravam que ele havia mudado de posições quase indistinguíveis para a atitude típica demonstrada pelas pessoas que passaram por uma EQM. Por exemplo, a

---

5. Kenneth Ring, *The Omega Project* (Nova York: Morrow, 1992).

grande maioria dos controles também demonstrava um aumento na consciência ecológica e uma preocupação maior pelo bem-estar do planeta após a exposição aos materiais relativos às EQMs. Além disso, mais de 80% dos controles mostravam uma diminuição do medo da morte, e uma porcentagem igual afirmava que a crença na vida após a morte havia aumentado – efeitos que, mais uma vez, são típicos daqueles descritos por quem vivenciou uma EQM.

Então, no geral, o padrão global de nossos dados sugerem fortemente que o simples conhecimento das EQMs pode agir como um "vírus benigno"; isto é, ao se expor às informações relacionadas às EQMs, você pode "pegá-lo", porque a EQM parece ser contagiosa. Portanto, parece bastante plausível afirmar que dessa maneira você pode colher alguns dos benefícios de uma EQM – possivelmente para o resto da vida – sem precisar chegar ao extremo de atirar-se sob as rodas do trem mais próximo, como uma Anna Karenina moderna, para induzir a experiência. Nitidamente, este livro baseia-se nessa premissa e, se ela estiver correta, você já deveria estar mostrando alguns sinais de ter contraído a mesma doença da qual "sofrem" as pessoas que passaram por uma EQM e, assim, ver o mundo com olhos iguais aos delas.

De qualquer modo, outra possível indicação de como essa exposição às informações sobre EQMs pode provocar mudanças nos valores pessoais semelhantes às que são típicas de quem vivenciou uma EQM vem de um estudo realizado pelo psiquiatra Bruce Greyson que, durante muitos anos, foi o editor do *Journal of Near-Death Studies*.[6] Em 1983, Greyson publicou os resultados de uma pesquisa sobre valores pessoais, fundamentada numa amostra de 89 pessoas que passaram por uma EQM, bem como 175 membros da International Association for Near-Death Studies (IANDS), que *não* haviam passado por uma EQM, mas, obviamente, estavam interessados o suficiente nela para fazer parte de uma organização dedicada ao seu estudo.[7] Em sua pesquisa, Greyson estava particularmente interessado em quatro grupos de valores

---

6. Essa revista trimestral é publicada pela Human Sciences Press, Inc., cujo endereço é 233 Spring Street, Nova York, NY 10013-1578.
7. Bruce Greyson, "Near-death experiences and personal values", *American Journal of Psychiatry, 140* (5), 1983, pp. 618-20.

pessoais: auto-realização, altruísmo, espiritualidade e sucesso na vida. Ele fez todos os participantes classificarem esses fatores de acordo com a sua importância pessoal.

O que é educativo nas descobertas de Greyson é a *similaridade* desses dois grupos – pessoas que passaram por uma EQM e as interessadas em FQMs – no perfil dos seus valores. Os dois grupos classificaram os valores da auto-realização, altruísmo e espiritualidade como muito importante e, estatisticamente, não houve diferença entre os grupos. Contudo, o sucesso na vida tinha menos importância em ambos os grupos, embora aquele das pessoas que passaram por uma EQM tenha atribuído um pouco menos de importância a esse valor. Entretanto, no total, como aconteceu com as descobertas do Projeto Ômega, vemos que o perfil dos valores de pessoas interessadas em EQMs tende a imitar o das pessoas que de fato passaram por essas experiências. Naturalmente, pode haver diversos motivos para isso, mas uma possibilidade, que talvez tenha contribuído muito, é que os testemunhos coerentes das pessoas que passaram por uma EQM sobre o que realmente importa na vida influenciaram de modo significativo aquelas que já se sentiam atraídas pelo fenômeno da EQM a se tornarem membros de uma organização como a IANDS. Aqui, pelo menos, temos outra investigação cujas descobertas são coerentes com a hipótese do vírus benigno, já apresentada.

As descobertas dos estudos que resumi e, principalmente, as suas implicações me deixaram curioso e, como já mencionei, despertaram mais a atenção de pesquisadores da EQM. Como um esforço preliminar nessa direção, alguns anos atrás realizei uma pesquisa informal, já repetida duas vezes, e que combina facetas da abordagem de Flynn com um pouco da metodologia do Projeto Ômega. Apesar de ser pouco mais do que nada, ela oferece algumas outras pistas torturantes sobre a maneira como as informações relacionadas às EQMs podem afetar uma população selecionada de maneiras não muito diferentes daquelas para as quais este livro foi escrito.

UM TESTE PARA A HIPÓTESE DO VÍRUS BENIGNO

Como mencionei no início deste capítulo, de 1985 a 1994, dei um curso sobre EQM para os alunos da Universidade de Connecticut. Esse curso é dado a cada semestre e, normalmente, cerca de 35 a 40 alunos se inscrevem – e, provavelmente já tive perto de 500 alunos. Nele, os alunos deviam manter um diário para registrar as suas reações e comentários sobre as aulas, a leitura recomendada e acontecimentos da sua vida ou da vida de outras pessoas relacionadas ao tema estudado durante o semestre. Ao ler esses diários e os trabalhos finais dos alunos, bem como nas discussões com eles, com freqüência percebi que o curso, de um modo geral, costumava ter um forte impacto e, diria, em diversos casos, um impacto obviamente pessoal, profundo. Mesmo assim, eu relutava em tentar avaliar esses efeitos de maneira cuidadosa, rigorosa, temendo demonstrar um óbvio interesse pessoal no modo como os alunos reagiam ao meu ensino. Por isso, eu deixava claro desde o início do semestre que teria prazer em receber todos os pontos de vista, e até os encorajava, incluindo o ceticismo mais extremo, e apenas pedia aos alunos para refletirem sobre o material apresentado com uma mente investigativa aberta para que pudessem tirar as suas próprias conclusões a respeito da EQM.

O que de fato era apresentado no curso? Eu começava fazendo uma descrição geral da EQM e mostrava vídeos de pessoas narrando as suas EQMs. Depois, convidava três pessoas para compartilharem as suas experiências com os alunos. De vez em quando, durante o semestre, dividia os alunos em pequenos grupos para discutirem as questões que estávamos considerando no curso e sempre fazia isso na primeira aula após a visita das pessoas que haviam passado por uma EQM. Finalmente, recapitulávamos o que já sabíamos sobre a EQM e diversos modelos de interpretação que haviam sido apresentados para explicar a experiência, ao mesmo tempo considerando temas como estudos de veracidade (como o que apresentei no Capítulo 2), EQMs em crianças, EQMs assustadoras, suicídio e EQMs, pesquisas transculturais, e assim por diante.

Na segunda metade do curso, eu apresentava material sobre outros fenômenos relacionados às EQMs, como visões no leito de morte, experiências fora do corpo e experiências místicas, e então dedicava uma parte do curso à análise dos efeitos posteriores das EQMs. Quase no final, examinávamos um pouco as questões especulativas mais amplas sugeridas pelas EQMs e as suas possíveis implicações evolucionárias. Durante o semestre, eu levava pelo menos mais três pessoas que haviam passado por EQMs, em geral, para discutir os efeitos posteriores, bem como outros oradores convidados, incluindo pesquisadores. Eu também dava um número limitado – geralmente duas – de aulas experimentais para as quais planejava exercícios que pediam aos alunos para se confrontar com a própria morte ou refletir sobre as implicações da revisão de vida na própria vida (como você fez no Capítulo 6). No total, nós nos reuníamos 28 vezes, durante 14 semanas, cada aula com aproximadamente 75 minutos.

Para leitura, eu recomendava *Life after life*, de Rayomnd Moody, o meu *Heading toward Omega*, um dos livros de Scott Rogo, *Life after death*, principalmente para discussão de diversos fenômenos parapsicológicos relacionados às EQMs (o tema da vida após a morte só era discutido de passagem e não era, de maneira alguma, o principal tema do curso) e, por fim, um trabalho de Michael Talbot, intitulado *The holographic universe*, que oferecia uma perspectiva teórica unificadora, segundo a qual as anomalias como as EQMs poderiam ser compreendidas dentro de uma abordagem científica de um "Novo Paradigma".

Que tipo de aluno freqüentava esse curso? Realizei uma pesquisa informal no início para descobrir isso, apenas para ver o que eles já poderiam saber sobre as EQMs e qual a sua opinião a respeito. De modo geral, esses alunos, quase sempre calouros ou veteranos, não sabiam muito sobre as EQMs, e grande parte do que sabiam parecia estar baseada em fontes não confiáveis ou sensacionalistas, como *talk shows*, tablóides, artigos em revistas e filmes. Assim, como regra, costumavam entrar no curso com um conhecimento bastante superficial da EQM. Contudo, a maioria estava aberta a ela e demonstrava curiosidade para aprender mais. Os críticos declarados ou os céticos eram relativamente raros (embora houvesse alguns), mas muitos demonstravam um pouco de ceticismo ou outras formas de reserva com relação às EQMs no início do semestre.

Em resumo, esses alunos, apesar de obviamente interessados e talentosos, não eram de maneira alguma "verdadeiros crentes", nem conhecedores das EQMs. Como um grupo, podiam ser caracterizados no início do curso como curiosos sobre o assunto, mas cheios de dúvidas a seu respeito.

Naturalmente, o que queremos saber é: como a exposição a um curso de um semestre sobre EQMS os afetou?

Eu já disse que me sentia relutante em investigar esse assunto com medo de parecer interessado no resultado. Assim, durante anos, eu apenas observei que muitos alunos demonstravam claramente que o curso tivera um efeito forte e positivo sobre eles. Na primavera do semestre de 1993, no entanto, enquanto refletia sobre o impacto das EQMS baseado nas descobertas do Projeto Ômega, decidi, num impulso, pedir aos alunos para responder a um questionário (que eu criara no dia anterior) no final do curso. Assim, eles não sabiam que iriam fazer essa auto-avaliação e, com certeza, eu também não a planejara.

No dia em que realizei essa pesquisa, havia 28 alunos na classe. A pesquisa consistia de oito conjuntos de afirmações de múltipla escolha, todas começando com "Como resultado da participação nesse curso..." e duas perguntas sem limites predeterminados. Os alunos recebiam instruções por escrito para responder anônima e tão honestamente quanto possível.

Apresentei as descobertas desse estudo em diversos capítulos deste livro, mas aqui apenas focalizo aquelas que são especialmente importantes para nós nesse contexto. Elas estão em particular relacionadas à maneira como os alunos passaram a considerar a EQM e às mudanças nos valores e visão do mundo.

A primeira afirmação trata da autenticidade das EQMS. Vinte e sete dos 28 alunos (96%) disseram que estavam *mais* convencidos da autenticidade das EQMS, enquanto a opinião de uma pessoa não mudou. Quando lembramos que a maior parte desses alunos já estava receptiva às EQMS em primeiro lugar, o fato de a sua percepção da autenticidade da EQM ter aumentado quase totalmente é ainda mais notável. Mesmo os céticos mostravam-se menos rígidos diante das evidências relacionadas às EQMS.

Respondendo a outro item, 17 alunos (61%) sentiam que, como resultado do curso, agora eram pessoas mais voltadas para o lado espiritual e o restante dos alunos não relatou nenhuma mudança.

Com relação ao propósito, 19 alunos (68%) estavam mais convencidos de que a sua vida tinha um propósito, enquanto o restante permaneceu igual.

Finalmente, 20 alunos (71%) disseram que suas idéias sobre Deus haviam se alterado como resultado do curso, incluindo oito alunos (29%) que afirmaram especificamente que a sua crença em Deus fora fortalecida. Nenhum deles relatou que a crença em Deus enfraquecera, embora oito deles (29%) tenham indicado que as suas idéias sobre Deus continuaram iguais.

Embora o número de casos aqui seja pequeno, os resultados são bastante consistentes com relação aos efeitos do curso nas questões discutidas. Mas, encaremos o fato, as estatísticas são um prato sem graça, portanto, para dar mais sabor, deixe-me pegar algumas citações típicas desses alunos e dispô-las a você. Assim, você poderá ver por si mesmo como essas estatísticas ocultam a natureza e a profundidade das mudanças que elas relatam.

Sinto que me tornei mais espiritualista, e ele também reforçou as minhas crenças sobre a insignificância da riqueza e dos bens materiais.

> Sinto que a coisa mais importante que aprendi com o meu estudo da EQM é uma percepção espiritual mais elevada e uma crença maior em Deus.
>
> Eu tenho menos medo da morte [...] [e] estou mais espiritual.

> [O que] aprendi mais com o meu estudo das EQMs é que o amor é a força orientadora de toda a humanidade. Eu reavaliei as minhas crenças a respeito de Deus, reencarnação e espiritualidade e a minha crença neles está mais forte. Senti que, com esse curso, eu cresci como pessoa.

> O que ganhei estudando a EQM neste semestre: (1) mais compaixão por todas as pessoas; (2) menos medo do fim desta vida; (3) mais receptividade para aprender o máximo que puder, enquanto ainda posso.

> Descobri uma espiritualidade que estava oculta dentro de mim mesmo. Agora vejo como eu afeto os outros e quero deixar essa nova espiritualidade crescer.

> Tive a sensação de ter me libertado da maioria dos aspectos negativos da vida. Adquiri um profundo autoconhecimento e o aumento

do senso de valor próprio. Passei a valorizar mais a vida e o amor. Sinto-me menos negativo – e sinto menos animosidade com relação aos outros. Sinto que esse curso foi extremamente útil na minha vida.

Uma visão mais espiritual de mim mesmo e do mundo. A compreensão do que é REALMENTE [as maiúsculas são dela] importante na vida e uma dissolução de alguns dos valores materialistas que eu tinha.

A exposição às EQMs foi interessante e esclarecedora. Sinto que esse curso me tornou mais aberto e amoroso [...]. A EQM me deu uma visão positiva sobre a vida e a morte.

Essa pequena pesquisa já foi repetida em outros dois cursos sobre EQMs – um deles realizado por mim no semestre seguinte, e o outro num curso estruturado da mesma maneira em outra universidade – com resultados quase idênticos. Isso deixa claro que essas descobertas não dependem, de maneira alguma, do professor e mostra que, provavelmente, podem ser atribuídas apenas ao conteúdo do material apresentado nos cursos sobre EQMs.
Agora que temos um quadro-geral do resultado desses estudos, o que é razoável concluir com relação à hipótese do vírus benigno?
Apesar da natureza pequena, auto-selecionada das amostras e do caráter específico dessas pesquisas, uma descoberta inegável destaca-se nesses estudos: esses alunos expressaram opiniões, sentimentos, valores e crenças indistinguíveis daqueles comumente demonstrados pelas pessoas que passaram por uma EQM. Esses alunos mostraram que os efeitos derivados do curso sobre EQMs são os mesmos que essas pessoas costumam atribuir à sua experiência. O que isso sugere, com certeza, está de acordo com a hipótese do vírus benigno: parece que alguns dos benefícios da EQM podem ser transmitidos pela experiência dos outros, apenas apresentando informações importantes para indivíduos que estão ou que se tornaram interessados pelas EQMs. As implicações obviamente são profundas. E, especificamente para os leitores deste livro, existem agora outras evidências que sustentam não só a idéia de que o que aconteceu com os meus alunos também pode acontecer com você, mas que, com toda a probabilidade, já aconteceu.

Porém, antes de nos entusiasmarmos demais com o poder da EQM para agir como um vírus benigno, precisamos, naturalmente, dar um aviso. Mesmo aceitando essas descobertas sem considerar o seu verdadeiro significado, precisamos admitir, por exemplo, que nesse estágio não sabemos o quanto elas são indicativas de mudanças profundas ou se demonstraram ser duradouras, como os efeitos das EQMs parecem ser. Na verdade, poderíamos levantar uma série de outras perguntas interpretativas desse tipo, que apenas futuras pesquisas poderão responder. Ao mesmo tempo, essas descobertas, combinadas aos resultados dos estudos que já mencionei, realmente nos oferecem uma base razoável para acreditar no poder da EQM para afetar não só quem passou por essa experiência, mas também os que estão preparados para se abrir às suas lições.

MAIS EVIDÊNCIAS PARA A HIPÓTESE DO VÍRUS BENIGNO: ALGUNS CASOS

Naturalmente, embora a pesquisa sistemática sobre a hipótese do vírus benigno possa acabar com as incertezas pendentes sobre as quais acabei de falar, já temos mais evidências disponíveis que apontam para a sua validade. Estou me referindo à abundância de relatos reunidos por muitos pesquisadores no decorrer do seu trabalho relacionado aos efeitos da aprendizagem sobre as EQMs, por quem jamais passou por essa experiência. Grande parte dessas informações vem na forma de cartas e outros testemunhos do tipo mais fugaz, como os contados oralmente em congressos, bem como de entrevistas com pessoas que não passaram por uma EQM. Nessa seção, apresento apenas uma pequena amostra desse material, para ilustrar como algumas pessoas podem começar a imitar quem vivenciou uma EQM apenas envolvendo-se profundamente na literatura sobre as EQMs. E no Capítulo 11 apresentarei mais casos desse tipo para reforçar ainda mais esse ponto.

Mas, aqui, deixe-me começar com um homem chamado James, que me escreveu para contar o impacto da leitura que fez, durante muitos anos, da literatura sobre EQMs. Como você verá, ele não é apenas um exemplo do efeito do vírus benigno, mas, como eu, um defensor da hipótese, a qual ele deduziu independentemente.

Eu não tenho todos os efeitos da EQM totalmente separados e organizados, mas desconfio que se isso [a leitura dessa literatura] me afetou de modo tão intenso, então deve haver muitas outras pessoas lá fora que também foram poderosamente influenciadas.

Então, James continua a relacionar algumas das mudanças que, durante anos, observou em si mesmo:

> As EQMs diminuíram muito qualquer medo que eu tivesse da morte. Na verdade, elas o eliminaram. Tenho uma visão muito positiva da morte e o começo de uma imagem muito mais clara da vida após a morte. As EQMs enriqueceram a minha vida espiritual, ajudando-me a tirá-la do lado místico e a adquirir uma maneira mais direta de ver as coisas. Elas também me ensinaram e/ou esclareceram muitos conceitos espirituais que eu não fora capaz de ver com clareza, como a reencarnação e os efeitos purificadores da revisão de vida. Elas tornaram essas coisas em algo real, e não apenas algo pelo qual esperamos e que nos é apresentado como teorias teológicas e mitos. As EQMs aumentaram muito a minha consciência da supremacia do amor como uma Força Vital e como o significado e objetivo de todos os nossos atos e de todas as coisas. Elas também aumentaram a minha crença de que o que é verdadeiramente espiritual está muito além das crenças e restrições de qualquer e de todas as religiões (como os místicos parecem sugerir).

Outro exemplo semelhante desse efeito da exposição à literatura sobre a EQM chamou minha atenção quando um professor aposentado de línguas e literatura, chamado Donald, me escreveu há alguns anos. Como James, embora durante menos tempo, Donald estudara e refletira sobre a literatura das EQMs, a qual, segundo ele, provocou "uma importante mudança de vida". Ele comenta: "Eu me identifiquei tanto com essas pessoas que experienciei grande parte daquilo que elas experienciaram de verdade". Então, como James, ele continua apresentando uma lista resumida de algumas das mudanças provocadas por esse processo:

1. Uma marcante diminuição no medo da morte e, com ela, o conseqüente desaparecimento de todo medo de viver.

2. Uma atitude absolutamente positiva com relação à vida, ao mundo e a todos que fazem parte dele, juntamente com um inédito prazer de viver e um aumento marcante na atividade criativa.
3. Um sentimento verdadeiro e aparentemente constante de bem-estar, muito além de qualquer nível esperado.
4. Um desejo contínuo de voltar a algum tipo de ensino e/ou de encontrar maneiras de ajudar outras pessoas.
5. Antes da minha pesquisa, eu me classificava como um ateu declarado [...]. Agora, embora as minhas pesquisas não tenham melhorado muito a minha atitude com relação à religião organizada, estou firmemente convencido de que a consciência humana sobrevive à morte do corpo.

Finalmente, deixe-me apresentar uma parte de uma entrevista com uma suíça chamada Béatrice, gentilmente fornecida por minha colega Evelyn Elsaesser Valarino. Essa entrevista é particularmente valiosa para nós porque nos ajuda a ver não apenas o resultado, mas o processo pelo qual uma pessoa interessada e curiosa passa a valorizar e a integrar os *insights* das EQMs em sua vida. Entretanto, Evelyn enfatizou que devemos lembrar que, na Suíça, onde a entrevista foi realizada, o fenômeno da EQM não é tão conhecido quanto nos Estados Unidos. Quanto à entrevistada, é uma mulher de 45 anos de idade, com diploma universitário.

EV: Quando e como você ouviu falar pela primeira vez sobre experiências de quase-morte?
B: Há mais ou menos dez anos. Não me lembro exatamente como fiquei consciente pela primeira vez do fenômeno da EQM. Só lembro que vi uma publicação onde havia uma citação do livro de Moody, *Life after life*. Naquela época, o fenômeno da EQM não era muito conhecido na Europa, quanto mais na Suíça.
EV: O que despertou o seu interesse nesse estudo?
B: Sempre fui o tipo de pessoa que faz muitas perguntas e que não se satisfaz com facilidade com as respostas geralmente apresentadas. Na verdade, quando ouvi falar pela primeira vez nas EQMs, eu já estava pesquisando há algum tempo para obter respostas a perguntas existenciais. Eu lia muito – principalmente livros científicos e filosóficos. Eles estimulavam o meu intelecto, ampliavam o meu conhecimento e abriam a minha mente para o

mundo, mas deixavam o meu coração tão insatisfeito quanto sempre fora!
EV: O que aconteceu depois que você leu *Life after life*?
B: Não quero soar pomposa, mas foi uma revelação para mim. Não os comentários ou a análise de Moody, mas os testemunhos das pessoas. Eu li, chorei muito e sabia que era verdade! Fui profundamente tocada num nível que não era intelectual nem racional. As palavras de quem passou por uma EQM foram direto ao meu coração, minha alma, a essência do meu ser – como você quiser chamá-la. Imediatamente, eu soube que era verdade. Não tinha nada a ver com o tipo de conhecimento que você adquire quando avalia uma informação e diz, sim, é possível e faz sentido, ou, não, isso não é logicamente possível. Não era o tipo de conhecimento intelectual, mas um sentimento profundo. Tive a impressão de que isso era uma verdade que eu sempre soube, mas que apenas esquecera. Sim, foi uma revelação – e um alívio.
EV: O que você quer dizer com "alívio"?
B: Quando você se sente como se estivesse andando no escuro, tentando encontrar o seu caminho e então, de repente, você vê a luz e o caminho. Você fica aliviado!
EV: Sim, entendo o que você quer dizer. Agora, você poderia me fornecer uma indicação mais específica da sua familiaridade com as EQMS?
B: Eu li livros e artigos a esse respeito e vi diversos programas na televisão.
EV: Quantos livros você leu sobre o assunto?
B: Algo entre dez e 15. Não tenho certeza. Eu não contei.
EV: Você conheceu alguém que passou por uma EQM?
B: Nunca, eu só os vi na televisão.
EV: Você já passou por uma EQM ou qualquer outro tipo de experiência espiritual ou mística? Ou experienciou um estado de consciência alterado?
B: Não.
EV: E como o seu conhecimento sobre as EQMS mudou a sua vida?
B: Ele mudou tudo.
EV: Você pode ser mais específica?
B: Bem, o que eu aprendi sobre as EQMS confirmou as minhas intuições e, de alguma forma, as minhas esperanças secretas a respeito da sobrevivência da consciência depois da morte do corpo.

EV: Você acreditava na vida após a morte antes de ter conhecimento das EQMs?
B: Para ser honesta, eu queria que fosse verdade, mas não sabia se realmente era. Nesse ponto, era apenas uma questão de fé [...] [mas] sou o tipo de pessoa que questiona e não considero as coisas garantidas.
EV: Então, por que você acredita nas pessoas que passaram por uma EQM?
B: Porque eu não acho que sei mais do que 13 milhões de americanos [o número estimado por algumas pesquisas de pessoas que passaram por uma EQM], e sabe-se lá quantas outras pessoas no resto do mundo! Além disso – e o mais importante para mim – eu apenas *sinto* que é verdade.
EV: De que outra maneira isso afeta a sua vida?
B: Reforça a minha crença na sobrevivência da consciência após a morte e na existência de um encontro com Deus ou a Luz ou qualquer outro nome que você queira lhe dar. Ela me faz acreditar que tudo o que me acontece, por mais doloroso, triste ou injusto, tem algum significado – que nada acontece por acaso.
EV: Como a EQM mudou a sua vida diária?
B: Ela mudou a minha obsessão com a passagem do tempo. Eu a perdi totalmente. Antes, era uma preocupação constante. Quando eu tinha 20 anos, eu era muito consciente de que não estava mais no auge da juventude. A cada aniversário da minha filha, eu me sentia ficando mais velha e ficava triste com essa idéia. Eu olhava o meu rosto no espelho e o examinava procurando novas rugas. Tudo isso desapareceu totalmente. Agora, sei que o tempo não existe na esfera da consciência – portanto, por que eu deveria me preocupar com o envelhecimento e a passagem do tempo?

TORNANDO-SE UMA PESSOA QUE PASSOU POR UMA EQM SEM PASSAR POR ELA

Por esses testemunhos, podemos ver agora que não apenas é possível as pessoas abertas às EQMs aprenderem com ela, mas *internalizar os seus insights essenciais e torná-los seus*. Assim, essas pessoas tornam-se iguais às que passaram por uma EQM e passam a ver o mundo com a visão mediada pela EQM.

E, ao fazê-lo, esses indivíduos passam a exemplificar a proposta apresentada por Steve no início deste capítulo: "É possível obter todo o conhecimento que as pessoas adquirem quando morrem, sem morrer. Você não precisa morrer para chegar lá".

Outras, já fizeram aquilo que você talvez decida fazer ao usar este livro para mudar a sua vida. Naturalmente, como já observei se a hipótese do vírus benigno for verdadeira, algumas dessas mudanças já devem ter sido semeadas em você e podem muito bem florescer sem que você precise fazer mais nada do que ler e refletir sobre o conteúdo deste livro. Esse é o princípio do contágio que mencionei no início do capítulo, e que grande parte do restante documenta. Contudo, você deve se lembrar de que, no início, também me referi a um segundo princípio que precisaríamos utilizar. Ele envolvia a imitação deliberada da atitude mental de uma pessoa que passou por uma EQM, para praticarmos aquilo que a EQM ensina. Agora é hora de voltarmos àquela estratégia para cumprir o propósito deste capítulo e a promessa deste livro: aprender a ver e a agir no mundo como essas pessoas. Isso requer um esforço da sua parte, como acontece com a maioria das coisas valiosas. Eis uma sugestão sobre como começar.

Primeiro, reserve algum tempo para uma experiência. Ela levará algumas horas, mas, se possível, você poderia reservar um dia inteiro para ela. Comece envolvendo-se de novo em algumas das histórias deste livro (ou qualquer outro sobre EQMs) que o tenham emocionado particularmente e reflita sobre elas e sobre o que elas ensinam. Sente-se tranquilamente e deixe a mente examinar essas lições, em especial aquelas sobre autocompaixão e compaixão pelos outros. Deixe que esses pensamentos e sentimentos se irradiem através de você e, como fazemos na meditação, deixe que o processo de absorção continue até estar completo.

Nesse ponto, saia para cumprir as suas atividades diárias – tentando o máximo possível ficar consciente daquilo que a EQM ensina sobre a maneira de ser, de ver e de tratar os outros. Na verdade, você está representando o papel de uma pessoa que passou por uma EQM durante o período que reservou para essa experiência e, embora ela possa parecer artificial a princípio, com a prática você se sentirá mais à vontade. E, lembre-se de que nós sabemos, por experiências como o "Projeto Amor" de Flynn, que essa é uma técnica que pode instilar a perspectiva de uma pessoa que vivenciou uma EQM, em nossa mente e coração. Se você abandonar essa atitude mental [e isso acontecerá, repetidamente], apenas lembre a si mesmo, gentilmente, do seu propósito. Deixe-se experienciar o mundo com olhos suavizados pela compaixão – por si mesmo e pelos outros. Cultive isso em si mesmo e, finalmente, você adquirirá esse dom da EQM para si mesmo – e, dessa maneira, será capaz de ofertá-lo aos outros.

Depois, escreva num diário as suas experiências com essa prática: como você se sentiu, que *insights* você teve durante a sua prática. Descreva alguns dos encontros que teve com outras pessoas, nos quais você sentiu ter agido de uma forma que refletia aquilo que aprendeu e absorveu das lições que estava tentando colocar em prática na própria vida. Olhe para eles do seu próprio ponto de vista e então imagine o que um ser de luz poderia lhe comunicar a respeito deles. Olhe e analise os seus fracassos, mas não os julgue. Aprenda com eles e anote o que você aprendeu. Deixe a escrita fluir, pois certamente outras coisas virão à sua mente.

Se puder, pratique com freqüência, até mesmo diariamente durante algum tempo. Talvez você nem sempre possa dedicar algumas horas a essa prática, mas seja qual for o tempo que lhe dedicar, pagará muitos dividendos. Por fim, você descobrirá que está se tornando o tipo de pessoa sobre a qual esteve lendo.

Naturalmente, sua família e amigos provavelmente notarão algumas dessas mudanças e, como relatam as pessoas que passaram por uma EQM, eles nem sempre gostam daquilo que vêem. Podem surgir problemas. Mas a vida não é um estado livre de problemas! E a mudança não vem facilmente, seja para os que estão tentando realizá-las em sua vida, como para os que são afetados por elas. Mesmo assim, se o seu coração está nesse objetivo, você precisa estar disposto a enfrentar as conseqüências e lidar com o que surgir.

Você só precisa perguntar a quem passou por uma EQM se valeu a pena deixar a Luz ser o seu guia na tentativa de aprender como viver e como morrer.

Capítulo 10

Eles vêm pela Luz: os dons de cura e a experiência de quase-morte

Um dos primeiros de muitos filmes que contaram histórias baseadas em EQMs chamava-se *Ressurrection* e foi bastante popular ao ser lançado, no início dos anos 80. A atriz era Ellen Burstyn, que fazia o papel de uma jovem que passou por uma EQM após sofrer um acidente de automóvel quase fatal e tornou-se uma talentosa curadora com poderes quase mágicos para devolver a saúde a corpos danificados. Por ter uma certa ligação com esse filme e conhecer algumas das pessoas envolvidas, como o seu autor, Lou Carlino, eu sabia um pouco a respeito dos incidentes nos quais o filme se baseava. Por exemplo, alguns dos acontecimentos na vida da protagonista, depois de ter se tornado uma curadora são, na verdade, recriações de episódios que ocorreram a uma famosa curadora americana, Rosalyn Bruyere, consultora do filme. Contudo, Rosalyn contou-me que jamais tivera uma EQM, portanto ela não era realmente o protótipo da pessoa que o filme descrevia. Quando questionei Lou Carlino a esse respeito, ele apenas disse que, na realidade, nenhuma pessoa havia servido de modelo para o filme, mas que a sua história refletia uma espécie de combinação de pessoas que ele conhecera ou sobre as quais lera.

Naturalmente, aquele era um filme produzido com rapidez na fábrica de sonhos de Hollywood e, assim, você poderia ser perdoado se ficasse tentado a considerá-lo como uma diversão que talvez não seja fiel aos fatos relacionados às pesquisas da EQM. Contudo, se você adotar essa opinião compreensível, acabaria descobrindo que está muito enganado, porque os dados sustentam plenamente a premissa de Carlino: uma quantidade significativa de pessoas que passaram por uma EQM *realmente* parece desenvolver dons de cura, de um ou de outro tipo, após a experiência. Assim, seria bom verificarmos se podemos extrair algumas lições desse efeito posterior específico, bastante comum das EQMS, para a nossa vida. Se, por exemplo, pudermos compreender qual poderia ser a base para esses dons de cura, poderíamos aprender a acessá-la e a usá-la para curar a própria vida ou a vida dos outros.

Mas, antes de seguirmos por esse caminho mais prático, precisamos parar e considerar algumas das evidências de que as EQMS de fato geram habilidades de cura e como isso poderia acontecer.

Para começar, consideremos alguns estudos específicos para obtermos uma visão geral de como a ligação entre a EQM e a cura pode ser penetrante. Por exemplo, uma das primeiras investigações a tocar nesse assunto foi realizada por uma pesquisadora inglesa, Margot Grey, que relatou as suas descobertas no livro *Return from death*, de 1984. No início de um capítulo intitulado "Healing manifestations", ela escreve:

> Há uma outra manifestação espetacular que parece ser desencadeada espontaneamente pela experiência de quase-morte que é o dom da cura. Como a clarividência, essa habilidade também parece ser concedida às pessoas (em muitos casos) como um resultado direto de um encontro de quase-morte.[1]

Igualmente, uma pesquisadora americana, P. M. H. Atwater, entrevistou mais de 3 mil pessoas que passaram por uma EQM no decorrer de 20 anos e, apesar de não apresentar números precisos, ela afirma, em seu último livro, que mais de 50% dessas pessoas desenvolvem "mãos que curam"[2] após a experiência. E outra pesquisa confirma as afirmações de Atwater. Por exemplo, em meu estudo mais recente, descobri que 42% dessas pessoas relatam o aumento na capacidade para curar, após a experiência, enquanto o

---
1. Margot Grey, *Return from death* (Londres: Arcana, 1985), p. 134.
2. P. M. H. Atwater, *Beyond the light* (Nova York: Birch Lane, 1994), p. 132.

grupo de controle relatava um aumento de apenas 11%, e 47% delas (quatro vezes mais do que os controles) mencionavam especificamente a presença de uma descarga incomum de energia nas mãos ou a própria síndrome das "mãos quentes" como parte desse fenômeno.[3] E, finalmente, há a pesquisa corroborativa e ainda mais intensa da socióloga australiana Cherie Sutherland, que descobriu que, enquanto apenas 8% dessas pessoas relatavam quaisquer dons de cura anteriores à EQM, 65% delas afirmavam que esses talentos floresceram depois. Assim, parece seguro concluir, a partir desse conjunto de descobertas representativas, que sem dúvida alguma coisa na EQM desencadeia aquilo que provavelmente é um potencial latente em todos nós – a capacidade para mediar as energias da cura.

Durante os anos em que estive envolvido com EQMs, naturalmente conheci algumas dessas pessoas que descobriram, algumas vezes aparentemente por acaso, que haviam adquirido algum tipo de dom para curar ou fazer diagnósticos, e que depois foram levadas a colocá-lo a serviço dos outros. Uma das minhas boas amigas, Barbara Harris Whitfield, que escreveu um dos primeiros livros autobiográficos a respeito da sua EQM e da sua vida posterior,[4] pode servir de exemplo desse tipo de desenvolvimento. Barbara, que você conhece em virtude de sua revisão de vida (ver pp. 241-2), teve a sua EQM em 1975, quando foi hospitalizada para se submeter a uma cirurgia de fusão espinal. Após a recuperação, ela observou que tinha aquilo que descreveu como "energias curadoras" percorrendo o seu corpo. E, definitivamente, tinha também a síndrome das "mãos quentes": um dia, ela me contou, quando estava no carro com o marido, Barbara inocentemente tocou a coxa dele (ele estava usando um short) e ele gritou de dor por causa do intenso calor que sentiu emanando da sua mão. Barbara tornou-se uma terapeuta, tratando de problemas respiratórios, o que ajudou-a a satisfazer o seu desejo de ser útil aos outros, mas como ela continuava sentindo uma forte necessidade de "colocar as

---

3. Kenneth Ring, *The Omega Project*, p. 278 e dados anteriormente não publicados.
4. Barbara Harris & Lionel C. Bascom, *Full circle: The near-death experience and beyond* (Nova York: Pocket Books, 1990).

mãos nas pessoas", finalmente tornou-se uma terapeuta corporal. Como me explicou, parte da sua motivação era encontrar um meio legítimo para tocar as pessoas, porque, assim, ela sentia, poderia realmente transmitir um pouco das energias curadoras que pareciam irradiar dela após a EQM. O seu livro oferece muitos exemplos de como Barbara trabalhou com diversas modalidades de cura para ajudar pessoas sofrendo de doenças ou outras dificuldades, e posso confirmar – pela minha própria experiência, em mais de uma ocasião – que as mãos dela realmente têm o poder de curar.

E não apenas as suas mãos, porque, como eu mesmo tive oportunidade de observar, a própria presença de Barbara é um conduto dessa energia. Quando falava em minhas aulas na universidade, por exemplo, não era raro diversos alunos se aglomerarem ao seu redor após a palestra e, posteriormente, comentarem sobre o poder que ela irradiava, que era palpável. Hoje, Barbara continua a realizar o seu trabalho, principalmente no movimento da Recuperação, onde uniu forças com o segundo marido, o ilustre autor e médico Charles Whitfield.

Outra mulher que conheço desde o início de meu trabalho no campo da EQM é Helen Nelson, e ela, também, seguiu um caminho semelhante após a sua EQM, provocada por um ataque cardíaco na metade dos anos 70. Contudo, no caso de Helen, ela parece ser capaz de perceber diretamente o campo energético que envolve o corpo humano, bem como os vórtices de energia *dentro* do corpo, os quais, nas tradições esotéricas psicoespirituais do Oriente, são conhecidos como *chacras*. O seu trabalho envolve um diagnóstico intuitivo do campo de energia da pessoa, bem como a tentativa de limpar os bloqueios energéticos e devolver o equilíbrio ao sistema como um todo. Porém, há alguns anos não tenho visto Helen com tanta freqüência quanto costumava, mas pelo que ela contou pelo telefone e por cartas, continuou obtendo alguns notáveis sucessos no seu trabalho em particular com pacientes de câncer. A última vez que soube dela, diversos médicos haviam demonstrado interesse nas suas habilidades e um livro sobre a sua vida de serviços após a EQM estava sendo elaborado.

Outra pessoa que desenvolveu habilidades óbvias de cura e, tal como Barbara e Helen, revela um tremendo carisma pessoal quando fala para platéias, é uma mulher que chamarei de Stella, que conheci no final dos anos 80. Quando estávamos nos conhecendo melhor, ela me escreveu sobre o trabalho que estava realizando com doentes terminais, principalmente com aqueles que estavam morrendo de aids:

> A minha compaixão por aquelas pessoas criou um novo "dom". Eu aprendi a "escanear" um corpo em busca de padrões anormais de energia. (Eu sentia calor quando passava a mão sobre essas áreas.) Então, eu me concentrava e mandava energias através da minha mão para ajudar a equilibrar a energia deles. Aqueles com quem eu trabalhei afirmam sentir um alívio da dor, que dura algumas horas. Sei que estou transferindo algum tipo de energia e que a quantidade está diretamente correlacionada ao grau de compaixão que eu sinto.

É triste, porém compreensível, suponho, que ainda não tenha sido realizado um estudo rigoroso e sistemático sobre os dons de cura demonstrados por tantas pessoas como Barbara, Helen e Stella e, assim, ficamos com muitos testemunhos como o último que apresentei e que contam apenas com a palavra da pessoa envolvida. Em resumo, se você consultar alguns dos livros que já mencionei neste capítulo, ou outros sobre EQMs, encontrará histórias, na maior parte relatada pelas próprias pessoas que passaram por uma EQM, que contam casos nos quais elas sentem, ou afirmam, terem sido úteis na cura de outras pessoas ou, pelo menos, como no caso de Stella, aliviar a dor. Além disso, em geral, afirmam ou sugerem que essas habilidades se desenvolveram ou aumentaram após a EQM. A freqüência dessas afirmações, como demonstram as estatísticas que mencionei, é impressionante e muitas das histórias são interessantes, portanto, é pouco provável que esses efeitos como um todo sejam duvidosos. Ao contrário, parece provável, mesmo na ausência de pesquisas concretas sobre o assunto, que os dons de cura de fato abundam entre essas pessoas, mas, mesmo assim, devemos reconhecer que ainda não temos certeza.

Entretanto, isso não significa que ainda não temos algumas pistas bastante significativas de outra pesquisa para nos ajudar a provar, pelo menos indiretamente, a ligação entre a EQM e a cura. Por exemplo, como já mencionei (ver o Capítulo 5), diversos estudos independentes mostraram de forma consistente que um dos freqüentes resultados de uma EQM é o aumento da sensibilidade elétrica;[5] isto é, as pessoas que passam por uma EQM, muitas vezes, relatam uma incidência maior de diversas anomalias elétricas ou eletrônicas na sua presença; relógios de pulso param de funcionar, computadores entram em curto-circuito inexplicavelmente, sistemas elétricos de carros enguiçam, gravadores não reproduzem gravações, e assim por diante.

Agora, acontece que muito antes de essa conexão entre as EQMs e a sensibilidade elétrica ser estabelecida por meio de pesquisas, eu já observara que todas as três pessoas que acabei de descrever – Barbara, Helen e Stella – eram notáveis no grau de suscetibilidade a essas anomalias. Cada uma delas relatou, com genuína confusão e uma espécie de divertimento irônico, diversos incidentes como esses, os quais, na época, pude apenas observar, porém não explicar. Mas o acontecimento a seguir, que eu e diversas pessoas testemunhamos, mostrou que essas ocorrências eram verdadeiras, e pesquisas posteriores sugerem fortemente que os fatores responsáveis por elas podem estar intimamente envolvidos na sua suposta habilidade para curar.

Venha comigo para uma das minhas aulas. Stella está lá, uma das três pessoas que foram convidadas a contar um pouco da sua vida após a EQM. Nessas aulas, eu não dava nenhuma orientação a respeito do que queria que os meus convidados falassem, desde que estivesse relacionado com os efeitos posteriores das suas EQMs. Em determinado ponto, Stella começou a contar uma história curiosa e divertida: ela e o marido estavam de férias na Flórida. Uma noite, passeando pela pequena cidade da qual tanto gostavam, viram-se sozinhos numa rua iluminada por uma série de postes elétricos. Enquanto caminhavam pela rua, disse Stella, notaram que quando passavam por um poste, a luz apagava. O marido, que era engenheiro [mais tarde eu o conheci], e que observara outras anomalias na presença da esposa depois da EQM, pediu que ela

---

5. Veja, por exemplo, Kenneth Ring: *The Omega Project*; Melvin Morse & Paul Perry, *Transformed by the light;* e P. M. H. Atwater, *beyond the Light.*

continuasse andando e, de fato, disse ela, as luzes continuavam apagando enquanto Stella passava por elas.

Alguns anos depois, em outras férias, eles estavam na mesma cidadezinha e Stella disse ao marido: "Você se lembra da última vez que estivemos aqui e todas as luzes se apagaram?".

"Claro. Naturalmente que me lembro."

"Vamos voltar lá."

O marido hesitou nesse momento, mas a vontade de Stella prevaleceu e eles começam a andar novamente naquela rua. "E, acreditem ou não", Stella continuou, "novamente todas as luzes começaram a se apagar."

E, no momento em que ela dizia isso, todas as luzes do teto da sala piscaram rapidamente e então, de fato, se apagaram! Justo naquele momento.

Em seguida, voltaram a acender.

Stella fez uma pausa. Risos abafados e descrença dos alunos e de mim. Todos notaram o que acontecera e quando acontecera. As luzes apagando pontuaram surpreendentemente a história sobre as luzes apagando, interrompendo-a.

Será que Stella fez as luzes piscarem e apagarem? Foi apenas conseqüência de uma queda temporária de energia na universidade? Foi simplesmente um acaso, uma coincidência sem significado? Ou será que era o espírito brincalhão que estava se divertindo à nossa custa?

Eu não sei o que foi, mas sei que chamou a atenção de todos e, naquele momento, parecia ser o tipo de mistério que nos deixa confusos mesmo quando as vozes da mente racional começam a sussurrar em nosso ouvido que aquilo é impossível.

De qualquer modo, desde que o incidente ocorreu, tornou-se cada vez mais óbvio para pesquisadores da EQM como eu que dificilmente é uma questão de casualidade todas as três pessoas que apresentei neste capítulo possuírem uma pronunciada sensibilidade elétrica. Além disso, você se lembra de que todas elas irradiam uma energia vibrante e possuem uma personalidade carismática. Figurativamente, pelo menos, emitem faíscas. Mas talvez não estejamos apenas falando figurativamente. Talvez algo tenha acontecido a pessoas como Barbara, Helen e Stella – e, ao que tudo indica, com outras pessoas que saíram de suas EQMs com dons de cura –

quando elas ficaram no campo de energia da Luz. Talvez a Luz não seja alguma coisa apenas vista e sentida. Talvez ela seja um raio.

A LUZ COMO FORÇA QUE CURA

Agora, já estamos muito familiarizados com a imagem da Luz no contexto da EQM, portanto, talvez seja o momento de observá-la com novos olhos. Naturalmente, de tudo o que eu já disse sobre esse aspecto da experiência, sabemos que essa luz radiantemente bela, abrangente, é a verdadeira essência da EQM, o seu âmago central cintilante. Mas, deixando de lado por um momento toda a imagem poética, o que essa luz é em sua essência?

Para começar, poderíamos dizer que isso não é uma simples metáfora. Na realidade, a luz é um fenômeno eletromagnético. E, vale a pena notar, quando essas pessoas falam de sua experiência na Luz não é raro usarem frases como "estar imerso na Luz" ou "ficar absorvido na Luz" ou mesmo, como já ouvi, "recebendo uma transmissão da Luz". Agora, nós, seres humanos, somos por natureza "seres elétricos", pois todos possuímos energia ou campos eletrodinâmicos em nós e à nossa volta. Portanto, é possível, talvez até mesmo plausível, supor que, quando uma pessoa passa por uma EQM, realmente pode haver algum tipo de transmissão elétrica ou energética enquanto ela está no campo da luz e esta continua a perturbar o próprio campo elétrico do indivíduo depois que ele volta à vida. É claro que agora é possível medir os campos elétricos em laboratórios e, com o surgimento da medicina dirigida à energia ou às vibrações, que se baseia no estudo e aplicação de energias sutis, decididamente é possível que tais estudos possam ser realizados com as pessoas que passaram por uma EQM, principalmente as que afirmam ter adquirido habilidades para a cura, para verificar se existem quaisquer características peculiares em seu campo elétrico. Se as minhas próprias especulações tivessem qualquer mérito, realmente deve haver algumas propriedades incomuns no campo elétrico dessas pessoas que as distinguem dos outros e que estão correlacionadas aos seus dons de cura.

Embora essa ainda seja uma hipótese não testada, já existem bases empíricas, como vimos no Capítulo 5, que as sustentam. Por exemplo, você se lembra de que anteriormente discuti algumas das pesquisas que indicam que, após uma EQM, costuma haver um padrão característico de mudanças fisiológicas e neurológicas (incluindo a hiperestesia e a sensibilidade elétrica) que, coletivamente, sugerem que alguma coisa na EQM, basicamente, "religa" o indivíduo num nível psicofísico. Se isso for verdade, um passo pequeno, porém lógico, seria presumir que essa religação fundamental também deve envolver mudanças energéticas, as quais poderiam constituir a base subjacente para os talentos de cura afirmados por tantas dessas pessoas.

Em poucas palavras, o que estou sugerindo é que *a própria Luz cura e que a pessoa que passa pela EQM recebe uma transmissão direta dessa luz, é alguém que, por sua vez, pode mediar essa força que cura*. Nesse sentido, essas pessoas podem ser consideradas como pequenos "seres de luz" que continuam transmitindo aos outros um pouco daquelas energias de cura que encontraram quando estavam na Luz.

Essa concepção do papel da luz na EQM agora nos leva a uma dedução óbvia. Se a Luz – aquele símbolo superior de totalidade – é sem dúvida o principal agente de cura na vida, então haverá casos em que a própria Luz é percebida como a única causa da recuperação aparentemente inexplicável de uma doença fatal. Nitidamente, então, também deve haver casos desse tipo entre essas pessoas – e há.

Outros pesquisadores da EQM também já foram alertados por esse tipo de caso. Por exemplo, em 1985, a escritora inglesa Margot Grey, cujo trabalho mencionei neste capítulo, salientou que nessas EQMS "as pessoas geralmente afirmavam ter sido curadas pelos seus guias ou pelo ser de luz".[6] Eu só gostaria de ter investigado mais essas afirmações quando estava entrevistando as pessoas que passaram por uma EQM, mas, com certeza, eu as ouvi com freqüência. Em geral, uma afirmação desse tipo era mais ou menos assim: "Eu sou um milagre da medicina. Eu nunca poderia ter sobrevivido. Meu médico não me deu nenhuma esperança e a minha recuperação o deixou espantado. Mas eu sabia, quando estava na

---

6. Grey, *Return from death...*, op. cit., p. 136.

Luz, que eu estava sendo curado". Contudo, há alguns anos, o psicólogo Paul Roud, de Massachusetts, investigou e documentou diversos desses casos, incluindo alguns envolvendo EQMs, em seu livro com o provocante título de *Making miracles*[7] e chegou a conclusões semelhantes às minhas. Entretanto, posso pelo menos apresentar o resumo de uma dezena de exemplos obtidos por mim ou fornecidos por outros pesquisadores para ilustrar como a Luz parece ser a fonte da cura aparentemente milagrosa durante uma EQM.

Um exemplo bastante notável foi compartilhado comigo por Howard Mickel, professor emérito de Estudos Religiosos da Wichita State University em Kansas, que investigou esse caso e pôde confirmar a sua autenticidade. A história envolvia um paciente chamado Ralph Duncan que, na metade dos anos 70, estava morrendo de leucemia. Aparentemente, disseram-lhe que ele tinha pouco tempo de vida e ele estava preparado para morrer. Mas, durante a hospitalização, teve uma EQM e encontrou um ser luminoso, que ele achou ser Jesus (embora Ralph tenha observado que ele não parecia nada com as suas tradicionais imagens), e cujos olhos eram "incandescentes". De qualquer forma, houve uma comunicação telepática desse ser, por meio de três curtas frases, que foram: "Isso é o bastante, está morto, acabou". Essas palavras, disse Ralph, ainda estavam ecoando em seus ouvidos quando ele voltou ao corpo.

Mais tarde, refletindo sobre aquilo, ele ficou curioso sobre o significado da frase, "isso é o bastante". Mas ele continua: "Eu sei o que ele queria dizer quando disse está morto. Para mim, quer dizer que o germe estava morto. Eu não tinha mais leucemia".[8] Contudo, para mim, todas as frases fazem sentido no contexto da sua cura. Por exemplo, quando o ser, com olhos "incandescentes", diz "Isso é o bastante", significa, na verdade, "Eu lhe enviei uma corrente elétrica com voltagem suficiente para curá-lo". E então, "Está morto, acabou".

A última vez que ouvi falar desse caso, em 1989, Ralph ainda estava em ótima forma e morando perto de Boulder, Colorado.

---

7. Paul Roud, *Making miracles* (Nova York: Warner Books, 1990).
8. As citações são de uma fita particular gravada em uma entrevista realizada por Howard Mickel, que a enviou para mim.

Um caso parecido foi descrito por Margot Grey. Cinco dias depois de uma cirurgia abdominal, um paciente inglês teve complicações e disseram à sua esposa que ele estava morrendo. Contudo, naquele momento, ele estava passando por uma EQM e ele viu

> [...] uma entidade vestida com um manto colorido [de] cores indescritivelmente lindas e um brilho intenso. Essa coisa ficou em pé à direita da minha cabeça, duas mãos foram suavemente colocadas sobre o meu corpo, movendo-se lentamente em direção aos pés, subindo pelo lado esquerdo, parando na minha cabeça, e então ela se foi. Eu não me lembrava de nada até o dia seguinte. A partir daí, tive uma recuperação rápida e logo estava de volta à minha família.[9]

Mais uma vez, parece que temos uma cura realizada no contexto geral de uma cena preenchida pela luz.

Não faz muito tempo que outros casos desse tipo me foram contados pelo meu amigo Steve, de quem você deve se lembrar como o personagem de um tratamento estabilizador, aparentemente espiritual, realizado por um ser de luz do sexo feminino, quando Steve teve uma parada respiratória durante uma cirurgia. (ver as pp. 68-70). Significativamente, Steve há pouco me contou que, como no caso de Ralph Duncan, esse ser tinha "intensos olhos azuis que brilhavam como se estivessem pegando fogo". E, enquanto ele sentia aquela energia irradiando para dentro de si mesmo, ela comunicou telepaticamente esses pensamentos para Steve:

> Você não está respirando com regularidade. Há um pouco de preocupação porque a sua respiração pode parar. Eu estou aqui para estabilizá-la e garantir que o problema não se agrave. Você é muito valioso e ninguém está disposto a correr riscos com a sua vida.

Sob certos aspectos, um caso ainda mais dramático que Steve me contou envolvia uma mexicana, diabética, que não fala inglês (Steve é fluente em espanhol) e, garantiu Steve, não sabia nada sobre EQMs antes da própria experiência. Eis a sua história:

---

9. Grey, op. cit., p. 138.

Antes da sua experiência, ela perdera a capacidade de enxergar. A diabetes destruíra a sua retina e ela não podia falar porque o coração não estava proporcionando circulação suficiente para o cérebro. Ela estava em más condições. Eles a prepararam para uma cirurgia.

A cirurgia de coração aberto numa mulher diabética de 67 anos é cheia de riscos. Os médicos saíram da sala para discutir sua estratégia. Enquanto conferenciavam, ela viu a parede se abrir e uma luz brilhante derramou-se. Um homem de barba, vestido de branco, ficou ao seu lado. Ele era feito de luz branca.

"Você ainda não está pronta para me seguir [...] você não está preparada. Eu vou lhe devolver a visão. Você precisará dela para terminar a sua vida. E eu vou curar a válvula cardíaca, para que você possa falar novamente. Você ainda tem algumas coisas para fazer. Os seus netos precisam de você para ensiná-los."

De acordo com o relato da mulher, ele colocou a mão no seu peito e a sua visão retornou. [Depois] ela sentou-se numa cadeira de rodas, serena, cheia de confiança e sorrindo. As suas pernas não funcionavam, mas os seus olhos enxergavam bem e ela estava feliz, tranqüila.

[Seu cardiologista mais tarde lhe disse] "Aconteceu alguma coisa para mudar o seu corpo. Não temos uma explicação para isso. Pessoalmente, atribuo isso à vontade de Deus. Você pode ir para casa agora. Nós não fizemos nada."[10]

Steve concluiu essa parte da carta com esse comentário: "Conto isso para lhe dar uma idéia do poder imenso, inigualável que alguns desses seres de luz têm".

Por fim, existem alguns casos meus que posso citar rapidamente aqui. Um deles, significativamente, envolve Stella, a mulher que, por assim dizer, "acendeu" os meus alunos quando apagou as luzes e cujos dons de cura já mencionei. O que ela nos contou, depois do dia memorável em que este em minha aula, foi que recebera um diagnóstico de câncer terminal quando a sua EQM ocorreu e, na sua opinião, foi o seu encontro com a Luz que a deixara curada. De qualquer modo, ela continua bem até hoje.

Outro exemplo vem da experiência de uma mulher chamada Kathy Hayward, que encontrei apenas uma vez em Washington,

---

10. Citações de uma carta para mim, datada de 27 de fevereiro de 1995.

D.C., na metade dos anos 80, mas que eu vira muitas vezes antes porque ela foi retratada num filme sobre EQMs que eu costumava mostrar em minhas aulas todos os semestres. No início dos anos 70, Kathy estava morrendo da doença de Hodgkin, muito difícil de ser tratada naquela época. Ao entrar no hospital, desmaiou e esperava-se que morresse naquela noite. Ela morreu (o monitor cardíaco ficou sem sinal, o que ela conseguiu ver do ponto de observação de uma EFC) e passou por uma EQM. Lá, ela também encontrou um ser de luz e, dentro da Luz, sentiu as suas energias curadoras penetrarem nela enquanto ele dizia que a estava mandando de volta. Como conseqüência direta da sua experiência, ela acha que foi completamente curada da sua doença. Na verdade, quando eu a conheci pessoalmente, anos depois de tê-la visto naquele filme, Kathy não apenas estava bem, como parecia radiante.

OUTROS DONS DA LUZ: A CURA DO DESESPERO

Nossa discussão sobre o poder da Luz e o papel dos seres de luz na cura podem facilmente ter dado a impressão de que esses agentes de cura só realizam curas físicas e de doenças orgânicas. Mas essa seria uma dedução errada, porque também está muito claro que a Luz cura espiritualmente. Em outras palavras, ela não conserta apenas corpos, *ela conserta vidas*. Isso fica particularmente óbvio, acredito, no caso das pessoas que tiveram uma vida muito difícil ou perturbada e se encontram, no momento de uma EQM, em péssimo estado emocional, no limite das suas forças. Aqui, podemos ver com clareza um aspecto muito distinto da capacidade para curar da Luz e, pela cura, tornar a pessoa de novo inteira. Embora nos casos envolvendo uma cura física fosse como se estivéssemos vendo a Luz no seu papel de Mestre Médico, aqui ela é mais como o Mestre Terapeuta. Como tal, a Luz parece capaz não só de iluminar o caminho para fora das sombras profundas de uma vida sem saída, mas também oferecer tanta ajuda e amor que, finalmente, podemos sentir os fardos da vida serem retirados dos ombros e mais uma vez aproveitar da bênção pura do que o grande santo indiano, Ramana Maharshi, chamou de nossa verdadeira natureza, a própria felicidade.

Para avaliar essa faceta do poder da Luz para conferir esse tipo de bênção a pessoas angustiadas, considere essa observação de uma amiga australiana, Andrea. Durante a recuperação de uma séria cirurgia, ainda no hospital e muito doente, Andrea passou por uma EQM. Em determinado momento, ela se viu dentro de um túnel e conta a seguinte experiência:

> Dentro do túnel, eu experienciei uma mudança total quando fui tocada pela Luz. Até aquele momento no tempo, eu viajara por uma estrada extraordinariamente longa, difícil e, algumas vezes, amarga. Eu estava emocionalmente muito exausta e muito cheia de ressentimentos pelos momentos difíceis que tivera de suportar.
> Quando esse amor tremendamente incondicional fluiu para mim e através de mim, cada átomo da minha alma foi banhado e alterado em sua luz. Todas as minhas cicatrizes, e lembranças ruins, desapareceram de imediato. Nada daquilo importava, a não ser o amor que eu estava recebendo. Nenhuma época difícil parecia real naquele momento. Elas eram apenas experiências de aprendizagem e eu podia senti-las deslizando, toda a dor desaparecida; apenas esse maravilhoso momento eterno, onde eu era totalmente aceita por quem eu era e de onde eu viera.
> Mais tarde, percebi como esse encontro foi transformador e pude entender a frase bíblica "tendo renascido no espírito", pois ela deve ter vindo daquela fonte de "Luz Eterna". Eu me sentia nova em folha e o mundo era um lindo lugar para onde voltar.

Em meu trabalho no campo da EQM, tive motivos para me impressionar com a freqüência com que, aparentemente de maneira quase providencial, a Luz da EQM entra na vida de uma pessoa no momento em que ela estava se preparando para seguir um caminho obviamente autodestrutivo ou, na verdade, quando ela já havia dado os primeiros porém ainda reversíveis passos naquela direção. Em casos assim, podemos ver ainda melhor a outra função da Luz como Mestre Terapeuta, guiando o indivíduo de volta ao seu caminho.

Um dos primeiros exemplos desse tipo cruzou o meu caminho de maneira bastante casual, quando eu estava iniciando nesse campo em 1977. Angela era minha aluna na universidade e, mais ou menos dois anos antes de conhecê-la, fora uma suicida em potencial. Naquela época, me contou, ela estava cronicamente deprimida por diversos motivos: ela não era apenas gorda, era obesa; era viciada em drogas e em bebidas alcoólicas; as suas notas eram ruins; e ela sofrera abuso na infância e continuava tendo um mau relacionamento com os pais. Conforme contou, era apenas uma "bagunça" e não via muito sentido na vida. Na verdade, ela já tentara várias vezes o suicídio, mas nunca chegara seriamente perto de morrer, até uma ocasião, mais ou menos na época dos exames finais do outono, enquanto o inverno se aproximava rapidamente e o seu humor estava ainda mais baixo do que as suas notas.

Angela trabalhava na enfermaria do câmpus e já tinha algumas drogas escondidas no dormitório, onde também armazenara um estoque de bebidas. Um dia, quando estava sozinha, ela engoliu tudo o que conseguiu e esperou a morte. Mas, por algum estranho motivo, decidiu sair "para dar uma última olhada" no câmpus. Providencialmente, como poderia parecer, alguns amigos vieram falar com ela e, percebendo a sua fala arrastada e o seu comportamento estranho, imediatamente chegaram à correta conclusão e chamaram uma ambulância para levá-la ao hospital. Angela lembra-se de ter "esmurrado" o atendente antes de desmaiar – e entrar na Luz.

E, enquanto estava na Luz, ouviu essas palavras na mente: "Você nunca mais tentará o suicídio e ficará bem". Nesse momento, ela me contou, foi como se já estivesse bem. Ela só precisou passar pela formalidade de realmente tornar-se inteira, mas insistiu em afirmar que *sentiu-se* inteira no instante em que ouviu aquelas palavras e experienciou o amor emanando da Luz.

Mesmo assim, a sua recuperação não foi imediata. Levou tempo. Porém, logo abandonou as drogas e juntou-se aos Alcoólatras Anônimos, deixando também de beber. Nesse e em outros contextos, ela de fato aconselhou diversas pessoas que haviam tentado o suicídio, contando-lhes a sua EQM e a sua recuperação. Ela continuou sendo gorda, mas isso não era mais problema, porque agora compreendia que "ela não era o seu corpo". "Sim, eu sou gorda", ela ria. "E daí? Isso não é o que eu sou!"

Finalmente, Angela formou-se com sucesso e começou a trabalhar na Cruz Vermelha Americana. Ela casou, e a última vez que ouvi falar dela (e nós mantivemos contato por muitos anos), estava planejando cursar a escola de enfermagem. Em nossas muitas conversas e nas palestras que deu em minhas aulas, ela deixou claro que, no que lhe dizia respeito, fora imediatamente curada pela Luz e agora a sua tarefa na vida era compartilhar com os outros o que ela recebeu quando esteve próxima da morte. E isso, posso garantir, ela fez com muito bom humor, um sorriso maravilhoso e abundância de amor.

Entretanto, é importante perceber que o bálsamo curador da Luz está disponível não só para quem passa por uma EQM, mas para *todos* que se encontram numa profunda crise espiritual ou à beira do suicídio. Em meus anos de pesquisa, ouvi falar de muitas pessoas que, apesar de não terem estado fisicamente próximas da morte, passaram por uma espécie de EQM, cujas características *e* efeitos não podiam ser diferenciados dos que são desencadeados por uma situação real na qual a vida está em perigo. Assim, a Luz parece vir para quem precisa dela, *independentemente* do estado físico da pessoa. Ao contrário, é o estado espiritual que parece preparar o terreno para o surgimento salvador da Luz em nossa vida.

Para ilustrar como a Luz pode vir para aqueles que se encontram privados de toda esperança, contarei três desses casos representativos das muitas histórias que encontrei nos últimos 20 anos.

Antes, porém, apresentarei alguns trechos de uma carta que me foi escrita em 1985:

> Minha experiência aconteceu numa época da minha vida quando eu *queria* morrer. Eu estava num casamento infeliz. Meu marido estava desempregado a maior parte do tempo, tomava drogas e era propenso a violentos acessos de raiva. Eu sustentava a casa trabalhando como *free lancer* e tentava cuidar de nossa filha de três anos. As tensões e o estresse do meu ambiente eram insuportáveis. Lembro-me de que eu queria morrer, sentindo que o suicídio não era uma alternativa por causa da minha filha. Mas, certa noite, eu estava me sentindo tão infeliz que acho que mentalmente eu me *forcei* a querer morrer. Eu estava sozinha, no escuro, sentada no sofá. Eu não conseguira dormir, assim, apenas levantei e fiquei sentada lá, sozinha. Aparentemente, caí em outro estado de consciência, pois, de repente, eu estava na presença de uma luz tão magnífica que irradiava o amor perfeito, a harmonia, pura bênção – essas palavras não chegam

nem perto da descrição daquilo que senti. Não existe nada nessa dimensão que se possa comparar ao que eu senti.

Muito suavemente, depois de ter sido banhada naquela alegria pura, uma voz me disse que eu precisava voltar. Nesse momento, fiquei muito perturbada e implorei para ela não me mandar de volta. Novamente, disseram que eu precisava voltar e, então, fui forçada a voltar para o meu corpo através da minha testa. Quando recobrei a consciência, eu estava chorando e muito perturbada por estar de volta.

O período seguinte foi de muitas mudanças e dificuldades. Eu tive fortes dores de cabeça durante cerca de um ano. Comecei a buscar e ansiar pelo conhecimento. Encontrar as verdades da nossa existência tornou-se muito importante para mim e tornei-me uma pessoa muito espiritualista. Descobrir o meu propósito aqui também tornou-se primordial em meus pensamentos. Meu casamento acabou. Passei dois anos fazendo terapia, o que acelerou o meu crescimento pessoal e a minha conscientização.

O processo não terminou. Ainda estou buscando, aprendendo e crescendo. A vida é excitante e alegre a maior parte do tempo. Saber que existem outras pessoas como eu me ajudou bastante. Sinto que o cosmos se move mais depressa; e a verdade está se revelando rapidamente.

Outro caso sobre o qual tenho muito mais informações baseia-se no encontro que tive com uma participante do congresso da IANDS em Washington, D.C., em 1990, onde dei uma palestra sobre a relação entre as EQMS e o abuso de crianças. Apesar de termos nos encontrado pela primeira vez naquela ocasião, ainda mantenho contato com Lorna e conheço-a muito bem. Assim, posso não apenas responder pelo seu relato, mas também garantir que ela continua a viver, por assim dizer, na Luz, e que a sua vida teve muitas bênçãos, incluindo um casamento bem-sucedido, desde os acontecimentos que ela me contou rapidamente e que agora compartilho com você.

Uma vez que o modo como conheci Lorna é pertinente à sua história, primeiro fornecerei algumas informações. No congresso, pediram-me para ser o mestre-de-cerimônias no banquete de sábado à noite, quando haveria uma palestra de Raymond Moody. No final do banquete, diversas pessoas da platéia reuniram-se em volta da mesa principal, esperando falar com algum dos apresentadores, e todos fizemos o melhor para atendê-las. Porém, as limitações de tempo e outros compromissos após o banquete nos impediram de conversar com todas. Uma mulher, em particular, fora muito persistente em seu desejo de falar comigo e ela chamou a minha atenção em especial e eu lhe apresentei minhas sinceras desculpas por não ter mais tempo naquela noite. "Talvez amanhã", murmurei sem graça, sabendo em meu coração que a agenda do dia seguinte estava ainda mais cheia do que a daquele sábado.

Contudo, nós nunca nos falamos e eu retornei à universidade sem vê-la outra vez. Mas, três dias depois, recebi esta carta:

> Prezado dr. Ring,
> Meu nome é Lorna Stephens. Não sei se o senhor se lembrará de mim, mas eu era aquela "praga" no congresso da IANDS da semana passada. Eu queria muito falar com o senhor, mas havia tantas pessoas que precisavam falar com o senhor e tive muita pena delas. Eu tinha esperança de que talvez um dia o senhor viesse para Detroit e entrasse em contato comigo, mas acho que não posso esperar por isso. Preciso lhe contar a minha EQM, mas também sinto que o senhor precisa ouvi-la. Acho que ela se refere à sua pesquisa das EQMS e crianças vítimas de abuso. Eu experienciei ambos. Preciso começar do início, portanto, isso pode ser um tanto longo, mas acho que é importante o senhor conhecer todos os detalhes.
>
> Quando eu era pequena – a mais jovem da minha família – a minha primeira lembrança é a do meu pai acordando o meu irmão mais velho à noite para bater nele. Eu tinha mais ou menos três anos e ainda posso ouvir Stephen (meu irmão) gritando e pedindo ajuda. Quando eu era pequena, Stephen sempre cuidou de mim. Ele era mais meu pai do que meu irmão. Meu pai nunca deveria ter tido filhos. Ele não suporta barulho.
>
> Quando eu tinha seis anos, Stephen começou a abusar sexualmente de mim. Aquilo devia ser um segredo. E eu nunca contei a ninguém, a não ser muitos anos depois. Eu, naturalmente, não entendia por que às vezes ele me amava tanto – e, ao mesmo tempo, me magoava tanto. O abuso sexual continuou até eu estar com 16 anos e, finalmente, ser forte o suficiente para afastá-lo de mim. Mas durante

todos aqueles anos testemunhei o abuso físico e emocional sofrido por Stephen, minha mãe e outros membros da família. Meu pai era um tirano e parecia querer abusar de todos, menos de mim. Eu tinha terríveis sentimentos de culpa. E cresci com o que agora parecer ser um medo e confusão totais.

Quando eu tinha mais ou menos seis anos, comecei a ter a experiência do *déjà vu*. Mas não era como se eu sentisse já ter estado lá antes. Sabia que o que eu estava fazendo eu já me vira fazendo em minha mente. Eu aprendi – bem, na verdade eu me ensinei a fazer isso. Eu apenas olhava fixamente para um objeto e mergulhava em pensamentos, [e] tinha *flashes* de acontecimentos futuros. Mas eles de fato nunca tiveram qualquer importância, mas pareciam acontecer em momentos decisivos da minha vida.

Logo, descobri que Stephen e eu tínhamos uma ligação. Era como se pudéssemos saber o que o outro estava pensando. Sei que isso soa estranho, mas mesmo sendo a pessoa que abusava de mim, quando criança eu era muito, muito ligada a ele. Eu escondia a parte do abuso bem dentro de mim e mantinha-a lá.

Um dia, quando eu tinha uns sete ou oito anos de idade, estava sentada na classe, olhando fixamente para uma carteira. Tive *flashes* de um homem num estúdio, com microfones e muitos botões. De repente, Stephen estava gritando: "Lorna, Lorna, acorde". Ele fora me buscar na escola e me levou para casa.

À medida que os anos passavam, Stephen e eu nos tornamos ainda mais unidos. Eu o amava, apenas odiava o abuso. Quando éramos adolescentes, saíamos juntos quando nenhum de nós tinha um encontro. Sempre nos divertimos muito. Ele sempre parecia esquecer os aniversários e o Natal, assim, ele me dava presentes nos intervalos dessas datas. Ele me levava ao *shopping*, apenas para olhar, e se eu visse alguma coisa de que gostava, ele comprava para mim. Ele realmente me amava. Não acho que ele algum dia tenha desejado me magoar.

Quanto eu tinha 17 anos, minha mãe e eu estávamos falando do meu pai e de todas as coisas terríveis que ele fizera. Ainda me lembro da culpa terrível que a minha mãe mostrava no rosto. Eu sentia muito por ela. Então, ela finalmente me contou que o meu pai abusara sexualmente da minha irmã. Finalmente, ficou claro o motivo para Stephen ter feito o que fizera. Foi o que ele aprendera com o meu pai.

Um ano depois, quando eu tinha 18 anos, casei com um homem que também abusava de mim. Eu ainda era muito jovem para perceber que estava casando com alguém como o meu pai. Stephen ficou muito aborrecido por eu ter me casado com aquele homem. A nossa relação ficou muito difícil. Nós não éramos mais unidos. Eu me casei e dois anos depois tive uma filha e, dois anos depois, um filho. Meu casamento estava acabando. Meu marido usava drogas e abusava de mim fisicamente. Ele também estava saindo com outras mulheres. Eu agia como se nada estivesse errado, mas Stephen sabia.

Eu tinha um emprego de meio expediente como professora de aeróbica na YMCA. Eu quase não tinha dinheiro. Meu marido gastava tudo o que tínhamos com cocaína (crack), mulheres e bebidas. Eu tinha de lidar com os cobradores e com o corte do telefone, do gás e da eletricidade, sem mencionar duas crianças pequenas, as preocupações a respeito de como alimentá-las e todo o abuso físico e mental.

Enquanto o tempo passava, comecei a perceber que Stephen tinha razão. Eu também comecei a curar as feridas da minha infância, embora ainda estivesse tendo de suportar o abuso. Eu sempre tivera aquilo que eu considerava um relacionamento íntimo com Deus. Quando criança, eu conversava com Ele o tempo todo e sempre senti que Ele estava lá para me ajudar. Comecei a perdoar Stephen e contei isso para minha melhor amiga, Tina, que sabia de tudo sobre o abuso. Ela disse que não conseguia entender como eu podia perdoar uma coisa daquelas e eu não conseguia explicar, a não ser que eu sempre amara Stephen e que ele era o único pai que eu jamais tivera.

Minha mãe e eu estávamos conversando um dia e, depois de algum tempo, ambas admitimos estar com a estranha sensação de que alguém ligado a nós iria morrer. Depois disso, comecei a ter sonhos estranhos. Eu sonhava que estava correndo pela floresta e sentia que alguma coisa estava me perseguindo, ou que eu estava perseguindo alguma coisa – não tenho muita certeza. De repente, no meio da floresta havia uma cabana. Eu corria para dentro dela e, na direção oposta à da porta, havia outra porta. Dentro da cabana era tudo escuro, mas do outro lado dessa porta havia uma campina inacreditavelmente bela, com flores que eu nunca vira antes. O lugar era tão convidativo, mas eu sabia que se atravessasse aquela porta não poderia voltar nunca mais. Então, eu acordava.

Stephen casara e mudara para Madison, Wisconsin. Eu sabia que ele estava com problemas. Sua mulher fora casada e eles estavam numa batalha pela custódia das crianças com o ex-marido dela. Stephen se tornara motorista de caminhão e era muito feliz, mas desejava ser um pai para aquelas crianças. Não sei o que sentir a esse respeito, mas parecia que ele crescera como pessoa, portanto, eu esperava que tudo ficasse bem. O ex-marido da mulher de Stephen o detestava e ameaçara matá-lo. Acontece que ele queria ficar com as crianças. Ele estava abusando sexualmente da menininha. Acho que Stephen queria aquela menininha para poder criá-la sem nenhum abuso, para reparar o seu erro comigo, a sua primeira menininha. (Ele realmente foi mais um pai para mim do que qualquer outra coisa.)

Eu só sabia de algumas coisas sobre o assunto, pelas conversas com minha mãe e pelos telefonemas de Stephen. Eu estava de volta a Michigan, com as minhas próprias batalhas. Meu casamento estava chegando ao fim e eu sabia. Logo após o Natal, em janeiro de 1986, devolvi os presentes que ganhara – para ter dinheiro para comprar sapatos para os meus filhos. Naquela noite, quando voltei para casa e fui dormir, sonhei que estava lá fora no escuro, no meio de objetos que pareciam caminhões. Era um estacionamento, eu acho. Havia poças de água no chão e eu olhei para cima e vi uma figura em pé, à minha frente, porém distante. Vi a figura erguer o braço e então vi o cano de uma arma. Eu sabia que ela ia atirar em mim. Ela atirou e eu senti a bala me atingir. Caí no chão e então eu estava sobre o estacionamento olhando para o meu corpo e vi um gramado – serei honesta, eu não sei como descrevê-lo. Ele brilhava e tinha a forma de um esqueleto. Ele estava saindo do meu corpo. Eu acordei num sobressalto e sentei na cama. Eu estava suando e tremendo muito.

No dia seguinte, falei com Stephen pelo telefone. Ele disse que tinha a sensação de que eu estava envolvida em alguma coisa e que ele sentia que uma coisa muito errada estava acontecendo na minha vida. Eu menti e disse que estava tudo bem. Eu lhe perguntei como ele estava e ele disse: "Se você soubesse o que está acontecendo na minha vida". Eu queria tanto perdoá-lo, dizer que o amava e sentia falta dele, porque eu sentia. Eu realmente sentia a sua falta. Eu realmente me sentia em paz a respeito de tudo o que acontecera entre nós e queria fazer as pazes, mas, de algum modo, não parecia adequado fazer isso pelo telefone. Dissemos até logo e desligamos.

Em fevereiro, minha mãe telefonou [e] disse que Stephen saíra com o caminhão e estava desaparecido há quatro dias. Ela estava muito preocupada. Eu não sabia o que dizer, a não ser que não se preocupasse. Eu disse que ele provavelmente estava muito ocupado e não tivera oportunidade para telefonar. Ela disse que não, que ele sempre telefonava para a esposa e que [ela] não sabia dele e que a empresa para a qual ele trabalhava não sabia onde ele estava. Tentei lhe garantir que tudo ficaria bem. Naquela noite, fui trabalhar na YMCA e, sinto-me culpada ao dizer isso, eu não estava preocupada com Stephen. Na manhã seguinte, o telefone tocou. Meu marido atendeu. Eu o ouvi dizendo: "Você está brincando" e "Oh, não". Achei que Stephen estava ferido. Meu marido me passou o telefone. Ele disse que era a minha mãe. Peguei o telefone e disse: "Oi, mamãe". Ela disse: "Stephen está morto". Eu disse: "O quê?". Eu não podia acreditar em meus ouvidos. Ela continuou repetindo: "Stephen está morto". Ambas começamos a soluçar. Eles encontraram Stephen na cabina do caminhão.

Fizeram uma autópsia. Eu recebi uma cópia e ela está cheia de contradições. Eles nunca cogitaram um crime e um advogado disse à minha mãe para fazer outra autópsia, mas já era tarde – ele já fora cremado.

Fomos ao funeral e eu estava arrasada. O aniversário de Stephen seria em 22 de fevereiro, 20 dias após a sua morte (ele teria feito 31 anos). Nós, a família, decidimos nos reunir na casa de minha irmã em Ann Arbor no dia do seu aniversário. Foi muito triste. Eu assei um bolo e cobri-o com confeitos de geléia (os favoritos de Stephen). Minha irmã juntara todas as fotografias de nossa infância que minha mãe lhe mandara quando ela morou na Inglaterra. (Ela morou lá durante alguns anos quando eu era criança, para se afastar do meu pai.) Eu nunca vira a maioria daquelas fotografias. E muitas delas eram de Stephen e de mim. Elas trouxeram de volta lembranças de coisas nas quais eu não pensava há anos. Lembranças felizes dos bons tempos que vivemos juntos, e havia tantas. Era a revisão da minha vida. Eu fiquei muito triste.

Naquela noite, fui para casa. Meu marido estava dormindo e eu queria – eu realmente queria morrer. Dr. Ring, eu estava morrendo por dentro – morrendo de coração partido. Eu deitei no sofá e, enquanto deitava, comecei a subir. Eu estava flutuando no teto e, então, foi como a tela de uma televisão quebrada, um sinal com transmissão ruim. De repente, vi que estava flutuando no espaço, mas não era como um céu escuro porque as estrelas eram coloridas e iridescentes. No meio de tudo havia um pão. Sei que isso soa estranho, mas não era como o pão que você encontra nas padarias. Era como um pão feito em casa ou o pão que eles costumam usar na igreja durante a comunhão.

Ao mesmo tempo, eu estava dentro daquele pão e ele estava preenchido pela luz. Uma luz brilhante, branca, embora suave e fácil de olhar. Era como se a luz estivesse viva. E eu senti que estava sendo envolvida. Abraçada.

À minha frente, estava Stephen. E entre nós havia uma janela – bem, na verdade, um buraco que dava para as estrelas iridescentes. Ele tinha as mesmas estrelas em seus olhos. Ele estava vestido como sempre, de calça jeans e camisa xadrez de flanela. Ele era como Stephen sempre fora, a não ser pelas estrelas nos olhos. Ele falou comigo, mas não usou palavras. Quero dizer, ele não as pronunciou. Eu apenas o ouvia em minha cabeça. Ele disse que sabia tudo o que eu estava sentindo e que eu o perdoara e que ele me perdoara também. Ele disse que me amava e que eu não me preocupasse com ele. Então, disse algumas coisas de que eu não me lembro. Mas a última coisa que ele disse foi que quando chegasse a hora, ele me encontraria lá.

De repente, eu estava caindo, não rapidamente como se eu estivesse caindo de um penhasco, mas com muita suavidade. E, então, e sei que parece estranho, eu estava na minha sala olhando para o meu corpo no sofá do outro lado da sala – e, de repente, num estalo, eu estava de volta ao meu corpo. Levantei do sofá e, apesar de tudo o que acontecera, eu não me sentia chocada nem surpresa, mas exausta. E fui para a cama. (Isso não foi um sonho. Eu saberia se tivesse sido um sonho. *Eu não estava dormindo.*)

Depois disso, ainda me sentia muito triste e com muita saudade dele. Cerca de seis meses depois, eu devia ir a um encontro de professores na YMCA, mas estava triste e sentindo falta de Stephen. Eu não podia ir e vi-me dirigindo até um velho cemitério que costumávamos achar muito bonito quando éramos crianças. Ele tem lápides antigas, de 100 ou 50 anos. Saí do carro e comecei a caminhar pelo cemitério. Era um dia quente, ensolarado de verão, mas eu me sentia como se estivesse chovendo. De repente, um pensamento surgiu na minha cabeça – "João, 6". Eu não estava pensando em nada parecido. Eu deixara de ir à igreja, mas "João, 6" continuou surgindo em minha cabeça.

Durante uma semana, isso continuou. Finalmente, eu pensei: "Sente e leia". Eu li e lá dizia: "Eu sou o pão da Vida e todos que acreditarem em mim não morrerão, mas terão a vida eterna". E então, pensei: "Então esse é o pão!". É isso o que o pão significava.

Dois meses depois, eu estava na casa de uma amiga que conheceu Stephen. Estávamos falando dos velhos tempos que compartilhamos. Eu mencionara como minha mãe queria que eu voltasse a freqüentar a igreja. Ela disse: "Bem, por que você não vai e lhe faz uma surpresa?". Eram mais ou menos duas horas da madrugada de domingo quando estávamos conversando. Eu respondi: "Sim, eu deveria". Assim, fui para casa e, depois de dormir algumas horas, fui para a igreja. Cheguei lá antes de minha mãe. Ela ficou muito surpresa ao me ver. Ela foi para o andar debaixo, onde dá aula na escola dominical. Eu entrei no Santuário. Quando estava entrando, alguém me entregou um programa e, na capa, havia uma imagem do meu pão! Exatamente como eu o vira. E, embaixo, estava escrito: "Que você possa Viver...". Comecei a chorar. Entrei na igreja e sentei. Acontece que naquele dia havia comunhão. Quando o ministro dava a comunhão, ele dizia: "Eu sou o pão da Vida, e todos que acreditarem em mim não morrerão, mas terão a vida eterna". Bem, você pode imaginar o meu espanto.

Desde aquele momento, não fiz nada a não ser procurar alguma coisa. Na época, eu não sabia o que procurar. Fui à biblioteca e procurei um livro sobre projeção astral. Na capa havia a coisa brilhante, com forma de esqueleto, que eu vira em meu sonho. (Eu nunca vira aquele livro antes.) Contudo, não encontrei nada do que queria naquele livro. Então, encontrei *Life after life*, de Raymond Moody. Eu adorei, mas queria ler mais – e continuei lendo tudo o que pude encontrar sobre EQMs.

Eu me divorciei e comecei a fazer um curso para ser locutora de rádio (algo que eu sempre quisera fazer). Conheci o meu noivo (ele era um dos meus professores). Continuei procurando livros sobre EQMs. Depois de alguns anos, consegui um emprego numa estação de rádio. Um dia, quando estava sendo transmitido um jogo de basquetebol e eu não tinha de dar nenhuma notícia, fui a uma livraria próxima (isso foi em abril). Vi um livro chamado *Full circle*, de Barbara Harris. Eu o adorei. No final, ela mencionou a IANDS. E também o congresso em agosto. Eu sabia que iria.

No dia seguinte, estava conversando com uma amiga no trabalho e, de repente, percebi que era o que eu vira quando menina – o homem no estúdio com microfones e todos os nossos botões. Eu sei agora que toda a minha vida me conduziu a isso.

Comprei *Life at death* e *Heading toward Omega* e ainda estou lendo o último. Quando vi o senhor no congresso, eu o reconheci imediatamente. Espero ter lhe dado alguma coisa. Sinto um Amor pelo senhor, dr. Ring, e espero que algum dia o senhor diga: "Chame-me de Ken". Eu o aborreci o suficiente e espero que algum dia possamos conversar. Não sei para onde tudo isso me levará, mas nunca fui tão feliz. Vou me casar novamente no dia 13 de abril próximo. Ele, o homem com quem vou casar, conhece essa história e me ama incondicionalmente e me apóia.

Meu nome, novamente, é Lorna, mas o senhor sempre poderá me chamar de "Praga". Eu amo o senhor.

A história de Lorna foi comprida e complicada, mas as suas partes encaixam-se perfeitamente e com uma ordem tão excepcional que é difícil imaginá-la sem a mão orientadora da Luz para guiar Lorna pelo caminho que, por fim, levou-a à sua visão curadora e extrema paz.

Por último, chegamos à terceira história que, incrivelmente, também começa no mesmo congresso da IANDS. Foi nessa ocasião que conheci outra mulher que, como Lorna, se tornou muito querida para mim e com quem permaneci em contato constante. No seu caso, tive a oportunidade de conversar rapidamente com ela, apenas o suficiente para saber que fiquei muito curioso para conhecer melhor a experiência que ela tivera há alguns anos, e que parecia ter sido uma EQM muito rica que, de algum modo, fora *forçada* a acontecer em razão de circunstâncias extraordinárias. Sem tempo para conhecer os detalhes da história sobre esse acontecimento, perguntei se ela poderia me escrever e, mais ou menos na época em que recebi a comovente carta de Lorna, descobri que estava segurando outra carta, a dessa mulher, Beverly Brodsky, tão intensa quando a dela.

Contudo, ao apresentar a história de Beverly, omitirei – por enquanto – o relato de alguns dos *insights* mais profundos que a sua experiência lhe revelou, porque esse aspecto do seu encontro com a Luz será apresentado num capítulo posterior. Meu interesse aqui é puramente apresentar um exemplo de como uma situação do mais completo desespero pode fazer surgir o amor e o poder de cura da Luz.

Beverly começou a carta dando algumas informações sobre a sua vida e as circunstâncias que provocaram a sua experiência em 1970:

> Fui criada numa família judia conservadora, num bairro judeu na Filadélfia. O ambiente era materialista e, para mim, claustrofóbico. Na escola, as meninas eram julgadas pelas roupas e pela beleza. Eu gostava de ler, era tímida e séria e passei a adolescência sendo atéia. Depois de ter ouvido falar do Holocausto aos oito anos de idade, raivosamente abandonei qualquer crença anterior em Deus. Como Deus poderia existir e permitir que uma coisa dessas acontecesse? O secularismo de minha educação na escola pública e a ausência de qualquer ensino religioso estimularam as minhas crenças.
>
> Passei por um período de depressão que não foi tratado, porque os meus pais acreditavam que o tratamento psicológico era vergonhoso e que os problemas pessoais ou segredos de família nunca deveriam ser discutidos fora de casa. Ao me formar no curso secundário, atingi uma fase de desespero. Muito perturbada para ir à faculdade, apesar do meu brilhante desempenho acadêmico, eu tinha dificuldade para enfrentar o futuro. Para piorar as coisas, logo depois da formatura, aos 17 anos de idade, meu pai morreu de repente, de ataque cardíaco. Ele era o meu apoio, a minha força, nesse mundo.
>
> Minha mãe passou por uma crise emocional depois dessa perda, entrando simultaneamente na menopausa. Incapaz de suportar mais aquele ambiente infeliz, saí de casa aos 19 anos, indo morar primeiro na Filadélfia e, mais tarde, na Califórnia, onde as pessoas usavam flores no cabelo e falavam de paz e amor para toda a humanidade. Eu aprendera a meditar e, pela primeira vez, tinha alguma esperança de que poderia começar de novo. Para mim, a jornada para o Oeste foi como a *Viagem para o Oriente*, de Hesse – a busca de um novo mundo.

Em julho de 1970, sofri uma fratura craniana e quebrei diversos ossos num acidente de motocicleta ocorrido em Los Angeles. Eu acabara de chegar à Califórnia no dia anterior. A volta de motocicleta, minha primeira, era parte da comemoração pela chegada; estávamos voltando do teatro, onde fomos assistir *Hair*. Estávamos numa pequena estrada onde os capacetes não eram exigidos e fomos atingidos por um motorista bêbado. Eu fui lançada ao chão, de cabeça. Quando a polícia chegou, de início deram uma olhada e começaram a autuar o motorista do carro por homicídio culposo, uma vez que a minha cabeça estava muito machucada.

Passei duas semanas no hospital, onde recebi morfina para a dor. Então, fui mandada para casa e me disseram para tomar aspirina. Como o meu limite para a dor é muito baixo, e a minha auto-imagem estava destruída pelas contusões que haviam arrancado a pele do meu rosto, fui para o meu apartamento com a firme intenção de que aquela primeira noite em casa seria a última. Deitei na cama e, tornando-me agnóstica nesse momento de sofrimento, como muitos ateus, rezei ardorosamente para que Deus me levasse; eu não podia viver outro dia. Aos 20 anos, eu não tinha objetivos a não ser o de aproveitar a vida e encontrar alguém para compartilhá-la. A dor era insuportável; nenhum homem jamais me amaria; para mim, não havia motivos para continuar vivendo.

Nesse ponto, obviamente, o único desejo de Beverly era morrer, embora seja importante notar que, fisicamente, ela não corria mais nenhum perigo de vida em razão dos ferimentos. Mas, nesse instante, ela vê o seu desejo sendo atendido. Sua carta continua:

Uma inesperada paz me invadiu. Vi-me flutuando no teto acima da cama, olhando para o meu corpo inconsciente. Mal tive tempo de perceber a gloriosa singularidade da situação – que eu era eu mas não estava no meu corpo – quando um radiante ser banhado numa luz branca bruxuleante juntou-se a mim. Como eu, esse ser voava, mas não tinha asas. Senti uma admiração reverente quando me voltei para ele; ele não era um anjo ou um espírito comum, mas fora enviado para me libertar. Ele emanava tanto amor e bondade que senti estar na presença do messias.

Quem quer que ele fosse, a sua presença aumentou a minha serenidade e provocou um sentimento de alegria quando reconheci o meu acompanhante. Com suavidade, ele pegou a minha mão e voamos diretamente pela janela. Não fiquei nem um pouco surpresa com a minha capacidade para voar. Em sua maravilhosa presença, tudo era como devia ser.

Agora, na companhia do seu guia espiritual, Beverly passou pela mais extraordinária EQM que eu jamais encontrei no decorrer do meu trabalho e, por isso, guardarei essa parte da sua experiência para um capítulo posterior, em que poderei contá-la num contexto adequado. Por enquanto, pedirei apenas que você acredite que isso permitiu a ela entrar numa região *além* de qualquer uma das esferas que discutimos até agora com relação às EQMs e sobre a qual, inacreditavelmente, ela foi capaz de escrever com uma eloqüência tão inspirada, que toda a sua narrativa possivelmente é a mais comovente de toda a minha coleção.

Entretanto, aqui, vou me limitar aos efeitos na vida de Beverly. Assim, voltarei ao seu relato, no momento em que ela voltou para si mesma, no quarto onde desejara a morte:

> De repente, sem saber como ou por que, voltei ao meu corpo ferido. Mas, milagrosamente, eu trouxe comigo o amor e a alegria. Eu sentia um êxtase que ia muito além dos meus sonhos mais loucos. Aqui, no meu corpo, a dor desaparecera. Eu ainda estava fascinada por um prazer infinito. Durante os dois meses seguintes, permaneci nesse estado, esquecida de qualquer dor...
>
> Eu me sentia como se tivesse sido feita novamente. Eu via significados maravilhosos em todo lugar; tudo estava vivo e cheio de energia e inteligência...
>
> Não me lembro muito desse período, a não ser que fiz algumas coisas que, para mim, eram inacreditáveis. No passado, eu fora terrivelmente tímida e me sentia indigna de ser amada. Comecei a sair, a cabeça toda enfaixada, como uma criatura de um filme de terror, arrumei um emprego numa semana, fiz muitas amizades e me envolvi em meu primeiro relacionamento amoroso. Depois do terremoto de 1971, voltei para o Leste, fui para a casa da minha mãe, com quem me reconciliei e, aos 23 anos entrei na faculdade, outra coisa que ja-

mais acreditei ser capaz, e me formei com louvor. Depois, me casei, tornei-me mãe, exerci uma profissão e recebi tantas bênçãos da vida como eu jamais acreditara naqueles dias sombrios antes de eu encontrar a Luz. Nesse encontro com a morte, recebi a alegria e o propósito para continuar a minha vida.

Embora já se tenham passado 20 anos desde a minha viagem celestial, nunca a esqueci. Nem duvidei jamais da sua realidade, mesmo diante da zombaria e descrença dos outros. Uma coisa tão intensa e capaz de modificar a minha vida não poderia ter sido um sonho ou uma alucinação. Ao contrário, acho que o resto da minha vida é uma fantasia passageira, um sonho breve, que terminará quando eu acordar novamente na presença permanente daquele doador de vida e bem-aventurança.

OS DONS DE CURA DAS HISTÓRIAS DA EQM

Histórias como as de Lorna e Beverly, bem como as muitas outras que eu já contei neste capítulo, deixam claro que as EQMs, associadas ou não a uma crise verdadeira de quase-morte, com freqüência podem ajudar a curar o indivíduo, seja de uma doença aparentemente fatal ou de um desespero espiritual temporário. O que não está tão óbvio é que até mesmo a *leitura* dessas histórias pode *nos* curar. Deixe-me apresentar um simples exemplo disso.

Tenho uma boa amiga que mora em Bogotá, na Colômbia. Nós nos encontramos apenas uma vez, recentemente, quando eu estava fazendo uma palestra lá, mas nos correspondemos por muitos anos e há muito tempo ela se interessa pelo meu trabalho. Há alguns anos, eu lhe mandei uma cópia de um artigo que começava com o relato completo da experiência de Beverly e ela me escreveu de volta duas semanas depois:

> Quando comecei a ler o seu artigo, estava com uma dolorosa infecção na garganta em decorrência de acontecimentos estressantes na clínica. Li a história de Beverly Brodsky durante dez minutos e, quando terminei a leitura, muitas coisas aconteceram: minha dor aguda desaparecera, a infecção na garganta desaparecera, todos os objetos à minha volta vibravam com luz e eu me sentia leve, sem peso.

Não tenho palavras para descrever o profundo conhecimento de que a experiência de Beverly é o encontro com a verdade final. Minha parte mais íntima reconhece a verdade em sua experiência.

Apesar de não ter nenhuma evidência disso, quase não posso deixar de achar que a minha amiga é única no mundo em sua resposta a essas histórias. Mas apresentarei algumas evidências nos últimos capítulos de que a *simples leitura* de relatos como aqueles que compartilho aqui com você realmente pode nos curar de muitas coisas, inclusive do medo da morte. Contudo, o comentário da minha amiga sugere a possibilidade da existência de um poder até agora desconhecido nessas histórias, que também provoca a cura física, e não apenas (embora isso, naturalmente, não seja pouco) o conforto e a inspiração para as pessoas que talvez nunca tenham passado por uma EQM. Assim, uma das lições deste capítulo aponta mais uma vez para o papel da EQM como um agente de cura, tanto para quem a vivencia quanto para *nós*. De qualquer modo, o "vírus benigno" da EQM, aparentemente, pode algumas vezes ser diretamente transmitido pela leitura de histórias como as contadas neste capítulo.

AS PESSOAS QUE PASSAM POR UMA EQM COMO TERAPEUTAS QUE MANIFESTAM A LUZ

Existe ainda uma outra maneira de obter os benefícios da cura a partir da nossa exposição às EQMs. Considere as duas observações a seguir, que já fizemos neste capítulo: 1) algumas vezes, a Luz parece agir como um Mestre Terapeuta; e 2) algumas vezes as pessoas que passam por uma EQM afirmam ter recebido uma transmissão da Luz durante a experiência. Juntando essas duas idéias, chegamos a uma dedução óbvia: essas pessoas deveriam não só ser capazes de atuar, com a ajuda da Luz, como curadoras de *doenças físicas*, mas também ter o dom de manifestar o poder terapêutico da Luz no relacionamento com os outros.

E, na realidade, mais uma vez, há muito material nas histórias que obtive em minhas entrevistas e nas cartas que recebi dessas pessoas, que demonstram como elas podem exercer esse papel com facilidade como podem, naturalmente, ser eficazes nele. Contudo, aqui só apresentarei dois exemplos breves para mostrar o que quero dizer.

Você deve lembrar da minha amiga, Nel, que mencionei nos capítulos anteriores. Tive muito contato com ela nos anos 80 e, certamente, posso falar, a partir de minha experiência, que ela é uma dessas pessoas terapeuticamente talentosas. Numa palestra realizada em 1983, ela indicou com toda clareza qual a fonte de onde ela acha que vem o seu talento e por que ela se sentiu impelida a usá-lo dessa maneira:

> Nas últimas seis semanas, em três diferentes ocasiões, pessoas estranhas me procuraram e logo elas pareciam estar abrindo o coração para mim. Todas as três acreditavam que a esperança estava perdida. De algum modo, fui capaz de lhes devolver a esperança. Infelizmente, não estava com o meu gravador e não lembro o que eu disse, mas as minhas palavras realmente fizeram uma diferença. Fui capaz de lhes oferecer uma alternativa diferente, ou opção, para o que elas pensavam. Vejo isso como uma das coisas que farei daqui para a frente. Gostaria de pegar a Luz que está dentro de mim, e de todos, e gostaria de ser capaz de devolvê-la àqueles que a perderam. Eu tive sorte de passar por essa experiência e ela ainda é muito vívida para mim. É algo que eu desejo compartilhar.

Um segundo caso vem de uma mulher que chamarei de Marilyn, que me escreveu em 1990. A sua EQM, como a de algumas outras pessoas que já descrevi neste capítulo, também ocorreu como conseqüência de uma overdose de drogas e álcool, embora no seu caso ela afirme ter sido acidental, não deliberada. Depois de retornar à vida, Marilyn envolveu-se profundamente com os Alcoólatras Anônimos, onde atua como orientadora de adultos e adolescentes que ainda são dependentes de drogas ou álcool. Para ela, esse trabalho é um resultado direto da sua experiência na Luz e o maior dom que ela recebeu. A esse respeito, ela escreve:

> Seria difícil descrever todos os benefícios que recebi da minha EQM. O dom mais extraordinário que ganhei é a total compreensão in-

tuitiva dos sentimentos dos outros – quando decidi utilizá-lo. Por causa desse dom, sou uma terapeuta habilidosa. A única conseqüência negativa dessa habilidade é que, com freqüência, é difícil "ocultá-la" na frente dos meus colegas que, de vez em quando, ficam imaginando de onde eu tiro tanta convicção! Suponho que tenho a reputação de ser "muito perceptiva" e pouco acadêmica em minha abordagem – o que está bom para mim, desde que eu continue ajudando os meus pacientes. Diversos deles – aqueles considerados "sem esperança" (*crônicos* é o termo profissional) – agora estão livres de substâncias químicas e felizes, acredito, em virtude da influência direta do dom que me foi dado pelo poder mais elevado. Por causa da natureza das minhas "habilidades especiais", às vezes sinto-me extremamente triste vendo como muitos pacientes com problemas mentais são tratados pelo sistema e posso quase sentir a sua humilhação nas mãos de pessoas que não se sentem confortáveis diante do sofrimento. Acredito que os melhores terapeutas são os que sofreram muito – e conseguiram se curar.

Mediante a atitude de pessoas como Nel e Marilyn, que trazem às suas intervenções terapêuticas o poder vivo da Luz, nós, também, podemos colher alguns dos benefícios e bênçãos que essas pessoas receberam. Como Nel disse com tantas palavras, a sua alegria é espalhar a Luz para os outros, colocá-los novamente em contato com a Luz que carregam dentro de si mesmos. E o contato com a Luz, direto ou mediado por outras pessoas, é a fonte de onde brota toda cura verdadeira.

FAZENDO A CONEXÃO: O QUE A EQM ENSINA SOBRE A CURA

As histórias deste capítulo e outros dados que examinamos sobre a conexão entre as EQMs e os dons de cura deixam claro que nós, os que não passaram por uma EQM, também podemos aprender com quem passou, sobre as energias de cura à nossa disposição. Na verdade, a mensagem básica deste capítulo pode ser resumida nesta simples declaração: a Luz – o poder de cura máximo – é onipresente e está pronta para vir em nosso auxílio quando nos encontramos abandonados e sem esperança. E, como vimos, até mesmo a leitura de histórias como as deste capítulo ou o contato direto com pessoas que passaram por EQMs podem nos conferir o dom da cura.

Porém, seja com a sensação de conforto ou mesmo inspiração, que podemos obter desse material, ainda pode ser difícil enxergar como utilizá-las ativamente na nossa vida. Em outras palavras, como podemos começar a utilizar de maneira *prática* esses *insights*, quando confrontados com a doença ou com uma dor psicológica devastadora?

Aqui, para concluir este capítulo falando dessa questão, gostaria de citar algumas das idéias de um homem que ainda não apresentei neste livro e que, em razão da sua preferência por um pseudônimo, chamarei de Gerald. Eu só o conheço por cartas, mas a nossa correspondência foi extensa e aprendi muito com ela e, por isso, gostaria de compartilhá-la com você. Gerald teve uma vida cheia de problemas psicológicos graves, provocados principalmente pelo alcoolismo crônico *e* por doenças debilitantes e graves, e, aos 60 anos, há muito já vencera o alcoolismo e quase superara uma série de doenças graves. A sua EQM, que foi muito extensa e complexa,[11] desempenhou uma parte significativa na sua recuperação, mais pelas lições que ele aprendeu do que por qualquer efeito de cura. E ele continuou a estudar a dinâmica da cura durante muitos anos após a sua EQM, ocorrida em 1979. É o fruto da sua pesquisa, que apenas *começou* com a sua EQM, que eu gostaria de oferecer aqui.

Entretanto, primeiramente, deixemos Gerald contar como era a sua situação antes da EQM.

> Em 1978, eu me encontrava numa situação que parecia ser totalmente desesperada e insustentável. Por causa do abuso de álcool, principalmente, eu atingira um estágio no qual nem o meu corpo, nem os meus patrões podiam mais agüentar e me deram uma escolha: parar ou ser despedido. Eu tinha 46 anos de idade e estava físi-

---

11. Escrevi um relato a respeito em algum lugar, mas, respeitando o desejo de Gerald de manter o anonimato, não citarei aqui a referência.

ca, emocional e mentalmente muito doente – espiritualmente vazio. Eu usara o álcool como muleta durante 25 anos e ficava aterrorizado com o pensamento de ficar sem ele, a ponto de constantemente pensar em suicídio.

Apesar de ter recebido um ultimato, continuei bebendo, e tão angustiado pelos períodos de afastamento forçado que mal podia atuar. Uma manhã escura, engatinhando de volta do banheiro e incapaz de me levantar, murmurei a prece desesperada de um descrente: "Se houver alguém lá, por favor...". Então, as circunstâncias começaram a mudar relativamente rápido, apesar de só conseguir enxergar isso claramente em retrospectiva. Logo, fui admitido num excelente centro de tratamento para alcoolistas onde, apesar de assustado na defensiva, zangado e ressentido, fiquei fascinado ao aprender alguma coisa sobre os motivos por trás do meu comportamento destrutivo. Um ano depois eu ainda estava muito doente, mas conseguira parar de beber. Eu por certo mudara, embora relutantemente, e, apesar de ter conseguido interromper aquele comportamento, estava muitíssimo deprimido. Minha carreira e minha vida particular estavam uma bagunça e a maioria dos meus amigos, ou morrera ou estava fora da minha vida. Anteriormente, eu estivera sob os cuidados de um psiquiatra e após o tratamento clínico ele me diagnosticara como maníaco-depressivo e recomendou um tratamento com lítio. Assustado e com medo de adquirir outro vício, recusei.

Contudo, a partir do impasse, Gerald recebe a ajuda de uma fonte inesperada, cuja natureza você pode adivinhar.

Como parte da minha reabilitação, decidi submeter-me a uma cirurgia reparadora no joelho, que provocava intensa dor física. Ele fora despedaçado num acidente de automóvel provocado pelo álcool. Eu tinha o forte pressentimento de que morreria na mesa de operação, mas fui em frente, provavelmente esperando ser eximido da responsabilidade de ter me matado. Mas, em vez disso, fui o recipiente de uma experiência de quase-morte verdadeiramente surpreendente. Despertei da anestesia aturdido com o que parecia ser uma nova perspectiva da vida, embora as circunstâncias fossem exatamente as mesmas. Eu sabia que o que acontecera era extremamente importante, por mais inacreditável que parecesse, mas não tinha idéia do que

Eles vêm pela Luz: os dons de cura e a experiência de quase-morte | 319

significava. Mais tarde, os outros também perceberam a mudança. O psiquiatra foi um dos primeiros, sugerindo que eu não precisava mais dos seus serviços. Catorze anos depois, eu poderia achar mais fácil escrever a respeito de como esse evento *não* afetou a minha vida do que como ele afetou. Na verdade, há poucas semelhanças entre a velha e a nova personalidade, embora o mesmo "eu" esteja olhando com esses olhos.

A partir dessa observação, você poderia ser perdoado por pensar que temos aqui um outro caso de um homem destruído que foi salvo da morte espiritual pela Luz de uma EQM e continuou vivendo os anos restantes da sua vida na felicidade da saúde e do bem-estar. Mas, no caso de Gerald, outros desafios, muito perturbadores, ainda iriam surgir. A sua história continua:

> Alguns anos após o início de minhas investigações sobre os motivos que fizeram o evento mais importante da minha vida acontecer quando eu estava inconsciente – talvez até mesmo morto –, minha esposa e eu abandonamos tudo para seguir a Luz em tempo integral. Isso não aconteceu sem traumas. Apesar da minha recém-descoberta filosofia e estilo de vida holístico, logo contraí a síndrome de Guillain-Barré, uma disfunção quase fatal do sistema nervoso central, resultando numa paralisia quase total e numa dor agonizante. Teria sido fácil desistir, porque eu sabia com certeza que havia uma vida de paz e alegria depois desta. Em vez disso, e porque eu realmente não tinha outra alternativa a não ser tentar ou sofrer uma dor extrema, decidi descobrir por que eu sucumbira outra vez à doença.
>
> Eu tinha muito tempo para obter *insights*, pois passava os dias, inevitavelmente, sem fazer nada a não ser pensar. Eu não tinha forças para ler um livro e era muito doloroso assistir televisão por muito tempo. A princípio, fiz um esforço consciente para parar de resistir à dor, para aceitá-la, e isso ajudou bastante. Depois, à medida que a vida se tornou mais suportável, evoluí para um processo de "sentir" a dor e a disfunção tão profundamente quanto possível para descobrir o que ela estava tentando me dizer, porque ela estava lá. Sei que não existem acasos na vida, portanto, devia haver uma boa razão para a doença.

E é aqui que Gerald começa a ir além daquilo que discutimos até agora neste capítulo – os dons de cura da EQM – e penetrar nas verdadeiras raízes da doença em si. Não somente da sua doença, mas da doença em geral, pois a função da EQM de Gerald parece ter sido a de ensiná-lo mais a respeito das causas das doenças do que lhe proporcionar a cura. Para isso, ele teve de trabalhar com toda a sua força. Mas, enquanto isso, ocorreram estes *insights*:

> Cada parte do corpo humano tem a sua réplica esotérica no plano mais elevado e, se há uma disfunção física, há uma lição para a alma aprender com os sintomas físicos. No meu caso esses sintomas eram, no geral, graves e dolorosos e, inicialmente, deduzi que eu deveria me sentir aprisionado por eles e extremamente desconfortável com a vida (embora eu certamente não pensasse assim!); e que eu "planejara" evitar a responsabilidade por ela, criando circunstâncias nas quais eu pudesse fugir. Dia após dia, por meio de *insights* espirituais e mentais, surgiu uma perspectiva mais ampla e eu descobri que, realmente, *tinha medo* da vida encarnada e de muitas das suas circunstâncias comuns, apesar de ser *viciado* na vibração, no risco e em sua contínua excitação.
>
> A propósito, esse não é o tipo de medo que eu poderia ter descoberto rapidamente, de qualquer outra maneira; e também não é fácil descrevê-lo ou reconhecê-lo, pois não é do tipo que nos faz fugir ou lutar. Na verdade, ele é uma parte tão habitual da nossa personalidade que é quase imperceptível à observação subjetiva se não houver uma ajuda espiritual. Naturalmente, nós vivemos com a nossa personalidade durante toda a vida e a maneira como nos percebemos parece ser o modo normal de "ser". Li que determinados tipos de preces e contemplação podem ajudar a esclarecer essas questões e comecei a olhar para dentro de mim mais profundamente, utilizando-as. Essa não foi uma tarefa fácil, pois a nossa personalidade passa por momentos difíceis tentando esconder a verdade de si mesma, e não está disposta a revelar os seus segredos facilmente.

Enquanto Gerald melhorava fisicamente, os seus *insights* sobre as causas das suas doenças e a maneira como elas poderiam ser eliminadas continuavam se aprofundando.

Após um ou dois anos de pesquisa interior, comecei a recuperar um pouco das minhas forças e os sintomas [começaram] a diminuir. Mesmo estando quase totalmente incapaz numa cadeira de rodas, descobri que estava levando uma vida mais ou menos "normal". Quando me tornei mais capaz de obter *insights*, descobri muitas outras áreas sensíveis para explorar, atitudes disfuncionais que eu ocultava de mim e que eram profundamente arraigadas, porém, quase invisíveis nessa vida e, sem dúvida, ignoradas pelos outros. Com a concentração diária, fui capaz de reduzir essas formas de pensamento para níveis aceitáveis e, um dia, irei eliminá-las totalmente. Enquanto esse processo continua, a minha saúde física melhora dia a dia acompanhando a minha crescente tranqüilidade. Acredito que quando uma pessoa está totalmente livre das tensões e críticas interiores – os medos que nos impedem de nos amar do modo incondicional como Deus nos ama – não haverá mais necessidade de experienciar a doença e o corpo refletirá a saúde perfeita da alma. As técnicas que utilizei permitiram a suspensão dos medicamentos para a dor e a tensão e, apesar de ainda restar um pouco de desconforto e fraqueza física, agora tenho uma sensação maior de liberdade, paz e amor pela vida do que em qualquer outra época.

Agora, o que eu quero dizer com isso é que a minha recuperação não foi alcançada com terapia física, dieta ou medicamentos, mas exclusivamente com técnicas mentais. Em resumo, acredito (na verdade, EU SEI) que a inversão da minha doença foi causada por afirmações, preces e contemplação: pela utilização do pensamento positivo focalizado. Acredito, e confirmei isso para minha satisfação, que a doença surge da disfunção mental que provoca tensão e desequilíbrio, permitindo que vírus e bactérias proliferem e provoquem a fraqueza e a deterioração do corpo. Naturalmente, há muito mais do que isso, mas em termos simples, as atitudes mentais, baseadas no medo e, portanto, fora de alinhamento com a energia que nós, do Ocidente, chamamos de Deus, são a principal causa de todas as doenças.

Se a minha suposição estiver correta, e eu lhe garanto que para mim está, então a sua área de atuação é uma importante fonte de esperança para o futuro da humanidade. Quando médicos e psiquiatras, e os que praticam formas alternativas de cura, começarem a colaborar, primeiro para identificar os fatores e eliminá-los e, nesse ínterim, ajudarem o paciente a sobreviver enquanto ele começa a compreender a fonte dos seus problemas, as lições da doença finalmente não serão mais necessárias.

O que Gerald está dizendo aqui ressalta a contribuição especial que a EQM tem a fazer para a nossa compreensão da doença e da sua cura e, ao mesmo tempo, suas observações resumem a lição mais importante que a EQM tem a nos ensinar sobre o que nos mantém prisioneiros da doença em primeiro lugar. *No fundo é o medo de nos amarmos incondicionalmente como a Luz faz.* Se a Luz não manda esses medos pelos ares, nós precisamos fazê-lo! Em alguns casos, como vimos, a Luz pode bastar para nos tirar do desespero ou nos curar da doença, mas, quando a doença continua ou retorna, é bom pesquisar profundamente o seu significado, como Gerald, porque ela, também, por mais indesejável, pode ser uma outra oferta da Luz, destinada a nos mostrar os verdadeiros bloqueios que nos impedem de compreender a Luz, não apenas em nós mesmos, mas *como* nós mesmos.

Os comentários finais de Gerald conferem uma abrangência ainda mais completa a essas idéias, mostrando que se não aprendermos as lições da Luz, a perda não é apenas individual, mas o sofrimento contínuo do mundo, enquanto a sua compreensão é a nossa salvação:

> Acredito que qualquer um que decida explorar essas questões – primeiro aceitando a própria realidade espiritual – pode encontrar uma cura, ou, pelo menos, um grau de liberdade da sua doença, imediatamente. Não é simples nem fácil, mas é possível e eu sou um exemplo vivo disso.
>
> Agora eu sei que a doença é apenas parte do contínuo processo de descoberta da vida, provocada pelo nosso medo de nos alinharmos ao Amor Universal que chamamos de Deus. Minha impressão é que a maior parte das pessoas compartilha muitas das disfunções ocultas que descobri em mim mesmo. Elas são as formas de pensamento errantes que provocam não só a doença, mas são a raiz de toda a dor e sofrimento do mundo, da ganância e da agressão, da violência e da guerra. No futuro, acredito que a doença e a vida agitada que conhecemos agora não serão mais uma parte necessária da

nossa experiência. Ao contrário, quando voltarmos a compreender quem somos espiritualmente, aplicando modalidades preventivas e de vibração que combinam a orientação espiritual com a emocional, a medicina holística e a alopática, a doença – e talvez até mesmo a morte, como hoje a percebemos – se tornará uma relíquia arcaica da nossa ignorância.

Capítulo 11

Nova luz sobre a morte, o morrer e o luto

Em seu famoso livro *Moby Dick*, o grande escritor americano do século XIX, Herman Melville, profeticamente observou: "E a morte, que nos iguala a todos, também nos afeta profundamente com uma última revelação, que só um escritor dos mortos poderia revelar adequadamente". Naturalmente, esses "escritores dos mortos", os quais, na época de Melville, com toda probabilidade não existiam, são as pessoas do nosso tempo que passaram por uma EQM e o seu testemunho coletivo nos oferece uma nova visão da morte.

Há poucas dúvidas de que no mundo ocidental, pelo menos na época de pragas devastadoras que provocaram a morte de milhões de europeus no século XIII, o símbolo dominante da morte era "o ceifador implacável", aquela figura encapuzada e sem rosto que vem para nos levar, não sabemos quando nem onde. Esse fantasma ameaçador, que perseguiu a Europa durante séculos antes de o sr. Marx sugerir que –, levando tudo em consideração, deveríamos ter medo de outra coisa –, tem feito parte da nossa psique coletiva e a sua imagem ainda é suficientemente poderosa para evocar sentimentos de terror com relação à inexorabilidade da nossa morte. E, no entanto, desde o surgimento das modernas pesquisas sobre a EQM, esse assustador mensageiro da morte, carregando uma foice, finalmente começou a ser ofuscado por outra imagem – a Luz da EQM, ou, para personificá-la, talvez devêssemos dizer, pela figura radiante, mencionada com freqüência, que Raymond Moody chamou de "o ser de luz". Pode haver qualquer dúvida de que, à luz (sem intenção de fazer trocadilhos) de toda a publicidade dedicada a esse aspecto da EQM desde que o fenômeno se tornou um objeto de fascínio universal, nós, ocidentais, passamos a ver a morte com novos olhos, agora cheios de esperança em lugar de embaciados pelo medo?

Num dos livros de Joseph Campbell – francamente, não me lembro em qual – há uma frase (e estou parafraseando aqui, apesar de saber que é arriscado e incorreto parafrasear um aforismo) afirmando que, vista de longe, a morte é um fantasma horrível, mas, de perto, tem o rosto do bem-amado. Com nossa familiaridade com a EQM, está óbvio que os que passaram por essa experiência sem dúvida viram a face da morte "bem de perto" e os seus relatos ajudam a demonstrar que Campbell atingiu o alvo. À medida que passamos da perspectiva externa da morte – aquela em que o ceifador implacável tem o poder – para uma perspectiva interna, onde *experienciamos* o momento da morte em si, todo medo desaparece e nós conhecemos um amor arrebatador e acolhedor sem comparação. Na memorável frase de Betty Eadie, somos "abraçados pela luz". E, tendo sentido o amor absoluto desse abraço, nunca poderemos esquecê-lo. Além disso, ele elimina, em geral, para sempre, o medo da morte, pois, como sabemos, "o amor perfeito expulsa o medo".

Em poucas palavras, é isso o que o testemunho coletivo das pessoas que passaram por uma EQM tem a nos dizer sobre o que nos espera no momento da morte, e como o seu testemunho é, na maior parte, tão coerente e fascinante, e porque literalmente milhares de pessoas que estiveram à beira da morte e retornaram têm histórias semelhantes para contar, quem ouve essas histórias não pode deixar de ser afetado por elas. Assim, nós, que só ouvimos as histórias dessas pessoas, no início podemos ficar maravilhados, mas, depois de algum tempo, descobrimos que elas penetraram silenciosamente em nossa psique e nos fizeram ter uma visão da morte que não tem mais lugar para o ceifador implacável. Em vez disso, quando pensamos na morte, somos invadidos pelas imagens de uma luz amorosa.

Agora, sabemos que esse tipo de testemunho, conforme divulgado pela mídia durante os últimos 20 anos e, mais recentemente, pela internet, está de fato começando a ter um impacto no pensamento das pessoas a respeito da natureza da morte.

Só para dar um exemplo, os estudos que apresentei no Capítulo 9, realizados por mim e por outros colegas que deram cursos sobre EQMs, mostram que cerca de 80-90% dos alunos matriculados nesses cursos saem com uma visão muito mais positiva da morte.[1] Além disso, 60-70% desses alunos relatam uma diminuição no medo da morte depois de um semestre no curso sobre EQM, um número que chega a mais de 80% para pessoas, não necessariamente alunos, que se interessam muito pelas EQMs.[2]

Naturalmente, há muito tempo sabemos que um dos efeitos mais consistentes e poderosos da experiência de quase-morte é a perda ou, pelo menos, uma drástica diminuição do medo da morte. Em geral, essas pessoas afirmam que, apesar de continuarem temendo a dor associada ao *processo* da morte, a EQM eliminou todo o medo do momento da morte em si e lhes deu a certeza de que nenhuma dor irá segui-los para onde eles estão indo.

Considere, por exemplo, alguns dos comentários a seguir, de um grupo representativo dessas pessoas, a esse respeito.

O meu amigo Tom Sawyer, cuja revisão de vida foi mencionada no Capítulo 7, expressou-se muito claramente a respeito do que a sua EQM lhe ensinou sobre a morte:

> Como resultado disso [a experiência], sinto pouca apreensão com relação a morrer a minha morte natural [...] porque se a morte for um pouco, só um pouco parecida com o que vivenciei, ela será a coisa mais linda de se esperar, absolutamente a coisa mais linda.[3]

Do mesmo modo, Nel quase repete os sentimentos de Tom, baseada na sua EQM:

> A coisa mais profunda que me aconteceu é que eu não tenho mais medo da morte. Provavelmente, esse é o resultado mais comum

---

1. Veja o meu estudo, "The impact of near-death-experiences on persons who have not had them: A report of a preliminary study and two replications", *Journal of Near-Death Studies,13* (4), pp. 223-35.
2. Esses números vêm de dados não publicados de *The Omega Project*.
3. Ring, *Heading toward Omega*, p. 59.

de uma EQM. Eu sentia muito medo antes. A dor, a dor intensa, costumava desencadear a resposta "esse é o meu ingresso para o Inferno". A dor que eu sentia, algumas horas antes de ter a minha EQM, deu-me essa impressão. Eu estava caindo e provavelmente não ia mais levantar. Depois da EQM, não tenho mais nenhum medo. Eu estive lá, sei o que procurar, eu a senti e, de fato, espero ansiosamente [por ela]. Quando chegar a hora de o meu corpo físico morrer, irei para algo tão absolutamente fora desse mundo que desafia qualquer comparação.

A minha amiga australiana, Andrea, cujos efeitos curadores da EQM discutimos no último capítulo, também enfatiza a perda do medo da morte e a certeza de que, com a morte, toda dor cessará.

Eu não tenho medo da morte. Garanto a você, pela minha experiência pessoal, que, independentemente da intensidade da dor, ela acaba, e você se encontrará fora do corpo, em outra dimensão, ainda muito vivo e sem nenhuma dor.

Outro homem, que conheço apenas por correspondência, fala sobre outro *insight* da morte conferido pela EQM: Para quem está morrendo, ela não existe!

Como conseqüência de ter passado por essa experiência [...] eu sei que o que chamamos de morte só é experienciada pelos sobreviventes [...]. Não existe coisa como a morte por si mesma. A morte, em nossa visão espaço/tempo tridimensional das coisas, é apenas um evento biológico que não tem nada a ver com a consciência, que é contínua antes do que chamamos de nascimento e depois da morte.

Finalmente, uma mulher chamada Minette, já falecida, com quem troquei uma sincera correspondência durante alguns anos, falou com grande entusiasmo sobre o que a EQM lhe ensinou e do quanto ela desejava que os outros soubessem o que ela aprendera. Talvez você seja tocado por suas palavras póstumas, atendendo, assim, o desejo dela de alcançar os outros com a sua mensagem:

Decidi que precisava contar o que aprendera sobre esse território magnífico. Na época, não ouvira falar de ninguém que tivesse ido além da morte. Milhões de pessoas a temiam. Elas não ficariam felizes de saber que apenas o corpo morre, não o nosso ser interior? Eu queria gritar o que aprendi, compartilhar com todas as pessoas do mundo.

Ao juntarmos essas duas descobertas – a última, relacionada apenas às pessoas que passaram por uma EQM, e a primeira, às que não passaram mas estão familiarizadas com ela – mais uma vez, parece que elas sugerem que aqui também o simples conhecimento da EQM pode agir como um vírus benigno. As pessoas expostas às histórias e opiniões de quem vivenciou uma EQM – desde que estejam receptivas – são influenciadas e começam a expressar crenças e atitudes a respeito da morte muito semelhantes às de quem vivenciou uma EQM. Nós poderíamos chamá-las de "primas-irmãs" das pessoas que passaram por uma EQM. Elas não tiveram a experiência, mas "entenderam a mensagem" e esta, por sua vez, se torna delas. Se o medo da morte é contagioso, assim também é a perda desse medo quando nos aproximamos dessas pessoas. Talvez você já tenha notado uma mudança semelhante em si mesmo.

Entretanto, o que apresentei até agora como evidências do efeito contagioso das EQMs em pessoas que não as vivenciaram são apenas alguns dados estatísticos sugestivos. Infelizmente, na falta de pesquisas sistemáticas e de ampla escala sobre essa questão, somos forçados a confiar principalmente nessas investigações promissoras, mas nitidamente preliminares. Mas nós *sem dúvida* temos outras fontes de informações – na verdade, muitas – quando nos afastamos dos estudos formais e examinamos os amplos arquivos de testemunhos pessoais das pessoas que me escreveram (ou para outros pesquisadores de EQMs) ou que entrevistei durante o meu trabalho. E, como as histórias ensinam melhor do que as estatísticas, cabe a nós apresentá-las como uma evidência adicional e ainda mais fascinante da maneira como a visão da morte daqueles que passaram por uma EQM já afetou muitas pessoas que enfrentaram a iminência da própria morte ou a de outras pessoas.

O QUE AS PESSOAS QUE PASSARAM POR UMA EQM NOS ENSINAM SOBRE A MORTE E O MORRER

Uma das grandes dádivas práticas – talvez a maior – da EQM é o que ela pode nos ensinar sobre a morte. Aqui, eu gostaria de focalizar apenas três aplicações específicas, em que as informações sobre a EQM provaram a sua utilidade para quem estava enfrentando ou pensando na morte, ou sofrendo por causa do luto.

Encarando a morte

Como dissemos, há poucas dúvidas de que o testemunho de quem vivenciou uma EQM tenha influenciado a maneira de as pessoas pensarem na própria morte, mesmo quando ela não é iminente. A entrevista de Evelyn com Béatrice, que apresentei no Capítulo 9, é um bom exemplo de como essas histórias podem fortalecer a crença na possibilidade da sobrevivência após a morte do corpo. Ao mesmo tempo, em seu caso, fica claro que as suas convicções ainda são um tanto teóricas, pois as circunstâncias da vida de Béatrice ainda não testaram as suas crenças baseadas na EQM.

EV: De que maneira o conhecimento do fenômeno da EQM influenciou a sua atitude com relação à morte?
B: Secretamente, eu sempre desejei que a consciência sobrevivesse após a morte do corpo. Eu queria que isso fosse verdade, mas talvez a minha fé não fosse forte o suficiente para transformá-lo em verdade para mim. Agora, com essas experiências, tenho uma confirmação empírica – mas não vou tão longe a ponto de chamá-la de prova. A questão é: será que isso tem força suficiente para eliminar o pânico se, digamos, amanhã, eu souber que estou gravemente doente? Eu não sei. Será que isso me consolará se eu perder uma pessoa que amo? Acho – até mesmo acredito – que sim, mas não posso ter certeza, pois isso ainda não aconteceu comigo. Mas estou convencida de que devemos pensar nessas questões antes que alguma coisa triste aconteça, antes de enfrentarmos a morte ou o luto, para nos prepararmos da melhor maneira possível.

Béatrice pode apenas imaginar o que pensará e sentirá quando chegar a sua hora de encarar a morte. Mas outras pessoas tiveram de lidar com a morte, não só de forma abstrata, mas como um destino pessoal, iminente e inescapável. A questão sobre o valor do testemunho da EQM é obviamente muito mais imediata nesses casos. Agora, a pergunta de Béatrice é de fato posta à prova: quando a situação é séria, será que o conhecimento das EQMs ajuda a nos proteger do terror da morte? Será que, de fato, ele faz qualquer diferença?

Se você, como Béatrice, tem dúvidas a respeito do verdadeiro valor das EQMs, caso tivesse de olhar a face da morte iminente, talvez a história a seguir possa tranqüilizá-lo.

Em 1991, Deborah Drumm, uma enfermeira que mora em Nashville, Tennessee, soube que estava com câncer de mama. A sua condição era séria e exigia uma mastectomia radical, bem como quimioterapia intensiva; compreensivelmente, ela ficou muito assustada. Pouco depois, uma amiga chamou a sua atenção para alguns artigos e livros sobre EQMs (os quais, anteriormente, ela nunca levara a sério) e ela começou a lê-los – com crescente avidez. Logo, ela leu tudo o que a amiga lhe dera e procurou referências adicionais e, até mesmo, o contato direto com pessoas que tiveram a experiência. Ela achou essas informações tremendamente tranqüilizadoras e o seu medo da morte começou a diminuir.

Meses depois da sua exposição ao mundo das EQMs, ela estava fisicamente muito bem. As mamografias e a varredura CAT estavam bem e a contagem de células retornara ao normal. Ela continuou fazendo *chek-ups* a cada dois meses e escreve:

> Se o câncer fosse encontrado [novamente], a princípio eu ainda ficaria abalada; mas acho que a minha adaptação seria muito mais fácil. Não acredito que aquele medo paralisante que me perseguiu nos primeiros seis meses deste ano voltaria outra vez. Para mim, a morte agora não é o que era há um ano. Agora, quando imagino o último momento, vejo luz. Sinto paz, amor e tranqüilidade.[4]

---

4. Drumm, "Near-death experiences as therapy", *Journal of Near-Death Studies, 11* (2), 1992, p. 68.

Então, ela continua descrevendo as experiências relacionadas ao efeito contagioso que os relatos sobre EQMs despertam nas outras pessoas:

> E a esperança oferecida pela EQM é infecciosa. Quando essas histórias são compartilhadas com pessoas que sentem medo ou estão sofrendo, elas também parecem proporcionar paz. Por exemplo, recentemente, conheci uma mulher cuja filha de 23 anos de idade cometera suicídio um mês antes da nossa conversa. Essa mulher estava atormentada porque algumas pessoas da sua igreja lhe disseram que a filha iria para o inferno. Eu lhe mostrei um artigo [...] no qual as EQMs de tentativas de suicídio eram descritas como lindas e tranqüilas, como qualquer outra. Após ler o artigo, ela me disse que se sentiu muito aliviada e acrescentou: "Deus a abençoe".
>
> Espero que [...] psiquiatras, médicos, enfermeiros e outros profissionais da saúde [...] considerem com seriedade a possibilidade de utilizar os relatos de EQMs com pessoas gravemente doentes e sofredoras, bem como com pacientes terminais e suas famílias. Posso confirmar o poder inspirador, revigorante, dessa "terapia". Eu *estou* mais forte e confiante do que era antes da minha doença, porque finalmente enfrentei o meu medo da morte [...]. Os relatos de quase-morte proporcionam paz mental e um propósito renovado, permitindo que a vida continue. Eu não sou mais perseguida pelo medo, mas ainda gosto de ler relatos sobre EQMs. Eles são sempre tão alegres![5]

Infelizmente, esse não é o fim da história de Deborah Drumm. Alguns meses depois, escrevendo ao editor do *Journal of Near-Death Studies*, ela revelou que exames posteriores mostraram que a doença se espalhara e se tornara incurável e que, como resultado, a morte agora estava olhando nos seus olhos, como um evento possivelmente iminente. Diante dessa perspectiva, ela sentiu-se impelida a lembrar das linhas que escrevera na primeira carta: "Se o câncer fosse encontrado [novamente], a princípio, eu ainda ficaria abalada; mas acho que a minha adaptação seria muito mais fácil.

---

5. Drumm, "Near-death experiences as therapy", op. cit., p. 69.

Não acredito que aquele medo paralisante que me perseguiu nos primeiros seis meses desse ano voltaria novamente". A esse respeito, ela agora afirma:

> Estou escrevendo para lhe dizer que a minha afirmação anterior mostrou-se verdadeira [...]. O fator mais importante na minha recuperação psicológica, novamente, foi a leitura regular de experiências de quase-morte [...]. Eu mantenho esses livros ao lado da minha cama. Nas seis semanas depois de saber que a doença voltara, não houve um dia em que eu não lesse ou relesse alguns dos relatos. E, quando começo a sentir medo ou afundar na depressão, reler esses relatos é a minha primeira linha de defesa [...].
> Em resumo, acreditar no conteúdo das EQMs me manteve em atividade. Isso me permitiu sentir que há um propósito em tudo, inclusive na minha doença, e que, de algum modo, eu posso me beneficiar do seu significado. Afinal, se o que as EQMs mostram for verdade, toda experiência tem valor e um Deus amoroso ou uma Presença olha por nós e nos guia em cada uma delas.
> Desejo que todas as pessoas seriamente doentes tenham a oportunidade de estudar as EQMs. Por diversos motivos, algumas talvez não queiram continuar o estudo por muito tempo. Mas estou convencida de que muitas delas se sentiriam muito confortadas.[6]

Embora Deborah Drumm seja apenas um caso, com certeza, ela fala em nome de muitos, que, como ela, ao confrontar o fantasma ameaçador da morte física, encontraram fontes de profundo conforto e esperança na plenitude dos relatos da EQM, agora à nossa disposição. E só podemos repetir o seu conselho para que os profissionais da saúde, bem como o público em geral, busquem esse material para que também possam se beneficiar das lições oferecidas pelas EQMs, sobre as bênçãos que podemos esperar quando finalmente chegar o momento da morte para nos libertar da escravidão da dor e da decrepitude.

Além dos benefícios proporcionados pelos relatos de EQMs (por escrito ou por testemunho verbal direto) a indivíduos que

---

6. Drumm, "Near-death experiences as therapy: Part II", *Journal of Near-Death Studies, 11* (3), 1993, pp. 189-90.

estão enfrentando a morte, existem também *determinados grupos ou categorias de pessoas* que parecem ser especialmente receptivas às lições e implicações dessas experiências.

Por exemplo, os relatos de EQMs parecem ter um lugar especial para pessoas morrendo de aids. Um exemplo disso vem do trabalho de Ganga Stone, que, durante muitos anos, dirigiu uma organização em Nova York chamada *God's Love We Deliver* (Nós Distribuímos o Amor de Deus), que ajuda essas pessoas. Ganga, que encontrei várias vezes nesses anos, conseguia comida para os seus clientes em alguns dos melhores restaurantes de Nova York. Então, ela e seus voluntários a distribuíam, junto com o amor de Deus – e a EQM. Resumindo, o que Ganga me contou foi que ela fazia questão de levar aos seus clientes informações sobre a EQM e que não havia palavras suficientes para mostrar como elas eram importantes para as pessoas com quem ela estava trabalhando. Na verdade, ela foi tão inspirada pela utilização desse tipo de informação, que finalmente escreveu um livro, *The start of conversation*, que trata, em grande parte, da utilização da EQM para permitir que as pessoas aceitem e lidem com a morte. O livro de Ganga – uma abordagem direta para lidar com a morte, de uma nova-iorquina falante, engraçada – baseia-se num curso de seis semanas que ela oferece para nova-iorquinos, muitos deles sofrendo de aids. Ela os ajuda a enfrentar e a superar o medo da morte ensinando-os a ver que "Não existe morte" e que "Você não é o seu corpo" – e por tudo isso a pesquisa da EQM desempenha um papel importante nos seus argumentos. Assim, Ganga é um bom exemplo de alguém que usou as histórias de EQMs como um antídoto para o medo da morte de pessoas que estavam enfrentando a morte iminente, bem como para aquelas, sofrendo ou não de aids, que fizeram o seu curso. O livro é cheio de humor, casos e muitas histórias comoventes e é escrito numa linguagem animada, vigorosa. O seu estilo talvez não sirva para todos, mas a mensagem é benéfica e alegrará o coração de muitas pessoas, bem como provocará algumas gargalhadas.

Outro exemplo de como esse material pode ajudar pessoas com aids e seus entes queridos veio até mim por acaso, um dia em que passei na lanchonete próxima à universidade. Um jovem atrás do balcão, que não reconheci, identificou-se como um ex-aluno que fizera o meu curso sobre EQM havia alguns anos. Como não havia outros clientes na loja, ele deixou de ser o vendedor alegre, animado, transformando-se numa pessoa com uma expressão muito mais séria e, numa espécie de *sotto voce*, confidenciou-me o seguinte:

Ele era gay e no ano passado tivera um namorado, o qual finalmente sucumbiu à aids. Ele queria que eu soubesse como o meu curso fora útil para ambos, porque, enquanto o namorado estava morrendo, o meu ex-aluno descobriu que estava utilizando o material sobre EQM, que ele lembrava das minhas aulas, para lhe oferecer conforto. Ele disse que sempre quisera me procurar para contar tudo isso, mas nunca o fizera. Mas, como eu surgira inesperadamente na lanchonete, voltando à sua vida por um breve espaço de tempo, ele sabia que aquela era a hora.

Um outro "grupo-alvo" óbvio para essas informações são os pacientes de instituições para doentes terminais. Embora, naturalmente, eu jamais tenha impingido de maneira indiscriminada o material sobre a EQM a pacientes terminais, os que estão abertos a essa informação parecem se beneficiar muito, em especial no que se refere à diminuição do medo da morte. Com certeza, em meus 20 anos de trabalho no campo dos estudos da quase-morte, conheci ou ouvi falar de muitas pessoas que trabalham nessas instituições – voluntários, enfermeiros, padres e até mesmo administradores – que me contaram histórias muito comoventes a respeito de como utilizaram de maneira eficaz esse material em seus encontros com pacientes terminais.

E outros investigadores também relataram mais evidências da ubiqüidade das EQMs nesses ambientes. Por exemplo, a enfermeira Linda Barnett descobriu que, numa amostra de 60 enfermeiras dessas instituições, 63% haviam trabalhado com pelo menos um paciente que passara por uma EQM.[7] Da mesma forma, uma conhecida médica, a dra. Pamela Kircher, realizou uma pesquisa num encontro da National Hospice Organization que revelou que 73% da sua amostra de profissionais atuando nessas instituições já tinha ouvido descrições de EQMs de pacientes terminais.[8] Como resultado da

---

7. Linda Barnett, "Hospice nurses' knowledge and attitudes toward the near-death experience", *Journal of Near-Death Studies*, 9 (4), 1991, pp. 225-32.
8. Pamela Kircher, "Near-death experiences and hospice work", documento apresentado no congresso anual da IANDS, 1993.

freqüência dessas experiências em pacientes terminais recentemente, a autora de um livro muito respeitado sobre a morte e o morrer afirmou que, nos anos 90, o conhecimento ativo das EQMs tinha sido "oficialmente incorporado ao trabalho em instituições para pacientes terminais, à filosofia dessas instituições e ao trabalho com os pacientes terminais, até mesmo em instituições comuns".[9] "Essas histórias estão trazendo um novo tipo de esperança para os pacientes terminais", ela conclui.[10]

A esse respeito, muitos pesquisadores de EQMs notaram que algumas pessoas que passaram pela experiência sentem-se atraídos pelo trabalho nesses ambientes, em geral como voluntários, porque passaram a sentir tal afinidade com as pessoas que estão morrendo e sabem que podem ajudá-las a fazer a transição com menos medo. Embora você possa pensar que as pessoas que vivenciaram uma EQM possam naturalmente sentir-se tentadas a compartilhar a sua experiência com os pacientes terminais de quem elas cuidam, esse não é necessariamente o caso. Das muitas pessoas que conheço e que se envolveram nesse trabalho, lembro-me em especial de uma que se chamava Pat, que conheci no início dos anos 80 na Califórnia. Naquela época, ela tivera a sua EQM havia 19 anos e começara a trabalhar quase constantemente com pacientes terminais. Quando lhe perguntei de maneira específica como ela utilizara a sua experiência no trabalho, ela me surpreendeu dizendo que só conseguia se lembrar de tê-la mencionado em quatro ocasiões! Portanto, o que essas pessoas compartilham com quem está morrendo nem sempre é a sua história pessoal – embora, naturalmente, elas o façam com freqüência –, mas apenas a sua presença, a qual, de alguma forma tácita, porém inegável, ajuda a transmitir sua ausência de medo da morte para os pacientes. O que elas se tornaram, não necessariamente o que elas passaram, é a dádiva final que elas têm a oferecer para os que estão para entrar na Luz da morte.

Contudo, uma dessas pessoas, Dannion Brinkley, conhecido autor de dois livros populares sobre a sua EQM e a vida depois

---

9. Marilyn Webb, *The good death* (Nova York: Bantam, 1997), p. 248.
10. Idem, Ibid., p. 248.

dela,[11] dedicou grande parte da vida pessoal ao trabalho nessas instituições (de acordo com a sua estimativa, ele esteve com mais de 150 pacientes, incluindo a mãe, que morreu numa instituição local). Além disso, em suas palestras e livros, ele aconselhava os ouvintes e leitores a se envolver nesse trabalho e, tendo-se tornado uma figura tão influente no cenário da EQM na sua década, sem dúvida, ele foi responsável pela criação de uma onda de voluntários para essas instituições e programas. Tudo isso, é claro, origina-se diretamente das lições que aprendeu com as suas EQMs, as quais, com o seu carisma pessoal, ele conseguiu levar para um grande público.

Um outro grupo-alvo que merece especial atenção aqui é o das pessoas idosas – aquela categoria de pessoas que, apesar de não estarem exatamente enfrentando a morte iminente, como aquelas às quais nos referimos nas passagens anteriores, mesmo assim precisam enfrentar a possibilidade de que a sua morte talvez não esteja tão longe.

Esse grupo de pessoas não recebeu muita atenção específica sob o ponto de vista da aplicação da EQM, mas, recentemente, houve um modesto início da minha parte e de alguns dos meus alunos na Universidade de Connecticut. Em resumo, o que fizemos foi desenvolver um programa educacional baseado na EQM para idosos, apresentando-o em centros selecionados em Connecticut. O programa foi realizado em três dias e consistia dos seguintes segmentos: 1) uma palestra introdutória sobre EQMs; 2) uma apresentação de vídeos sobre EQMs; e 3) um relato pessoal de um idoso que vivenciara uma EQM, seguida de perguntas e respostas.

As nossas descobertas são apenas preliminares e a amostra muito pequena para sustentar quaisquer generalizações, mas os questionários apresentados antes e depois dessas apresentações revelaram os seguintes efeitos:

1. Uma diminuição no medo da morte.
2. Um aumento na crença de que o momento da morte será tranqüilo.
3. Um aumento da crença na vida após a morte.

---

11. Dannion Brinkley, *Saved by the light* (Nova York: Villard, 1994) e *At peace in the light* (Nova York: HarperCollins, 1995).

4. Uma diminuição da crença de que a vida após a morte será desagradável.
5. Um aumento da crença de que nós nos reuniremos com os entes queridos falecidos.
6. Um aumento da crença em Deus.

Além disso, houve uma resposta qualitativa muito forte a esses programas, com muitos dos participantes demonstrando gratidão pela informação e o desejo de saber mais sobre as EQMs.

Não tivemos oportunidade de desenvolver mais esses programas, mas nas palestras que fiz sobre EQMs, em especial nos Estados Unidos, para platéias formadas principalmente de profissionais da saúde, diversas pessoas demonstraram interesse no desenvolvimento de programas semelhantes para os idosos das suas cidades. Então, é possível que no futuro vejamos mais dessas contribuições, o que também nos permitirá avaliar os seus efeitos, em particular a longo prazo.

Planejando o suicídio

Um outro território no qual o material sobre a EQM provou a sua utilidade e, até mesmo literalmente, salvou vidas está relacionado à prevenção do suicídio. Aqui, é claro, as pessoas não estão apenas enfrentando a morte, mas estão impelidas a buscá-la de forma prematura pelas próprias mãos. Felizmente, diversos suicidas aparentemente foram levados a abandonar as suas intenções pela exposição deliberada ou inadvertida às informações sobre as EQMs.

Como um exemplo da primeira abordagem, mencionarei o papel que a EQM desempenhou na psicoterapia com pacientes suicidas. Até onde sei, o primeiro médico a utilizar o material da EQM nesse contexto foi um psicólogo de Nova York chamado John McDonagh. Em 1979, ele apresentou uma tese numa convenção descrevendo o seu sucesso com diversos pacientes suicidas usando um método que ele chamou de "biblioterapia da EQM".[12] A sua

---

12. John McDonagh, *Bibliotherapy with suicidal patients*, documento apresentado na American Psychological Association, Nova York, 1979.

"técnica", na verdade, era pouco mais do que fazer os pacientes ler algumas passagens relevantes do livro de Raymond Moody, *Reflections on life after life* e, depois, o terapeuta discutia com o paciente as implicações na sua situação. McDonagh conta que em geral essa abordagem era bem-sucedida, não só para diminuir os pensamentos suicidas, mas também para impedir o próprio ato.

A eficácia da sua abordagem parece vir principalmente do fato de o paciente perceber, a partir dos relatos da EQM, que o suicídio seria inútil, porque depois da morte nós não apenas temos de continuar enfrentando os mesmos problemas, mas também não temos mais oportunidade para solucioná-los. Como exclamou chorando uma paciente suicida de McDonagh, ao ler algumas das passagens do livro de Moody: "Não há saída!". McDonagh acrescenta: "Ela se convenceu de que teria de enfrentar o seu problema nesta vida, por mais difícil que ele fosse".[13]

Além disso, teríamos de sofrer as conseqüências adicionais de um ato irrevogável, tendo conhecimento da dor que teríamos causado a outras pessoas. Em resumo, a percepção de que, na verdade, cometer o suicídio – se as implicações das EQMs forem verdadeiras – não traria o esquecimento para a consciência, forçou os pacientes suicidas a encontrar outros meios para lidar com os seus problemas. O suicídio não era mais uma opção porque, de certo modo, ele passara a ser considerado impossível: apenas o corpo morria, nunca o *self*.

A partir dos esforços pioneiros de McDonagh, outros médicos conhecedores da EQM e que tiveram a oportunidade de aconselhar pacientes suicidas também relataram sucessos semelhantes. Talvez o mais notável desses terapeutas seja Bruce Greyson, um psiquiatra atualmente na Universidade da Virgínia, cuja especialidade tem sido o tratamento de suicidas. Ele também é o autor de um artigo clássico sobre EQMs e suicídios, que os especialistas podem querer consultar em razão de suas implicações terapêuticas.[14]

---

13. John McDonagh, *Bibliotherapy with suicidal patients*, op. cit., p. 2.
14. Veja B. Greyson, "Near-death experiences and attempted suicide", que também é reproduzido na antologia editada por Greyson & Charles Flynn, *The near-death experience: Problems, prospects, perspectives*, pp. 259-66. Também relevante é o seu artigo, "Near-death experiences precipitated by suicide attempts", *Journal of Near-Death Studies*, 9 (3), 1991, pp. 183-8.

Além dos médicos que desenvolveram esse tipo de "terapia auxiliada pela EQM", posso recorrer também à minha experiência pessoal para apresentar outras evidências de como a EQM tem ajudado a evitar o suicídio. O caso a seguir seria um exemplo de como a informação sobre a EQM pode desempenhar um papel inesperado na vida de uma pessoa.

Há alguns anos, recebi a carta de uma mulher de Nova York (que mais tarde conheci) e que comparecera a uma de minhas palestras. No decorrer de uma série de cartas, ela contou que sofrera um dano neurológico permanente e estivera próxima da morte, como conseqüência de envenenamento por substâncias químicas. A sua doença fora longa e, apesar de não ter nenhum conhecimento desses estados, ela se viu entrando e saindo daquilo que poderíamos chamar de esferas da quase-morte. Nessas esferas, ela obteve muitas revelações espirituais que, mais tarde, serviram de base para um estilo de vida totalmente diferente, em harmonia com a natureza e com as artes da cura.

Entretanto, durante as primeiras fases da doença, esses *insights* estavam bastante ofuscados pelo sofrimento físico e psicológico implacável e ela caiu numa profunda depressão, a ponto de encontrar-se à beira do suicídio. "A doença", ela escreveu, "destruíra a trama da minha vida e, com freqüência, o impulso de abandonar os fios que sobraram era tentador e aterrorizante." E, como ela jamais ouvira falar de EQMs, estava muito confusa com suas experiências interiores e temia que, além dos outros problemas, também estivesse ficando mentalmente perturbada.

> Um dia, enquanto eu passeava numa livraria procurando informações que pudessem ajudar a explicar as misteriosas mudanças espirituais na minha vida, os livros sobre a experiência de quase-morte chamaram a minha atenção e o primeiro deles foi *Life after life*, de Raymond Moody. Algumas horas se passaram e eu continuava na frente da mesma prateleira, folheando os capítulos desse trabalho clássico e de outros livros sobre o assunto, e por fim comprando alguns. Em muitas páginas profundamente comoventes, encontrei palavras que pareciam abrir as portas do mistério e do medo atrás das quais eu me escondera por mais de três anos. As referências a experiências semelhantes à minha [...], todas afirmando a maravilha e o

êxtase da experiência de quase-morte, instantaneamente dispersaram as nuvens do medo e das dúvidas sobre a validade das minhas percepções.

A partir daí, ela se tornou uma mulher diferente e começou a seguir um caminho espiritual na vida. Contudo, como confessou mais tarde, se ela não tivesse descoberto essas informações sobre a EQM nesse momento crucial e aparentemente sem esperanças da sua vida, ela sente, com muita certeza, que com toda probabilidade teria decidido acabar com ela de imediato.

Aqui, temos um caso semelhante ao de Debora Drumm, a não ser por, nesse exemplo, a ameaça ser o suicídio e não a morte por câncer. Mesmo assim, o resultado psicológico foi exatamente o mesmo: em cada exemplo, a informação sobre a EQM salvou essas mulheres do desespero e deu um novo sentido espiritual à sua vida. E, como Debora Drumm não poderia ser única na sua resposta à descoberta das EQMs, também devemos supor que deve haver outras pessoas que tencionavam cometer o suicídio e que, como a mulher de Nova York, descobriram que a descoberta acidental da EQM oferece uma libertação que salva a vida.

LIDANDO COM A DOR DO LUTO

Em virtude de muitos anos de envolvimento com a EQM, você não deverá se surpreender ao saber que os meus arquivos estão cheios de cartas contando sobre o conforto e a esperança que os relatos de EQMs trouxeram às pessoas de luto, principalmente aquelas que tiveram de enfrentar a morte de uma criança. Aqui, apresentarei apenas uma amostra relativamente pequena desses testemunhos, começando com aqueles em que os pais foram forçados a enfrentar a perda de um filho amado.

Começarei com um caso que me é particularmente caro e, mais do que qualquer outro, evocou a reação mais intensa nos leitores do meu livro *Heading toward Omega*, no qual foi originalmente publicado. Embora eu só possa apresentar um breve resumo aqui, essa história é em especial valiosa, porque mostra de que maneira uma EQM pode quase *eliminar* todo o sofrimento provocado pela morte de um filho e – embora você talvez não acredite – até mesmo substituí-lo pela alegria. Tentarei mostrar como isso é possível, mas, para conhecer toda a história, talvez você queira consultar o livro *Heading toward Omega*.[15]

A mulher chamada Ann teve a sua EQM aos 22 anos, durante o parto da segunda filha, Tari. Na EQM, ela se viu atraída por uma grande força em direção a uma luz brilhante e, no final, saindo dela, estava um vulto irradiante. Desse vulto, Ann disse:

> Quando ele pegou a minha mão, imediatamente eu soube que ele era o melhor amigo que eu tinha. Eu também sabia que eu era uma pessoa muito especial para ele. A emoção do toque das suas mãos excede qualquer coisa que eu tenha sentido na Terra.

Mas, então, Ann ouve desse ser uma notícia que faria qualquer mãe ficar apavorada:

> Sem comunicação verbal ele "me disse" que viera buscar a minha filha. "A minha filha?", eu perguntei, quase incapaz de conter a minha alegria e felicidade com a notícia de que um dos meus filhos voltaria com *ele*! Era, eu sabia, uma grande honra ser escolhido para isso. Eu tive a honra de ser a mãe de uma criança extra-especial e estava tão orgulhosa por ele ter escolhido a *minha* filha [...] e nunca me ocorreu recusar-me a dar a minha criança para esse homem.

O ser de luz disse a Ann que ele voltaria para buscar Tari em quatro dias e, apesar de a criança parecer bem ao nascer, logo adoeceu e exatamente quatro dias depois do nascimento, como Ann fora prevenida, o bebê morreu. A enfermeira, sentindo-se obrigada a lhe dar a notícia, estava arrasada.

"Oh, Deus", ela lamentou. "O seu médico devia estar aqui agora! Eu não devia lhe contar, mas não posso deixá-la continuar acreditando que Tari está viva. Ela morreu esta manhã."
"Você está bem?", ela perguntou.

---

15. Veja Ring, *Heading toward Omega*, op. cit., pp. 76-82.

"Sim", respondi muito calmamente, naquelas circunstâncias.
"Esse é o quarto dia!" (Eu senti *alegria*!)
Nas semanas seguintes, não sofri pela minha perda, mas fiquei triste pelos amigos e parentes que não sabiam onde Tari estava e não podia acreditar – realmente acreditar – que a minha "experiência" não fosse nada mais do que um sonho vívido.

Ann concluiu a carta com esses comentários:

Teria sido mais fácil, eu acho, tentar esquecer o meu próprio nome do que esquecer aquele sentimento maravilhoso, aquela onda de pura alegria que senti quando ele pegou a minha mão e me disse que viera buscar a *minha* filha. Aquele foi o maior momento que eu jamais conheci [...]
Bem, logo percebi que para ser aceita de volta nesse mundo precisava fingir ter esquecido e "fingir" lamentar a perda do meu bebê. Assim, foi o que fiz pelo bem de todos – a não ser pelo meu marido, que acreditava em mim e obteve conforto, indiretamente [...].
Eu tive mais três filhos depois de Tari. O meu amado marido morreu nos meus braços, em casa, 16 anos depois. O meu primeiro filho viveu até os 25 anos e morreu num acidente de carro (imediatamente – sem tempo para sentir dor ou sofrer) sete anos depois da morte do meu marido. A cada vez, o meu sofrimento foi menor e mais breve. As pessoas diziam: "Ela está em choque agora, mais tarde ela sofrerá". Depois, diziam: "Ela deve ser uma pessoa muito forte para agüentar com tanta tranqüilidade tudo o que passou". Nenhuma dessas afirmações era verdadeira [...]. Eles não estão mortos. Eles estão todos vivos, ocupados e esperando por mim. A nossa separação é apenas temporária e muito curta, comparada a toda eternidade.

O conhecimento interior de pessoas como Ann de que "não existe morte" não apenas permite que elas se desprendam, algumas vezes com alegria, dos entes queridos, mas, algumas vezes, que ajude o sofrimento de outras pessoas, como o consolo que Ann pôde oferecer ao marido. Outro exemplo de uma pessoa que teve uma EQM e foi capaz de desempenhar esse papel, nesse caso para toda a família, envolve Stella, uma das três mulheres que conhecemos no capítulo anterior. Aqui, Stella foi confrontada com a trágica morte acidental de uma das netas gêmeas, Marissa, de três anos de idade. Seu filho estava fazendo reformas no jardim e pediu ao irmão das gêmeas para lhes dar as mãos. Contudo, quando ele deu marcha à ré no caminhão basculante, Marissa soltou-se da mão do irmão e ficou sob a roda de trás do caminhão. Ela morreu imediatamente. Sobre esse incidente, Stella mais tarde me escreveu:

> Tendo passado por uma EQM, fui capaz de *saber*, não apenas "esperar" que o espírito de Marissa continua. Eu acredito que esse "conhecimento" silencioso, forte, ajudou a nossa família a superar a tragédia. Eu não falei dele, não precisei. Mas senti que cada membro da família, quando falava comigo, estava reafirmando as próprias crenças na vida após a morte. Três semanas depois da tragédia, nosso pastor disse que nunca vira uma família se recuperar tão depressa de tal devastação.

Naturalmente, não são apenas as pessoas que passaram por uma EQM que recebem ajuda para lidar com perdas devastadoras. *Muitas pessoas* que se familiarizaram com essas experiências também se beneficiaram muito do conhecimento e conforto que elas proporcionam, como com freqüência confirmaram para mim e para outros pesquisadores de EQMs. Recentemente, ao revisar um livro escrito por uma colega, encontrei um exemplo muito comovente e instrutivo desse efeito numa pessoa que não passou por uma EQM, o qual eu gostaria de compartilhar com você. Mas primeiro, deixe-me falar um pouco do livro que se chama *Children of the light* e foi escrito por Cherie Sutherland, a pesquisadora australiana que já mencionei.

Durante as suas palestras sobre EQMs, Sutherland conheceu ou recebeu cartas de muitos pais de luto que lhe contaram como as histórias de EQMs ajudaram a enfrentar a sua perda e, finalmente, ela conheceu pessoas, algumas ainda jovens, que haviam passado por EQMs quando crianças – e *suas* histórias foram ainda mais úteis para os que estavam enfrentando a angústia provocada pela morte de um filho. Sutherland escreveu *Children of light* pelo desejo de levar essas histórias a uma platéia mais ampla, em particular a pais e parentes de uma criança falecida, para espalhar um manto de conforto sobre os que ainda sofrem e acelerar o processo de cura de uma das separações mais insuportáveis.

E a própria Sutherland apresenta alguns testemunhos fascinantes em seu livro, mostrando como o conhecimento de EQMs de crianças pode curar esses pais. Na verdade, o seu livro começa com um relato tocante sobre esse tipo de descoberta. Uma mãe chamada Maria perdera o filho de cinco anos de idade num trágico afogamento e estava desesperada. Além de todo o seu sofrimento, ela estava atormentada sem saber se o filho sentira medo enquanto se afogava ou se gritara desesperadamente, e em vão, chamando os pais para salvá-lo. Ela estava obcecada pela pergunta: "Será que foi terrível morrer?".

De modo inesperado, ela encontrou a história de uma EQM na infância, baseada num incidente de *quase-afogamento* que tinha muita coisa em comum com o afogamento do seu filho. A leitura dessa história foi uma revelação e um poderoso paliativo que aliviou anos de sofrimento contínuo, culpas e dúvidas. Nas palavras de Maria:

> Fiquei alegre depois de terminar a leitura. Eu estava tão surpresa pelas condições quase idênticas dos dois acidentes, com dois menininhos, quase da mesma idade, que não tive nenhuma dificuldade para acreditar que essa "coincidência" era, na verdade, a resposta que eu estivera procurando. A partir daquele dia, a minha sede de mais informações sobre a EQM tornou-se insaciável. Eu lia tudo o que encontrava e, a cada novo relato, o desespero sem fim, escuro, que eu senti durante tanto tempo, diminuía, e uma nova esperança maravilhosa nascia em algum lugar bem dentro de mim.[16]

Agora, por intermédio do livro de Sutherland, a experiência da cura de Maria pode ser uma fonte de conforto e esperança para pais de luto e outros que sofreram perdas semelhantes. E, com a leitura de histórias como a de Maria e dos muitos relatos comoventes de EQM na infância que Sutherland apresenta nesse livro, há ainda mais benefícios a serem obtidos, como sugere a narrativa de Maria:

> Pouco depois [...] percebi que o meu sofrimento devastador provocara efeitos posteriores semelhantes àqueles que surgem depois de

---

16. Sutherland, *Children of light*, op. cit., p. 6.

uma experiência de quase-morte: eu não tinha mais medo da morte; eu sentia uma compaixão verdadeira pelos outros; eu queria ajudar os outros; eu estava mais consciente da dor das pessoas. De certo modo, eu também morri e fui trazida de volta à vida [...] [E] agora eu acredito que a morte é verdadeiramente uma transição da nossa existência limitada para uma esplêndida nova vida e uma aventura além dos nossos sonhos mais loucos.[17]

Naturalmente, meus arquivos estão repletos de histórias semelhantes sobre o poder consolador que as visões da EQM trazem para as pessoas que sofrem e que não passaram por uma EQM. Embora o caso a seguir focalize um dos meus livros, vou citá-lo apenas para ilustrar o que é verdade na literatura da EQM em geral e deixarei esse exemplo simbolizar os muitos testemunhos que eu recebi.

Eu tive de escrever depois de ler o seu livro *Heading toward Omega*. A minha vida tem sido um pesadelo nos últimos dois anos, mas depois de ler o seu livro encontrei a força necessária para seguir em frente e continuar vivendo. Acho que o pior medo de um pai é o de que alguma coisa aconteça a seu filho e o meu pior medo tornou-se realidade há dois anos, quando meu filho de 18 anos morreu instantaneamente num acidente de carro. Depois de passado o choque, o meu medo estava relacionado ao que lhe acontecera. Onde ele está agora? Há realmente uma vida depois da morte? A religião na qual eu fui criada não ajudava nada, pois falava de um "Deus" impiedoso e implacável com uma criança que morria em "pecado". Como conseqüência, eu me afastei da religião e de "Deus".

Mas, depois de ler o seu livro, acho que compreendo um pouco melhor agora que "a luz" não é o Deus que eu conhecia, mas um Deus de paz e de amor. Eu li muitos livros nos últimos dois anos, mas nenhum me afetou como o seu. Agora, posso aceitar o fato de que jamais verei o meu filho novamente nesta vida, mas sei que ele está em paz e que o verei novamente quando a minha hora chegar. Por enquanto, ele está com "a luz" e encontrou a paz e o amor da família e dos amigos (também mortos no mesmo acidente) numa vida após a morte. Talvez ele esteja tentando me dizer isso nos repetidos

---

17. Sutherland, *Children of light*, op. cit., pp. 6-7.

sonhos, quando ele vem e me diz: "Mamãe, veja, eu não estou ferido, está tudo bem". Mas eu não estava pronta para escutar.

Finalmente, deixe-me apresentar um outro caso, o qual, apesar de repetir todos aqueles que apresentei nesta seção sobre o luto e a FQM, tem algumas características especiais que o tornam em particular instrutivo para nós. Antes de mais nada, ele não envolve a morte de uma criança, mas aquela que é muito mais comum e que muitos de nós teremos de enfrentar nessa vida – a de um cônjuge. Segundo, ele mostra como estar presente à morte de um ente querido pode, algumas vezes, instilar algumas das qualidades das próprias EQMs. Terceiro, indica como a subseqüente familiaridade com a literatura das EQMs pode transformar o sofrimento e levar a uma vida de serviço aos outros. Portanto, nesse exemplo, podemos distinguir um outro efeito impressionante e contagioso da EQM.

Peter amava muito a mulher e, quando ela morreu de câncer, após dez anos de casamento, momentos difíceis esperavam por ele. Como ele me escreveu:

> Ela morreu de um tumor cerebral inoperável e de câncer no pulmão e eu tive o privilégio de cuidar dela em casa durante as semanas finais da doença. Eu não tinha nenhuma idéia de que surgiria qualquer mudança em mim após a sua morte, à qual eu estava presente. Ela morreu tranqüilamente, cercada de amor e eu segurei a sua mão enquanto ela ia embora e pedi a Deus para cuidar bem dela. Depois disso, a minha vida virou um inferno. Eu não queria viver. Ela fora a minha vida. Tudo desmoronara no meu mundo.

Então, ele descreve como a sua transformação ocorreu, lenta e dolorosamente. Ela teve início quando ele começou a trabalhar como voluntário no hospital onde a esposa fora tratada. Ele sentia necessidade de ficar próximo das pessoas que sofriam – "como ela sofrera", ele disse. Aos poucos, ele voltou à vida e viu que "havia uma pequena parte de mim que estava viva e crescendo – como um novo broto verde nascendo no tronco de uma árvore caída". Ele começou a freqüentar a igreja, mas depois de um ano parou porque "eu não podia aceitar o dogma e porque as igrejas não respondiam às perguntas mais profundas que perturbavam o meu coração e a minha mente".

Finalmente, foi levado à literatura sobre as EQMs, vida após morte e assuntos relacionados a esse tema lhe proporcionaram o que ele estava procurando.

> Como resultado, e com a minha própria forte convicção de que Glória não caíra no esquecimento, mas que, em algum lugar, de algum modo, ela ainda estava viva e próxima, como uma alma intacta com memória e personalidade, comecei a criar – ou talvez ela tenha sido criada para mim – uma filosofia de vida e morte diferente de tudo o que eu pensara ou sonhara na minha vida até aquele ponto.

Então, Peter passou por uma mudança de visão semelhante à de quem vivenciou uma EQM: ele começou a ver a unidade em todas as formas de vida, descobriu-se refletindo sobre a natureza da consciência e sobre a natureza em si mesma durante longas caminhadas, abriu-se à beleza simples e natural da vida cotidiana – "pássaros, árvores, nuvens, água" – que despertaram nele um sentimento de esperança extinto havia muito tempo. E ele notou outras mudanças também:

> Desde aquela noite de 18 de junho de 1985 [quando a esposa morreu], eu não tive mais medo da morte. Essa foi uma transformação imediata e, dois anos e meio depois, ela não mudou nem um pouco. Tenho fome de conhecimento sobre assuntos espirituais e preparo-me para alguma coisa maior. Parece que perdi todo o interesse e o desejo por coisas materiais. Agora o meu interesse está em SER, não em TER.

Ele ficou refletindo sobre o significado da sua vida e perguntou a si mesmo qual seria a sua missão, pois agora ele sabia que tinha uma missão – como todo mundo. O trabalho voluntário com pessoas sofrendo e morrendo foi o caminho que ele escolheu.

> A força orientadora mais poderosa em minha vida é a minha crença na vida após a morte. E a de que o que fazemos nesse mundo fí-

sico tem um efeito direto naquilo que enfrentaremos no próximo estágio. Eu não tive nenhuma experiência esclarecedora como muitas das pessoas que passaram por uma EQM, nenhuma mensagem pessoal, nenhuma experiência com a Luz, mas cheguei a esse ponto da minha vida por algum motivo e o que ele me diz é que eu devo ajudar os outros. Como disse Albert Schweitzer: "Quem foi poupado da dor pessoal deve sentir-se mobilizado a ajudar a diminuir a dor dos outros".

A jornada de Peter e a sua vida de serviço continuam, mas a sua história é particularmente interessante aqui porque mostra como o sofrimento, quando auxiliado pelo tipo de conhecimento que a EQM proporciona, pode, algumas vezes, realmente levar a uma transformação na visão de mundo e nos valores pessoais, quase idêntica à das pessoas que passaram por uma EQM. Certamente, Peter fez muito para efetuar essa transformação nascida do sofrimento pela perda da esposa, mas o seu exemplo pode inspirar outros a seguir um caminho semelhante ao enfrentar uma perda que, de outra forma, seria inconsolável.

À luz desses muitos testemunhos pessoais sobre o valor da EQM no luto, ocorreu-me que, assim como poderíamos desenvolver programas educacionais para idosos, também poderíamos planejar alguns para as necessidades das pessoas de luto. Assim, há alguns anos, alguns alunos e eu, mais uma vez, começamos a fazer essas apresentações para grupos de luto. De modo geral, elas seguiam a mesma linha dos programas para idosos, apenas de forma mais compacta e os nossos testes preliminares mostram que produzem efeitos semelhantes, embora menores. Mesmo assim, ficamos encorajados pela resposta e sentimos que essa é ainda uma outra área na qual o trabalho usando o material da EQM certamente seria adequado.

DAS EQMs ÀS CAMs

Além do papel das EQMs para ajudar as pessoas de luto, recentemente, foi sugerido que outras experiências semelhantes também poderiam ser utilizadas com o mesmo propósito. Entre elas, talvez a variedade mais relevante de experiência relacionada à morte – que representa uma extensão direta e óbvia da EQM –, estariam aquelas que foram chamadas de "comunicações após a morte" ou CAMs.

Esse termo tem sido empregado por diversos escritores, mas os principais proponentes da utilidade das CAMs são Bill e Judy Guggenheim, os quais havia alguns anos escreveram um livro com um título lamentavelmente meloso: *Hello from Heaven!* Apesar do título tabloidal, não devemos deixar de ver o seu valor, pois, na minha opinião, ele representa uma importante contribuição para os estudos sobre o luto.

Para escrever o livro, os Guggenheims reuniram mais de 3.300 relatos de casos indicativos de contato *real* – não alucinatório – com entes queridos já falecidos, dos quais selecionaram cerca de 10%, algo em torno de 350 histórias. E, ao ler essa vasta coleção de testemunhos, torna-se cada vez mais difícil negar as implicações das suas descobertas. Em resumo, elas parecem sugerir fortemente que *as pessoas queridas que morreram, continuam a existir depois da morte e podem comunicar-se conosco, ajudando-nos a curar a dor e tornando-nos capazes de deixá-los ir*. Além disso, muitos dos relatos que os Guggenheims contam, são muito evidentes; isto é, eles parecem ser exemplos autênticos de contato após a morte e não apenas fantasias psicológicas criadas pelo sofrimento.

Para ilustrar algumas dessas CAMs, e deixar claro como podem ajudar pessoas que estão sofrendo, vamos considerar – e refletir – os casos a seguir.

Leslie, 39 anos, é voluntária da Virgínia. Ela teve esse feliz encontro com o pai quatro meses após a sua morte, causada pelo câncer.

> Eu acabara de deitar e apaguei a luz, quando vi o meu pai em pé na porta! Todas as luzes da casa estavam apagadas, no entanto eu podia vê-lo claramente porque havia um brilho ao seu redor. Eu pensei: "É realmente papai! É realmente ele!". Eu estava tão excitada que me sentei e disse: "Papai!". Eu queria me aproximar e tocá-lo e comecei a sair da cama. Ele sorriu e disse: "Não, você não pode me tocar agora". Comecei a chorar e continuei dizendo: "Deixe-me chegar perto de você". Ele disse: "Não, você não pode fazer isso. Mas eu

quero que você saiba que eu estou bem. Tudo está ótimo. Eu estou sempre com você".

Então, ele fez uma pausa e disse: "Agora eu preciso ver a sua mãe e Curtis". Curtis é meu filho e estava com minha mãe no outro quarto. Eu me levantei e segui o meu pai pelo corredor. Mas ele desapareceu – ele apenas sumiu. Então, voltei para a cama e continuei dizendo a mim mesma: "Isso é apenas a sua dor. Papai não esteve aqui realmente". Então, adormeci pouco depois de me revirar por algum tempo na cama.

Na manhã seguinte, levantei-me e Curtis, que tinha três anos, quase quatro na época, surgiu no corredor. Ele disse: "Mamãe, eu vi o vovô ontem à noite!". Fiquei de boca aberta e disse: "Você viu?". Ele respondeu: "Sim! Ele esteve no meu quarto. Ele estava em pé ao lado da minha cama". Como uma criança de três anos poderia inventar aquilo? Eu lhe perguntei: "Você estava sonhando?". E ele disse: "Não, mamãe. Eu estava de olhos abertos. Eu estava acordado. Eu vi o vovô!".

Então, eu soube que papai realmente estivera lá. Era impossível negar o que acontecera. Foi uma experiência maravilhosa para mim porque aprendi que o amor continua.[18]

Um segundo caso oferece um exemplo da CAM *simultaneamente compartilhada*: Benjamin, 21 anos, trabalha em publicidade em Iowa. Ele e a esposa, Mollie, 20 anos, relataram experiências de CAM quase idênticas com a sua mãe, apenas alguns dias depois da sua morte.

Eis o relato de Mollie:

No dia do enterro da sua mãe, meu marido Ben e eu fomos visitar sua família. Nós saímos de lá bem tarde. Enquanto íamos para o carro, olhei para a porta da frente e vi a sua mãe em pé na porta aberta, acenando para nós! Ela parecia como sempre fora – definitivamente, era ela! Ela parecia muito tranqüila, muito saudável e mais jovem. Quando era viva, sempre que íamos visitá-la ela ficava em pé

---

18. Guggenheim & Guggenheim, *Hello from Heaven!* (Longwood, FL: ADC Project, 1995), p. 292. Modifiquei o parágrafo e as citações subseqüentes, mas o conteúdo não foi alterado, naturalmente.

na porta e nos dava até logo. Portanto, ela fizera isso muitas vezes antes.

Olhei para Ben e disse: "Você...?", e ele começou a chorar muito. Percebi que ambos havíamos visto a mãe dele ao mesmo tempo, mas Ben não conseguia falar. Assim que olhei para ele, ela se foi. Acho que permitiram que eu visse a sua mãe para poder confirmar isso para Ben, para que ele soubesse que ela não era uma fantasia da sua imaginação.

E este é o relato de Benjamin:

No dia do enterro da minha mãe, minha esposa Mollie e eu visitamos a minha prima e o marido na casa de mamãe. Ficamos lá até tarde e quando entramos no carro coloquei a chave na ignição e olhei para cima. Há cerca de dez metros, vi a minha mãe em pé na porta, atrás da tela de proteção! Ela sempre ficava lá para ter certeza de que entráramos no carro em segurança. Era comum ela fazer isso – eu a vira fazer isso milhares de vezes. A porta interna estava aberta e a luz da casa iluminava mamãe por trás e a luz da varanda a iluminava pela frente. Ela parecia estar com boa saúde e estava acenando para nós. Ela parecia aliviada – menos cansada, menos tensa. Tive a nítida impressão de que essa era uma mensagem do tipo "não se preocupe".

Imediatamente, tive uma tremenda sensação física, quase como se estivesse sendo pregado no chão. Foi como uma onda que me percorreu dos pés à cabeça. Parecia ter durado uma eternidade e, ao mesmo tempo, apenas uma fração de segundo. Tentei falar, mas não consegui. Ao mesmo tempo, Mollie disse: "Ben, eu acabo de ver a sua mãe na porta!". Abaixei a cabeça e disse: "Eu também", e comecei a chorar. Essa foi a primeira vez que chorei pela morte da minha mãe. Eu nunca chorei tanto em minha vida. E senti uma sensação de alívio, como um "até logo por enquanto".[19]

E, finalmente, da coleção de Guggenheim, essa história surpreendente:

---

19. Guggenheim & Guggenheim, *Hello from Heaven!*, op. cit., pp. 299-300.

Adele é produtora de televisão. Felizmente, ela seguiu a orientação do filho de nove anos, Jeremy, após ele ter morrido de leucemia:

> Meu filho, Jeremy, morreu um dia depois do Dia das Mães. Três semanas depois, logo antes de acordar, eu o ouvi perguntando: "O que você vai fazer com o meu dinheiro?". Eu disse: "Que dinheiro?". E ele disse: "Todo o dinheiro que você guardou para mim". Eu havia me esquecido completamente da poupança de Jeremy e nem sabia onde ele escondera a sua caderneta de poupança. Eu perguntei o que ele queria que eu fizesse com o dinheiro porque, obviamente, isto devia ter sido muito importante para ele. Jeremy disse: "Eu quero que você vá ver o Malcolm". Malcolm é um amigo meu que comercializa diamantes. Eu disse: "Bem, seja lá quanto tiver naquela conta não é suficiente para que eu vá ver o Malcolm". E Jeremy respondeu: "Sim, é! Apenas vá ver Malcolm e você entenderá do que eu estou falando. Quando você o vir, você saberá. Você pensará em mim". Então, ele se foi e eu acordei.
>
> Embora eu achasse aquilo meio louco, procurei pela casa para ver se encontrava a sua caderneta de poupança, sem sucesso. Alguns dias depois, eu estava no mesmo prédio onde fica a joalheria de Malcolm. Assim, entrei lá e comecei a olhar. Vi um lindo colar de borboleta, com um diamante. De repente, me deu um estalo: "Você saberá o que é quando o vir. Ele a fará se lembrar de mim". Meu coração começou a bater forte e eu fiquei nervosa. Perguntei a Malcolm quanto custava o colar. Depois de fazer alguns cálculos e brincadeiras, ele disse US$ 200. Eu lhe disse que voltaria mais tarde.
>
> Meu coração ainda estava acelerado quando voltei ao escritório e telefonei para o banco. Expliquei que não conseguia encontrar a caderneta de poupança do meu filho e queria saber quanto havia em sua conta. Em alguns minutos, me disseram que a quantia era de US$ 200,47! Voltei à loja de Malcolm depois do trabalho e comprei o colar de borboleta com o dinheiro de Jeremy. Agora, não vou a lugar nenhum sem ele. Posso tocá-lo e dizer: "Meu filho me deu isso no meu último Dia das Mães com ele!".[20]

---

20. Guggenheim & Guggenheim, *Hello from Heaven!*, op. cit., p. 325.

Essas histórias comoventes tocam o nosso coração e nos dão mais confiança de que o testemunho das pessoas mencionadas neste livro de que não existe morte é uma verdade que podemos aceitar e pela qual podemos viver. Assim, poderíamos dizer que as EQMS + as CAMS = enorme esperança para todos que estão arrasados pelo sofrimento e por perguntas torturantes a respeito da continuação da existência dos seus entes queridos.

Embora o livro dos Guggenheims seja um tesouro de informações sobre relatos contemporâneos de CAMS, bem como uma contribuição extremamente significativa para a literatura do luto, as histórias que ele conta são surpreendentemente comuns, embora, até há pouco tempo, não fosse comum mencioná-las. Eu também as encontrei no meu trabalho e gostaria de encerrar este tópico contando uma história que teve um significado especial para mim.

Ela se refere à morte de Ann, a mãe de Tari.

Há alguns anos, recebi uma carta do filho de Ann, de quem eu jamais ouvira falar antes, informando que a sua mãe morrera de câncer logo depois do Natal. Ele continuou, explicando:

> No dia em que ela morreu, a minha família fora comemorar o Natal com meu pai e Ann na clínica em que ela estava. Mas ela faleceu meia hora antes de chegarmos. Na clínica, meus olhos foram atraídos para a prateleira onde vi o seu livro *Heading toward Omega*. Fiquei muito curioso porque recentemente eu lera *The Omega Project* e também porque eu nunca notara aquele livro antes. Dentro dele estavam as suas cartas para Ann. Perguntei ao meu pai a respeito do livro e ele disse que eu podia levá-lo.
>
> Assim, eu o folheei rapidamente depois de ter descoberto, pelas suas cartas, que Ann lhe escrevera sobre a sua experiência. Fiquei surpreso ao ler sua história, pois o assunto nunca surgira entre nós. Mas eu o considerei uma mensagem (a "coincidência" de eu ter visto o livro naquele dia) de Ann após a sua morte, para que tivéssemos certeza de que ela estava bem e feliz.

Enquanto a carta do filho continua, o restante da surpreendente mensagem de adeus de Ann foi rapidamente revelada para mim:

Contudo, a sua história não termina aqui. Em 31 de dezembro, fomos ao seu enterro, uma cerimônia simples, mas inspiradora, na qual o seu afilhado, filho de sua melhor amiga, chamou-a de "santa".

Naquela noite, enquanto colocava as minhas três filhas menores (com seis, quatro e três anos de idade) na cama, fui ao quarto da minha filha mais velha, Mallory. Fiquei surpreso ao vê-la com a cabeça enterrada no travesseiro, pois em geral ela me espera para fazer uma massagem no seu pescoço e nas costas. Quando entrei no quarto ela levantou a cabeça e disse: "Eu não estou dormindo".

Eu disse: "O que você estava fazendo?".

"Eu estava chorando", foi a sua resposta.

"Por que você estava chorando?"

"Porque eu vi a vovó Ann no teto."

Quando fiz mais perguntas a esse respeito, ela disse que Ann "estava vestida de branco e parecia um anjo".

Eu perguntei o que Ann fizera. "Ela disse que me amava muito e que essa era a última vez que eu a veria."

Mais tarde, quando perguntei a Mallory por que isso a fizera chorar, ela disse: "Porque eu estava tão feliz, e algumas vezes, quando você está feliz, você chora".

Naturalmente, é comum as pessoas recém-falecidas aparecerem para o cônjuge ou filho e refleti que, como o meu pai não acreditava nisso, Ann escolhera Mallory para mandar a sua mensagem do outro lado. Há muito tempo eu desconfiava que pelo menos duas das minhas filhas tinham habilidades que eu esquecera há muito tempo, mas elas eram "boazinhas" comigo e não me contavam que tinham percepções superiores às minhas. Perguntei a Mallory por que ela decidira me contar dessa vez.

"Ann me convenceu a lhe contar", foi a sua resposta.

Lembro-me de que depois de ter lido essa carta, enquanto ela ainda estava em minhas mãos, não pude deixar de me perguntar – mas, na verdade, a minha pergunta era mais um conhecimento – se a minha querida amiga Ann estava agora finalmente reunida, não apenas com aquele irradiante ser que ela chamou de seu melhor amigo, mas com a sua adorada Tari, à qual ela renunciara alegremente há muitos anos.

O que você acha?

CONCLUSÕES: REVISÃO DA MORTE À LUZ DAS EQMs

As muitas histórias que relatei neste capítulo, associadas às estatísticas mencionadas no início, servem para ilustrar a tese que eu desenvolvi, isto é, a de que está surgindo uma nova visão da morte, provocada por duas décadas de pesquisas sobre EQMs e fenômenos afins. Não podemos ler os testemunhos deste capítulo sem perceber que, finalmente, estamos começando a ver a escura cortina da morte, à qual estamos acostumados há muito tempo, ser aberta para revelá-la na sua verdadeira luz – a própria Luz. Onde outrora víamos a morte como uma separação irrevogável, terrível, final, agora compreendemos que ela apenas representa a continuidade da vida em esferas que normalmente, mas nem sempre, estão fechadas para a nossa percepção comum. Afinal, existe uma espécie de troca entre essas esferas, entre o viver-aqui e o viver-em outro lugar, e em parte alguma a morte existe como nós a conhecemos e como acreditamos que ela é. À luz da EQM, a morte não é nada mais do que *a ilusão de separação e finitude*, e aqueles que podem acreditar nessa visão da morte, como as pessoas que tiveram uma EQM, perdem todo o medo dela, pois como temer o que não existe?

Além disso, acabamos de ver como essa nova compreensão da morte pode curar. Aqueles que estão enfrentando a morte não a temem; eles sabem que a Luz os espera. Aqueles que desejam tirar a própria vida aprendem que isso é impossível; *só* existe a vida. Aqueles que sofrem são confortados e, algumas vezes, até mesmo transformados. E aqueles que são abençoados com a visão de um ser amado que os deixou sabem com certeza que ele ainda vive e que a ligação entre eles não foi destruída. Diante disso tudo, o ceifador implacável foge sorrateiramente, exposto como a fraude que sempre foi. A Luz, a grande liberadora, nos libertou mostrando a si mesma de mil maneiras.

E essa visão da morte não está, de maneira alguma, restrita às pessoas interessadas em EQMs e em assuntos relacionados ou, ainda mais amplamente, a indivíduos que desempenham atividades relacionadas com a morte e o morrer. Pelo contrário, à medida que essa espécie de trabalho aplicado, baseado na EQM, ganhou impulso, em particular na década passada, mais e mais pessoas que fazem parte da cultura comum começaram a prestar atenção nele.

Nós já comentamos, por exemplo, como esse trabalho e essa perspectiva já começaram a permear a atividade em instituições na América e estão começando a influenciar o tratamento de pacientes terminais é os cuidados com pessoas enlutadas em instituições mais tradicionais.

E mais livros estão surgindo, não apenas sobre EQMs, mas sobre o verdadeiro tema deste capítulo – como usar o conhecimento sobre as EQMS para lidar com a morte, o morrer e o luto. Já mencionamos de passagem alguns deles, como o estudo monumental de Marilyn Webb sobre a arte de morrer na vida americana moderna, *The good death*, e o tratamento irreverente, porém eficaz, de Ganga Stone dessa nova visão da morte, *The start of conversation*. Mas existem outros também, como *The Tibetan book of living and dying*, de Sogyal Rinpoche, e *Facing death and finding hope*, de Christine Longaker, que estão encontrando platéias amplas e receptivas. Todos esses livros discutem extensivamente a utilização das EQMS no contexto do trabalho com a morte e o luto. Além disso, diversos livros sobre a morte e o morrer também começaram a incluir seções que descrevem pesquisas e aplicações das EQMS.[21] A Luz da EQM parece estar brilhando em todo lugar hoje, banindo a morte para o seu submundo de sombras e fantasmas que não irão mais nos assombrar.

Espero que aquilo que compartilhamos neste capítulo – em especial as histórias que narrei – ajude a instilar essa nova compreensão da morte em você e comece a corroer ainda mais quaisquer temores e dúvidas remanescentes que você ainda possa ter a respeito do que ela reserva para você e para as pessoas que estão ao seu lado. Por certo, esse seria o desejo universal de quem passou por uma EQM – o de que o breve vislumbre do campo transcendental da Luz, ao mesmo tempo o nosso verdadeiro lar e a nossa verdadeira natureza, de algum modo, possa beneficiar todos nós, que vivemos e morremos no planeta Terra.

---

21. Veja, por exemplo, Lynne Ann DeSpelder e Albert Strickland, *The last dance* (Mountain View, CA: Mayfield, 1996) e Michael R. Leming & George E. Dickinson, *Understanding dying, death and bereavement* (Nova York: Holt, Rinehart and Winston, 1985), para alguns tratamentos representativos na literatura sobre tanatologia.

Capítulo 12

Passando para a Luz

O assunto do capítulo anterior – como a EQM pode ajudar a lidar com a morte – naturalmente levanta questões eternamente especulativas sobre o que acontece depois da interrupção de todas as funções biológicas. Embora nenhuma pessoa viva, por mais sábia, possa nos oferecer o conhecimento absoluto no que se refere à vida após a morte, muitas pessoas que passaram por uma EQM podem falar sobre isso com muita certeza e, como um grupo, estão convencidas, quase de modo incondicional, de que algum tipo de existência nos espera após a morte. Na verdade, até mesmo uma rápida leitura casual da literatura sobre EQMs seria suficiente para demonstrar como essas crenças predominam entre aqueles que, sem dúvida, chegaram muito perto de atravessar a fronteira de onde, como nos ensina Shakespeare – erradamente, na verdade –, nenhum viajante retorna.

Tendo lido tantas narrativas sobre EQMs, talvez agora você já tenha uma noção mais profunda dos motivos que fazem as pessoas que retornaram da beira da morte para nos contar as suas histórias, afirmarem com tanta segurança a incontestabilidade da vida após a morte. Mas, antes de começarmos a examinar a crença quase universal sobre essa questão, vale a pena dedicar alguns minutos para focalizar e falar um pouco mais sobre o momento que parece anunciar a transição da vida física para uma outra vida totalmente diferente. É aqui que podemos ver com mais clareza como o indivíduo é confrontado com uma visão **tão poderosa** e sentimentos tão arrebatadores, que é simplesmente impossível não reconhecer com todo o nosso ser que acabamos de entrar na Vida Maior.

Para ilustrar esse ponto de transição e despertar na EQM recorrerei ao relato de uma boa amiga, Jayne Smith, que agora mora na Carolina do Sul, mas que conheci em 1980, quando morava na Filadélfia. A história completa de Jayne foi originalmente contada em meu livro *Heading toward Omega*, mas, aqui, quero me concentrar apenas na parte em que ela começa a perceber que morreu:

> A próxima coisa que eu soube [...] eu estava em meio a uma neblina e soube *imediatamente* que eu morrera e estava tão feliz por ter morrido, mas eu ainda estava viva. E não posso lhe dizer como eu me *senti*. Foi mais ou menos assim: "Oh, Deus, eu estou morta, mas estou aqui! Eu sou eu!". E fui invadida por intensos sentimentos de gratidão porque eu ainda existia e, no entanto, sabia perfeitamente bem que morrera.
>
> Enquanto eu sentia tudo aquilo [...] a neblina começou a ser infiltrada por uma enorme luz e a luz foi ficando cada vez mais brilhante e ela é tão brilhante, mas não machuca os olhos, mas é mais brilhante do que qualquer coisa que você tenha visto na sua vida [...]. E essa luz tremendamente brilhante parecia quase me embalar. Parecia que eu apenas existia nela e era acalentada por ela e eu me sentia cada vez mais extática e gloriosa e perfeita. E era [...] – se você pensasse nas milhares das melhores coisas que jamais lhe aconteceram na vida e multiplicasse por um milhão, talvez chegasse perto desses sentimentos, eu não sei. Mas você é engolido por ela e começa a saber um monte de coisas.
>
> Lembro-me de que eu sabia que todas as coisas, todos os lugares no Universo eram certos, que o plano era perfeito. Que tudo o que estava acontecendo – as guerras, a fome, qualquer coisa – estava certo. Tudo era perfeito. De algum modo, era tudo parte da perfeição, que não era necessário nos preocuparmos com nada. E o tempo todo eu fiquei nesse estado, ele parecia infinito. Era intemporal. Eu era apenas um ser infinito na perfeição. E o amor e a segurança e o conhecimento de que nada poderia acontecer a você e que você estava em casa para sempre. Que você está seguro para sempre. E que todo mundo estava.[1]

---

1. Ring, *Heading toward Omega*, op. cit., pp. 1-62.

Para Jayne, esse foi, indiscutivelmente, não apenas um mundo de perfeição, mas também a própria eternidade ("Era intemporal") para a qual ela, e todas as pessoas, retornam após a morte física. Aqui, entramos num estado de bem-aventurança inesgotável, de incessante luz sobrenatural e de total conhecimento – uma perfeição tão completa que nos permite enxergar a perfeição em todas as coisas.

Essa é a visão deslumbrante da entrada para a vida após a morte que, com tanta freqüência, quando não eloqüentemente, é descrita por essas pessoas cujas jornadas as levaram até esse ponto.

Se a epifania de Jayne fosse sua – se, por exemplo, você pudesse começar a imaginar como seria se as milhares das melhores coisas na sua vida pudessem ser multiplicadas por um milhão – poderia duvidar de que estava tendo uma verdadeira visão do mundo além da morte?

Muitas dessas pessoas contam a mesma história sobre esse momento de transição e das percepções que o acompanham. Nesses relatos, encontramos repetidamente os mesmos elementos mencionados por Jayne – a luz mensageira, a sensação de voltar para casa, o sentimento de total segurança, o conhecimento de que ninguém está excluído dessa esfera e, em alguns casos, até mesmo o *insight* que Jayne não expressou aqui: que nós, em *nossa essência*, somos feitos da mesma luz que vislumbramos lá. A seguir, algumas pequenas amostras dessas revelações de pessoas que se encontraram no mesmo lugar de Jayne:

Uma deles, um homem chamado Bill, escreveu o seguinte:

> Olhei pelo túnel e vi a luz. Imediatamente, percebi onde estava. A luz era o lar. Eu sabia que só poderia voltar para cá. Não havia perigo de não encontrar esse lugar. Eu estava em casa. Eu e todas as pessoas voltam para esse lugar e não havia maneira possível de evitá-lo ou perdê-lo. Era a única coisa certa, voltar para cá.

Ned me contou o seguinte:

> A minha experiência não foi suficientemente profunda para ir além da Luz e da presença, mas sei que, quando chegar a hora e o meu corpo físico morrer, eu irei viver na Luz e na vida e encontrarei o mundo todo lá.

E, finalmente, o meu amigo Steve, numa de suas cartas, comentou sobre o ensinamento essencial da EQM a esse respeito:

> Ele trata da vida que não tem fim [...]. Nós temos essa luz dentro de nós. Interiormente, somos todos como ela. Todos fomos criados para nos tornarmos como a pessoa feita da Luz intensa e amorosa que nos encontra no fim do túnel.

Com experiências como essas para contar as suas visões, não admira que essas pessoas, como um todo, acreditem na vida após a morte com sólida convicção. Para avaliarmos isso, só precisamos apresentar algumas opiniões típicas de outras pessoas que passaram por uma EQM com as quais trabalhei durante anos. Depois de terem visto esses reinos antes sombrios e obscuros com os olhos da Luz, elas contam que passaram a acreditar sobre a vida após a morte:

> Eu *sei* que existe vida após a morte! Ninguém pode abalar a minha crença. Eu não tenho dúvidas – é tranqüilo e não há nada a temer. Eu não sei o que existe além daquilo que eu experienciei, mas, para mim, está bom [...]. Eu só sei que a morte não deve ser temida, é apenas morrer.
>
> Ao entrar naquela luz [...] a atmosfera, a energia, é pura energia total, é conhecimento total, é amor total – tudo nela está definitivamente relacionado à vida após a morte [...]. Como resultado daquela [experiência], não me preocupo muito com a minha morte natural [...], porque se a morte for um pouco, um pouco parecida com o que eu experienciei, ela deve ser a coisa mais maravilhosa para aguardarmos, absolutamente a coisa mais maravilhosa.
>
> Eu tenho uma mensagem para as pessoas vivendo uma vida comum na Terra [...]. "Há mais." A nossa identidade continuará a existir – de modo magnífico. Os amigos não estão perdidos. Você conhecerá uma beleza e paz e amor [e] aquela luz amorosa que o envolve e o preenche é Deus.
>
> Essa experiência foi uma bênção para mim porque agora eu sei com certeza que existe uma separação do corpo e da alma e que existe vida após a morte.
>
> Ela me deu a resposta para o que eu acho que todas as pessoas devem questionar uma vez na vida. Sim, existe vida após a morte!

Mais linda do que qualquer coisa que possamos imaginar. Depois de conhecê-la, não há nada que possa se comparar a ela. Você apenas sabe disso!

Essas citações são admiráveis – e, como mostrarei, representam a opinião da maioria das pessoas que passaram por uma EQM – não apenas pela unanimidade de opinião, mas pelo tom de absoluta certeza que as impregna. Nessas afirmações, encontramos não só uma expressão convencional de crença numa vida após a morte, mas uma certeza inabalável de uma verdade espiritual que, inequivocamente, foi apreendida dentro da Luz e por intermédio da Luz. Assim, começamos a ver aqui o poder da EQM, não apenas para induzir à crença de uma vida após a morte, mas, aparentemente, para conferir uma espécie de *conhecimento* incontestável, de um ponto de vista subjetivo. Em resumo, as pessoas que tiveram uma EQM em geral sabem, sem sombra de dúvida, que a vida não é o fim, mas que ela continua de forma elevada depois que o corpo físico finalmente deixou de funcionar.

Também é fácil verificar que essas citações não são apenas exemplos escolhidos, consultando diversas pesquisas estatísticas realizadas por muitos pesquisadores desde o início dos anos 80. Um dos primeiros desses estudos, por exemplo, foi realizado pelo cardiologista Michael Sabom e publicado em seu livro *Recollections of death* em 1982. Lá, ele relatou que, da sua amostra de 61 pessoas que passaram por EQMs, 47, ou 77%, afirmavam que a EQM aumentara a sua crença na vida após a morte. Em minha mais recente pesquisa em ampla escala, *The Omega Project*, descobri que 8% das 74 pessoas que passaram por EQMs declaravam ter havido um aumento na crença da vida após a morte depois da experiência. Da mesma forma, num recente estudo com 55 dessas pessoas, Cassandra Musgrave afirmou que, apesar de apenas 22% "acreditarem definitivamente" na vida após a morte antes da EQM, 92% afirmaram "acreditarem definitivamente" após a experiência.[2] E a esse respeito as descobertas mais importantes foram fornecidas há alguns anos pela pesquisadora australiana Cherie Sutherland. Em seu es-

---

2. Cassandra Musgrave, "The near-death experience: A study of transformation", *Journal of Near-Death Studies, 15* (3), 1997, p. 194.

tudo,[3] baseado em 50 australianos que passaram por uma EQM, ela descobriu que antes da EQM a crença na vida após a morte era basicamente "meio a meio"; em outras palavras, cerca de metade das pessoas acreditava, enquanto as outras não, ou, em alguns casos, não tinham opinião formada sobre o assunto. Posteriormente, não havia uma única pessoa que não acreditasse em algum tipo de vida após a morte! Em resumo, depois de uma EQM, houve uma unanimidade total na crença sobre essa questão. Independentemente do que as pessoas acreditavam antes, a EQM foi suficiente para eliminar qualquer dúvida – em todos.

A ubiqüidade dessas afirmações e o tom de certeza com o qual elas são feitas claramente não se perderam naqueles que se interessam pela EQM. Acostumados ao ceticismo dos cientistas e filósofos ou, algumas vezes, até mesmo aos equívocos medíocres dos atuais líderes religiosos, poderíamos justificar com facilidade, se desejássemos, um agnosticismo popular a respeito da vida após a morte, ou apenas relegar a crença à lata de lixo da história reservada para as fantasias descartadas. Mas, quando pessoas do mundo inteiro – *incluindo* cientistas, médicos e filósofos, bem como pessoas religiosas – começam a falar, numa única voz, sobre a sua certeza relacionada à vida após a morte, *com base na própria experiência com a morte*, uma embaraçosa rachadura começa a surgir na parede da opinião geral. Parafraseando um antigo *slogan* de uma propaganda na América: "Quando essas pessoas começam a falar, as pessoas escutam". E, ao escutar, elas começam, se nem sempre a acreditar, pelo menos a ficar mais uma vez receptivas à crença. E, naturalmente, para aqueles que já acreditam, o testemunho de tantas pessoas que passaram por uma EQM só pode reforçar a sua fé já existente.

Em resumo, aqui, também, já podemos distinguir uma outra faceta da EQM como um vírus benigno. A familiaridade crescente do público em geral com os efeitos dessas experiências na crença da vida após a morte está forçando uma reconsideração contemporânea sobre a questão e, para muitos, parece que a certeza coletiva dessas pessoas tem sido convincente. Como resultado, a atenção

---

3. Cherie Sutherland, *Transformed by the light* (Nova York: Bantam, 1992).

hoje dedicada às EQMs está fazendo surgir não só uma nova visão da morte, como demonstrei no último capítulo, mas, na verdade, está *renovando* uma crença tradicional na vida após a morte que parecia estar avançando rumo à extinção no mundo moderno.

O IMPACTO DO TESTEMUNHO DA EQM NA CRENÇA DA VIDA APÓS A MORTE

Qualquer pessoa que se familiarize com as EQMs, inevitavelmente, deve pensar na vida após a morte. Por mais que os céticos possam argumentar contra conclusões prematuras sobre *a vida após a morte*, baseadas em experiências de quase-morte, a promessa implícita da EQM continua a exercer um apelo convincente e poderoso. Na verdade, todos, inclusive os críticos, compreendem que muitas pessoas ficaram fascinadas pelas EQMs, não apenas porque elas sugerem que o momento da morte é de um esplendor extraordinário e de uma alegria inimaginável. Não – é a implicação inequívoca de que esse tipo de experiência *continua*, de que realmente existe uma vida após a morte e que, além disso, ela será maravilhosa.

Com certeza, esse é um forte motivo pelo qual a EQM, assim que foi divulgada pelo trabalho de Elisabeth Kübler-Ross e Raymond Moody há quase um quarto de século, mexeu com a imaginação pública do mundo ocidental e o porquê de ela ter *persistido* como um assunto de interesse geral até hoje. Esse é precisamente o quadro da morte e do que se encontra além dela, que pintei na primeira parte deste capítulo, usando as pinceladas narrativas das pessoas que vivenciaram EQMs e que se mostrou tão irresistível quanto glorioso. Nitidamente, apesar da predominância do ceticismo pós-moderno, ainda existe algo na maioria das pessoas que deseja que essa visão da vida após a morte seja verdadeira e vibra com a possibilidade de as EQMs finalmente apresentarem algumas evidências merecedoras de crédito.

Portanto, é natural perguntar, depois de tantos anos de familiaridade com as EQMs, qual terá sido o efeito de todos esses testemunhos na crença geral sobre a vida após a morte? Será que a EQM fez uma diferença?

Novamente, é de surpreender não termos, até onde eu sei, dados de pesquisas em ampla escala aos quais recorrer para demonstrar que as pessoas que se interessam pelas EQMs acreditam na vida após a morte. Eu, pessoalmente, tenho poucas dúvidas de que, quando tal pesquisa for realizada, os resultados serão claros, mas até termos esses dados, teremos de nos contentar com as descobertas de outros estudos. Aqui, posso mencionar rapidamente duas pesquisas feitas por mim e as quais considero importantes.

A primeira é a mencionada no Capítulo 9, relacionada à hipótese do vírus benigno. Como você deve se lembrar, examinei duas vezes os meus alunos do curso sobre EQM no final do semestre (e, na verdade, uma colega fez o mesmo num curso sobre EQM que ela estava realizando em outra universidade) sobre as possíveis mudanças em algumas das suas crenças e atitudes. Uma das perguntas era sobre a vida após a morte. No geral, uma média de 82% dos alunos dessas três pesquisas afirmaram que a exposição às informações sobre a EQM nesses cursos aumentara a sua crença na vida após a morte. Em outras palavras, aqui, também, as respostas repetem o efeito real das EQMs e, portanto, sustentam a hipótese do vírus benigno.

Essas descobertas são impressionantes por três outros motivos, os quais, necessariamente, não estão óbvios para você. O primeiro é que, de acordo com uma pesquisa inicial que realizei no início do curso, a maioria esmagadora dos alunos entrou no curso já acreditando na vida após a morte. Apesar disso, quatro entre cinco alunos aumentaram a sua crença como resultado da aprendizagem sobre as EQMs. Segundo, nenhum aluno, em nenhuma das três pesquisas, demonstrou, posteriormente, uma diminuição na crença da vida após a morte. Por fim, os comentários pessoais que os alunos escreveram nos questionários, bem como nos seus diários, deixaram claro o quanto eles foram profundamente afetados pelos testemunhos que ouviram durante todo o semestre e não apenas com relação à questão da vida após a morte.

O segundo estudo sobre esse assunto é o meu trabalho para o *The Omega Project*. Espero que você se lembre da parte em que a investigação comparou uma amostra de 74 pessoas que passaram por uma EQM com um grupo de controle de 54 pessoas que jamais haviam experienciado uma EQM, mas que se interessavam pelo fenômeno. Aqui, o último grupo é o que tem importância. Novamente, na única pergunta relacionada à vida após a morte, mais de 80% afirmaram que *desde* que começaram a se interessar pelas EQMS, aumentou a sua convicção de que havia uma vida após a morte.

É claro que, como já demonstrei neste livro, tenho muitos documentos adicionais, principalmente cartas, em meus arquivos que sugerem esse mesmo efeito, embora eu vá poupá-lo de uma série de outras citações para ilustrar essa proposição. A questão é que, apesar de não podermos afirmar, a partir de estudos anteriores e das minhas próprias fontes, que a mera familiaridade com as EQMS *necessariamente* aumenta a crença na vida após a morte, provavelmente descobriremos que houve uma mudança na nossa crença com relação à vida após a morte. O testemunho dessas pessoas, mais uma vez, parece ter influenciado as pessoas que os ouvem.

Mas, para mencionar esse assunto, devo lembrá-lo de que, no momento, você – uma amostra de um – é a única pessoa que realmente importa. Obviamente, se você leu este livro até aqui, é uma das pessoas que ficou, se é que já não estava, interessado nas EQMS. E, como um aluno de uma das minhas classes, você, também, foi exposto a uma grande quantidade de informações sobre EQMs, incluindo, naturalmente, o material deste capítulo sobre visões de uma suposta vida após a morte. Portanto, pode ser benéfico dedicar alguns minutos para refletir em como toda essas informações afetaram a sua crença na vida após a morte. Se você puder lembrar como se sentia a esse respeito antes de ler este livro, poderá determinar se, e até que ponto, ele o influenciou. Naturalmente, como muitos dos meus alunos, você pode ter lido este livro já predisposto a acreditar em algum tipo de vida após a morte, mas como eles, ao examinar essa questão com mais atenção, pode descobrir que houve algumas importantes mudanças qualitativas na sua concepção de uma vida após a morte, bem como uma mudança global em sua convicção de que você terá uma. De qualquer modo, eu lhe pediria para reservar algum tempo para refletir como o material deste livro, em especial aquele apresentado nos dois últimos capítulos, influenciou, caso tenha influenciado, as suas atitudes com relação à morte e à crença na vida após a morte. Quando você se imagina nos portais da morte, o que você vê agora e o que você imagina que virá depois da sua entrada lá?

VISUALIZANDO A VIDA APÓS A MORTE

O ilustre psiquiatra Carl Jung, que teve uma profunda EQM com quase 70 anos de idade, foi um caloroso proponente desse tipo de exercício de imaginação. Em seu famoso livro, *Memórias, sonhos, reflexões*, ele encoraja os leitores desse modo: "Um homem deve ser capaz de dizer que fez o melhor para formar uma concepção da vida após a morte ou para criar alguma imagem dela – mesmo que seja preciso confessar o seu fracasso. Não ter feito isso é uma perda vital".[4] Mesmo correndo o risco de discordar de um grande homem, não concordo em ir tão longe nesse exercício. Acredito que, para o nosso propósito, pode ser suficiente estar convencido de que alguma coisa, e alguma coisa incrivelmente esplêndida, pode estar nos esperando quando cruzarmos o limiar para a Luz, mas, pessoalmente, sinto-me pouco inclinado a tentar imaginar o que vem depois em termos específicos.[5] A esse respeito, a minha postura é muito parecida com a de uma das pessoas que citei anteriormente neste capítulo e que disse, depois de confirmar a sua absoluta certeza numa vida após a morte: "Eu não sei o que existe além daquilo que eu experienciei, mas, para mim, está bom".

Tenho diversos motivos para relutar em seguir muito rigorosamente o conselho de Jung. Primeiro, acho que os detalhes da jornada após a morte devem, essencialmente, variar tanto que seria uma espécie de arrogância flagrante imaginar o curso que ela tomaria em qualquer caso individual. Com certeza, a jornada do indivíduo depois da morte deve, finalmente, ter início a partir da história comum que agora conhecemos tão bem pelas narrativas de EQMS. Essa história começa, como vimos, com a pura luz do esplendor divino incondicional da alma e então, presumivelmente, após a revisão de vida e outras características da EQM, passa para outras particularidades da jornada após a morte de cada pessoa, a qual a EQM sozinha é insuficiente para predizer.

---

4. Carl Jung, *Memories, dreams, reflections* (Nova York: Bantam, 1992).
5. Para uma abordagem alternativa da vida após a morte, veja meu ensaio, "Shamanic initiation, imaginal worlds and light after death", em G. Doore (ed.), *What survivers?* (Los Angeles: Tarcher, 1990).

Segundo, por mais que tenhamos nos acostumado com a linguagem das pessoas que vivenciaram uma EQM, ainda assim afirmo que a *essência* dessas experiências transcende qualquer representação lingüística ou de imagens que poderiam estar disponíveis em estados comuns da consciência. Portanto, ao tentar imaginar muito minuciosamente o estado de pós-morte, não só corremos o risco de sermos excessivamente *arrogantes*, mas também namoramos o perigo de transformar uma experiência cheia de nuanças simbólicas e sugestivas, com flashes de uma consciência mais elevada, em algo muito literal, banal ou cheio de imagens convencionais estereotipadas. Com certeza, apesar do nosso conhecimento sobre as EQMS, a nossa jornada após a morte será como aquilo que J. S. Haldane disse a respeito do Universo. Parafraseando o seu famoso *bon mot*: A nossa morte não será apenas mais estranha do que supomos, ela também será mais estranha do que *podemos* supor. Naturalmente, não pretendo sugerir que a nossa experiência após a morte será *estranha*, apenas que, provavelmente, ela será tão diferente daquilo que podemos ter imaginado que é melhor não gastar muita energia nos persuadindo de que realmente sabemos mais do que sabemos.

E o terceiro motivo é que eu acredito que, com freqüência, dedicar muita atenção à vida após a morte é uma distração, uma espécie de sereia que pode nos afastar das lições que viemos aprender e praticar aqui, quando herdamos um corpo. Essa é uma questão à qual voltarei e discutirei mais tarde.

Contudo, antes de fazê-lo, preciso qualificar o que acabei de escrever para evitar um sério equívoco. Definitivamente, eu *não* pretendo sugerir que é inútil estudar e refletir sobre a vasta literatura que trata de uma imensa variedade de evidências da vida após a morte, bem como os escritos volumosos que pretendem descrever a natureza da existência após a morte. Minha biblioteca, por exemplo, contém muitos livros de ambas as categorias e estou feliz de tê-los. Existem muitos livros cheios de relatos de comunicações após a morte ou de regressões a possíveis estados de consciência entre vidas, cujas descobertas são bastante coerentes com as implicações da EQM e com a hipótese da sobrevivência após a morte do corpo. E, se eu quisesse, poderia ter citado muitos desses casos ou apresentado alguns dos meus casos neste capítulo e que teriam acrescentado outras evidências para apoiar a existência da vida após a morte, bem como ajudar e imaginá-la do modo recomendado por Jung. De modo similar, teria certamente sido possível ampliar a trilha da EQM que, por assim dizer, termina no *hall* de entrada da Luz, utilizando os escritos de diversos iniciados espirituais que afirmam ter explorado toda a mansão que nos espera nos reinos da vida após a morte. E, se você sentir vontade de explorar esse tema, não terá nenhuma dificuldade para encontrar muito material a esse respeito.[6]

Mas, como você percebeu, resisti a seguir esse caminho pelos motivos que já citei. O meu objetivo neste capítulo é muito mais específico e focalizado. Eu desejo apenas torná-lo ainda mais consciente de um único fato: *as EQMs nos levam a acreditar na vida após a morte*. Ponto final. É por isso que apresentei aqueles casos no início do capítulo, para mostrar mais uma vez porque a EQM deixa as pessoas que a vivenciam tão convencidas de que vivemos depois que morremos e como essa crença é comum entre elas.

Agora, o motivo que me fez evitar outros pormenores tem muito a ver com o último motivo que eu apresentei, para o qual retorno agora. Na verdade, o fato de ficarmos pensando na natureza da vida após a morte pode fazer com que deixemos de prestar atenção a *essa* vida, em que as lições da Luz precisam ser praticadas. Para mim e para nós neste livro, a verdadeira promessa da EQM não é tanto o que ela sugere sobre uma vida após a morte – mas o que ela diz a respeito de como viver *agora*. Afinal, nós não estamos mortos! Você pode ter lido este livro para ser tranqüilizado a respeito da morte e, certamente, espero e acredito que isso tenha acontecido; mas o meu objetivo ao escrevê-lo foi permitir que você aprendesse com essas pessoas como viver, ou como viver melhor, com mais autoconsciência, autocompaixão e consideração pelos outros. Viva bem e a morte cuidará de si mesma.

---

6. Para uma tentativa de fazer exatamente isso, veja o recente livro de Leon Rhodes, *Tunnel to eternity: Beyond near-death* (West Chester, PA: Chrysalis, 1997), que utiliza os escritos do grande filósofo e vidente sueco Emanuel Swedenborg, para ampliar os *insights* da EQM nos reinos da vida após a morte, conforme descritos por Swedenborg.

Aqui, também, há um perigo ainda mais sutil, o qual, apesar de eu duvidar de que qualquer leitor atento vá sucumbir a ele, que pode surgir da preocupação excessiva com as sugestões de imortalidade proporcionadas pela EQM. Numa palavra, é isso: a enorme publicidade que as EQMs têm recebido e a esperança que inspiram sobre uma vida futura podem levar muitas pessoas a uma atitude de confortável complacência. Afinal, a Luz parece brilhar para todos, com o seu brilho incondicionalmente acolhedor, e todos, como vimos, parecem entrar na eternidade numa atmosfera de amor puro, abrangente, que revela a alma na sua abençoada divindade inerente. Contudo, enfatizar *apenas* a Luz, ou supor que ela, em si mesma, fará tudo ficar bem depois da morte, independentemente de como vivemos, é, na minha opinião, uma leitura ingênua e enganosa das implicações da pesquisa sobre EQMs. É por isso que fiz tanta questão de ressaltar a importância das lições da revisão de vida e, em outros lugares, insisti em afirmar que o amor incondicional e não crítico da Luz não significa que todo comportamento é igualmente aceitável ou, certamente, que "tudo é permitido".

Ao contrário, o que a EQM de fato ensina sobre a vida após a morte é que, nesse exato momento e durante toda a vida, estamos escrevendo o *script* que determinará a jornada póstuma da nossa alma – que ninguém, a não ser nós mesmos, moldamos o destino da nossa alma depois da morte. A Luz pode, realmente, refletir a nossa verdadeira natureza e dissolver nossa percepção pessoal de pecado, mas ela jamais poderá nos absolver da responsabilidade pela própria vida. Não apenas aquilo que somos na nossa essência, mas também como realmente vivemos, ficará evidente – talvez bastante dolorosamente – após a morte.

Assim, mesmo a lição deste capítulo, por mais que tenha tratado, até agora, das implicações da EQM para uma vida após a morte, é forçar a nossa atenção de volta para o que elas têm a nos ensinar a respeito de como viver *neste* mundo. E aqui, quem melhor do que o grande poeta hindu Kabir para nos lembrar como devemos utilizar o conhecimento da EQM e o que ela tem a nos ensinar:

Amigo, espere o Convidado enquanto você está vivo.
Pule de cabeça na experiência enquanto você está vivo!

Pense... e pense... enquanto você está vivo.
O que você chama de "salvação" pertence ao tempo antes da morte.

Se você não romper as suas cordas enquanto está vivo,
você acha que
o espírito fará isso depois?...
O que se descobre agora, descobre-se depois.
Se você não descobrir nada agora,
você simplesmente acabará com um apartamento
na Cidade da Morte.[7]

Mas isso não quer dizer que estejamos totalmente preparados para dirigir a nossa atenção a esse mundo. Antes de podermos fazê-lo, ainda há mais uma série de lições que precisamos extrair das EQMs e que, na verdade, são as lições mais importantes de todas e têm as conseqüências mais abrangentes pela maneira como escolhemos viver a nossa vida diária. Contudo, essas lições não são, de certo modo, apenas mais lições da Luz, mas as suas lições *essenciais*. E elas vêm até nós na sua forma mais articulada e completa, principalmente daqueles que de fato viajaram para *além* da Luz e, portanto, foram mais longe do que qualquer uma das pessoas cujos relatos você já leu. Na realidade, sem morrer, elas percorreram todo o caminho.

---

7. De *The Kabir book*, de Robert Bly (Boston: Beacon, 1977), pp. 24-5.

Capítulo 13

Jornadas para a fonte: as lições essenciais da Luz

A nossa excursão pelos reinos da vida após a morte nos aproxima da essência do mistério da própria criação; nós, que apenas ouvimos as histórias dos sobreviventes, que voltaram para falar desse reino, só podemos ficar maravilhados, mas não temos nenhuma certeza no que se refere a esse mistério definitivo. Mas existem algumas pessoas que passaram por EQMs e, aparentemente, foram muito além das zonas comuns de experiência onde terminam quase todas as EQMs e os relatos de suas jornadas *além* da Luz, por assim dizer, nos oferecem o vislumbre, não revelado até agora, de um universo radiante que parece estar relacionado à fonte superior da própria criação. Do ponto de vista dessas experiências extraordinárias, as EQMs que examinamos até aqui, por mais gloriosas que tivessem sido, parecem incompletas e contam apenas uma parte da história que todos desejamos conhecer. Na verdade, as jornadas além da Luz, algumas das quais eu gostaria de compartilhar a seguir, quase sempre falam ou sugerem a existência de uma *segunda* luz, que é, ao mesmo tempo, uma espécie de Luz final, a fonte de tudo, o lugar de onde viemos e para o qual voltaremos, inevitavelmente. E aqueles que recebem a bênção de viajar até lá são as pessoas que talvez possam expressar melhor o que poderíamos chamar de "lições essenciais da Luz", das quais, usando uma frase associada às grandes tradições espirituais do mundo, podemos obter os "ensinamentos de sabedoria" essenciais da EQM.

Assim, neste capítulo, o qual efetivamente encerrará a nossa longa meditação sobre o mistério e o significado da EQM, gostaria de apresentar algumas das narrativas mais profundas e eloqüentes de encontros desse tipo, cujas palavras, até onde podem explicar, podem transmitir a todos nós essas revelações profundas e sublimes. Ao ler essas histórias, você poderá levar consigo algumas das articulações mais belas e inspiradoras dos ensinamentos da EQM: não apenas mais lições, mas os tesouros da Luz que essas pessoas excepcionais tiveram o privilégio de trazer de volta para beneficiar a todos.

Mellen-Thomas Benedict

Sem dúvida, uma das pessoas mais notáveis que jamais conheci é o meu amigo Mellen-Thomas Benedict, que atualmente mora na Califórnia, onde está tendo muito sucesso no desenvolvimento de algumas tecnologias de cura baseadas na luz e que se originam, em parte, das informações que ele recebeu durante a sua EQM. Eu encontrei Mellen pela primeira vez em Baltimore, em 1992. Profundamente impressionado com o homem e com o relato parcial da EQM que ele me contou naquela época, mais tarde viajei com alguns amigos e passei algum tempo com Mellen em Fayetteville, na Carolina do Norte, onde ele estava morando. Durante aquela visita, em novembro de 1992, gravei uma conversa informal e espontânea que tivemos, na qual ele descreveu, para meus amigos e para mim, algumas partes da sua EQM, incomumente complexa e extensa. A seguir, apresentarei uma versão editada de um segmento dessa conversa, na qual ele especificamente relata a sua jornada para aquilo que ele chama de "segunda luz". A partir de um único trecho, você poderá perceber com facilidade por que achei a história de Mellen uma das mais notáveis e significativas que jamais ouvi no decorrer do meu trabalho sobre EQMS. Também mostrarei o que é possível realizar quando, como Mellen, temos uma curiosidade insaciável para aprender tudo o que pudermos sobre a natureza da própria realidade e a presença de espírito para fazer as perguntas certas no encontro com a Luz.[1]

---

1. Um relato mais completo da EQM de Mellen, em suas próprias palavras, pode ser encontrado na antologia de Lee W. Bailey & Jenny Yates, *The near-death experience: A reader* (Nova York: Routledge, 1996), pp. 39-52.

Resumindo, a história da EQM de Mellen foi assim: em 1982, ele estava muito doente com um problema no cérebro não diagnosticado e soube que tinha de seis a oito meses de vida. Nessa época, ele de fato "morreu", de acordo com a sua avaliação, por mais de uma hora e meia e, em algum momento durante esse intervalo, passou pela sua profunda EQM. Começarei esse trecho da nossa conversa com o relato de Mellen sobre os estágios iniciais da sua jornada:

> E a próxima coisa que eu sei é que estou em pé nessa sala escura e há o meu corpo na cama e uma espécie de escuridão e eu olho para baixo e me vejo e digo: "Oh". É um pouco estranho porque você ainda se sente real. É como se eu estivesse aqui, mas também estivesse lá. E nesse momento, um dos lados da parede da sala transformou-se no cenário de uma floresta escura com o Sol nascendo atrás dela, e havia esse caminho que subia pela floresta. E eu olhei para aquele caminho e pensei: "Rapaz, eu realmente quero subir lá. Eu realmente quero subir por aquele caminho". E comecei a andar e então, de repente, percebi: "Oh, eu sei o que está acontecendo, eu morri. Eu sei que se subir por aquele caminho e chegar até o fim da floresta e entrar naquela luz, eu estarei morto".
>
> Mas era *tão* tranqüilo e eu me sentia tão bem. Eu nunca me sentira assim no nosso planeta. Assim, comecei a subir o caminho e a luz ficou cada vez maior. Ela ficou muito grande e eu comecei a ver o que agora chamamos de lembranças do passado, uma espécie de revisão de vida. E eu podia ver coisas que me deixaram triste e como eu fora triste e coisas como essas e então, nesse ponto, eu disse: "Pare!", e tudo parou! E eu fiquei surpreso; parou. E, de repente, percebi que essa deve ser uma experiência interativa, porque eu sou capaz de falar com ela.

A descoberta de que ele realmente podia interagir com a Luz e que não estava limitado a reagir passivamente foi um importante *insight* e iria colocá-lo numa trajetória muito diferente daquela que a maior parte das pessoas que passa por uma EQM costuma seguir. Ele continua:

> E assim, a próxima coisa que eu sei é que estou entrando na Luz. É mais ou menos como um túnel. E eu entro nessa luz e novamen-

te digo: "Pare!" e tudo pára. E eu disse – não me lembro das palavras exatas, mas foi mais ou menos isso – "Eu acho que entendo o que você é, mas eu quero saber o que você *realmente* é. Revele-se, o que é essa Luz? Eu ouvi dizer que é Jesus, ouvi dizer isso, ouvi dizer aquilo".

E, naquele momento, a Luz revelou-se para mim num nível em que eu jamais estivera antes. Não posso explicar com palavras; foi uma compreensão telepática mais do que qualquer outra coisa, muito vívida. Eu podia senti-la, eu podia sentir essa luz. E a Luz apenas reagiu e se revelou noutro nível e a mensagem era "Sim, [para] a maioria das pessoas, dependendo de onde você está vindo, poderia ser Jesus, poderia ser Buda, poderia ser Krishna, qualquer coisa".

Mas eu disse: "Mas o que é *realmente*?". E então, a Luz mudou – a única coisa que posso lhe dizer [é que] ela se transformou numa matriz, numa mandala de almas humanas e o que eu vi é que o que chamamos de nosso *self* superior em cada um de nós é uma matriz. É também um conduto para a fonte; cada um de nós vem diretamente, como uma experiência direta [da] fonte. E, para mim, ficou muito claro que todo *self* superior está ligado como um único ser, todos os seres humanos estão ligados com um único ser, nós realmente somos o mesmo ser, diferentes aspectos do mesmo ser. E eu vi essa mandala de almas humanas. Era a coisa mais linda que eu jamais vira, eu [a voz treme], eu apenas entrei nela e [a voz falha], era arrebatador [a voz fica embargada], era como todo o amor que você jamais desejou e era o tipo de amor que cura, que regenera.

Mas, mesmo extremamente emocionado com essa experiência, Mellen continua a sua busca por respostas definitivas:

M: E quanto mais eu entrava nela, mais eu dizia: "Eu quero saber, ou realmente quero saber o que está acontecendo". Eu continuava dizendo: "Eu quero saber, eu quero saber". E eu fui levado para *dentro* da Luz e, para minha surpresa, *através* dela e, pum! Como se tivesse ultrapassado uma espécie de barreira do som, eu a *atravessei*. E, se você consegue imaginar o *self* superior – parece mais um conduto do que um ser, um cordão umbilical, ou algo parecido. Naquele momento, era como se eu estivesse sendo impulsionado para algum lugar. Eu não sei se estava me movendo em algum lugar no espaço mas, de repente, eu podia ver o mundo flutuando. Eu podia ver o sistema solar flutuando. Então, eu pude ver galáxias e – continuei.

Finalmente, tive a sensação de estar passando por tudo o que jamais existira. Eu estava vendo tudo – galáxias tornavam-se pequenas estrelas e enormes agrupamentos de galáxias e mundos sobre mundos, e esferas de energia – era uma visão surpreendente. E era como se eu estivesse me movendo rapidamente para algum lugar, mas eu sem dúvida acho que era a minha consciência se expandindo em incrível velocidade. E aconteceu tão depressa, mas com tantos detalhes, que então outra luz veio em minha direção e quando atingi *essa* luz foi como [pausa] se eu tivesse me dissolvido ou coisa parecida. E compreendi naquele momento que eu passara o Big-bang. Aquela era a primeira luz e eu *atravessei* o Big-bang. Foi isso que aconteceu. Eu atravessei aquela membrana e entrei naquilo que eu acho que os antigos chamavam de Vazio. De repente, eu estava nesse vazio e tinha consciência de tudo o que jamais fora criado. Era como se eu estivesse olhando com os olhos de Deus. Eu me tornara Deus.

K: Você voltara à fonte de tudo.

M: Sim. De repente, eu não era mais eu. A única coisa que posso dizer é que eu estava olhando com os olhos de Deus. E então soube por que existiam os átomos e eu podia ver *tudo*. E permaneci naquele espaço, não sei por quanto tempo. E sei que algo muito profundo aconteceu lá.

E, então, a experiência inverteu. Eu voltei pelo Big-bang e compreendi que tudo, desde o Big-bang, desde aquilo que eles chamam de primeira palavra, é realmente a primeira vibração. Havia um lugar antes de qualquer vibração.

Enquanto inicia a sua volta, Mellen experiencia uma sucessão de outras revelações sobre a natureza da realidade e do espírito, mas, aqui, retomarei a sua narrativa com algumas das suas observações sobre o que ele descobriu a respeito da imanência de Deus nesse segmento da sua jornada:

> O interessante é que eu entrei no Vazio, voltei com essa compreensão de que Deus não está lá. Deus está aqui [risos]. É isso. Por-

tanto, essa busca constante da raça humana para encontrar Deus... Deus nos deu *tudo*, *tudo* está aqui. E agora o que nos interessa é a exploração de Deus através de nós. As pessoas estão tão ocupadas tentando se tornar Deus que elas precisam perceber que nós já somos Deus e Deus está se tornando nós. É disso que se trata.

Finalmente, Mellen volta para o que ele chama de "a primeira luz" por onde ele conseguiu, por causa do seu incessante questionamento, aparentemente penetrar na fonte superior da própria criação. Mas, ao voltar, a sua visão não era a mesma:

M: Quando voltei novamente para a primeira luz – e aconteceu alguma coisa entre a segunda e a primeira luz [eu só resumi algumas partes aqui] – era como uma inversão, mas dessa vez eu podia ver tudo em sua forma de energia, sua pura essência, como se eu pudesse ver você numa forma atômica. E era uma visão e tanto ver todo o Universo como o conhecemos, como uma forma de energia e tudo nele interagindo, e tudo tendo o seu lugar e reações e ressonâncias. Era uma dança inacreditável que estava acontecendo. E então, havia a segunda luz, a matriz que eu atravessei novamente e nesse ponto...

K (interrompendo): Ela ainda parecia uma matriz de almas humanas?

M: Oh, sim, oh sim. Mas era mais do que almas humanas. As almas humanas eram parte dela. O que eu vi quando voltei foi Gaia, e isso antes mesmo de saber o que era Gaia. Eu vi que o sistema solar no qual vivemos é o nosso corpo maior. Esse é o nosso corpo e somos muito maiores do que imaginamos. Eu vi que o sistema solar é o nosso corpo. Eu sou parte disso e a Terra é esse grande ser criado que somos nós e somos parte daquilo que sabe que é. Mas nós somos apenas aquela parte. Nós não somos tudo, mas somos aquela parte de tudo que sabe que é.

No final da conversa, tentei esclarecer e destilar a essência daquilo que Mellen estivera tentando transmitir sobre a sua jornada para a segunda luz e além.

K: Quando você estava falando da primeira parte da sua experiência, pareceu-me que estava dizendo que, de certo modo, a sua consciência voltou no tempo, voltou 15 bilhões de anos para o Big-bang, que é o que você quis dizer com a segunda luz?

M: Sim.

K: Então, basicamente, o que você experienciou como a segunda luz foi o retorno à bola de fogo inicial que criou toda a vida física. Depois disso, você voltou, pelo próprio Big-bang, antes do início dos tempos, para o Vazio e então teve as revelações que descreveu. E então, foi como se você estivesse fazendo uma viagem de volta, vendo pela perspectiva de Deus, por assim dizer, com os olhos de Deus, vendo a forma de energia pura do Universo, finalmente voltando para o nosso ambiente, mas vendo-o em seu contexto cósmico.

M: Sim, eu devia ter esclarecido isso, porque fiquei muito tempo com a Luz no caminho de volta. E quando eu estava no Vazio, a minha sensação era de que eu estava consciente de [coisas] antes de eu ter sido criado.

Conforme indiquei no início, o trecho que citei da nossa conversa descreve apenas uma parte da EQM de Mellen, mas, acredito, é suficiente para deixar claro que a sua visão é de absoluta totalidade, na qual as coisas estão ligadas numa rede cósmica viva de unidade orgânica. O universo visível é um universo de campos dentro de campos vibrantes, uma dança de delicada harmonia onde, como disse Blake, "A energia é o prazer eterno" e tudo canta a presença imanente de Deus. Em seu âmago, esfoliando do Vazio, encontra-se a Luz radiante, que alguns chamaram de Sol Central e que, metaforicamente, pode ter a sua representação física no Big-bang, a gênese de tudo, incluindo a matéria estrelar que chamamos de nós mesmos. Como todas as coisas são, verdadeiramente, apenas uma dentro dessa visão de vida, nós, seres humanos – na verdade, todas as criaturas vivas –, somos um corpo indivisível e, como tal, não separados de Deus, mas a Sua verdadeira manifestação.

Essa é a visão do Universo, pelo menos de acordo com a visão que Mellen recebeu. Mas a jornada que lhe revelou tudo isso não foi apenas dele e, portanto, a sua realidade não se baseia apenas em sua experiência. Outras pessoas parecem ter viajado para a mesma fonte e os *insights* que elas trazem de volta dessas jornadas coincidem amplamente com os de Mellen. Em resumo, como a própria EQM, essas viagens para a Luz primordial, embora realizadas por um número relativamente reduzido de pessoas, parecem constituir uma visão partilhada da natureza definitiva da realidade. Mas cada pessoa conta a história de maneira diferente, embora utilizando metáforas semelhantes. Agora, vou apresentar algumas dessas outras narrativas para que possamos discernir ainda com mais nitidez as verdades preciosas que esses hóspedes temporários desejam tanto compartilhar conosco.

Howard Storm

Howard Storm era um professor de artes ateu antes da sua EQM. Depois dela, ele se tornou um ministro de Deus. Obviamente, alguma coisa ontologicamente intensa deve ter acontecido para provocar essa conversão e, se você lesse em detalhes a sua EQM, a sua curiosidade seria de todo satisfeita.[2] Contudo, a sua EQM foi por demais complexa, com aspectos infernais e celestiais e não pode nem mesmo ser facilmente resumida, quanto mais contada aqui. Assim, eu me limitarei a um único segmento, o qual é muito pertinente à noção de uma fonte central radiante de Inteligência onipresente, como aquela descrita por Mellen.

Antes de relatar esse aspecto da sua EQM, preciso contar um pouco da história de Howard, a quem conheço apenas por correspondência e conversas telefônicas, incluindo uma entrevista de 45 minutos que fiz com ele pelo telefone em 21 de janeiro de 1993. Começando com as circunstâncias que o levaram à sua experiência, posso lhe contar que ela ocorreu no final de uma excursão de três semanas pela Europa, onde Howard estivera dando um curso para um grupo de estudantes de artes. Em 1º de junho de 1985, ele estava em Paris e, enquanto se encontrava no quarto do hotel, sentiu uma dor terrível, como se tivesse levado um tiro. O exame médico mostrou que Howard estava com uma perfuração no duodeno a qual, se não fosse de imediato corrigida com uma cirurgia, poderia levá-lo à morte. Então, ele foi encaminhado para um hospital

---

2. A versão mais completa da EQM de Howard Storm, em suas próprias palavras, pode ser encontrada em *The near-death experience: Mysticism or madness*, de Judith Cressy (Hanover, MA: Christopher, 1994), pp. 19-34.

em Paris, onde, algumas horas depois, ainda esperando pela cirurgia salvadora, passou pela sua EQM.

Em determinado momento, depois de alguns episódios muito assustadores, Howard, apesar dos muitos anos de ateísmo, começou a rezar e, aparentemente, em resposta à sua súplica sincera, um ser radiante de luz, emanando "mais amor do que qualquer um possa imaginar", veio ajudá-lo. Aqui, ouviremos as próprias palavras de Howard, extraídas de uma entrevista que ele deu a Judith Cressy[3] enquanto descreve o que aconteceu a seguir:

> Ela estava me amando com uma força arrebatadora. Depois do que eu passara, o fato de ser completamente conhecido, aceito e intensamente amado por esse ser de luz ultrapassava qualquer coisa que eu conhecera ou imaginara. Comecei a chorar e as lágrimas continuavam caindo sem parar.
>
> Eu ascendi, envolvido naquele ser luminoso. No início gradativamente e, então, como um foguete viajando a grande velocidade, fomos arremessados para fora daquele lugar escuro e detestável. Percebi que percorremos uma enorme distância, embora tenha se passado pouco tempo. Então, ao longe, vi uma ampla área iluminada que parecia uma galáxia. No centro dela, havia uma concentração tremendamente brilhante. Fora do centro, milhões de esferas de luz estavam flutuando, entrando e saindo daquilo que era uma grande Entidade no centro.
>
> O brilho que emanava das esferas luminosas continha lindas cores, de uma variedade e intensidade que ultrapassavam tudo o que eu, como artista, jamais vira. Era como olhar a opalescência de uma pérola branca ou o brilho de um diamante.
>
> Enquanto nos aproximávamos do grande centro luminoso, fui invadido por um brilho palpável, que experienciei como sentimentos e pensamentos intensos. A partir daí, aprendi que as pessoas que passaram por experiências de quase-morte descrevem encontros com a luz como a exposição ao conhecimento total. Contudo, quando lhes perguntam do que elas se lembram, elas só lembram de poucos ou nenhum detalhe. Comigo também foi assim. Naquele momento, eu

---

3. Prefiro a entrevista de Cressy porque nela Howard fala mais diretamente das questões que me interessam aqui.

me sentia em contato com tudo, mas, depois, não podia me lembrar do conhecimento. E houve um momento, durante a minha presença na grande luz, em que fui além de quaisquer pensamentos. Não é possível explicar a troca que aconteceu. Simplificando, eu sabia que Deus me amava.

Novamente, temos aqui a mesma constatação básica de temas: a jornada (e Howard concordou comigo que o termo *jornada* era adequado) em direção a um ponto central de enorme luz (em sua entrevista comigo, ele disse que era uma imensa "congregação" de luzes com um centro tremendamente brilhante, o qual ele podia perceber, mesmo a distância), da qual irradiavam emanações de intenso amor e total conhecimento.

Norman Paulsen

As experiências de viagens para uma fonte central de criação na qual todo o amor e conhecimento estão contidos são raras nas EQMs, mas, naturalmente, não estão limitadas a pessoas ameaçadas pela mortalidade do corpo. Em alguns casos, por exemplo, jornadas semelhantes parecem acontecer a pessoas em profunda meditação. Uma delas, com quem tive o prazer de passar alguns dias durante o verão de 1987, é o escritor Norman Paulsen, um mestre espiritual e aluno do ilustre iogue hindu Parahamansa Yogananda. Paulsen escreveu a história da sua vida extraordinária e de suas experiências espirituais (que, a propósito, incluem *diversas* EQMs, apesar de elas não estarem em discussão aqui) num livro fascinante chamado *Christ Consciousness*,[4] do qual foi extraído o relato a seguir.

A experiência que desejo narrar ocorreu durante uma meditação de sete horas (!) que Paulsen realizou em 4 de fevereiro de 1952. Ele estava praticando uma forma de Kriya ioga, que aprendera com seu guru Yogananda. O mais notável neste contexto é que o próprio Paulsen se refere a essa experiência como uma "jornada ao centro do Grande Sol Central" (p. 194). Agora, apre-

---

4. Norman Paulsen, *Christ consciousness* (Salt Lake City, UT: Builders, 1984).

sentarei um breve resumo de algumas das principais características dessa jornada, junto com trechos selecionados pelo próprio Paulsen.

Ao aprofundar-se no estado meditativo, de início ele ficou consciente de uma "tremenda e intensa energia" na base da coluna vertebral, que subia como chamas. [Supostamente, ele ativara o mecanismo da *kundalini*.] Sua cabeça foi lançada para trás e à sua frente ele viu uma

> [...] colossal esfera de brilho [...]. Ela está vindo na minha direção! Há [uma] incrível voz vindo de todo lugar: *"Meu filho, você está pronto para morrer hoje e ficar comigo?"* [...] "Sim, meu Senhor, estou pronto para morrer e ir com você." Não sinto nenhum medo. Eu vou morrer e vou com ele, que eu amo mais do que qualquer coisa. Aquela esfera bruxuleante, pulsante, está explodindo à minha volta com um brilho que ultrapassa qualquer coisa que eu já vi. Agora, eu estou rodopiando dentro dessa incrível luz (p. 197).

(Howard Storm também disse que estava *dentro* da luz.)

> Estou me expandindo como uma esfera, saindo em todas as direções numa velocidade incrível [...]. Agora está tudo em volta de mim, uma abundância de luz da criação. Sim, as suas imagens estão flutuando através de mim – sistemas estelares, galáxias, universos. Eu existo neles e eles em mim [...]. Êxtase, sinto além dos limites de tudo o que jamais imaginei (p. 198).
>
> A voz [...] fala novamente, mas de onde ela vem? Ela é minha e, no entanto, não é minha. O que ela diz? *"Meu filho, meu filho, agora você viu: agora eu devo levá-lo de volta [...]."* Agora, dentro de mim, aparece a imagem da grande Esfera da Criação, flutuando como uma bolha iridescente no oceano infinito de vida e consciência do qual sou uma parte (p. 199).

Finalmente, Paulsen retorna ao seu corpo, mas comenta que, ao fazê-lo, está consciente de universos, galáxias, sistemas estelares familiares e da "brilhante esfera azul" da Terra antes de ver o litoral da Califórnia (onde o seu corpo físico se encontrava) – em resumo, a jornada inversa.

Aqui, temos uma experiência que contém alguns pontos óbvios de similaridade com as EQMs que já citei neste tópico e, particularmente, com a de Mellen-Thomas, que também se sentiu não como se estivesse fazendo uma jornada pelo espaço físico, mas como se a sua consciência estivesse se expandindo para abranger tudo no universo manifesto, até alcançar a sua fonte luminosa e, por fim, o próprio Vazio. É esse tipo de jornada que Paulsen também parece descrever, e vale a pena ressaltar que ela pode ter sido desencadeada pelo consentimento interior de Paulsen de que ele estava *disposto* a morrer, portanto, de certo modo, ela também pode ser considerada uma espécie de EQM.

Virginia Rivers

Ginny Rivers, residente na Flórida, é alguém que conheço – embora somente por conversas por telefone e cartas – desde 1994, quando ela me escreveu pela primeira vez e enviou um relato da sua EQM. Quando li a sua carta, quase chorei diante da sua beleza e, de imediato, entrei em contato com ela para expressar a minha gratidão por aquilo que considerei como uma das expressões mais sublimes que jamais encontrei na literatura sobre EQMs a respeito da jornada completa ao Lugar Final de Total Realização. Na verdade, a única narrativa comparável, em abrangência e eloqüência espiritual, foi a de Beverly Brodsky, cuja história completa, você deve se lembrar, ainda vamos ouvir. Na descrição da sua jornada, podemos ver, talvez ainda mais nitidamente do que antes, que a *experiência completa* no verdadeiro centro da Luz confere todas as respostas para a vida do indivíduo, deixando-o com um conhecimento inabalável sobre as lições definitivas que devemos aprender e praticar enquanto vivemos num corpo físico. Além disso – e isso pode ser tão chocante para alguns tradicionalistas quanto é evidente para outros – acho que está na hora de sermos totalmente honestos a respeito da natureza desse encontro: ele é, em minha opinião, simples, inegável e incrivelmente um encontro com o próprio Deus. As pessoas cujas histórias estamos contando neste tópico tiveram uma experiência direta e uma revelação pessoal de Deus e a sua eloqüência inspirada nos faz acreditar, sem dúvida nenhuma, que ao retornar à vida elas se tornaram os seus mensageiros, falando em palavras da Luz, sobre a Verdade da Luz, para todos ouvirem e se maravilharem, para que nós também possamos lembrar daquilo que já se encontra gravado no fundo da alma de cada um e de todos nós.

A história de Ginny, que foi causada por uma pneumonia quase fatal, ocorreu quando ela estava hospitalizada em 1986. Nessa época, ela estava extremamente fraca, com febre alta, sentindo uma forte pressão nos ouvidos e com dificuldade para respirar. Ela se lembra de ter gritado interiormente: "Por favor, onde está todo mundo? Eu devo estar morrendo". Nesse momento, ela perdeu a consciência e a sua jornada para o centro do Universo e para a Fonte de Tudo começou.

> Havia uma paz total; eu estava cercada por todos os lados por um vazio escuro. Eu não estava mais assustada. Eu estava confortável e feliz por estar onde estava. Nenhum medo [...] nenhuma dor [...] apenas paz e conforto e uma curiosidade surpreendentemente destemida. [Todas as reticências nesse relato são de Ginny. Nada foi omitido.] Imediatamente, a escuridão começou a explodir numa infinidade de estrelas e eu me senti como se estivesse no centro do Universo com uma visão panorâmica total em todas as direções. No instante seguinte, comecei a sentir uma onda de movimento para a frente. As estrelas pareciam passar por mim tão depressa que formavam um túnel à minha volta. Eu comecei a ter consciência, conhecimento. Quanto mais eu era impelida para a frente, mais conhecimento eu recebia. Minha mente parecia uma esponja, aumentando e expandindo a cada novo acréscimo. O conhecimento vinha em palavras e em blocos inteiros de idéias. Eu parecia capaz de compreender tudo enquanto absorvia tudo. Eu podia sentir a minha mente expandindo e absorvendo e cada nova informação, de algum modo, parecia se encaixar no lugar certo. Era como se eu já soubesse, mas tivesse esquecido ou perdido, como se ele estivesse esperando por mim para ser recuperado durante a minha passagem. Continuei aumentando o meu conhecimento, evoluindo, expandindo e ansiando por mais. Era espantoso como ser uma criança de novo e experienciar alguma coisa nova e linda, um maravilhoso *playground* novo. A cada segundo que passava, havia mais a aprender, respostas para perguntas, significados

e definições, filosofias e razões, histórias, mistérios e muito mais, tudo sendo despejado em minha mente. Lembro de pensar: "Eu sabia isso, eu sei que sabia. Onde estava tudo isso?".

As estrelas começaram a mudar de forma diante dos meus olhos. Elas começaram a dançar e a formar, deliberadamente, desenhos e cores que eu jamais vira antes. Elas se moviam e flutuavam numa espécie de ritmo ou música com uma qualidade e beleza que eu jamais ouvira e, entretanto [...] lembrava. Um músico não poderia tê-la composto, apesar de ser totalmente familiar e em completa harmonia com a verdadeira essência do meu ser. Como se fosse o ritmo da minha existência, a razão do meu ser. A extravagância de imagens e cores pulsava em uníssono com o conjunto majestoso.

Senti-me completamente em paz, tranqüilizada pela visão e pelo bordão melódico. Eu poderia ter permanecido nesse lugar pela eternidade, com essa palpitação de amor e beleza repercutindo em minha alma. O amor derramava-se em mim de todos os cantos do universo. Eu ainda estava sendo impelida para a frente, aparentemente em grande velocidade. Contudo, podia observar tudo enquanto passava, como se estivesse parada. A cada segundo, eu absorvia mais e mais conhecimento. Ninguém falou comigo, nem ouvi vozes em minha cabeça. O conhecimento parecia "EXISTIR" e a cada nova percepção vinha um conhecimento. Um minúsculo ponto de luz apareceu à minha frente, do outro lado do meu túnel caleidoscópico. A luz ficou cada vez maior e eu estava voando em sua direção, até que, finalmente, cheguei a meu destino.

Imediatamente, houve uma consciência total e absoluta. Não havia pergunta que eu pudesse fazer para a qual eu já não soubesse a resposta. Olhei para a presença que eu sabia que estaria lá e pensei: "Deus, era tão simples, por que eu não sabia disso?". Eu não podia ver Deus como posso ver você. Mas eu sabia que era Ele. Uma Luz, uma beleza emanando de dentro, infinitamente em todas as direções para tocar cada átomo do ser. A harmonia de cores, desenho e melodia foi originada na Luz. Era Deus, seu amor, sua luz, sua essência, a força da criação emanando pela eternidade [...] saindo como uma tocha vibrante de amor para me levar ao meu "Lar".

Houve um período de troca, num momento ou numa eternidade, completo e absoluto conhecimento e aprovação de mim e daquilo que eu me tornara. Naquele instante ou milênio, eu soube que ele vira toda a minha vida e ainda me amava. Amor puro, autêntico, generoso, incondicional. Deus vira a minha vida e ainda me amava infinita, eternamente, por mim mesmo, pela minha existência. Ele nunca falou comigo com palavras que eu pudesse escutar, mas ouvia os seus pensamentos tão claramente quanto palavras. A qualidade das suas palavras, seus pensamentos, sua voz em minha cabeça, era majestosa, encantadora, premente sem ser exigente, suave e gentil e cheia de mais amor do que é possível descrever. Estar na sua presença era mais inspirador, mais atraente, do que qualquer tipo de amor ou harmonia jamais descoberto nessa realidade. Nenhuma experiência, nenhuma proximidade jamais fora tão completa.

Eu estava no que parecia ser uma saliência de uma enorme montanha. A parte da frente, onde eu estava, era achatada, possivelmente como uma plataforma. Eu levantei, flutuei, talvez tenha pairado para o lado e me lembro vagamente de um altar construído de luz dourada brilhante à minha frente e ligeiramente à minha direita. Eu não estava consciente nem inconsciente de ter um corpo. Eu estava lá e isso era a coisa mais importante que eu podia imaginar. Ele me disse muitas coisas, das quais me lembro pouco ou quase nada. Só me lembro de que falamos, ou melhor, ele me inspirava e eu aprendia. Então, parecia que a troca durara horas ou eternidades e agora parece que eternidades passaram em apenas minutos. Eu só me lembro de duas coisas dessa troca. Primeiro, Deus me disse que só havia duas coisas que podemos levar conosco quando morremos... AMOR e CONHECIMENTO [...]. Portanto, eu devia aprender o máximo que pudesse sobre os dois. Segundo, Deus me disse que eu precisava voltar, eu não podia ficar, havia algo que eu ainda devia realizar. Eu me lembro de que naquele momento eu sabia o que era, mas agora não me lembro mais.

Eu me lembro da dor. Uma grande tristeza emocional, não dor física. Acho que a minha alma chorou. Eu implorei para não voltar. Eu protestei. Eu lhe disse que ninguém ia sentir a minha falta. Meus filhos estariam melhor sem mim. Meus pais e meu irmão cuidariam de si mesmos melhor do que eu faria. O meu coração doía, como se tivesse sido fisicamente esmagado. Mais uma vez, ele disse que havia uma coisa que eu precisava fazer e o seu amor começou a acalmar as minhas lágrimas e a minha tristeza. Eu compreendi e soube, do fundo da minha alma, que eu desejava estar com ele assim que eu fizesse o que devia ser feito.

Depois de voltar à vida física, que foi cheia de dificuldades e desafios, Ginny muitas vezes demonstrou perplexidade e até mesmo uma profunda frustração a respeito da sua tarefa nesta vida. Apesar de não me atrever a presumir que eu tenho a resposta para esse enigma, não posso deixar de pensar que, de algum modo, ela deve estar intimamente relacionada ao fato de Ginny ter contado a sua história, e sinto-me privilegiado por ser capaz de compartilhar uma parte dela com você.

Beverly Brodsky

E, finalmente, voltamos a Beverly Brodsky, que conhecemos no Capítulo 10, em que fiz um relato parcial da sua EQM, porém não da sua essência. Para lembrá-lo dos detalhes pertinentes, Beverly envolvera-se num acidente de motocicleta em Los Angeles e apesar de ter sofrido alguns ferimentos graves fisicamente ela não estava realmente próxima da morte quando a sua jornada para além da Luz começou. Contudo, estava em tal estado de desespero que desejava *apenas* morrer e, de certo modo, o seu desejo foi atendido – e muito mais. Você também deve se lembrar que Beverly é judia e, quando criança, tornou-se atéia quando soube do Holocausto; isso, também, consta da experiência que ela relata a seguir.

Agora, para se preparar para essa parte da narrativa, você precisará lembrar-se de que, quando a sua experiência começa, Beverly é invadida por uma sensação de paz e bem-estar, flutua para fora do corpo e encontra-se na presença de um ser luminoso e amoroso, que gentilmente a guia para fora da sala. Nesse ponto, em que a sua jornada realmente começa, eu retomo a história de Beverly e deixo que ela, mais uma vez, a conte com as próprias palavras:

> Abaixo de nós estava o lindo oceano Pacífico, sobre o qual eu observara excitadamente o Sol se pôr quando cheguei lá. Mas agora a minha atenção estava voltada para o alto, onde havia uma grande abertura que conduzia a um caminho circular. Embora ele parecesse profundo e muito extenso, uma luz branca brilhava através dele e jorrava na escuridão do outro lado, para onde a abertura me atraía. Era

a luz mais brilhante que eu já vira, apesar de eu não perceber o quanto da sua beleza estava oculta para quem olhava de fora. O caminho formava um ângulo ascendente, obliquamente, para a direita. Agora, ainda de mãos dadas com o anjo, fui levada para a abertura da pequena e escura passagem.

Lembro-me de ter viajado uma longa distância para cima, na direção da luz. Acredito que estava me movendo muito depressa, mas todo esse reino parecia estar fora do tempo. Finalmente, cheguei ao meu destino. Só quando emergi do outro lado foi que percebi que não estava mais acompanhada pelo ser que me levara até lá. Mas eu não estava sozinha. Lá, diante de mim, estava a presença viva da Luz. Dentro dela, percebi uma inteligência onipresente, sabedoria, compaixão, amor e verdade. Esse Ser perfeito não tinha forma ou sexo. Ele continha tudo, como a luz branca contém todas as cores do arco-íris quando penetra num prisma. E, bem dentro de mim, surgiu um reconhecimento instantâneo e assombroso: Eu, eu mesma, estava encarando Deus.

Imediatamente, ataquei-O com todas as perguntas que eu já imaginara; todas as injustiças que eu testemunhara no mundo físico. Não sei dizer se fiz isso deliberadamente, mas descobri que Deus conhece todos os nossos pensamentos de imediato e responde telepaticamente. Minha mente estava vazia; na verdade eu me tornara mente pura. O corpo etéreo com o qual eu viajara pelo túnel parecia não existir mais; havia apenas a minha inteligência confrontando aquela Mente Universal, que se cobria com uma luz viva e gloriosa, que era mais sentida do que vista, uma vez que nenhum olho poderia absorver o seu esplendor.

Não me lembro do conteúdo exato da nossa conversa; no processo de retornar, os *insights* que vinham com tanta clareza no Céu não foram trazidos de volta comigo para a Terra. Tenho certeza de que fiz a pergunta que me atormentava desde a infância a respeito do sofrimento do meu povo. Eu me lembro disso: havia uma razão para *tudo* o que acontecera, por mais terrível que parecesse no reino físico. E, dentro de mim, enquanto recebia a resposta, a minha mente desperta agora respondia da mesma maneira: "É claro", eu pensei: "Eu já sei isso. Como pude esquecer!". Na verdade, parece que tudo o que acontece tem um propósito e esse propósito já é conhecido pelo nosso *self* eterno.

Finalmente, as perguntas cessaram porque, de repente, fui preenchida com toda a sabedoria do Ser. Eu recebi mais do que apenas respostas às minhas perguntas; todo conhecimento foi revelado para mim, como o florescer instantâneo de uma quantidade infinita de flores, tudo ao mesmo tempo. Eu fui preenchida com o conhecimento de Deus e, naquele aspecto precioso da sua Existência, eu era una com ele. Mas a minha jornada de descoberta estava apenas começando.

Agora, eu estava sendo levada a uma extraordinária viagem pelo universo. Imediatamente, viajamos para o centro das estrelas nascendo, supernovas explodindo e muitos outros eventos celestiais gloriosos para os quais não tenho nome. A impressão que tenho agora dessa viagem é que era como se o universo fosse uma magnífica trama do mesmo tecido. Espaço e tempo são ilusões que nos prendem ao nosso plano; lá fora tudo está presente simultaneamente. Eu era um passageiro numa nave espacial Divina, na qual o Criador me mostrava a plenitude e a beleza de toda a sua Criação.

A última coisa que eu vi, antes que toda a visão externa acabasse, foi um fogo glorioso – o âmago e centro de uma estrela maravilhosa. Talvez esse fosse um símbolo da bênção que eu iria receber. Tudo começou a desaparecer, com exceção de um vazio total no qual Aquilo e eu abrangemos Tudo o que existe. Aqui, eu experienciei, numa grandeza inefável, a comunhão com o Ser de Luz. Agora, eu estava plena não apenas de todo o conhecimento, mas também de todo o amor. Foi como se a Luz fosse derramada em mim e através de mim. Eu era o objeto de adoração de Deus; e do Seu amor eu obtive vida e alegria além da imaginação. O meu ser estava transformado; meus erros, pecados e culpas foram perdoados sem perguntas; e agora eu era Amor, o Ser primal, e bem-aventurança. E, de certo modo, eu continuo lá, pela Eternidade. Uma união dessas não pode ser destruída. Ela sempre foi, é e será.

De repente, sem saber como ou por que, voltei ao meu corpo ferido. Mas, milagrosamente, trouxe comigo o amor e a alegria. Eu sentia um êxtase que ultrapassava os meus sonhos mais loucos. Aqui, no meu corpo, a dor desaparecera. Eu ainda estava fascinada por um prazer infinito. Durante os dois meses seguintes, permaneci nesse estado, esquecida de qualquer dor [...].

Agora, eu me sentia como se tivesse sido feita de novo. Eu enxergava significados maravilhosos em tudo; tudo estava vivo e cheio de energia e inteligência.

Nesse ponto, você deve se lembrar, a sua narrativa continua com algumas observações impressionantes relacionadas às conseqüências imediatas da sua EQM e um relato de algumas das mudanças significativas que finalmente ocorreram na sua vida. Aqui, apenas reproduzo o seu penúltimo parágrafo, já citado, em que ela reflete sobre a realidade daquilo que ela chama de sua "viagem celestial" e conclui com a sua afirmação final, na qual, num único parágrafo, resume lindamente as Lições Essenciais da Luz.

Embora já tenham se passado 20 anos da minha viagem celestial, eu nunca a esqueci. Nem jamais duvidei da sua realidade, mesmo diante da zombaria e descrença dos outros. Uma coisa tão intensa e capaz de modificar a minha vida não poderia ter sido um sonho ou uma alucinação. Ao contrário, eu acho que o resto da minha vida é uma fantasia passageira, um sonho breve que terminará quando eu acordar novamente na presença permanente daquele doador de vida e bem-aventurança.

Para aqueles que sofrem ou sentem medo, eu garanto isso: não existe morte e o amor jamais acaba. E lembre-se também de que somos aspectos de um todo perfeito e, como tal, somos partes de Deus e um do outro. Algum dia você, que está lendo isso, e eu, estaremos juntos na luz, no amor e na bem-aventurança infinita.

Pode haver alguma dúvida de que Ginny Rivers e Beverly Brodsky estiveram no mesmo lugar – a Fonte Essencial, o Grande Sol Central, a Segunda Luz, o Coração de Deus (seja qual for o termo que você possa preferir) –, onde ambas receberam e trouxeram de volta basicamente a mesma revelação divina para ser compartilhada com o restante de nós? E, ao ler as suas palavras, depois de ter lido tantas palavras semelhantes de outras pessoas que passaram por uma EQM, você pode ter qualquer dúvida de que as vozes que ouviu neste capítulo são testemunhas dos ensinamentos superiores que as EQMS têm a nos oferecer?

Não podemos pedir mais nada a essas pessoas, fazer mais perguntas ou insistir na apresentação de provas adicionais. Ao ouvir o que ouvimos nesses testemunhos, só podemos tentar, se estivermos abertos a eles, pela última vez, levá-los para dentro de nós, torná-los nossos e praticar as lições da Luz na nossa vida, espalhando, assim, a Luz para o mundo inteiro.

Capítulo 14

Iluminando
a Terra

Na tradição do zen-budismo, há uma famosa seqüência de desenhos chamados de Oxherding Pictures, que representam os diversos estágios que levam ao esclarecimento. No conjunto original dessas pinturas, a última mostra apenas um círculo branco e vazio simbolizando a realização da Unidade e o vazio absoluto de todas as coisas. Mas um falecido mestre zen ampliou a progressão para estados além da experiência do despertar e decidiu encerrar a seqüência com o desenho de uma pessoa realizada descendo do topo de uma montanha e entrando na aldeia com "mãos doadoras de felicidade", que se mistura livremente com pessoas comuns, inspirando-as com a sua presença e irradiando compaixão a todos, independentemente da sua posição na vida.

Da mesma maneira, ao obtermos, pelo menos de modo indireto, um vislumbre dos esplendores sublimes do céu da EQM, pelas narrativas do último capítulo, precisamos encontrar uma forma de trazer de volta aquela visão divina para o mundo da realidade diária, em que o verdadeiro teste desse conhecimento baseado na EQM deve ser encontrado. Certamente, as jornadas para a Fonte de Toda Luz que descrevemos têm o poder de nos fascinar, mas se elas só conseguiram nos elevar por alguns minutos terão deixado de atingir o verdadeiro objetivo deste livro, o qual, naturalmente, é não apenas o de nos inspirar, mas de *nos inspirar a agir*. Nós precisamos levar *para dentro de nós mesmos* a visão e os *insights* que essas pessoas trouxeram de volta para compartilhar conosco e, se estivermos dispostos, usá-los como a argamassa para construir a nossa vida espiritual na nossa vida e nos relacionamentos com os outros.

Naturalmente, isso não significa sugerir que o conhecimento vindo da EQM deva substituir a nossa fé ou a tradição espiritual. Não, mais exatamente significa que as lições da Luz são mais semelhantes ao sangue tipo O nas transfusões: elas são o "doador universal" para a espiritualidade e a religião, pois encaixam-se com facilidade numa grande variedade de tradições espirituais e religiões antigas. E, mais do que isso, como mostrou Carol Zaleksi, uma teóloga que escreveu extensivamente sobre EQMs, a moderna EQM serviu não apenas para abalar mas para *revitalizar* a fé religiosa, proporcionando histórias extraordinárias e diferentes de pessoas comuns que, finalmente, estão de acordo com ensinamentos espirituais eternos do mundo inteiro.[1] Nesse sentido, a EQM habitualmente serve para reforçar a nossa fé preexistente *acrescentando* alguma coisa compatível com ela e não competindo com ela. Por outro lado, embora os ensinamentos espirituais da EQM obviamente não pretendam oferecer a base para uma nova religião, muito menos uma seita (!), certamente é possível que possam oferecer aos que não são religiosos, ou mesmo anti-religiosos, um ponto de vista que oferece uma base experimental verossímil que governa a conduta moral no mundo. No final, poderíamos dizer que só existe a magnificência e o incomparável brilho da Luz. Mas o que *fazemos* com essa Luz é uma questão individual.

Contudo, o que nos interessa aqui não é tanto saber como *interpretar* a Luz, ou se ela pode (ou não), e até que ponto, estar de acordo com outros ensinamentos espirituais ou religiosos, mas *como utilizar o conhecimento que ela proporciona*. Quero recomendar aqui um critério de *utilidade* para as ofertas da Luz e não desperdiçar o seu valor em discussões infrutíferas a respeito do que ela representa, o que nos leva de volta ao tema fundamental deste capítulo: como nos envolver com as lições da Luz para praticá-las em nossa vida.

---

1. Veja o livro de Zaleski *Otherworld journeys: Accounts of near-death experience in medieval and modern times* (Nova York: Oxford University Press, 1987).

Se você leu este livro até aqui, já deve ter meditado muito sobre as EQMs, saboreado as suas histórias, feito aplicações mentais dos seus ensinamentos na sua própria vida e efetuado alguns exercícios espalhados pelas suas páginas. Isso, por certo, é um bom começo, mas, agora que o livro está acabando, você ficará sozinho para continuar essas práticas. Portanto, as perguntas óbvias são: *E agora?* e *Para onde eu vou daqui?*

Em vez de relacionar, revisar e reorganizar os diversos *insights* que já abrangemos neste livro, o que seria pouco mais do que um exercício acadêmico improdutivo nesse ponto, desejo apresentar recursos adicionais para você aprofundar e internalizar as lições a serem selecionadas dos capítulos anteriores. Portanto, apresentei um Apêndice especial, no qual relacionei diversos desses recursos – leituras adicionais, audiocassetes e videoteipes, organizações voltadas às EQMs e suas implicações, grupos de apoio para pessoas que passaram por EQMS, congressos importantes e os nomes e endereços dessas pessoas que desejam ser contatadas. Sempre que possível, também forneço informações pela internet para facilitar o seu acesso a esses materiais, organizações, grupos ou pessoas. Aproveitando essas oportunidades, não só será possível ir muito além desse livro, mas também continuar a buscar maneiras de implementar na sua vida aquilo que você aprendeu nessa leitura. Ao mesmo tempo, desejo fazer uma advertência, antes de você se aventurar nessa direção, caso decida fazê-lo.

Apesar de, pessoalmente, desaprovar qualquer esforço para criar uma seita a partir da EQM, acho justo dizer que, de certo modo, uma "cultura da EQM" está emergindo, representada pela coletividade de pessoas que passaram por essas experiências ou ficaram interessadas nelas, e essa cultura está disponível para qualquer um que queira conhecê-la, saber mais a seu respeito e até mesmo envolver-se nela. Como sempre, a discriminação e o discernimento devem ser exercidos, porque mesmo no "mundo da quase-morte", se posso usar essa expressão aqui, existem pessoas, inclusive algumas que passaram por EQMs, que nem sempre são o que parecem ou têm um *self* inflado ou outras tendências pomposas que qualquer pessoa prudente deve evitar. Nesse contexto, poderíamos usar um clichê antigo, porém ainda adequado, "A luz também lança sombras" e, em suas incursões na cultura da EQM, você não deve concentrar-se tanto na Lua, a ponto de não perceber as sombras. Por favor, lembre-se de algo que deveria ser óbvio: as pessoas que passaram por uma EQM, embora talvez tenham visto a Luz, ainda são humanas e possuem fraquezas humanas. Não elas, mas apenas a Luz deve ser exaltada. Portanto, não deixe que o seu entusiasmo por esses ensinamentos e por aquilo que a Luz representa o impeçam de enxergar os possíveis excessos em seu nome.

Além dessa advertência, também deve ser dito que, de muitas maneiras, a emergente comunidade da EQM representa algo que se aproxima do que no budismo – apenas para continuar com a tradição, uma vez que começamos com ela (mas, não se preocupe, não sou nenhum tipo de cripto-budista e não pertenço a nenhuma tradição espiritual ou organização religiosa) – é chamado de *sangha*. Na verdade, isso quer dizer uma comunidade espiritual separada, que se junta em virtude do respeito e da dedicação por um determinado conjunto de ensinamentos. Seria um exagero afirmar que a comunidade da EQM – tão distinta e geograficamente separada como ela é, e tão dependente da comunicação ciberespacial como por certo se tornará – constitui um *sangha* no sentido estrito da palavra, mas, mesmo assim, algo semelhante já se desenvolveu na última parte do século XIX e está lá para você também, caso você queira entrar em contato com ela. O objetivo tradicional de um *sangha*, por exemplo, é proporcionar um ambiente onde a companhia de pessoas com idéias semelhantes possa estimular e aprofundar a prática espiritual. E isso, além dos recursos específicos relacionados no Apêndice, a que você tem acesso para consulta, também pode ajudá-lo.

Na verdade, novamente na tradição zen, há um ditado que afirma: "depois do *satori* (ou um primeiro despertar para a nossa verdadeira natureza), a prática pode realmente começar". Igualmente, no contexto deste livro, poderíamos dizer que depois de tantas exposições às lições da Luz e visões da própria Luz, agora compreendemos por que praticar e por que isso é necessário. Isso significa: *colocar em prática aquilo que aprendemos*. Não fazer isso é ter desperdiçado uma dádiva preciosa, que só pode ser percebida pela sua utilização.

Que a Luz guie todos os seus passos e o conduza à ação iluminada no mundo.

Referências Bibliográficas

ATWATER, P. M. H. *Coming back to life: The after-effects of near-death experience.* Nova York: Dodd and Mead, 1988.

_____. *Beyond the light: What isn't being said about the near-death experience.* Nova York: Birch Lane Press, 1994.

BAILEY, LEE W. & YATES, JENNY (eds.) *The near-death experience: A reader.* Nova York: Routledge, 1996.

BARNETT, LINDA. "Hospice nurses' knowledge and attitudes toward the near-death experience", *Journal of Near-Death Studies, 9* (4), 1991, 225-32.

BECHTEL, LORI J.; CHEN, ALEX; PIERCE, RICHARD A.; WALKER, BARBARA A. "Assessment of clergy knowledge and attitudes toward the near-death experience", *Journal of Near-Death Studies, 10* (3), 1992, 11-170.

BERGSTRÖM, INGEGARD. Comunicação pessoal, 3 de novembro de 1994.

BLACKMORE, SUSAN. *Dying to live: Science and the near-death experience.* Buffalo, Nova York: Prometheus, 1993.

BLY, ROBERT. *The Kabir book.* Boston: Beacon, 1977.

BRINKLEY, DANNION. *Saved by the light.* Nova York: Villard, 1994.

_____. *At peace in the light.* Nova York: HarperCollins, 1995.

BUDDEN, ALBERT. *Allergies and aliens.* Londres, Inglaterra: Discovery Times Press, 1994.

BUSCAGLIA, LEO. *Love.* Nova York: Fawcett, 1982.

CHAMBERLAIN, DAVID B. *Consciousness at birth: A review of the empirical evidence.* San Diego, CA: Chamberlain Publications, 1983.

_____. *The mind of your newborn baby* (3ª ed.). Berkeley, CA: North Atlantic Books, 1998.

_____. "The expanding boundaries of memory", *ReVision, 12*, 1990, 11-20.

CLARK, KIMBERLY. "Clinical interventions with near-death experiencers". In: B.

GREYSON & CHARLES P. FLYNN (eds.). *The near-death experience: Problems, prospects, perspectives.* Springfield, IL: Charles C. Thomas, 1984, 243-55.

CRESSY, JUDITH. *The near-death experience: Mysticism ormadness.* Hanover, MA: Christopher Publishing, 1994.

DESPELDER, LYNNE ANN & STRICKLAND, ALBERT. *The last dance.* Mountain View, CA: Mayfield, 1996.

DOSSEY, LARRY. *Recovering the soul: A scientific and spiritual search.* Nova York: Bantam, 1989.

DRUMM, DEBORAH L. "Near-death experiences as therapy", *Journal of Near-Death Studies, 11* (2), 1992, 67-70.

_____. "Near-death experiences as therapy: Part II", *Journal of Near-Death Studies, 11* (3), 1993, 189-91.

EADIE, BETTY. *Embraced by the light.* Placerville, CA: Gold Leaf Press, 1992.

ELDER, BRUCE. *And when I die, will I be dead?* Crows Nest, New South Wales, Austrália: Australian Broadcasting Corporation, 1987.

ELSAESSER VALARINO, EVELYN. *On the other side of life: Exploring the phenomenon of the near-death experience.* Nova York: Plenum Press, Insight Books, 1997.

EVANS, HILARY. *The SLI effect.* Londres: Association for the Scientific Study of Anomalous Phenomena, 1993.

FARR, SYDNEY SAYLOR. *What Tom Sawyer learned from dying.* Norfolk, VA: Hampton Roads, 1993.

FLYNN, CHARLES P. *After the beyond: Human transformation and the near-death experience.* Englewood Cliffs, NJ: Prentice-Hall, 1986.

GABBARD, GLEN O. & TWEMLOW, STUART W. *With the eyes of the mind.* Nova York: Praeger, 1984.

GALLUP, GEORGE, JR. *Adventures in immortality: A look beyond the threshold of death.* Nova York: McGraw-Hill, 1982.

GIBSON, ARVIN. *Glimpses of eternity: Near-death experiences examined.* Bountiful, UT: Horizon, 1992.

GREY, MARGOT. *Return from death: An exploration of the near-death experience.* Londres: Arcana, 1985.

GREYSON, BRUCE. "Near-death experiences and attempted suicide", *Suicide and Life-Threatening Behavior, 11*, 1981, 10-6.

_____. "Near-death experiences and personal values", *American Journal of Psychiatry, 140* (5), 1983, 618-20.

_____. "Near-death encounters with and without near-death experiences: Comparative NDE scale profiles", *Journal of Near-Death Studies, 8* (3), 1990, 151-61.

_____. "Near-death experiences precipitated by suicide", *Journal of Near-Death Studies, 9* (3), 1991, 183-8.

_____. "Near-death experiences and the physio-kundalini syndrome", *Journal of Religion and Health, 32* (4), 1993, 277-90.

GROF, STANISLAV. *Realms of the human unconscious: Observations from LSD research.* Nova York: Viking, 1975.

GROF, STANISLAV. *Beyond the brain: Birth, death and transcendence in psychotherapy.* Ithaca, Nova York: State University of New York Press, 1985.

_____. The adventure of Self-discovery. Ithaca, Nova York: State University of New York Press, 1988. (Publicado no Brasil sob o título *A aventura da autodescoberta,* pela Summus, em 1997.)

_____ & HALIFAX, JOHN. *The human encounter with death.* Nova York: E. P. Dutton, 1977.

GUGGENHEIM, BILL & GUGGENHEIM, JUDY. *Hello from heaven!* Longwood, FL: ADC Project, 1995.

Harris, Barbara & Bascom, Lionel, C. *Full circle: The near-death experience and beyond.* Nova York: Pocket Books, 1990.

HAYES, E. R. & WATERS, L. D. "Interdisciplinary perception of the near-death experience: Implications for professional education and practice", *Death Studies, 13,* 1989, 443-83.

HERZOG, DAVID B. & HERRIN, JOHN T. "Near-death experiences in the very young", *Critical Care Medicine, 13,* 1985, 1074-5.

HOLDEN, JANICE MINER. "Visual perception during naturalistic near-death out-of-body experiences", *Journal of Near-Death Studies,* 7 (3), 1988, 107-20.

JOURDAN, JEAN-PIERRE. "Near-death and transcendental experiences": Neurophysiological correlates of mystical traditions, *Journal of Near-Death Studies, 12* (3), 1994, 177-200.

JUNG, CARL G. *Memories, dreams, reflections.* Nova York: Vintage, 1961.

KASON, YVONNE. "Near-death experiences and kundalini awakening: Exploring the link", *Journal of Near-Death Studies, 12* (3), 143-57.

KELLEHEAR, ALLAN & HEAVEN, PATRICK. "Community attitudes toward near-death experiences: An Australian study", *Journal of Near-Death Studies,* 7 (3), 1989, 15-177.

_____ & GAO, JIA. "Community attitudes toward near-death experiences: An Australian study", *Journal of Near-Death Studies, 8* (3), 1990, 13-73.

KIRCHER, PAMELA. *Near-death experience and hospice work.* Documento apresentado no congresso anual da International Association for Near-Death Studies, St. Louis, Missouri, 27 de junho, 1993.

LANGE, MYRA KA. "To the top of the universe", *Venture Inward,* maio/jun., 1988, 40-5.

LEMING, MICHAEL R. & DICKINSON, GEORGE E. *Understanding dying, death and bereavement.* Nova York: Holt, Rinehart and Winston, 1985.

LONGAKER, CHRISTINE. *Facing death and finding hope.* Nova York: Doubleday, 1997.

LORIMER, DAVID. *Whole in one: The near-death experience and the ethic of interconnectedness.* Londres, Arcana, 1990.

MCDONAGH, JOHN. *Bibliotherapy with suicidal patients.* Documento apresentado na American Psychological Association, Nova York, 1979.

MERAGER, KENNETH ODIN. "220 volts to my near-death experience", *Seattle IANDS Newsletter,* março-abril, 1991.

MOODY, RAYMOND A., JR. *Life after life*. Covington, GA: Mockingbird Books, 1975 (agora distribuído pela Bantam, Nova York).
_____. *Reflections on life after life*. Nova York, NY: Bantam, 1977.
_____. *The light beyond*. Nova York: Bantam, 1988.
MOORE, LINDA HUTTON. "An assessment of physicians' knowledge of and attitudes toward the near-death experience", *Journal of Near-Death Studies, 13* (2), 1994, 91-102.
MORSE, MELVIN. "A near-death experience in a seven-year-old child", *American Journal of Diseases in Children, 137*, 1983, 959-61.
_____. *Closer to the light: Learning from children's near-death experiences*. Nova York: Villard, 1990.
_____. *Transformed by the light: The powerful effect of near-death experiences on people's lives*. Nova York: Villard, 1992.
_____. "Near-death experiences and death-related visions in children: Implications for the clinician", *Current Problems in Pediatrics, 24*, 1994, 55-83.
_____ et al. "Near-death experiences in a pediatric population", *American Journal of Diseases in Children, 139*, 1985, 595-600.
_____. "Childhood near-death experiences", *American Journal of Diseases in Children, 140*, 1986, 1110-4.
MUSGRAVE, CASSANDRA. "The near-death experience: A study of spiritual transformation", *Journal of Near-Death Studies, 15* (3), 1997, 187-201.
NOYES, RUSSELL & KLETTI, ROY. "Panoramic memory: A response to the threat of death", *Omega, 8* (3), 1977, 181-94.
OLIVER, MARY. *Dream work*. Nova York: Atlantic Monthly Press, 198.
ORNE, ROBERTA. "Nurses' views of NDES", *American Journal of Nursing, 8*, 1986, 419-20.
PAULSEN, NORMAN. *Christ consciousness*. Salt Lake City, UT: Builders Publishing, 1984.
PERSINGER, MICHAEL. "Near-Death experience: Determining the neuroanatomical pathways by experiential patterns and simulation in experimental settings". In: LUC BESSETTE (ed.). *Healing: Beyond suffering or death*. Chabanel, Beauport, Quebec, Canadá: MNH Publications, 1993, 277-86.
REANNY, DARRYL. *Music of the mind*. Melbourne, Austrália: Hill of Content, 1994.
RESTAK, RICHARD. *The modular brain*. Nova York: MacMillan, 1994.
RHODES, LEON. *Tunnel to eternity: Beyond near-death*. West Chester, PA: Chysalis, 1997.
RING, KENNETH. *Life at death: A scientific investigation of the near-death experience*. Nova York: Coward, McCann and Geoghegan, 1980.
_____. *Heading toward Omega: In search of the meaning of the near-death experience*. Nova York: Morrow, 1984.
_____. "Shamanic initiation, imaginal worlds, and light after death". In: GARY DOORE (ed.). *What survives? Contemporary explorations of life after death*. Los Angeles: Tarcher, 1990, 204-15.

RING, KENNETH. "Amazing grace: The near-death experience as a compensatory gift", *Journal of Near-Death Studies, 10* (1), 1991, 11-39.
_____. *The Omega Project: Near-death experiences, UFO encounters and mind at large*. Nova York: Morrow, 1992.
_____. "The impact of near-death experiences on persons who have not had them: A report of a preliminary study and two replications", *Journal of Near-Death Studies, 13* (4), 1995, 223-35.
_____ & COOPER, SHARON. "Mindsight: How the blind can 'See' during near-death experiences", *The Anomalist, 5*, 1997, 28-40.
_____. "Near-death and out-of-body experiences in the blind: A study of apparent eyeless vision", *Journal of Near-Death Studies, 16* (2), 1997, 101-47.
_____ & LAWRENCE, MADELAINE. "Further studies of veridical out-of-body perception during near-death experiences", *Journal of Near-Death Studies, 11*, 1993, 223-9.
RINPOCHE, SOGYAL. *The Tibetan book of living and dying*. San Francisco, CA: HarperCollins, 1992.
ROGO, D. SCOTT. *Life after death: The case of survival of bodily death*. Wellinborough, Northamptonshire, UK: Aquarian Press, 1986.
ROUD, PAUL C. *Making miracles*. Nova York: Warner Books, 1990.
ROYSE, D. "The near-death experience: A survey of clergy's attitudes and knowledge", *Journal of Pastoral Care, 39*, 1985, 31-42.
SABOM, MICHAEL B. "The near-death experience: Myth or reality? A methodological approach", *Anabiosis, 1* (1), 1981, 44-56.
_____. *Recollections of death: A medical investigation*. Nova York: Harper and Row, 1982.
SERDAHELY, WILLIAM J. "A comparison of retrospective accounts of childhood NDES with contemporary pediatric accounts", *Journal of Near-Death Studies*, 1991, 219-24.
SHALLIS, MICHAEL. *The electric connection*. Nova York: Amsterdam, 1988.
SQUIRES, RICHARD. "The meaning of ecstasy", *Gnosis, 33*, 1994, 8-71.
STONE, GANGA. *Start the conversation: The book about death you were hoping to find*. Nova York: Warner Books, 1996.
SUMNERS, ROXANNE. *The wave of light: A quantum near-death experience*. Corvallis, OR: Agadir Press, 1994.
SUTHERLAND, CHERIE. *Transformed by the light: Life after near-death experiences*. Nova York: Bantam, 1992.
_____. *Within the light*. Nova York: Bantam, 1993.
_____. *Children of the light*. Nova York: Bantam, 1995.
TALBOT, MICHAEL. *The holographic universe*. Nova York: HarperCollins, 1991.
TIBERI, EMILIO. Extrasomatic emotions. *Journal of Near-Death Studies, 11* (3), 1993, 149-70.
VANLAEYS, EMILY L. "Life review revealed in near-death experiences", *Venture Inward*, jul./ago., 1994, 51.

WALKER, BARBARA A. & RUSSELL, ROBERT D. Assessing psychologists' knowledge and attitudes toward near-death phenomena. *Journal of Near-Death Studies, 8* (2), 1989, 103-10.

WEBB, MARILYN. *The good death: The new American search to reshape the end of life.* Nova York: Bantam, 1997.

WHITFIELD, BARBARA HARRIS. *Spiritual awakenings: Insights of the near-death experience and other doorways to our soul.* Deerfield Beach, FL: Health Communications, 1995.

ZALESKI, CAROL. *Othrworld journeys: Accounts of near-death experience in medieval and modern times.* Nova York: Oxford University Press, 1987.

Apêndice A:
Bibliografia da
literatura sobre EQM

Apresentamos aqui uma lista de muitos dos livros, e de todos os mais conhecidos, escritos em inglês a respeito da EQM. Com exceção de poucos casos, Evelyn e eu estamos familiarizados com esses livros, embora isso não signifique que, necessariamente, eles sejam endossados por nós; contudo, você descobrirá que muitos também estão incluídos nas referências. Ao apresentar esta bibliografia, acreditamos que seria conveniente diferenciar as abordagens gerais das EQMs e os livros de testemunhos e autobiográficos. Assim, é possível consultar cada seção em separado, verificando o tipo de material de leitura no qual você está mais interessado em explorar. De qualquer modo, esperamos que a nossa lista seja um guia útil do material disponível na literatura sobre EQM.

ABORDAGEM GERAL DAS EQMs

ATWATER, P. M. H. *Coming back to life: The after-effects of the near-death experience.* Nova York: Dodd and Mead, 1988.
_____. *Beyond the light: What isn't being said about the near-death experience.* Nova York: Birch Lane Press, 1994.
BAILEY, LEE & YATES, JENNY L. (eds.) *The near-death experience: A reader.* Nova York: Routledge, 1996.
BASFORD, TERRY. *Near-death experiences: An annotated bibliography.* Nova York: Garland, 1990.

BECKER, CAR. B. *Paranormal experience and survival of deaht*. Nova York: State University of New York Press, 1993.

BERMAN, PHILLIP L. *The journey home: What near-death experiences and mysticism teach about the gift of life*. Nova York: Pocket Books, 1996.

BLACKMORE, SUSAN. *Dying to live: Science and the near-death experience*. Buffalo, NY: Prometheus, 1993, e Londres: Grafton/HarperCollins, 1993.

COX-CHAPMAN, MALLY. *The case for heaven: Near-death experiences as evidence for the afterlife*. Nova York: G. P. Putnam's Sons, 1995.

CRESSY, JUDITH. *The near-death experience: Mysticism of madness*. Hanover, MA: Christopher Publishing, 1994.

ELSAESSER VALARINO, EVELYN. *On the other side of life: Exploring the phenomenon of the near-death experience*. Nova York: Insight Books, Plenum Press, 1997.

FENWICK, PETER & FENWICK, ELIZABETH. *The truth in the light: An investigation of over 300 near-death experiences*. Nova York: Berkeley Books, 1997.

FLYNN, CHARLES P. *After the beyond: Human transformation and the near-death experience*. Englewood Cliffs, NJ: Prentice-Hall, 1986.

GALLUP, GEORGE, JR. *Adventures in immortality: A look beyond the threshold of death*. Nova York: McGraw-Hill, 1982.

GIBSON, ARVIN S. *Echoes from eternity: Near-death experiences examined*. Bountiful, UT: Horizon, 1992 (4ª ed., 1994).

_____. *Journey beyond life*. Bountiful, UT: Horizon, 1994.

GREY, MARGOT. *Return from death: An exploration of the near-death experience*. Londres: Arkana, 1985.

GREYSON, BRUCE & FLYNN CHARLES P. (eds.) *The near-death experience: Problems, prospects, perspectives*. Springfield, IL: Charles C. Thomas, 1984.

HAMPE, JOANN CHRISTOPH. *To die is gain: The experience of one's own death*. Atlanta, GA: John Knox, 1978.

HARPUR, TOM. *Life after death*. Toronto: McClelland and Stewart, 1992.

HILL, BRENNAN (ed.) *Near-death experience: A Christian approach*. Dubuque, IA: William C. Brown, 1980.

KASTENBAUM, ROBERT J. (ed.) *Between life and death*. Nova York: Springer, 1979.

_____. *Is there life after death?* Nova York: Prentice-Hall, 1984.

KELLEHEAR, ALLAN. *Experiences near death: Beyond medicine and religion*. Nova York: Oxford University Press, 1996.

KIRCHER, PAMELA M. *Love is the link: A hospice doctor shares her experience of near-death and dying*. Burdett, Nova York: Larson, 1995.

KÜBLER-ROSS, ELISABETH. *Death is of vital importance: On life, death and life after death*. Barrytown, Nova York: Station Hill Press, 1995.

LORIMER, DAVID. *Whole in one: The near-death experience and the ethic of interconnectedness*. Londres: Arkana, 1990.

LUNDHAL, CRAIG R. (ed.) *A collection of near-death research readings: Scientific inquiries into the experiences of persons near physical death*. Chicago, IL: Nelson-Hall, 1982.

LUNDHAL, CRAIG R. & WIDDISON, HAROLD A. *The eternal journey: How near-death experiences illuminate our earthly lives.* Nova York: Warner Books, 1997.

MOODY, RAYMOND A. *Life after life: The investigation of a phenomenon – survival of bodily death.* Nova York: Bantam, 1975.

_____. *Reflectinos on life after life.* Nova York: Bantam, 1977.

_____ & PERRY, PAUL. *The light beyond.* Nova York: Bantam, 1988.

MORSE, MELVIN & PERRY, PAUL. *Closer to the light: Learning from children's near-death experiences.* Nova York: Villard, 1990.

_____. *Transformed by the light: A study of the powerful effect of near-death experiences on people's lives.* Nova York: Villard, 1992.

_____. *Parting visions: Uses and meanings of pre-death, psychic, and spiritual experiences.* Nova York: Villard, 1994.

NELSON, LEE. *Beyond the veil.* Orem, UT: Cedar Fort, 1988-1990, 3 vols.

_____. *NDE: Near-death experience.* Springville, UT: Cedar Fort, 1995.

RHODES, LEON S. *Tunnel to eternity: Beyond near-death.* West Chester, PA: Chrysalis Books, 1997.

RING, KENNETH. *Life at death: A scientific investigation of the near-death experience.* Nova York: Coward, McCann and Geoghegan, 1980 e Quill, 1982.

_____. *Heading toward Omega: In search of the meaning of the near-death experience.* Nova York: William Morrow, 1984 e Quill, 1985.

_____. *The Omega project: Near-death experiences, UFO encounters and mind at large.* Nova York: William Morrow, 1992.

ROGO, D. SCOTT. *The return from silence: A study of near-death experiences.* Nova York: Harper and Row, 1990.

ROSZELL, CALVERT. *The near-death experience: In the light of scientific research and the spiritual science of Rudolf Steiner.* Hudson, Nova York: Anthroposophic Press, 1992.

SABOM, MICHAEL B. *Recollections of death: A medical investigation.* Nova York: Harper and Row, 1982.

SORENSEN, M. R. & WILLMORE, D. R. *The journey beyond life.* Orem, UT: Family Affair Books, 1988.

STEIGER, BRAD. *One with the light.* Nova York: Penguin Books, 1994.

Sutherland, Cherie. *Within the light.* Nova York: Bantam, 1993.

_____. *Children of the light: Near-death experiences of children.* Nova York: Bantam, 1995.

_____. *Reborn in the light: Life after near-death experiences.* Nova York: Bantam, 1995.

TOP, BRENT & TOP, WENDY. *Beyond death's door.* Salt Lake City, UT: Bookcraft, 1993.

VINCENT, KEN R. *Visions of God from the near-death experience.* Burdett, Nova York: Larson, 1994.

WHEELER, DAVID R. *Journey to the other side.* Nova York: Grosset and Dunlap, 1976.

WHITFIELD, BARBARA HARRIS. *Spiritual awakenings: Insights of the near-death experience and other doorways to our soul.* Deerfield Beach, FL: Health Communications, 1995.

_____. *Final passage: Sharing the journey as this life ends*. Deerfield Beach, FL: Health Communications, 1998.

WILKERSON, RALPH. *Beyond and back: Those who died and lived to tell it*. Anaheim: Melody Land Productions, 1977.

WILSON, IAN. *The after death experience*. Nova York: Quill, 1990.

ZALESKI, CARO. *Otherworld journeys: Accounts of near-death experience in medieval and modern times*. Nova York: Oxford University Press, 1987.

_____. *The life of the world to come: Near-death experience and Christian hope*. Nova York: Oxford University Press, 1996.

TESTEMUNHOS E RELATOS AUTOBIOGRÁFICOS

AJAMILA, SWAMI PRABHUPADA. *Second chance: The story of a near-death experience*. Los Angeles, CA: Bhaktivedanta Book Trust, 1992.

BRINKLEY, DANNION. *Saved by the light: The true story of a man who died twice and the profound revelations he received*. Nova York: Villard, 1994.

_____. *At peace in the light*. Nova York: HarperColllins, 1995.

BUBULKA, G. *Beyond reality: A personal account of the near-death experience*. Fresno, CA: Grace Bubulka, 1992.

CHIMES, JULIE. *A stranger in paradise*. Londres: Bloomsbury, 1995.

DENNIS, LYNNCLAIRE. *The pattern*. Lower Lake, CA: Integral Publishing, 1997.

DURAN, LAUREL. *The blue cord*. Santa Fé, MN: DuirSoul Books, 1995.

EADIE, BETTY J. *The awakening heart: My continuing journey to love*. Nova York: Pocket Books, 199.

_____ & TAYLOR, CURTIS. *Embraced by the light* (ed. reimpressa). Nova York: Bantam Books, 1994.

EBY, RICHARD E. *Caught up into paradise*. Tarrytown, Nova York: Fleming H. Revell, 1978.

_____. *Tell them I am coming*. Tarrytown, Nova York: Fleming H. Revell, 1980.

FARR, SYDNEY. *What Tom Sawyer learned from dying*. Norfolk, VA: Hampton Roads Publishers, 1993.

FORD, MARVIN. *On the other side*. Plainfield, NH: Logos International, 1978.

HARRIS, BARBARA & BASCOM, LIONEL C. *Full circle: The near-death experience and beyond*. Nova York: Pocket Books, 1990.

MALZ, BETTY. *My glimpse of eternity*. Old Tappan, NJ: Spire Books, 1977.

MARTIN, LAURELYNN G. *Searching for home: A personal journey of transformation and healing after a near-death experience*. Saint Joseph, MI: Cosmic Concepts Press, 199.

MCMURRAY, MARY V. *I died to remember*. Traverse City, MI: Mallard, 1991.

PRESTON, BETTY. *Fear not*. Seattle, WA: Ibby Books, 1991.

PRICE, JAN. *The other side of death*. Nova York: Fawcett Columbine, 1996.

RITCHIE, GEORGE & SHERRILL, E. *Return from tomorrow*. Waco, TX: Chosen Books, 1978.

RITCHIE GEORGE. *My life after dying*. Norfolk, VA: Hampton Roads Publisher, 1991.

SCARINCI, TOM. *After the last heartbeat*. Chappaqua, Nova York: Christian Herald Books, 1980.

SHARP, KIMBERLY CLARK. *After the light*. Nova York: William Morrow, 1995.

SUMNERS, ROXANNE. *The wave of light: A quantum near-death experience*. Corvallis, OR: Agadir Press, 1994.

YENSEN, ARTHUR E. *I saw heaven*. Pittsburgh, PA: There is Light, 1974.

Apêndice B: Sugestões de fontes

A lista de audiocassetes e vídeos sobre EQMS apresentada a seguir não está, de maneira alguma, completa, mas consiste apenas daqueles sobre os quais temos alguma informação. Isso não significa, necessariamente, que eles tenham o nosso endosso, ou que não incluídos não têm nenhum valor.

AUDIOCASSETES

Coming back to life, de P. M. H. Atwater. Mithra Corporation. P.O. Box 447, Organ, NM 88052-0447; Fax (505) 382-9821.
Embraced by the light, de Betty J. Eadie. Simon and Schuster Audio, 1993.
The awakening heart: My continuing journey to love, de Betty J. Eadie. Simon and Schuster Audio, 1996.
Finding the light, de Raymond A. Moody. CD Audio Edition, 1994. (Editora desconhecida).
The door to the secret city, de Kathleen J. Forti. Contato: Kids Want Answers TOO! 1544 Bay Point Drive, Virginia Beach, VA 23454 (explicação de EQMS para crianças).
Muitos audiocassetes de palestras de congressos da IANDS podem ser obtidos no seguinte endereço: IANDS International Association for Near-Death Studies Inc. P. O. Box 502, East Windsor Hill, CT 06028-0502 (ou e-mail services@iands.org).

VÍDEOS

A glimpse of forever, de Nancy Maier. Contato: Nancy Maier, P.O. Box 9373, Marina Del Rey, CA 90295; (310) 822-6767.

A message of hope. Contato: Counseling Institute, 40 Grand Avenue, Suite 304, Ft. Thomas 41075; (606) 781-1344.

Life after life, apresentando Raymond A. Moody. Contato: Victor Rumore, Presidente, Cascom Inc., 806 Fourth Avenue South, Nashville, TN 37210.

Life after life, de Reinee Pasarow. Contato: New Age Industries, 9 Cupania Circle, Monterey Park, CA 91754; (213) 888-6938.

Moment of truth. Esse vídeo pode ser adquirido enviando um cheque de U$ 19,95 para Jayne Smith, 71 Skull Creek Drive, 303B Indian Springs, Hilton Head Island, Carolina do Sul 29926.

Prophetic visions. Contato: Andrew Silver, 20 Beacon Street, Boston, MA 02116; (617) 266-6482.

Round trip. Contato: Tim O'Reilly Productions, P.O. Box 1701, Branford, NH 07016-1701.

Shadows: Perceptions of near-death experiencers. Contato: Norman Van Rooy, 23632 Highway 99, Box 343, Edmonds, WA 98026; (206) 776-0152.

The aftereffects of near-death experience, de P. M. H. Atwater. Contato: Golden Tree Videos, 1714 Swann Street, Fayetteville, NC 28303; (919) 488-3150.

The near-death experience teaching unit. Contato: Theta Project, P.O. Box 618, La Jolla, CA 92038; (619) 456-0523. Texto de introdução básica à EQM e vídeo de Raymond A. Moody falando sobre a experiência de quase-morte.

Transcending the limits: The near-death experience. Produzido por Joan Peter. Contato: Seattle IANDS, Video Resource Center, IANDS, P.O. Box 84333, Seattle, WA 98124; (206) 525-5489. Gravado no congresso em Pacific Northwes sobre experiências de quase-morte, produzido pela IANDS de Seattle.

MÚSICA PARA EVOCAR TEMAS DE EQM

A lista de músicas evocativas de temas de EQM foi compilada e oferecida por um canadense que teve uma EQM, chamado Gilles Bédard, atualmente diretor da filial da IANDS em Quebec. Ao gravar uma coletânea das músicas escolhidas, Gilles nos contou que "tocou a fita para muitas pessoas que tiveram uma EQM e a maioria ficou arrebatada pela música, e algumas até mesmo retornaram à Luz que encontraram durante a EQM". Não podemos afirmar nada a respeito, mas estamos felizes por indicar as sugestões de Gilles.

David Darling: *Eight string religion* (Hearts of Space HS 11037-2)
Constance Demby: *Aeterna* (Hearts of Space HS 11051-2)
Constance Demby: *Novus Magnificat* (Hearts of Space HS 11003-2)
Constance Demby: *Set free* (Hearts of Space HS 11016-2)
Robert Haig Coxon: *The inner voyage* (R. H. C. Productions CD-4401-2)
Robert Haig Coxon: *The silent path* (R. H. C. Productions CD-5501-2)
John Mark: *The land of Merlin* (Kuckuck 11094-2)
John Mark: *The standing stones of Callanish* (Kuckuck 11082-2)
Vidna Obmana: *The spiritual bonding* (Extreme XCD 027)
Vidna Obmana: *The Trilogy '90-'92* (Relic 14/Projekt/3 CD)
Steve Roach: *Dreamtime return* (Fortuna 18055-2/2 CD)
Steve Roach: *The magnificent void* (Fathom/Hearts of Space HS 11062-2)
Steve Roach: *Quiet music* (Fortuna 18043-2/2 CD)
Steve Roach: *Structures from silence* (Fortuna 17024-2)
Steve Roach e Vidna Obmana: *Well of souls* (Projekt 60/2 CD)
Therese Schoroeder-Sheker: *Rosa mystica* (Celestial Harmonies 13034-2)
Michael Stearns: *Encounter* (Hearts of Space HS 11008-2)

INTERNET

Aqui, relacionamos apenas alguns sites importantes para as EQMs. Poderíamos ter relacionado muitos outros, mas por dois motivos: (1) Não pudemos verificar pessoalmente muitos desses sites e (2) em razão da rapidez de mudanças na internet, muitos sites poderiam não estar mais no mesmo endereço quando você estivesse lendo este livro. Assim, se você tem acesso à internet, apenas sugerimos que navegue pela rede para verificar os sites relacionados à EQM, usando as ferramentas de busca como *Alta Vista, Excite, Webcrawler, Yahoo, Magellan* e outras. Procure usando as palavras-chave *near-death experience* ou *NDE*.

Sites específicos sobre EQM:
The International Association for Near-Death Studies (IANDS)
http://www.iands.org   Essa organização é discutida na próxima seção, mas nós a recomendamos como o local para iniciar a sua busca.

IANDS Seattle
http://www.serv.net/~seande/   Essa é uma filial particularmente ativa da IANDS e apresenta e comenta bibliografia da EQM no seguinte endereço: http://www.serv.net/~seande/biblio.html

The Journal of Scientific Exploration
http://www.spiritweb.org/Spirit/nde-scientific.html   Uma coleção de artigos publicados no *Journal of Scientific Exploration* (SSE), apresentando uma revisão das experiências de quase-morte.

P. M. H. Atwater
http://www.albany.net/~steffw/atwater   Atwater é uma pesquisadora de EQM muito conhecida; alguns de seus livros estão relacionados na bibliografia.

Bill e Judy Guggenheim, The ADC Project
http://www.after-death.com   Esse site oferece mais informações sobre CAMS (comunicações após a morte), conforme discutido no Capítulo 11.

THE INTERNATIONAL ASSOCIATION FOR NEAR-DEATH STUDIES (IANDS)

Essa associação foi fundada em 1981 por Kenneth Ring, Bruce Greyson e John Audette e, desde a sua criação, tem sido a principal organização no mundo na divulgação de informações e realização de estudos sobre EQMs. É uma organização aberta a qualquer pessoa que se interesse pela EQM e publica uma revista acadêmica trimestral, *The Journal of Near-Death Studies*, e um boletim trimestral, *Vital Signs*, para seus associados. Ela também patrocina congressos regionais, nacionais e internacionais sobre EQMs. Ela agora tem muitas sedes locais nos Estados Unidos, bem como diversas filiais em outros países.

A seguir, indicamos como entrar em contato com a sede principal:

IANDS
P.O. Box 502
East Windsor Hill, CT 06028-0502
Tel.: (860) 528-5144 Fax: (860) 528-9169
e-mail: Services@iands.org
web: http://www.iands.org

LISTA PARA CONTATO COM PESSOAS QUE TIVERAM UMA EQM

Perguntamos a algumas das pessoas mencionadas nas páginas anteriores – e algumas que não foram mencionadas – se elas estariam acessíveis a um contato por escrito com os nossos leitores. Aquelas que concordaram, estão relacionadas abaixo.

Fler ou Andrea Beaumont
P.O. Box 772
Brunswick Lower Victoria 3056
Austrália
Tel.: (61) 03 9387 1634

Mellen-Thomas Benedict
P.O. Box 1848
Soquel, CA 95073
Tel.: (408) 427-5554

Nancy Clark é a fundadora e presidente da IANDS de Columbus, Ohio e, atualmente, está escrevendo um livro sobre o seu encontro experimental com a Luz e os *insights* que ela recebeu como resultado dessa experiência. Ela pode ser contatada em: P.O. Box 835, Dublin, Ohio 43017

Patricia Coomes
1197 Ashover Drive
Bloomfield Hills, MI 48304

Bonnie Long
6601 210th Avenue SW
Apt. 202-A
Lynnwood, WA 98036

Elaine Durham
P.O. Box 17616
Holladay, UT 84117

Peggy Holladay
P.O. Box 5412
Shreveport, LA 71135-5412

Judy Poehler
318 West 105th Street
Nova York, NY 10025

Virginia Rivers
801 Wildabon Avenue
Lake Worth, FL 33853
e-mail: ginnyl@gate.net ou
trivers@gate.net

Jayne Smith
P.O. Box 21005
Hilton Head Island, SC
29905-1005

Laurelynn Glass Martin
Light Endeavors
P.O. Box 366
Danielson, CT 06239

Helen Nelson
33 Barton Street
Torrington, CT 06790

Carolyn Talmadge
Continuing Education Dept.
College of Marin
835 College Avenue
Kentfield, CA 94904

Steve Tomsik
2000 Montego Avenue
Apt. 150
Escondido, CA 92026
e-mail: stomisk@connectnet.com

Cullen Wheelock
1855 Coyote Point Drive
Colorado Springs, CO 80904
e-mail: Cullen@poisys.net

KENNETH RING

É professor emérito de psicologia na Universidade de Connecticut, e co-fundador e ex-presidente da Associação Internacional de Estudos de Quase-Morte (IANDS). É considerado uma das maiores autoridades mundiais sobre experiências de quase-morte, foi um dos primeiros a oferecer validação científica para essas notáveis experiências. É editor fundador do *Journal of Near-Death Studies* e autor de diversos outros livros sobre o assunto. Reside atualmente em Kentfield, Califórnia, perto de São Francisco, sua cidade natal.

EVELYN ELSAESSER VALARINO

Mora em Genebra, Suíça, e por muitos anos tem participado ativamente nas pesquisas sobre experiências de quase-morte. É autora de *On the other side: exploring the phenomenon of near-death experience*, publicado em 1997, uma obra interdisciplinar já traduzida para diversos idiomas.

Impressão e Acabamento
Com fotolitos fornecidos pelo Editor

EDITORA e GRÁFICA
VIDA & CONSCIÊNCIA

R. Santo Irineu, 170 • São Paulo • SP
℡ (11) 5549-8344 • FAX (11) 5571-9870
e-mail: gasparetto@snet.com.br
site: www.gasparetto.com.br

------------ dobre aqui ------------

ISR 40-2146/83
UP AC CENTRAL
DR/São Paulo

CARTA RESPOSTA
NÃO É NECESSÁRIO SELAR

O selo será pago por

summus editorial

05999-999 São Paulo-SP

------------ dobre aqui ------------

LIÇÕES DA LUZ

recorte aqui

summus editorial
CADASTRO PARA MALA-DIRETA

Recorte ou reproduza esta ficha de cadastro, envie completamente preenchida por correio ou fax, e receba informações atualizadas sobre nossos livros.

Nome: _____ Empresa: _____
Endereço: ☐ Res. ☐ Coml. _____ Bairro: _____
CEP: ___-___ Cidade: _____ Estado: _____ Tel.: ( ) _____
Fax: ( ) _____ E-mail: _____
Profissão: _____ Professor? ☐ Sim ☐ Não Disciplina: _____ Data de nascimento: _____

1. Você compra livros:
☐ Livrarias ☐ Feiras
☐ Telefone ☐ Correios
☐ Internet ☐ Outros. Especificar: _____

2. Onde você comprou este livro? _____

3. Você busca informações para adquirir livros:
☐ Jornais ☐ Amigos
☐ Revistas ☐ Internet
☐ Professores ☐ Outros. Especificar: _____

4. Áreas de interesse:
☐ Educação ☐ Administração, RH
☐ Psicologia ☐ Comunicação
☐ Corpo, Movimento, Saúde ☐ Literatura, Poesia, Ensaios
☐ Comportamento ☐ Viagens, Hobby, Lazer
☐ PNL (Programação Neurolingüística)

5. Nestas áreas, alguma sugestão para novos títulos? _____

6. Gostaria de receber o catálogo da editora? ☐ Sim ☐ Não

7. Gostaria de receber o Informativo Summus? ☐ Sim ☐ Não

Indique um amigo que gostaria de receber a nossa mala-direta

Nome: _____ Empresa: _____
Endereço: ☐ Res. ☐ Coml. _____ Bairro: _____
CEP: ___-___ Cidade: _____ Estado: _____ Tel.: ( ) _____
Fax: ( ) _____ E-mail: _____
Profissão: _____ Professor? ☐ Sim ☐ Não Disciplina: _____ Data de nascimento: _____

summus editorial
Rua Itapicuru, 613 - cj. 72 05006-000 São Paulo - SP Brasil Tel.: (11) 3872 3322 Fax: (11) 3872 7476
Internet: http://www.summus.com.br e-mail: summus@summus.com.br

cole aqui